Objektorientierte Programmierung spielend gelernt mit dem Java-Hamster-Modell

Dietrich Boles • Cornelia Boles

Objektorientierte Programmierung spielend gelernt mit dem Java-Hamster-Modell

3., durchgesehene Auflage

 Springer Vieweg

Dietrich Boles
Universität Oldenburg
Oldenburg, Deutschland

Cornelia Boles
Bad Zwischenahn, Deutschland

ISBN 978-3-658-04802-0   ISBN 978-3-658-04803-7 (eBook)
DOI 10.1007/978-3-658-04803-7

Die Deutsche Nationalbibliothek verzeichnet diese Publikation in der Deutschen Nationalbibliografie;
detaillierte bibliografische Daten sind im Internet über http://dnb.d-nb.de abrufbar.

Springer Vieweg
© Springer Fachmedien Wiesbaden 2004, 2010, 2014

Gedruckt auf säurefreiem und chlorfrei gebleichtem Papier

Springer Vieweg ist eine Marke von Springer DE. Springer DE ist Teil der Fachverlagsgruppe Springer
Science+Business Media.
www.springer-vieweg.de

Vorwort

Muss das Erlernen der Programmierung eine langweilige Angelegenheit sein? Müssen Sie sich mit trockenen Aufgaben auseinandersetzen, um zu lernen, Probleme mit Hilfe eines Computers lösen zu können? Nein! Mit Hilfe des Hamster-Modells können Sie spielend programmieren lernen und dabei Spaß haben. Sie entwickeln Programme, in denen Sie virtuelle Hamster durch eine virtuelle Landschaft steuern und bestimmte Aufgaben lösen lassen. Die Hamster suchen in Labyrinthen nach Körnern, die Hamster erklimmen Berge und die Hamster spielen sogar Schach und ähnliche Spiele und dabei lernen Sie, liebe Leserinnen[1] und Leser, die wichtigsten Konzepte der Programmierung kennen.

Vor sich haben Sie den zweiten Band der so genannten *Java-Hamster-Bücher*. Im ersten Band mit dem Titel „Programmieren spielend gelernt mit dem Java-Hamster-Modell" [Bol13], in dem die Konzepte der imperativen Programmierung vermittelt werden, gibt es nur einen einzelnen Hamster. Sein Alleinsein hat aber nun ein Ende. Dafür können Sie sorgen, denn in dem vorliegenden Buch werden Sie lernen, weitere Hamster zu erzeugen. Die Hamster können gemeinsam das Territorium, in dem sie leben, erforschen, Körner sammeln und um Mauern herum laufen. Die Hamster können Nachwuchs produzieren und ihre Fähigkeiten an ihre Nachkommen vererben. Sie können sich Knechte halten, die für sie die Arbeit erledigen. Sie lernen lesen und schreiben und vieles, vieles mehr. Genutzt werden dazu Konzepte der objektorientierten Programmierung, der heutzutage sowohl im Ausbildungsbereich als auch im industriellen Umfeld eine hohe Bedeutung zukommt. Jedes Kapitel dieses Buches führt – aufbauend auf den vorangehenden – ein neues Konzept ein und erweitert damit die Fähigkeiten der Hamster. Viele Beispielprogramme demonstrieren Ihnen dabei den korrekten Einsatz der Konzepte und anhand von selbstständig zu lösenden Aufgaben können Sie feststellen, ob Sie die Konzepte nicht nur verstanden haben, sondern beim Lösen von Problemen auch richtig einsetzen können.

Hamster-Programme werden in der so genannten „Hamster-Sprache" formuliert. Auch in diesem zweiten Band der Java-Hamster-Bücher wird die Programmiersprache Java als die der Hamster-Sprache zugrunde liegende Programmiersprache verwendet. Während in der Vergangenheit viele Programmiersprachen bereits nach ein paar Jahren durch andere verdrängt wurden, hat sich Java inzwischen auch im industriellen Umfeld etablieren können. Die Hamster-Sprache weicht an einer einzigen Stelle aus didaktischen Gründen von der Sprache Java ab. Aber keine Angst, im letzten Kapitel des Buches wird Ihnen gezeigt, wo dies der Fall ist und wie „richtige" Java-Programme aussehen.

Im ersten Band der Java-Hamster-Bücher haben Sie erfahren, dass Java eine imperative objektorientierte Programmiersprache ist. Das bedeutet, dass die objektorientierten Konzepte der Sprache auf imperativen Sprachkonzepten basieren. Genau aus diesem Grund wurden im ersten Band der Java-Hamster-Bücher die Konzepte der imperativen Programmierung erläutert und darauf aufbauend werden in diesem zweiten Band objektorientierte Programmierkonzepte vorgestellt. Diesbezüglich streiten sich Lehrende der Informatik immer mal wieder: Sollen Programmieranfängern erst die

---

[1]Lediglich aufgrund der besseren Lesbarkeit wird in diesem Buch ab nun ausschließlich die maskuline Form verwendet.

imperativen oder erst die objektorientierten Programmierkonzepte beigebracht werden? Meine Meinung hierzu, die auf meinen Erfahrungen bei der Durchführung von inzwischen mehr als 20 Programmierkursen für Informatik-Erstsemester an der Universität Oldenburg basiert, ist eindeutig „imperativ vor objektorientiert", wie auch der Aufbau der beiden Bände der Java-Hamster-Bücher zeigt.

Vielleicht gehören Sie zu denjenigen Lesern, die nicht den ersten Band der Java-Hamster-Bücher durchgearbeitet haben, und Sie stellen sich nun die Frage: Muss ich diesen jetzt zunächst noch erwerben? Die Antwort lautet: nicht unbedingt, wenn Sie zum Beispiel in der Schule schon imperative Programmiersprachen, wie Pascal oder Modula-2 kennen gelernt haben. In diesem Fall sollten Sie besonders gründlich Kapitel 2 dieses Buches lesen, das eine Zusammenfassung des ersten Bandes enthält. Wenn Sie aber ein völliger Programmieranfänger sind, reicht eine solche Zusammenfassung nicht aus. In diesem Fall empfehle ich Ihnen, sich vor diesem Buch zunächst intensiv mit dem ersten Band der Java-Hamster-Bücher zu beschäftigen.

Dieser zweite Band des Java-Hamster-Buches ist übrigens nicht der letzte. Im Jahr 2008 ist ein dritter Band erschienen, der in die parallele Programmierung einführt und dabei das Thread-Konzept von Java nutzt. Der Titel lautet „Parallele Programmierung spielend gelernt mit dem Java-Hamster-Modell – Programmierung mit Java-Threads" [Bol08]. Im letzten Kapitel werden Sie einen kurzen Einblick in den dritten Band erhalten.

Das Java-Hamster-Modell im WWW

Zum Java-Hamster-Modell existiert im World Wide Web auch unter folgendem URL eine spezielle Website: **www.java-hamster-modell.de**. Auf dieser Site finden Sie ergänzende Materialien, Korrekturen, weitere Beispielprogramme, Aufgaben, ein Diskussionsforum und vieles mehr.

Der Hamster-Simulator

Beim Hamster-Modell steht nicht so sehr das „Learning-by-Listening" bzw. „Learning-by-Reading" im Vordergrund, sondern vielmehr das „Learning-by-Doing", also das Üben. Aus diesem Grund enthalten die einzelnen Kapitel der Bücher jeweils viele Beispielprogramme und Übungsaufgaben, die Sie intensiv bearbeiten sollten.

Um die Beispielprogramme nachvollziehen zu können und die Aufgaben nicht nur mit Stift und Papier lösen zu müssen, haben wir ein spezielles Java-Programm, den so genannten „Hamster-Simulator", entwickelt. Dieser stellt er eine Reihe von Werkzeugen zum Erstellen und Ausführen von Hamster-Programmen zur Verfügung: einen Editor zum Eingeben und Verwalten von Hamster-Programmen, einen Compiler zum Übersetzen von Hamster-Programmen, einen Territoriumsgestalter zum Gestalten und Verwalten von Hamster-Territorien, einen Interpreter zum Ausführen von Hamster-Programmen und einen Debugger zum Testen von Hamster-Programmen. Der Hamster-Simulator ist einfach zu bedienen, wurde aber funktional und bedienungsmäßig bewusst an professionelle Entwicklungsumgebungen für Java (z.B. Eclipse) angelehnt, um einen späteren Umstieg auf diese zu erleichtern.

Auf eine dem Buch beigelegte CD-ROM mit dem Hamster-Simulator haben wir verzichtet, um das Buch möglichst kostengünstig anbieten und immer aktuelle Versionen des Simulators zur Verfügung stellen zu können. Stattdessen steht der Hamster-Simulator auf der oben angegebenen Website zum kostenlosen Download bereit.

Ich kann Ihnen nur dringend empfehlen, sich den Hamster-Simulator aus dem World Wide Web zu laden und auf Ihrem Computer zu installieren. Es macht nicht nur Spaß, die Hamster durch ihr Territorium flitzen zu sehen und sie bei ihrer Arbeit zu beobachten. Vielmehr ist es zum Erlernen der Programmierung dringend erforderlich, sich selbstständig mit Aufgaben auseinanderzusetzen und Lösungsprogramme zu entwickeln und zu testen. Allein durch Lesen lernt man nicht Programmieren!

Dank

Wie oben bereits erwähnt, setze ich das Java-Hamster-Modell seit vielen Jahren in meinen Vorlesungen an der Universität Oldenburg ein. Ich möchte mich hiermit bei den Studierenden ganz herzlich für die zahlreichen Anregungen, Tipps und Verbesserungsvorschläge bedanken.

Auch außerhalb der Universität Oldenburg ist die Fan-Gemeinde des Java-Hamsters in den vergangenen Jahren ständig gewachsen. An dieser Stelle möchte ich ein großes Dankeschön für die vielen freundlichen Emails aussprechen. Neben den lobenden Worten in den Emails zeigen mir auch die vielen positiven Buchbewertungen, dass das Hamster-Modell nicht nur gut ankommt, sondern auch seinen Zweck erfüllt, Programmieranfängern die Konzepte der Programmierung beizubringen.

Einen speziellen Fan des Java-Hamsters möchte ich an dieser Stelle besonders herausstellen: meine Frau Cornelia. Sie hat mich nicht nur immer wieder motiviert, das Hamster-Modell weiter zu entwickeln, sondern hat selber aktiv daran mitgearbeitet. Daher ist sie bei diesem zweiten Band Co-Autorin.

Ein Dankeschön geht auch an Daniel Jasper. Er hat die Ursprungsversion des Hamster-Simulators entwickelt. Die Konzeption war dabei so gut, dass der Simulator in der Zwischenzeit von mir und einigen Studierenden ohne große Probleme um viele weitere Features erweitert werden konnte. Weiterhin gebührt Anja Hasler ein besonderer Dank. Sie hat in diesem zweiten Band die Aufgabe übernommen, Hamster-Bildchen zu malen und das Buch damit optisch etwas aufzupeppen. Ich denke, das ist ihr bravourös gelungen!

Anmerkungen zur zweiten Auflage

Die erste Auflage dieses Buches ist im Jahr 2004 erschienen. Seitdem hat sich (natürlich) in der Java-Welt einiges getan. Insbesondere mit der Java-Version 5 sind einige neue Programmierkonzepte in die Sprache aufgenommen worden. Diese wurden in die vor Ihnen liegende zweite Auflage integriert. Hierbei handelt es sich um Enums (Kapitel 6.9), die for-each-Schleife (Kapitel 8.11.3), das Autoboxing und Unboxing (Kapitel 11.9), den statischen Import (Kapitel 14.2.2.4) und die Generics (Kapitel 15). Weiterhin wird nun der Java-Klassenbibliothek mit Kapitel 16 ein eigenes Kapitel gewidmet, in dem die standardmäßig von Java zur Verfügung gestellten Klassen überblicksartig vorgestellt werden. Ein Glossar mit kurzen präzisen Erläuterungen der objektorientierten Konzepte bzw. Begriffe, das von einigen Lesern gewünscht wurde, finden Sie nun im Anhang.

Anmerkungen zur dritten Auflage

Sie halten nun die dritte Auflage dieses Buches in Ihren Händen. Sie ist gegenüber der zweiter Auflage unverändert. Wir haben lange überlegt, ob wir weitere Sprachkonzepte von Java, die ir Version 7 hinzugekommen sind und in Version 8 hinzukommen werden, in das Buch aufnehmer sollen. Wir haben uns dagegen entschieden, weil wir meinen, dass das Buch ein Buch für Ein steiger in die objektorientierte Programmierung bleiben und weder ein Buch für Spezialisten noch eine vollständige Referenz für Java werden soll. Wir versprechen Ihnen, wenn Sie dieses Buch durchgearbeitet haben, kennen Sie alle wichtigen Konzepte der objektorientierten Program mierung mit Java. Sie können die Hamster beruhigt „sich selbst überlassen" und können sich be Bedarf mit Hilfe der unzähligen Informationen im Internet selbst die zum Teil sehr speziellen wei tergehenden Konzepte aneignen. Gucken Sie auch ab und zu mal auf der oben angegebener Website zum Java-Hamster-Modell vorbei. Hier werden wir gelegentlich weiterführende Informa tionen und Materialien bereitstellen.

Kontakt

Meinungen, Lob, Kritiken, Fragen und Verbesserungsvorschläge zum Buch sind übrigens erwünscht. Meine Anschrift lautet: Dr.-Ing. Dietrich Boles, Universität Oldenburg, Department für Informatik, Escherweg 2, D-26121 Oldenburg; Email: dietrich@boles.de

Nun wünschen wir allen Leserinnen und Lesern viel Spaß beim „Hamstern" und viel Erfolg beim Erlernen der objektorientierten Programmierung mit Java.

Oldenburg, im Januar 2014   Dietrich und Cornelia Boles

Inhaltsverzeichnis

Kapitel 1
Einleitung

Sie haben sich dieses Buch beschafft, um Programmieren zu lernen. Genauer: Sie wollen die Konzepte der objektorientierten Programmierung und die objektorientierte Programmiersprache Java kennen lernen. Noch genauer: Sie wollen sich nicht mit syntaktischen und technischen Feinheiten von Programmiersprachen herumschlagen, sondern Sie wollen die Konzepte und die Sprache spielerisch erlernen.

Genau das werden Sie ab Kapitel 2 dieses Buches auch tun, und zwar mit dem Java-Hamster-Modell. In diesem ersten Kapitel gibt Ihnen Abschnitt 1 aber zunächst einen Einblick, was „Programmierung" eigentlich bedeutet. Abschnitt 2 geht auf die Vorteile der objektorientierten Programmierung ein und schildert kurz deren geschichtliche Entwicklung. In Abschnitt 3 werden Sie erfahren, welche Voraussetzungen zum Verständnis dieses Buch notwendig sind und welche genauen Ziele das Buch verfolgt. Abschnitt 4 beschreibt abschließend den weiteren Aufbau des Buches.

1.1 Programmierung

Die Programmierung ist ein Teilgebiet der Informatik, das sich im weiteren Sinne mit Methoden und Denkweisen bei der Lösung von Problemen mit Hilfe von Computern und im engeren Sinne mit dem Vorgang der Programmerstellung befasst. Unter einem Programm versteht man dabei eine in einer speziellen Sprache verfasste Anleitung – auch Algorithmus genannt – zum Lösen eines Problems durch einen Computer. Konkreter ist es das Ziel der Programmierung, zu gegebenen Problemen Programme zu entwickeln, die auf Computern ausführbar sind und die die Probleme korrekt und vollständig lösen, und das möglichst effizient.

Eine Programmiersprache ist eine zum Formulieren von Programmen geschaffene künstliche Sprache. Heutzutage existieren hunderte, wenn nicht sogar tausende von Programmiersprachen. Sie verfolgen alle ein bestimmtes Ziel. So gibt es relativ einfache Programmiersprachen, die extra zum Erlernen wichtiger Programmierkonzepte entwickelt wurden. Andere sind ausgesprochen komplex und dienen zum Lösen sehr spezieller Probleme.

Eine andere Klassifizierung unterscheidet so genannte niedere Maschinensprachen und höhere problemorientierte Programmiersprachen. Maschinensprachen ermöglichen die Erstellung sehr effizienter Programme. Sie sind jedoch abhängig vom speziellen Computertyp. Dahingegen orientieren sich die höheren Programmiersprachen nicht so sehr an den von den Computern direkt ausführbaren Befehlen, sondern eher an den zu lösenden Problemen. Sie sind für Menschen verständlicher und einfacher zu handhaben.

Den Programmiersprachen liegen bestimmte Konzepte zugrunde, mit denen die Lösung von Problemen formuliert wird. Im Wesentlichen lassen sich hier fünf Kategorien – auch Programmierparadigmen genannt – unterscheiden:

- Imperative Programmiersprachen: Programme bestehen aus Folgen von Befehlen (Pascal, Modula-2).

- Funktionale Programmiersprachen: Programme werden in Anlehnung an die Mathematik als Funktionen aufgefasst (Lisp, Miranda).

- Prädikative Programmiersprachen: Programme bestehen aus Fakten (gültige Tatsachen) und Regeln, die beschreiben, wie aus gegebenen Fakten neue Fakten hergeleitet werden können (Prolog).

- Regelbasierte Programmiersprachen: Programme bestehen aus „wenn-dann-Regeln". Wenn eine angegebene Bedingung gültig ist, dann wird eine angegebene Aktion ausgeführt (OPS5).

- Objektorientierte Programmiersprachen: Programme bestehen aus Objekten, die bestimmte (Teil-)Probleme lösen. Zum Lösen eines Gesamtproblems kommunizieren sie mit anderen Objekten durch Austausch von Nachrichten (Smalltalk).

Nicht alle Programmiersprachen lassen sich eindeutig einer dieser Kategorien zuordnen. Java kann bspw. als imperative objektorientierte Programmiersprache bezeichnet werden, denn Java-Programme bestehen aus miteinander kommunizierenden Objekten, die intern mittels imperativer Sprachkonzepte realisiert werden.

1.2 Objektorientierte Programmierung

Während in den 80er Jahren noch die imperativen Programmiersprachen dominierten, haben sich in den letzten Jahren sowohl im Ausbildungsbereich als auch im industriellen Umfeld objektorientierte Programmiersprachen durchgesetzt, insbesondere die Sprache Java.

Grund für diese Entwicklung sind die vielen Vorteile, die die objektorientierte Programmierung bietet:

- Natürlichere Modellierung und Repräsentation von Problemen: Insbesondere größere Probleme lassen sich auf eine Art und Weise modellieren und lösen, die der menschlichen Denkweise sehr nahe kommt.

- Bessere Übersichtlichkeit und Verständlichkeit: Daten und auf den Daten operierende Funktionen werden zu einer Einheit zusammengefasst. Das erhöht die Übersichtlichkeit und Verständlichkeit von Programmen und reduziert die Fehlerquote.

- Wiederverwendbarkeit: Teile von Programmen lassen sich einfach und flexibel in anderen Programmen wiederverwenden.

- Erweiterbarkeit: Programme lassen sich einfach erweitern und an geänderte Anforderungen anpassen.

Für die Programmiersprache Java sprechen neben ihrer kostenlosen Verfügbarkeit insbesondere ihre Unabhängigkeit von bestimmten Rechnertypen. Java-Programme sind ohne spezielle Anpassungen auf quasi allen Rechnern lauffähig. Darüber hinaus ist die Sprache sehr einfach, integriert über die objektorientierten Konzepte hinaus weitere nützliche Programmierkonzepte und enthält eine umfangreiche Bibliothek mit vielen vorgefertigen Programmteilen, die Programmierer zur Lösung ihrer Probleme direkt einsetzen können.

Die Geschichte der objektorientierten Programmierung begann in den 70er Jahren mit der Programmiersprache Simula. Diese Sprache wurde vorrangig zur Simulation von Vorgängen in der realen Welt eingesetzt. Objekte der realen Welt wurden durch Objekte der Sprache repräsentiert, die sowohl für die eigenen Daten als auch für das eigene Verhalten zuständig waren. Den Begriff der objektorientierten Programmierung gab es damals aber noch nicht. Dieser sowie die heute noch übliche Terminologie für die objektorientierten Konzepte wurden mit der Programmiersprache Smalltalk eingeführt, die wegen ihrer reinen Objektorientiertheit als „die objektorientierte Programmiersprache an sich" gilt.

Populär wurde die objektoriente Programmierung Ende der 80er Jahre durch die Sprache C++. Mit C++ wurde eine objektorientierte Erweiterung der weit verbreiteten imperativen Programmiersprache C geschaffen. C++ war mit Hilfe seiner objektorientierten Konzepte hervorragend für die Entwicklung graphischer Benutzungsoberflächen geeignet, die zu der Zeit die reinen textbasierten Benutzungsoberflächen abzulösen begannen.

Neben der Erweiterung vieler existierender Programmiersprachen mit objektorientierten Sprachkonzepten wurden seitdem auch einige neue objektorientierte Sprachen entwickelt. Einigermaßen erfolgreich war die Sprache Eiffel, die aber inzwischen durch die Programmiersprache Java verdrängt wurde. Ein Hauptgrund für den Erfolg der Sprache Java war die Ausbreitung des Internet ab Mitte der 90er Jahre. Denn Java enthält einige Konzepte, die speziell für einen Einsatz der Sprache im Internet geeignet sind.

1.3 Voraussetzungen und Ziele dieses Buches

Dieses Buch „Objektorientierte Programmierung spielend gelernt mit dem Java-Hamster-Modell" ist quasi die Fortsetzung des Buches „Programmieren spielend gelernt mit dem Java-Hamster-Modell" [Bol08b], das im Vieweg+Teubner-Verlag erschienen ist (1. Auflage 1999, 2. Auflage 2002, 3. Auflage 2007). Daher wird im Folgenden auch häufig von Band 1 und Band 2 der Java-Hamster-Bücher gesprochen.

Band 1 enthält im ersten Teil eine Einführung in die allgemeinen Grundlagen der Programmierung. Im zweiten Teil erläutert er die wichtigsten Konzepte der imperativen Programmierung und bedient sich dazu der Syntax der Programmiersprache Java. Aufbauend auf den Inhalten des ersten Bandes werden in diesem zweiten Band die grundlegenden Konzepte der objektorientierten Programmierung vermittelt. Auch der zweite Band orientiert sich dabei an der Programmiersprache Java.

In Java basieren die objektorientierten Sprachkonzepte auf imperativen Konzepten, weshalb Java auch als eine imperative objektorientierte Programmiersprache bezeichnet wird. Daher ist das gewählte Vorgehen sinnvoll: Sie sollen zunächst mit dem ersten Band des Hamster-Buches die imperative Programmierung kennen lernen, bevor Sie sich danach in diesem zweiten Band mit den fortgeschrittenen Konzepten der objektorientierten Programmierung befassen.

Die beste Vorraussetzung zum Verstehen der Inhalte dieses zweiten Bandes ist daher, dass Sie bereits erfolgreich den ersten Band durchgearbeitet haben. Lesern, auf die dies nicht zutrifft, sei gesagt: Auch Sie können mit diesem zweiten Band die Konzepte der objektorientierten Programmierung erlernen. Sie sollten jedoch grundlegende Kenntnisse im Umgang mit dem Computer besitzen sowie bereits – bspw. in der Schule – imperative Programmiersprachen, wie Basic, Pascal oder Modula-2, kennen gelernt haben. Kapitel 2 dieses zweiten Bandes enthält eine Zusammenfassung der Inhalte des ersten Bandes, die ausreichen sollte, Sie auf ein entsprechendes Ausgangslevel zu bringen.

Aufbauend auf diesem zweiten Band ist im Jahr 2008 ein dritter Band der Java-Hamster-Bücher mit dem Titel „Parallele Programmierung spielend gelernt mit dem Java-Hamster-Modell - Programmierung mit Java-Threads" [Bol08a] im Vieweg+Teubner-Verlag erschienen. Dieser dritte Band behandelt die wesentlichen Konzepte der parallelen Programmierung, d.h. der Entwicklung nebenläufiger Systeme. Der Band orientiert sich dabei am Thread-Konzept der Programmiersprache Java.

Grundlage der drei Java-Hamster-Bücher ist ein spezielles didaktisches Modell zum Erlernen der Programmierung, das *Hamster-Modell*. Es unterstützt einen spielerischen Zugang zu den Konzepten der Programmierung. Programmierer schreiben so genannte *Hamster-Programme*, mit denen sie virtuelle Hamster durch ein virtuelles Territorium steuern und bestimmte Aufgaben lösen lassen. Sie bedienen sich dabei als Programmiersprache der *Hamster-Sprache*. Diese spezielle Programmiersprache orientiert sich an der Programmiersprache Java, weshalb auch vom *Java-Hamster-Modell* gesprochen wird. Aber keine Angst: Wenn Sie das Buch durchgearbeitet haben, können Sie sich durchaus als „Java-Programmierer" bezeichnen. Die Hamster-Sprache entspricht der Programmiersprache Java zu 99 Prozent. Sie weicht aus didaktischen Gründen nur an einer Stelle von der richtigen Programmiersprache Java ab. An welcher Stelle, das verrät Kapitel 17.1.

Dieses Buch führt ausführlich in alle wichtigen Konzepte der objektorientierten Programmierung mit Java ein. Es ist jedoch weder ein vollständiges Referenzhandbuch der Sprache Java noch wird die Klassenbibliothek von Java beschrieben. Auch die Entwicklung graphischer Benutzungsoberflächen und die Programmierung von Java-Applets[1] sind keine Themen dieses Buches. Nach dem Durcharbeiten werden Sie jedoch genügend Kenntnisse besitzen, auch diese Konzepte in kurzer Zeit erlernen zu können. Auf entsprechende weitergehende Literatur wird in Kapitel 17 verwiesen.

Bevor Sie nun mit dem Lesen der folgenden Kapitel beginnen, sollten Sie sich zunächst von der Webseite www.java-hamster-modell.de den so genannten *Hamster-Simulator* herunter laden und auf Ihrem Computer installieren. Er ist kostenlos erhältlich. Beim Hamster-Simulator (siehe Abbildung 1.1) handelt es sich um ein spezielles Programm, mit dem Hamster-Programme entwickelt und ausgeführt werden können. Neben einem Editor, einem Compiler und einem Debugger enthält er eine graphische Simulationsumgebung, mit der Sie Hamster-Programme ausführen, d.h. die Hamster bei ihrer Arbeit beobachten können.

Ganz wichtig ist, dass Sie den Hamster-Simulator intensiv benutzen. Genauso wie man Fremdsprachen nur wirklich erlernt, wenn man sie spricht, erlernt man das Programmieren auch nur, wenn man wirklich programmiert. Lesen allein genügt nicht! Laden Sie also die vielen Beispielprogramme aus den folgenden Kapitel einfach mal in den Simulator und spielen Sie ein wenig damit herum. Und versuchen Sie selbstständig mit dem Hamster-Simulator Hamster-Programme zu entwickeln, die die Probleme bzw. Aufgaben lösen, die Ihnen am Ende jedes Kapitels gestellt werden.

1.4 Aufbau dieses Buches

Nach diesem einleitenden Kapitel enthält Kapitel 2 dieses Buches eine Wiederholung bzw. Zusammenfassung des ersten Bandes des Java-Hamster-Buches „Programmieren spielend gelernt mit dem Java-Hamster-Modell", im Folgenden auch als *imperatives Hamster-Modell* bezeichnet. Um auch für die Vermittlung objektorientierter Programmierkonzepte geeignet zu sein, wurde das ursprüngliche Hamster-Modell geringfügig geändert und erweitert. Entstanden ist das so genannte *objektorientierte Hamster-Modell*, dessen Unterschiede zum imperativen Hamster-Modell im ersten Teil von Kapitel 3 erläutert werden.

---

[1]Java-Applets sind spezielle Java-Programme, die in WWW-Browsern lauffähig sind.

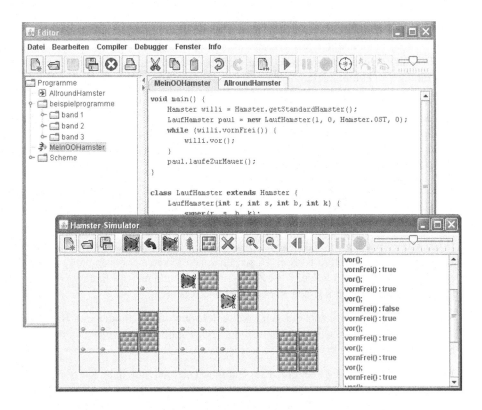

Abbildung 1.1: Hamster-Simulator

Wie die Bezeichnung „objektorientierte Programmierung" bereits ausdrückt, stellen Objekte die Grundlage dieses Programmierparadigmas dar. Im zweiten Teil von Kapitel 3 lernen Sie Hamster bzw. Hamster-Objekte als ersten Typ von derartigen Objekten kennen. Gegenüber dem imperativen Hamster-Modell gibt es im objektorientierten Hamster-Modell nicht nur einen, sondern mehrere Hamster. Diese werden aus einer vordefinierten Klasse Hamster erzeugt, die quasi einen Bauplan für Hamster darstellt. Kapitel 4 stellt die Klasse Hamster vor.

Die Klasse Hamster definiert unter anderem den Befehlsvorrat von Hamstern. Diesen können Sie durch die Definition erweiterter Hamsterklassen vergrößern. Während in Kapitel 5 die wichtigsten Grundlagen dieses Mechanismus der Definition erweiterter Hamster-Klassen beschrieben werden, enthält Kapitel 6 weitergehende Konzepte der Klassendefinition. Letztendlich wird in den Kapiteln 5 und 6 ein wichtiges Konzept der objektorientierten Programmierung eingesetzt, nämlich die Vererbung. Hierbei können Klassen Eigenschaften, bspw. Befehle, an andere Klassen vererben. Das Vererbungskonzept wird im Detail in Kapitel 7 vorgestellt.

Arrays ermöglichen die Zusammenfassung mehrerer Variablen zu einer Einheit. Sie sind eigentlich ein Konzept der imperativen Programmierung. In Java basieren Arrays jedoch auf objektorientierten Konzepten und werden daher erst in diesem zweiten Band des Java-Hamster-Buches eingeführt, nämlich in Kapitel 8.

Das Klassen/Objekte-Konzept ist natürlich nicht nur dazu geeignet, Hamster als Objekte der Klasse Hamster zu repräsentieren. Dieses grundlegende Konzept der objektorientierten Programmierung wird daher in Kapitel 9 verallgemeinert.

In Kapitel 10 wird den Hamstern das Schreiben und Lesen beigebracht. Hamster können über neue Befehle Informationen auf den Bildschirm ausgeben und Informationen, die Sie als Benutzer über die Tastatur eingeben, entgegen nehmen. Die Hamster lernen dadurch, mit Ihnen als Benutzer eines Programmes zu kommunizieren.

Das Konzept der objektorientierten Programmierung, das die Vorteile der einfachen Wiederverwendbarkeit und Erweiterbarkeit von Programmen bedingt, ist das Konzept der Polymorphie im Zusammenspiel mit dem dynamischen Binden von Methoden. Was es damit genau auf sich hat, erfahren Sie in Kapitel 11. Eng mit diesen beiden Konzepten verbunden sind so genannte abstrakte Klassen und Interfaces, die in Kapitel 12 vorgestellt werden.

Java integriert mit dem Exception-Konzept eine ausgezeichnete Möglichkeit der Programm-internen Behandlung von Laufzeitfehlern. Exceptions sind dabei Objekte spezieller Fehlerklassen. Die Fehlerbehandlung mit Exceptions ist Thema von Kapitel 13.

In Kapitel 14 werden das Paket-Konzept sowie Zugriffsrechte behandelt. Mit Hilfe des Paket-Konzeptes lassen sich mehrere Klassen zu so genannten Paketen „verschnüren" und anderen Programmierern zur Verfügung stellen. Über Zugriffsrechte kann dabei spezifiziert werden, was ein anderer Programmierer mit den Klassen machen darf und was nicht.

Kapitel 15 führt das Konzept der generischen Klassen und Methoden ein. Bei diesen so genannten Generics können Klassen und Methoden mit Typ-Parametern versehen werden, wodurch eine noch bessere Wiederverwendbarkeit erzielt werden kann.

Java stellt standardmäßig über eine Klassenbibliothek viele nützliche Klassen zur Verfügung, bspw. zum einfachen Entwickeln von graphischen Benutzungsoberflächen oder zum Zugriff auf Datenbanken. In Kapitel 16 erhalten Sie einen Überblick über diese Klassenbibliothek.

Im letzten Kapitel – Kapitel 17 – werden die Unterschiede zwischen der Hamster-Sprache und der „richtigen" Programmiersprache Java aufgezeigt. Weiterhin gibt Kapitel 17 einen Einblick in die Welt der objektorientierten Softwareentwicklung, von der die objektorientierte Programmierung letztendlich nur ein kleiner Teil ist. Außerdem enthält Kapitel 17 einen kurzen Überblick über Band 3 der Java-Hamster-Bücher, der in die parallele Programmierung mit Java-Threads einführt.

Am Ende des Buches befinden sich ein Anhang mit einer vollständigen Beschreibung aller vordefinierter Klassen des Java-Hamster-Modells, ein Glossar, das die wichtigsten Konzepte bzw. Begriffe der objektorientierten Programmierung nochmal kurz und präzise definiert, ein Literaturverzeichnis sowie ein Index.

Kapitel 2
Das imperative Hamster-Modell

Computer können heutzutage zum Lösen vielfältiger Aufgaben genutzt werden. Die Arbeitsanleitungen zum Bearbeiten der Aufgaben werden ihnen in Form von Programmen mitgeteilt. Diese Programme, die von Programmierern entwickelt werden, bestehen aus einer Menge von Befehlen bzw. Anweisungen, die der Computer ausführen kann. Die Entwicklung solcher Programme bezeichnet man als *Programmierung*.

Das Hamster-Modell ist ein spezielles didaktisches Modell zum Erlernen der Programmierung. Im Hamster-Modell nimmt ein virtueller Hamster die Rolle des Computers ein. Diesem Hamster können ähnlich wie einem Computer Befehle erteilt werden, die dieser ausführt.

Ihnen als Programmierer werden bestimmte Aufgaben gestellt, die sie durch die Steuerung des Hamsters zu lösen haben. Derartige Aufgaben werden im Folgenden *Hamster-Aufgaben* genannt. Zu diesen Aufgaben müssen Sie in der *Hamster-Sprache* – eine Programmiersprache, die fast vollständig der Programmiersprache Java entspricht – Programme – *Hamster-Programme* genannt – entwickeln, die die Aufgaben korrekt und vollständig lösen. Die Aufgaben werden dabei nach und nach komplexer. Zum Lösen der Aufgaben müssen bestimmte Programmierkonzepte eingesetzt werden, die im Hamster-Modell inkrementell eingeführt werden.

Das ursprüngliche Hamster-Modell wird in dem Buch „Programmieren spielend gelernt mit dem Java-Hamster-Modell"[Bol08b] eingeführt. In dem Buch – auch Band 1 der Java-Hamster-Bücher genannt – werden die Konzepte der imperativen Programmierung vorgestellt, weshalb das dort beschriebene Hamster-Modell im Folgenden auch als *imperatives Hamster-Modell* bezeichnet wird. Zur Vermittlung der Konzepte der objektorientierten Programmierung wird das imperative Hamster-Modell im folgenden Kapitel 3 leicht verändert. Das geänderte Hamster-Modell wird als *objektorientiertes Hamster-Modell* bezeichnet. Es basiert dabei auf dem imperativen Hamster-Modell, genauso wie die objektorientierten Programmierkonzepte, die Sie in diesem Buch – Band 2 der Java-Hamster-Bücher – kennen lernen, auf den imperativen Programmierkonzepten des ersten Bandes basieren.

Für diejenigen Leser, die den ersten Band der Java-Hamster-Bücher nicht durchgearbeitet haben, werden in diesem Kapitel die Grundlagen des imperativen Hamster-Modells sowie die wichtigsten Konzepte der imperativen Programmierung zusammengefasst.

2.1 Komponenten des Hamster-Modells

Die Grundidee des Hamster-Modells ist ausgesprochen einfach: Sie als Programmierer müssen einen (virtuellen) Hamster durch eine (virtuelle) Landschaft steuern und ihn gegebene Aufgaben lösen lassen.

2.1.1 Landschaft

Die Welt, in der der Hamster lebt, wird durch eine gekachelte Ebene repräsentiert. Abbildung 2.1 zeigt eine typische Hamsterlandschaft – auch Hamster-Territorium genannt – inklusive Legende. Die Größe der Landschaft, d.h. die Anzahl der Kacheln, ist dabei nicht explizit vorgegeben. Die Landschaft ist beliebig aber nie unendlich groß.

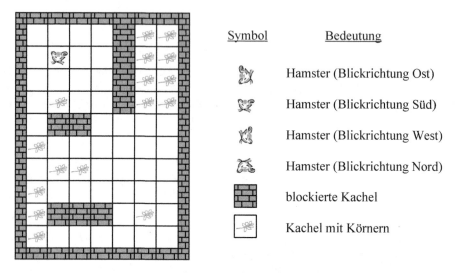

Symbol	Bedeutung
	Hamster (Blickrichtung Ost)
	Hamster (Blickrichtung Süd)
	Hamster (Blickrichtung West)
	Hamster (Blickrichtung Nord)
	blockierte Kachel
	Kachel mit Körnern

Abbildung 2.1: Komponenten des Hamster-Modells

Auf einzelnen Kacheln können ein oder mehrere Körner liegen. Kacheln, auf denen sich Körner befinden, sind in den Landschaftsskizzen durch ein spezielles Symbol gekennzeichnet. Dabei sagt das Symbol nur aus, dass auf der Kachel mindestens ein Korn liegt. Die genaue Anzahl an Körnern auf einem Feld geht aus der Landschaftsskizze nicht direkt hervor.[1]

Auf den Kacheln des Hamster-Territoriums können weiterhin auch Mauern stehen, was bedeutet, dass diese Kacheln blockiert sind. Der Hamster kann sie nicht betreten. Es ist nicht möglich, dass sich auf einer Kachel sowohl eine Mauer als auch Körner befinden. Das Territorium ist immer vollständig von Mauern umgeben.

2.1.2 Hamster

Im imperativen Hamster-Modell existiert immer genau ein Hamster. Der Hamster steht dabei auf einer der Kacheln des Hamster-Territoriums. Diese Kachel darf nicht durch eine Mauer blockiert sein, sie kann jedoch Körner enthalten.

Der Hamster kann in vier unterschiedlichen Blickrichtungen (Nord, Süd, West, Ost) auf den Kacheln stehen. Je nach Blickrichtung wird der Hamster durch unterschiedliche Symbole repräsentiert.

Wenn der Hamster auf einer Kachel steht, auf der auch Körner liegen, wird in der Skizze das Kornsymbol nicht angezeigt, d.h. es kann aus der Skizze nicht direkt abgelesen werden, ob sich der Hamster auf einer Körnerkachel befindet.

---

[1] Aus Gründen eines besseren Verständnisses wird die Anzahl an Körnern auf einer Kachel in den Abbildungen der folgenden Kapitel ab und zu als Zahl hinzugefügt.

Körner können sich nicht nur auf einzelnen Kacheln, sondern auch im Maul des Hamster befinden. Ob der Hamster Körner im Maul hat und wenn ja, wie viele, ist ebenfalls nicht direkt aus der Landschaftsskizze ersichtlich.

Mit Hilfe bestimmter Befehle, die in den kommenden Abschnitten genauer erläutert werden, kann ein Programmierer den Hamster durch ein gegebenes Hamster-Territorium steuern. Der Hamster kann dabei von Kachel zu Kachel hüpfen, er kann sich drehen, Körner fressen und Körner wieder ablegen. Sie können sich den Hamster quasi als einen virtuellen Prozessor vorstellen, der im Gegensatz zu realen Computer-Prozessoren (zunächst) keine arithmetischen und logischen Operationen ausführen kann, sondern in der Lage ist, mit einem kleinen Grundvorrat an Befehlen ein Hamster-Territorium zu „erkunden".

2.1.3 Grundlagen der Programmiersprache Java

Der Zeichenvorrat (die Lexikalik), den Sie beim Erstellen von Hamster-Programmen verwenden dürfen, entspricht dem 16-Bit-Zeichensatz *Unicode*.

Die *Token* einer Sprache, auch lexikalische Einheiten genannt, sind die Wörter, auf denen sie basiert. Wenn Sie Ihr Programm compilieren, teilt der Compiler Ihren Quellcode in Token auf und versucht herauszufinden, welche Anweisungen, Bezeichner und andere Elemente der Quellcode enthält. Token müssen in Java durch Wortzwischenräume voneinander getrennt werden. Zu den Wortzwischenräumen zählen Leerzeichen, Tabulatoren, Zeilenvorschub- und Seitenvorschubzeichen. Diese im Folgenden kurz als *Trennzeichen* bezeichneten Zeichen haben ansonsten keine Bedeutung.

Bezeichner, die zur Benennung von deklarierten Elementen (wie Prozeduren oder Variablen) verwendet werden, müssen in Java mit einem Buchstaben, einem Unterstrich (_) oder einem Dollarzeichen ($) beginnen, dem weitere Buchstaben, Unterstriche und Ziffern folgen können. Bezeichner dürfen beliebig lang sein.

In Java wird streng zwischen Groß- und Kleinbuchstaben unterschieden, d.h. dass bspw. die Bezeichner `rechts` und `Rechts` unterschiedliche Bezeichner sind.

Schlüsselwörter sind reservierte Wörter einer Programmiersprache. Sie dürfen nicht als Bezeichner verwendet werden.

2.2 Anweisungen und Programme

Programme setzen sich aus einer Menge von Befehlen bzw. Anweisungen zusammen.

2.2.1 Hamster-Befehle

Die Aufgabe eines Hamster-Programmierers besteht darin, den Hamster durch eine Landschaft zu steuern, um dadurch gegebene Hamster-Aufgaben zu lösen. Zur Steuerung des Hamsters müssen ihm Anweisungen in Form von Befehlen gegeben werden. Der Hamster besitzt dabei die Fähigkeit, vier verschiedene Befehle zu verstehen und auszuführen:

- `vor();`: Der Hamster hüpft eine Kachel in seiner aktuellen Blickrichtung nach vorne.

- `linksUm();`: Der Hamster dreht sich auf der Kachel, auf der er gerade steht, um 90 Grad entgegen dem Uhrzeigersinn.

- `nimm();`: Der Hamster frisst von der Kachel, auf der er sich gerade befindet, genau ein Korn, d.h. anschließend hat der Hamster ein Korn mehr im Maul und auf der Kachel liegt ein Korn weniger als vorher.

- `gib();`: Der Hamster legt auf der Kachel, auf der er sich gerade befindet, genau ein Korn aus seinem Maul ab, d.h. er hat anschließend ein Korn weniger im Maul, und auf der Kachel liegt ein Korn mehr als vorher.

Wie Sie vielleicht schon festgestellt haben, können bei den Befehlen vor, nimm und gib Probleme auftreten:

- Der Hamster bekommt den Befehl `vor();` und die Kachel in Blickrichtung vor ihm ist durch eine Mauer blockiert.

- Der Hamster bekommt den Befehl `nimm();` und auf der Kachel, auf der er sich gerade befindet, liegt kein einziges Korn.

- Der Hamster bekommt den Befehl `gib();` und er hat kein einziges Korn im Maul.

Bringen Sie den Hamster in diese für ihn unlösbaren Situationen, dann ist der Hamster derart von Ihnen enttäuscht, dass er im Folgenden nicht mehr bereit ist, weitere Befehle auszuführen. Derartige Fehler werden *Laufzeitfehler* genannt. Laufzeitfehler können im Allgemeinen nicht schon durch den Compiler entdeckt werden, sondern treten erst während der Ausführung eines Programmes auf. Programme, die zu Laufzeitfehlern führen können, sind nicht korrekt!

2.2.2 Anweisungen

In imperativen Programmiersprachen werden Verarbeitungsvorschriften durch so genannte *Anweisungen* ausgedrückt. Anweisungen, die nicht weiter zerlegt werden können, werden *elementare Anweisungen* genannt. In der Hamster-Sprache sind die vier Grundbefehle elementare Anweisungen. Eine Folge von Anweisungen, die nacheinander ausgeführt werden, wird als *Anweisungssequenz* bezeichnet. Die einzelnen Anweisungen einer Anweisungssequenz werden in der angegebenen Reihenfolge hintereinander ausgeführt.

2.2.3 Programme

Ein Hamster-Programm setzt sich aus den Schlüsselwörtern void, gefolgt von main, einem runden Klammernpaar und einem geschweiften Klammernpaar, das eine Anweisungssequenz umschließt, zusammen. Beim Aufruf bzw. Start des Programms werden die Anweisungen der Anweisungssequenz innerhalb der geschweiften Klammern hintereinander ausgeführt.

2.2.4 Kommentare

Ziel der Programmierung ist es, Programme zu entwickeln, die gegebene Aufgaben lösen. Neben ihren Eigenschaften, korrekt und vollständig zu sein, sollten sich Programme durch eine weitere

Eigenschaft auszeichnen; sie sollten gut verständlich sein. Das bedeutet, die Lösungsidee und die Realisierung sollte auch von anderen Programmierern mühelos verstanden und nachvollzogen werden können, um bspw. das Programm später noch zu erweitern oder in anderen Zusammenhängen wiederverwenden zu können.

Diesem Zweck der Dokumentation eines Programms dienen so genannte *Kommentare*. Sie haben auf die Steuerung des Hamsters keinerlei Auswirkungen. Alles, was sie bewirken, ist eine bessere Lesbarkeit des Programms. In Java gibt es zwei Typen von Kommentaren: *Zeilenkommentare* und *Bereichskommentare*.

- Zeilenkommentare beginnen mit zwei Schrägstrichen // und enden am nächsten Zeilenende. Den Schrägstrichen können beliebige Zeichen folgen.

- Bereichskommentare beginnen mit der Zeichenkombination /* und enden mit der Zeichenkombination */. Dazwischen können beliebige Zeichen stehen. Bereichskommentare können sich auch über mehrere Zeilen erstrecken.

2.2.5 Beispielprogramm

Das folgende Hamster-Programm bewirkt, dass der Hamster in dem in Abbildung 2.2 skizzierten Territorium zwei Körner frisst:

```java
void main() {

    // friss erstes Korn
    vor();
    vor();
    nimm();

    // friss zweites Korn
    linksUm();
    vor();
    vor();
    nimm();
}
```

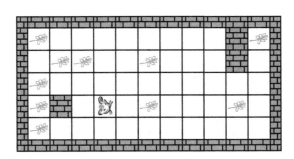

Abbildung 2.2: Hamster-Territorium zum Beispielprogramm

2.3 Prozeduren

Prozeduren dienen zur Vereinbarung neuer Befehle. Diesbezüglich sind zwei Aspekte zu betrachten: die Definition von Prozeduren und deren Aufruf, d.h. Ausführung.

2.3.1 Prozedurdefinition

Durch eine *Prozedurdefinition* wird ein neuer Befehl vereinbart. In der Definition muss zum einen angegeben werden, wie der Befehl heißt (*Prozedurname*), und zum anderen muss festgelegt werden, was der Hamster tun soll, wenn er den neuen Befehl erhält. Ersteres erfolgt im so genannten *Prozedurkopf*, letzteres im so genannten *Prozedurrumpf*.

Im Prozedurkopf muss zunächst das Schlüsselwort void angegeben werden. Anschließend folgt ein Bezeichner, der Prozedurname bzw. der Name des neuen Befehls. Nach dem Prozedurnamen folgt ein rundes Klammernpaar, das den Prozedurkopf beendet. Der Prozedurrumpf beginnt mit einer öffnenden geschweiften Klammer, der eine Anweisungssequenz folgt. Der Prozedurrumpf und damit die Prozedurdefinition endet mit einer schließenden geschweiften Klammer.

Auch das oben eingeführte main-Konstrukt ist im Prinzip eine Prozedur. Sie wird automatisch beim Start eines Programms durch das Laufzeitsystem aufgerufen. Die Definition einer neuen Prozedur darf vor oder nach der Definition der main-Prozedur erfolgen.

2.3.2 Prozeduraufruf

Durch eine Prozedurdefinition wird ein neuer Befehl eingeführt. Ein Aufruf des neuen Befehls wird *Prozeduraufruf* genannt. Ein Prozeduraufruf entspricht syntaktisch dem Aufruf eines der vier Grundbefehle des Hamsters. Er beginnt mit dem Prozedurnamen. Anschließend folgen eine öffnende und eine schließende runde Klammer und ein Semikolon.

Wird irgendwo in einem Programm eine Prozedur aufgerufen, so werden bei der Ausführung des Programms an dieser Stelle die Anweisung(en) des Prozedurrumpfes ausgeführt. Der Kontrollfluss des Programms verzweigt beim Prozeduraufruf in den Rumpf der Prozedur, führt die dortigen Anweisungen aus und kehrt nach der Abarbeitung der letzten Anweisung des Rumpfes an die Stelle des Prozeduraufrufs zurück. Durch Aufruf der return-*Anweisung* (return;) kann eine Prozedur vorzeitig verlassen werden.

2.3.3 Beispielprogramm

Im folgenden Hamster-Programm wird eine Prozedur rechtsUm definiert und aufgerufen, die bewirkt, dass sich der Hamster dreimal nach links dreht, was einer Rechtsdrehung um 90 Grad entspricht. Der Hamster frisst in dem in Abbildung 2.3 skizzierten Territorium zwei Körner:

```
void rechtsUm() { // Prozedurdefinition
    linksUm();
    linksUm();
    linksUm();
}
```

```
void main() {       // main-Prozedur

    // friss erstes Korn
    rechtsUm();       // Prozeduraufruf
    vor();
    vor();
    nimm();

    // friss zweites Korn
    rechtsUm();       // Prozeduraufruf
    vor();
    vor();
    nimm();
}
```

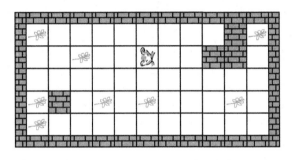

Abbildung 2.3: Hamster-Territorium zum Beispielprogramm

2.4 Auswahlanweisungen

Auswahlanweisungen dienen dazu, bestimmte Anweisungen nur unter bestimmten Bedingungen ausführen zu lassen.

2.4.1 Testbefehle

Um Laufzeitfehler zu vermeiden, die ja bspw. dadurch entstehen können, dass Sie dem Hamster den Befehl vor geben, obwohl er vor einer Mauer steht, existieren drei so genannte *Testbefehle*. Testbefehle liefern boolesche Werte, also wahr (true) oder falsch (false):

- vornFrei(): Liefert den Wert true, falls sich auf der Kachel in Blickrichtung vor dem Hamster keine Mauer befindet. Ist die Kachel durch eine Mauer blockiert, dann wird der Wert false geliefert.

- maulLeer(): Liefert den Wert false, falls der Hamster ein oder mehrere Körner im Maul hat. Befinden sich keine Körner im Maul des Hamsters, dann wird der Wert true geliefert.

- kornDa(): Liefert den Wert true, falls auf der Kachel, auf der der Hamster gerade steht, ein oder mehrere Körner liegen. Befindet sich kein Korn auf der Kachel, dann wird der Wert false geliefert.

2.4.2 Boolesche Operatoren und Ausdrücke

Die drei Testbefehle stellen einfache *boolesche Ausdrücke* dar. *Ausdrücke* sind Verarbeitungsvorschriften, die einen Wert berechnen und liefern. Boolesche Ausdrücke liefern einen booleschen Wert. Durch die Verknüpfung boolescher Ausdrücke mittels boolescher Operatoren lassen sich zusammengesetzte boolesche Ausdrücke bilden. Die Programmiersprache Java stellt drei boolesche Operatoren zur Verfügung:

- Der Operator ! (Negation) negiert den Wahrheitswert seines Operanden, d.h. er dreht ihn um. Liefert ein boolescher Ausdruck bA den Wert true, dann liefert der boolesche Ausdruck !bA den Wert false. Umgekehrt gilt, liefert bA den Wert false, dann liefert !bA den Wert true.

- Der Operator && (Konjunktion) konjugiert die Wahrheitswerte seiner beiden Operanden, d.h. er liefert genau dann den Wahrheitswert true, wenn beide Operanden den Wert true liefern.

- Der Operator || (Disjunktion) disjungiert die Wahrheitswerte seiner beiden Operanden, d.h. er liefert genau dann den Wahrheitswert true, wenn einer seiner Operanden oder seine beiden Operanden den Wert true liefern.

Der Operator ! hat eine höhere Priorität als der Operator &&, der wiederum eine höhere Priorität als der Operator || besitzt. Durch Einschließen von booleschen Ausdrücken in runde Klammern können Sie die Abarbeitungsfolge der Operatoren beeinflussen.

2.4.3 Blockanweisung

Mit Hilfe der *Blockanweisung* lassen sich mehrere Anweisungen zu einer Einheit zusammenfassen. Syntaktisch gesehen handelt es sich bei einer Blockanweisung um eine zusammengesetzte Anweisung. Innerhalb von geschweiften Klammern steht eine andere Anweisung – im Allgemeinen eine Anweisungssequenz.

Beim Ausführen einer Blockanweisung werden die innerhalb der geschweiften Klammern stehenden Anweisungen ausgeführt.

2.4.4 Bedingte Anweisung

Die *bedingte Anweisung*, die auch if-*Anweisung* genannt wird, ist eine zusammengesetzte Anweisung. Die bedingte Anweisung wird eingeleitet durch das Schlüsselwort if. Anschließend folgt innerhalb eines runden Klammernpaares ein boolescher Ausdruck und danach eine Anweisung. Bei dieser Anweisung, die im Folgenden true-*Anweisung* genannt wird, handelt es sich im Allgemeinen um eine Blockanweisung.

Beim Ausführen einer bedingten Anweisung wird zunächst der boolesche Ausdruck innerhalb der runden Klammern ausgewertet. Falls dieser Ausdruck den Wert true liefert, d.h. die Bedingung erfüllt ist, wird die true-Anweisung (daher der Name) ausgeführt. Liefert der boolesche Ausdruck den Wert false, dann wird die true-Anweisung nicht ausgeführt.

2.4.5 Alternativanweisung

Die *Alternativanweisung* ist eine bedingte Anweisung mit einem angehängten so genannten else-*Teil*. Dieser besteht aus dem Schlüsselwort else und einer Anweisung (false-*Anweisung*) – im

Allgemeinen eine Blockanweisung. Die Alternativanweisung ist wie die bedingte Anweisung eine Auswahlanweisung.

Wird eine Alternativanweisung ausgeführt, dann wird zunächst der Wert der Bedingung (boolescher Ausdruck) ermittelt. Ist die Bedingung erfüllt, d.h. liefert der boolesche Ausdruck den Wert `true`, dann wird die `true`-Anweisung nicht aber die `false`-Anweisung ausgeführt. Liefert der boolesche Ausdruck den Wert `false`, dann wird die `false`-Anweisung nicht aber die `true`-Anweisung ausgeführt.

2.4.6 Beispielprogramm

Im folgenden Beispielprogramm führt der Hamster die Blockanweisung mit dem `vor`- und dem `linksUm`-Befehl nur aus, wenn sich vor ihm keine Mauer befindet. Anschließend überprüft er, ob sich auf der aktuellen Kachel ein Korn befindet und gleichzeitig die Kachel vor ihm frei ist. Dann und nur dann nimmt er das Korn und springt eine Kachel nach vorne. Im anderen Fall dreht er sich um 90 Grad nach links.

```
void main() {
    if (vornFrei()) {  // bedingte Anweisung
        vor();
        linksUm();
    }

    if (kornDa() && vornFrei()) { // Alternativanweisung
        nimm();
        vor();
    } else {
        linksUm();
    }
}
```

2.5 Wiederholungsanweisungen

Wiederholungsanweisungen – auch *Schleifenanweisungen* genannt – dienen dazu, bestimmte Anweisungen mehrmals ausführen zu lassen, solange eine bestimmte Bedingung erfüllt wird.

2.5.1 while-Anweisung

Die `while`-*Anweisung* ist eine zusammengesetzte Anweisung. Nach dem Schlüsselwort `while` steht in runden Klammern ein boolescher Ausdruck, die so genannte *Schleifenbedingung*. Anschließend folgt die Anweisung, die eventuell mehrfach ausgeführt werden soll. Sie wird auch *Iterationsanweisung* genannt. Hierbei handelt es sich im Allgemeinen um eine Blockanweisung.

Bei der Ausführung einer `while`-Anweisung wird zunächst überprüft, ob die Schleifenbedingung erfüllt ist, d.h. ob der boolesche Ausdruck den Wert `true` liefert. Falls dies nicht der Fall ist, ist die `while`-Anweisung unmittelbar beendet. Falls die Bedingung erfüllt ist, wird die Iterationsanweisung einmal ausgeführt. Anschließend wird die Schleifenbedingung erneut ausgewertet. Falls sie immer noch erfüllt ist, wird die Iterationsanweisung ein weiteres Mal ausgeführt. Dieser Prozess (Überprüfung der Schleifenbedingung und falls diese erfüllt ist, Ausführung der Iterationsanweisung) wiederholt sich so lange, bis (hoffentlich) irgendwann einmal die Bedingung nicht mehr erfüllt ist.

2.5.2 do-Anweisung

Bei Ausführung der while-Anweisung kann es vorkommen, dass die Iterationsanweisung kein einziges Mal ausgeführt wird; nämlich genau dann, wenn die Schleifenbedingung direkt beim ersten Test nicht erfüllt ist. Für solche Fälle, bei denen die Iterationsanweisung auf jeden Fall mindestens einmal ausgeführt werden soll, existiert die do-*Anweisung* – auch do-*Schleife* genannt.

Dem Schlüsselwort do, von dem die Anweisung ihren Namen hat, folgt die Iterationsanweisung. Hinter der Iterationsanweisung muss das Schlüsselwort while stehen. Anschließend folgt in runden Klammern ein boolescher Ausdruck – die Schleifenbedingung. Abgeschlossen wird die do-Anweisung durch ein Semikolon.

Bei der Ausführung einer do-Anweisung wird zunächst einmal die Iterationsanweisung ausgeführt. Anschließend wird die Schleifenbedingung überprüft. Ist sie nicht erfüllt, d.h. liefert der boolesche Ausdruck den Wert false, dann endet die do-Anweisung. Ist die Bedingung erfüllt, wird die Iterationsanweisung ein zweites Mal ausgeführt und danach erneut die Schleifenbedingung ausgewertet. Dieser Prozess wiederholt sich so lange, bis irgendwann einmal die Schleifenbedingung nicht mehr erfüllt ist.

2.5.3 Beispielprogramm

Der Hamster steht – wie in den Beispielen in Abbildung 2.4 skizziert – vor einem regelmäßigen Berg unbekannter Höhe. Er soll den Gipfel erklimmen und dort anhalten.

```
void main() {
    laufeZumBerg();
    erklimmeGipfel();
}

void laufeZumBerg() {
    while (vornFrei()) {  // while-Schleife
        vor();
    }
}

void erklimmeGipfel() {
    do {                    // do-Schleife
        erklimmeEineStufe();
    } while (!vornFrei());
}

void erklimmeEineStufe() {
    linksUm();
    vor();
    rechtsUm();
    vor();
```

```
}

void rechtsUm() {
    linksUm();
    linksUm();
    linksUm();
}
```

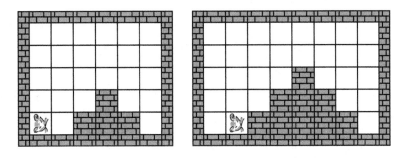

Abbildung 2.4: Hamster-Territorien zum Beispielprogramm

2.6 Boolesche Funktionen

Während Prozeduren dazu dienen, den Befehlsvorrat des Hamsters zu erweitern, dienen *boolesche Funktionen* dazu, neue Testbefehle einzuführen.

2.6.1 Boolesche `return`-Anweisung

Boolesche `return`-Anweisungen werden in booleschen Funktionen zum Liefern eines booleschen Wertes benötigt.

Die Syntax der booleschen `return`-Anweisung ist sehr einfach: Dem Schlüsselwort `return` folgt ein boolescher Ausdruck und ein abschließendes Semikolon. Boolesche `return`-Anweisungen sind spezielle Anweisungen, die ausschließlich im Funktionsrumpf boolescher Funktionen verwendet werden dürfen.

Die Ausführung einer booleschen `return`-Anweisung während der Ausführung einer booleschen Funktion führt zur unmittelbaren Beendigung der Funktionsausführung. Dabei wird der Wert des booleschen Ausdrucks als so genannter *Funktionswert* zurückgegeben.

2.6.2 Definition boolescher Funktionen

Die Syntax der Definition einer booleschen Funktion unterscheidet sich nur geringfügig von der Definition einer Prozedur. Statt Prozedurkopf, -name und -rumpf spricht man hier von *Funktionskopf*, *Funktionsname* und *Funktionsrumpf*.

Anstelle des Schlüsselwortes `void` bei der Definition einer Prozedur muss bei der Definition einer booleschen Funktion das Schlüsselwort `boolean` am Anfang des Funktionskopfes stehen.

Ganz wichtig bei der Definition boolescher Funktionen ist jedoch folgende Zusatzbedingung: In jedem möglichen Weg durch die Funktion muss eine boolesche return-Anweisung auftreten!

Boolesche Funktionen können überall dort in einem Hamster-Programm definiert werden, wo auch Prozeduren definiert werden können.

2.6.3 Aufruf boolescher Funktionen

Eine boolesche Funktion darf überall dort aufgerufen werden, wo auch einer der drei vordefinierten Testbefehle aufgerufen werden darf. Der Aufruf einer boolesche Funktion gilt also als ein spezieller boolescher Ausdruck. Der Funktionsaufruf erfolgt syntaktisch durch die Angabe des Funktionsnamens gefolgt von einem runden Klammernpaar.

Wird bei der Berechnung eines boolesche Ausdrucks eine boolesche Funktion aufgerufen, so wird in deren Funktionsrumpf verzweigt und es werden die dortigen Anweisungen aufgerufen. Wird dabei eine boolesche return-Anweisung ausgeführt, so wird der Funktionsrumpf unmittelbar verlassen und an die Stelle des Funktionsaufrufs zurückgesprungen. Der von der boolesche return-Anweisung gelieferte Wert (also der Funktionswert) wird dabei zur Berechnung des boolesche Ausdrucks weiterverwendet.

2.6.4 Beispielprogramm

Im folgenden Programm sucht der Hamster auf der rechten Seite eine Nische. Findet er eine, begibt er sich hinein. Beim Suchen benutzt er eine boolesche Funktion rechtsFrei.

```
void kehrt() {
    linksUm();
    linksUm();
}

void rechtsUm() {
    kehrt();
    linksUm();
}

boolean rechtsFrei() { // Definition einer booleschen Funktion
    rechtsUm();
    if (vornFrei()) {
        linksUm();
        return true; // boolesche return-Anweisung
    } else {
        linksUm();
        return false; // boolesche return-Anweisung
    }
}

void main() {
    while (vornFrei() &&
            !rechtsFrei()) { // Aufruf einer booleschen Funktion
        vor();
```

```
    }
    if (rechtsFrei()) { // Aufruf einer booleschen Funktion
        rechtsUm();
        vor();
    }
}
```

2.7 Variablen und Ausdrücke

Durch die Einführung von Variablen und Ausdrücken bekommt der Hamster ein „Gedächtnis" und lernt rechnen.

2.7.1 Datentypen

Ein *Datentyp* repräsentiert Werte eines bestimmten Typs. Im imperativen Hamster-Modell werden die Datentypen `boolean` und `int` genutzt. Der Datentyp `boolean` repräsentiert boolesche Werte, also `true` und `false`. Der Datentyp `int` repräsentiert ganze Zahlen zwischen -2^{31} und $2^{31} - 1$.

2.7.2 Variablen

Variablen sind Speicherbereiche („Behälter"), in denen Werte abgespeichert werden können. Vor ihrer Benutzung müssen sie definiert werden. Bei der Definition einer Variablen wird ihr ein Name – ein beliebiger Bezeichner – zugeordnet. Außerdem wird durch die Angabe eines Datentyp festgelegt, welche Werte die Variable speichern kann.

Die folgenden Anweisungen definieren eine Variable `frei` zum Speichern von booleschen Werten sowie eine Variable `anzahlKoerner` zum Speichern von ganzen Zahlen. Der Variablen `frei` wird der Initialwert `false` zugewiesen, der Variablen `anzahl` der Wert 13.

```
boolean frei = false;
int anzahl = 13;
```

2.7.3 Ausdrücke

Ausdrücke sind spezielle Programmierkonstrukte zum Berechnen und Liefern eines Wertes. Boolesche Ausdrücke haben Sie bereits kennen gelernt. Sie liefern boolesche Werte. Zur Berechnung boolescher Ausdrücke können auch `boolean`-Variablen hinzugezogen werden. Enthält ein boolescher Ausdruck den Namen einer booleschen Variablen, dann wird bei der Auswertung des booleschen Ausdrucks an der entsprechenden Stelle der Wert berücksichtigt, der aktuell in der Variablen gespeichert ist.

Einen weiteren Typ von Ausdrücken stellen *arithmetische Ausdrücke* dar. Sie berechnen und liefern Werte vom Typ `int`, also ganze Zahlen. Arithmetische Ausdrücke lassen sich auf folgende Art und Weise bilden:

- int-Literale: int-Literale werden durch Zeichenfolgen beschrieben, die aus dezimalen Ziffern (0, 1, 2, 3, 4, 5, 6, 7, 8, 9) bestehen. Dabei gilt die Einschränkung, dass einer Zahl ungleich 0 keine „0" vorangestellt werden darf. Gültige int-Literale sind also: 0, 2, 4711, 1234560789, ...

- int-Variablenname: Der Name einer int-Variablen in einem arithmetischen Ausdruck repräsentiert den aktuell in der Variablen gespeicherten Wert.

- Unäre arithmetische Operatoren: Die Zeichen „+" und „-" kennzeichnen Vorzeichen von arithmetischen Ausdrücken. Die unären arithmetischen Operatoren sind rechtsassoziativ und besitzen die höchste Priorität aller arithmetischen Operatoren.

- Binäre arithmetische Operatoren: Es existieren insgesamt fünf binäre arithmetische Operatoren, mit denen jeweils zwei andere arithmetische Ausdrücke (die Operanden) verknüpft werden:

    - „+": liefert als Wert die Summe seiner beiden Operanden (Addition)

    - „-": liefert als Wert die Differenz seiner beiden Operanden (Subtraktion)

    - „*": liefert als Wert das Produkt seiner beiden Operanden (Produkt)

    - „/": liefert als Wert den Quotient seiner beiden Operanden; dabei werden entstehende Nachkommastellen ignoriert (*ganzzahlige Division*); z.B. 7/3 = 2

    - „%": liefert als Wert den Rest einer ganzzahligen Division (*Modulo-Operator*); z.B. 7%3 = 1. Zwischen der Ganzzahldivision und der Restbildung besteht folgende Beziehung: Seien x und y arithmetische Ausdrücke, dann gilt ((x/y) * y) + (x%y) = x.

    Die binären arithmetischen Operatoren sind linksassoziativ. Die Operatoren „*", „/" und „%" besitzen eine höhere Priorität als die Operatoren „+" und „-" („Punkt-vor-Strich-Rechnung").

- Klammern: Zum Bilden von (komplexen) arithmetischen Ausdrücken können arithmetische Ausdrücke in Paare von runden Klammern gesetzt werden. Dadurch lässt sich die Priorität von arithmetischen Operatoren beeinflussen.

2.7.4 Zuweisung

Mit Hilfe einer *Zuweisungsanweisung* – kurz auch *Zuweisung* genannt – können Variablen neue Werte zugewiesen werden. Die alten Werte gehen dabei verloren.

Syntaktisch wird die Zuweisung so gebildet, dass dem Namen der betroffenen Variablen das Zeichen = – der *Zuweisungsoperator* – und anschließend ein Ausdruck folgt. Bei booleschen Variablen muss das ein boolescher Ausdruck sein, bei int-Variablen ein arithmetischer Ausdruck.

Bei der Ausführung einer Zuweisung wird zunächst der Ausdruck ausgewertet und anschließend der berechnete Wert der Variablen auf der linken Seite des Zuweisungsoperators zugewiesen. Die Zuweisungsanweisung zahl = zahl + 1; erhöht bspw. den Wert einer int-Variablen zahl um den Wert 1.

2.7.5 Vergleichsausdrücke

Vergleichsausdrücke sind boolesche Ausdrücke, die zum Vergleichen arithmetischer Ausdrücke dienen. Sie liefern boolesche Werte nach folgenden Gesetzmäßigkeiten: Seien x und y zwei arithmetische Ausdrücke, dann gilt:

- $x == y$ liefert genau dann den Wert true, falls der Wert, den x liefert, gleich dem Wert ist, den y liefert (Gleichheitsoperator).

- $x\,! = y$ liefert genau dann den Wert true, falls der Wert, den x liefert, ungleich dem Wert ist, den y liefert (Ungleichheitsoperator).

- $x < y$ liefert genau dann den Wert true, falls der Wert, den x liefert, kleiner ist als der Wert, den y liefert (Kleineroperator).

- $x <= y$ liefert genau dann den Wert true, falls der Wert, den x liefert, kleiner oder gleich dem Wert ist, den y liefert (Kleinergleichoperator).

- $x > y$ liefert genau dann den Wert true, falls der Wert, den x liefert, größer ist als der Wert, den y liefert (Größeroperator).

- $x >= y$ liefert genau dann den Wert true, falls der Wert, den x liefert, größer oder gleich dem Wert ist, den y liefert (Größergleichoperator).

Die Vergleichsoperatoren sind linksassoziativ. Die Operatoren $<$, $<=$, $>$ und $>=$ haben eine höhere Priorität als die Operatoren $==$ und $! =$. Weiterhin ist zu beachten, dass die Vergleichsoperatoren eine niedrigere Priorität besitzen als die arithmetischen Operatoren und eine höhere Priorität als der Zuweisungsoperator.

2.7.6 Gültigkeitsbereiche von Variablen

Variablen lassen sich innerhalb von Prozeduren und Funktionen definieren. In diesem Fall nennt man sie *lokale* Variablen. Variablen, die außerhalb von Prozeduren oder Funktionen definiert werden, heißen *globale* Variablen.

Als *Gültigkeitsbereich* einer Variablen wird der Teil eines Programmes bezeichnet, in dem eine Variable genutzt werden kann, d.h. in dem der Name einer Variablen verwendet werden darf. Der Gültigkeitsbereich einer lokalen Variablen erstreckt sich von der der Variablendefinition folgenden Anweisung bis zum Ende desselben Blockes und umschließt alle inneren Blöcke. Der Gültigkeitsbereich einer globalen Variablen umfasst das gesamte Hamster-Programm. Im Gültigkeitsbereich einer Variablen darf keine weitere Variable mit demselben Namen definiert werden.

2.7.7 Lebensdauer von Variablen

Während der Gültigkeitsbereich einer booleschen Variablen zur Compilierzeit von Bedeutung ist, ist die *Lebensdauer* einer booleschen Variablen eine Größe, die zur Laufzeit Relevanz besitzt. Sie ist definiert als die Zeitspanne, während der im Hauptspeicher Speicherplatz für eine Variable reserviert ist. Es gilt dabei: Die Lebensdauer einer globalen Variablen umfasst die gesamte Ausführungszeit eines Hamster-Programms. Die Lebensdauer einer lokalen Variablen beginnt bei ihrer Definition und endet nach der vollständigen Abarbeitung des Blocks, in dem sie definiert wurde.

2.7.8 Beispielprogramm

Im folgenden Programm läuft der Hamster bis zur nächsten Wand. Anschließend dreht er sich um und läuft zum Ausgangsfeld zurück. Die Anzahl der gelaufenen Schritte merkt er sich dabei in einer globalen Variablen anzahl.

```
int anzahl = 0;  // globale Variable

void laufeBisZurWand() {
    while (vornFrei()) {
        vor();
        anzahl = anzahl + 1;   // Zuweisung
    }
}

void laufeZurueckZumAusgangspunkt() {
    while (anzahl > 0) { // Vergleichsausdruck
        vor();
        anzahl = anzahl - 1;
    }
}

void main() {
    laufeBisZurWand();
    linksUm();
    linksUm();
    laufeZurueckZumAusgangspunkt();
}
```

2.8 int-**Funktionen**

Boolesche Funktionen liefern einen Wert vom Typ boolean. Dementsprechend sind int-*Funktionen* Funktionen, die einen Wert vom Typ int, also eine ganze Zahl, liefern.

2.8.1 Funktionsdefinition

Die Definition einer int-Funktion unterscheidet sich nur dadurch von der Definition einer booleschen Funktion, dass im Funktionskopf das Schlüsselwort boolean gegen das Schlüsselwort int ausgetauscht werden muss und die im Funktionsrumpf obligatorischen return-Anweisungen anstelle eines booleschen Wertes einen Wert vom Typ int liefern müssen.

2.8.2 Funktionsaufruf

Der Aufruf von int-Funktionen entspricht einem speziellen arithmetischen Ausdruck. int-Funktionen dürfen also überall dort aufgerufen werden, wo arithmetische Ausdrücke stehen dürfen. Der Aufruf einer int-Funktion erfolgt wie der Aufruf einer booleschen Funktion syntaktisch durch die Angabe des Funktionsnamens gefolgt von einem runden Klammernpaar. Beim Aufruf einer int-Funktion wird in den Funktionsrumpf verzweigt und die dortigen Anweisungen werden ausgeführt. Als Wert des arithmetischen Ausdrucks wird in diesem Fall der Wert genommen, den die Funktion berechnet und mit Hilfe einer return-Anweisung geliefert hat.

2.8.3 Verallgemeinerung des Funktionskonzeptes

Neben den Datentypen boolean und int gibt es in Java und in anderen Programmiersprachen weitere Datentypen, auf deren Einführung im Hamster-Modell zunächst verzichtet wird, für die das Funktionskonzept aber entsprechend gilt.

Funktionen können prinzipiell wie Prozeduren auch in Form von Anweisungen aufgerufen werden. Der gelieferte Funktionswert wird dann einfach ignoriert.

Prozeduren werden ab jetzt als Spezialform von Funktionen aufgefasst. Sie liefern keinen Wert, was durch das Schlüsselwort void bei ihrer Definition ausgedrückt wird.

Der Gültigkeitsbereich von Funktionen erstreckt sich über ein gesamtes Programm. Insbesondere dürfen Funktionen auch schon vor ihrer Definition aufgerufen werden.

Wenn sich nach der Ausführung einer Funktion der Programmzustand verändert hat (bspw. die Position oder Blickrichtung des Hamsters), spricht man von einem *Seiteneffekt*, den die Funktion produziert hat.

2.8.4 Beispielprogramm

Der Hamster bekommt die Aufgabe, so viele Körner abzulegen, wie insgesamt auf seinen vier Nachbarfeldern liegen (natürlich nur, wenn er auch genügend Körner im Maul hat). Er nutzt dabei eine Funktion koernerVorne, die ohne Seiteneffekte die Anzahl an Körnern liefert, die sich auf der Kachel vor dem Hamster befindet.

```
// liefert die Anzahl an Koernern, die sich auf dem Feld vor dem
// Hamster befindet; produziert dabei keine Seiteneffekte
int koernerVorne() {  // Definition einer int-Funktion
    if (!vornFrei()) {
        return 0;
    }

    vor();
    int anzahl = 0;  // lokale Variable
    while (kornDa()) {
        nimm();
        anzahl = anzahl + 1;
    }

    // um Seiteneffekte zu vermeiden, muessen nun noch die Koerner
    // wieder abgelegt werden und der Hamster muss auf
    // seine alte Kachel zurueckkehren
    int zurueck = anzahl;
    while (zurueck > 0) {
        gib();
        zurueck = zurueck - 1;
    }
    kehrt();
    vor();
    kehrt();
```

```
    // nun kann die Anzahl an Koernern zurueckgeliefert werden
    return anzahl;
}

void kehrt() {
    linksUm();
    linksUm();
}

void main() {

    // ermittelt die Anzahl an Koernern vor sich
    int nachbarKoerner = koernerVorne(); // Aufruf einer int-Funktion
    int drehungen = 0;

    // dreht sich in die anderen Richtungen und addiert die
    // entsprechenden Koerneranzahlen
    while (drehungen < 3) {
        linksUm();
        nachbarKoerner = nachbarKoerner +
            koernerVorne(); // Aufruf einer int-Funktion
        drehungen = drehungen + 1;
    }

    // legt entsprechend viele Koerner ab, solange er noch
    // welche im Maul hat
    while (nachbarKoerner > 0 && !maulLeer()) {
        gib();
        nachbarKoerner = nachbarKoerner - 1;
    }
}
```

2.9 Funktionsparameter

Das Parameterkonzept erhöht die Flexibilität von Prozeduren und Funktionen.

2.9.1 Formale Parameter

Parameter sind lokale Variablen von Funktionen, die dadurch initialisiert werden, dass der Funktion bei ihrem Aufruf ein entsprechender Initialisierungswert für die Variable übergeben wird.

Parameter werden im Funktionskopf definiert. Zwischen die beiden runden Klammern wird eine so genannte *formale Parameterliste* eingeschoben. Die Parameterliste besteht aus keiner, einer oder mehreren durch Kommata getrennten Parameterdefinitionen. Eine Parameterdefinition hat dabei eine ähnliche Gestalt wie die Variablendefinition. Was fehlt, ist ein expliziter Initialisierungsausdruck. In der Tat handelt es sich bei einem Parameter auch um eine ganz normale Variable. Sie ist lokal bezüglich des Funktionsrumpfes. Ihr können im Funktionsrumpf ihrem Typ entsprechend Werte zugewiesen werden und sie kann bei der Bildung von typkonformen Ausdrücken innerhalb des Funktionsrumpfes eingesetzt werden. Man nennt die Parameter innerhalb der Funktionsdefinition auch *formale Parameter* oder *Parametervariablen*.

2.9.2 Aktuelle Parameter

Der Funktionsaufruf wird durch die Angabe einer *aktuellen Parameterliste* zwischen den runden Klammern erweitert. Die durch Kommata getrennten Elemente dieser Liste werden als *aktuelle Parameter* bezeichnet. Hierbei handelt es sich um Ausdrücke.

2.9.3 Parameterübergabe

Bezüglich der Definition von Funktionen mit (formalen) Parametern und dem Aufruf von Funktionen mit (aktuellen) Parametern sind folgende zusätzliche Bedingungen zu beachten:

- Die Anzahl der aktuellen Parameter beim Aufruf einer Funktion muss gleich der Anzahl der formalen Parameter der Funktionsdefinition sein. (Ausnahme: so genannte *varargs*-Parameter)
- Für alle Parameter in der angegebenen Reihenfolge muss gelten: Der Typ eines aktuellen Parameters muss konform sein zum Typ des entsprechenden formalen Parameters (boolesche Ausdrücke sind konform zum Typ boolean, arithmetische Ausdrücke sind konform zum Typ int).

Wird eine Funktion mit Parametern aufgerufen, so passiert folgendes: Die aktuellen Parameter – hierbei handelt es sich ja um Ausdrücke – werden berechnet, und zwar immer von links nach rechts, falls es sich um mehr als einen Parameter handelt. Für jeden formalen Parameter der formalen Parameterliste wird im Funktionsrumpf eine lokale Variable angelegt. Diese Variablen werden anschließend – bei Beachtung der Reihenfolge innerhalb der Parameterlisten – mit dem Wert des entsprechenden aktuellen Parameters initialisiert. Man spricht in diesem Zusammenhang auch von *Parameterübergabe*: Der Wert eines aktuellen Parameters wird beim Aufruf einer Funktion einem formalen Parameter der Funktion als Initialisierungswert übergeben.

2.9.4 Überladen von Funktionen

Eigentlich müssen Funktionsnamen in einem Programm eindeutig sein. Zwei oder mehrere Funktionen dürfen jedoch denselben Namen besitzen, falls sich ihre formalen Parameterlisten durch die Anzahl an Parametern oder die Typen der Parameter unterscheiden. Man nennt dieses Prinzip auch *Überladen* von Funktionen. Die tatsächlich aufgerufene Funktion wird dann beim Funktionsaufruf anhand der Anzahl bzw. Typen der aktuellen Parameterliste bestimmt.

2.9.5 Beispielprogramm

Im folgenden Beispielprogramm wird eine Funktion vor mit einem formalen Parameter anzahl vom Typ int definiert. Die Funktion überlädt dabei die Funktion, die den Hamster-Befehl vor repräsentiert. Der Wert von anzahl gibt an, um wie viele Kacheln der Hamster nach vorne springen soll. Der Wert braucht dabei erst zur Laufzeit beim Aufruf der Funktion angegeben werden. In der main-Funktion wird die Funktion vor einmal mit dem Wert 4 aufgerufen, d.h. der Hamster soll vier

Kacheln nach vorne springen. Beim zweiten Aufruf wird als Wert die Anzahl an Körnern, die sich im Maul des Hamsters befinden, übergeben. Entsprechend oft hüpft der Hamster nach vorne.

```
// der Hamster huepft anzahl-mal vor, maximal aber bis zur Mauer
void vor(int anzahl) {   // formaler Parameter
    while (vornFrei() && anzahl > 0) {
        vor();
        anzahl = anzahl - 1;
    }
}

// liefert seiteneffektfrei die Koerneranzahl im Maul des Hamsters
int koernerImMaul() {
    int anzahl = 0;
    while (!maulLeer()) {
        gib();
        anzahl = anzahl + 1;
    }
    int ergebnis = anzahl;

    // Koerner wieder fressen
    while (anzahl > 0) {
        nimm();
        anzahl = anzahl - 1;
    }
    return ergebnis;
}

void main() {
    vor(4);                      // aktueller Parameter
    linksUm();
    vor(koernerImMaul());   // aktueller Parameter
}
```

2.10 Rekursion

Funktionen, die sich selbst aufrufen, bezeichnet man als *rekursive Funktionen*. Die rekursive Funktion hinUndZurueck im folgenden Programm bewirkt, dass der Hamster bis zur nächsten Wand und anschließend zurück zu seinem Ausgangspunkt läuft.

```
void hinUndZurueck() {
    if (vornFrei()) {
        vor();
        hinUndZurueck();   // rekursiver Funktionsaufruf
        vor();
    } else {
        kehrt();
    }
}
```

```
void kehrt() {
    linksUm();
    linksUm();
}

void main() {

    // der Hamster laeuft zur naechsten Wand und zurueck
    hinUndZurueck();
}
```

Kapitel 3
Hamster-Objekte

Unser Hamster sitzt nun schon ein paar Jahre einsam und allein in seinem Territorium und wünscht sich – außer vielen leckeren Körnern natürlich! – sehnlichst Gesellschaft. In diesem Kapitel werden Sie lernen, wie Sie dem Hamster diesen Herzenswunsch erfüllen können.

Im ersten Abschnitt werden zunächst die Änderungen zwischen dem bisherigen imperativen und dem neuen objektorientierten Hamster-Modell aufgezeigt und motiviert. Abschnitt 2 führt Namen für Hamster ein. Wie Sie dem bisher namenlosen Hamster einen Namen zuordnen können, demonstriert Abschnitt 3. Durch die Einführung von Hamster-Namen ändert sich auch der Umgang mit dem Hamster; Abschnitt 4 zeigt, wie Sie dem Hamster im objektorientierten Hamster-Modell Befehle erteilen.

Im fünften Abschnitt wird das Hamster-Territorium erweitert. In den Abschnitten 6, 7 und 8 kommt dann der große Moment: Sie werden lernen, wie neue Hamster erzeugt, initialisiert und gesteuert werden können. In Abschnitt 9 werden vier zusätzliche Hamster-Befehle vorgestellt. Hamster sind im Prinzip Werte eines neuen Datentyps `Hamster`, der in Abschnitt 10 eingeführt wird. Das Kapitel endet in Abschnitt 11 mit drei dokumentierten Beispielprogrammen, bevor Sie selbst in Abschnitt 12 durch das Lösen von Hamster-Aufgaben zeigen können, dass Sie das Konzept der Hamster-Objekte verstanden haben.

3.1 Das objektorientierte Hamster-Modell

Im ersten Band der Java-Hamster-Bücher („Programmieren spielend gelernt") haben Sie das imperative Hamster-Modell kennen gelernt. Es weist einige Merkmale auf, die nun in diesem zweiten Band („Objektorientierte Programmierung spielend gelernt") geändert bzw. erweitert werden. Lassen Sie uns dazu zunächst das imperative Hamster-Modell analysieren:

- Es existiert genau ein einzelner (einsamer) Hamster.

- Der Hamster kennt die vier Grundbefehle vor, `linksUm`, `gib` und `nimm` sowie die drei Testbefehle `vornFrei`, `maulLeer` und `kornDa`.

- Der Hamster besitzt bestimmte Eigenschaften („Attribute"):

  - Er sitzt auf einer bestimmten Kachel, d.h. er nimmt eine bestimmte Position im Territorium ein.

  - Er schaut in eine bestimmte Blickrichtung.

  - Er hat eine bestimmte Anzahl an Körnern im Maul.

- Der Hamster besitzt keinen Namen.

- Der Hamster wird vor dem Ausführen eines Programms im Hamster-Simulator „initialisiert",
  d.h. seine anfänglichen Eigenschaftswerte (Position, Blickrichtung, Körneranzahl) werden
  festgelegt. Wenn das Programm startet, ist der Hamster automatisch da. Er muss nicht im
  Hamster-Programm erzeugt („geboren") werden.

In genau diesen Merkmalen weicht nun das objektorientierte Hamster-Modell vom imperativen
Hamster-Modell ab:

- Der einzelne Hamster des imperativen Hamster-Modells – im Folgenden *Standard-Hamster*
  genannt – bekommt Gesellschaft, d.h. in einem Hamster-Programm können mehrere Hamster
  existieren.

- Jeder Hamster kennt die vier Grund- und die drei Testbefehle sowie einige weitere Befehle.

- Jeder Hamster hat einen (oder auch mehrere) Namen. Das ist aus Sicht eines Hamster-Programmierers notwendig, um ausdrücken zu können, welcher Hamster bspw. den Befehl vor
  ausführen soll.

- Jeder Hamster besitzt die drei Attribute Position, Blickrichtung und Körneranzahl. Die Werte
  der Attribute können sich bei den einzelnen Hamstern jedoch unterscheiden. So schaut zu
  einem bestimmten Zeitpunkt ein Hamster Paul bspw. nach Westen und ein Hamster Willi
  nach Osten.

- Der Standard-Hamster wird wie bisher im Hamster-Simulator initialisiert. Dahingegen werden zusätzliche Hamster im Programm durch den Programmierer erzeugt („geboren") und
  initialisiert. Die Hamster müssen dabei nicht alle bereits am Beginn eines Programms erzeugt
  werden. Vielmehr ist dies auch während des Programmablaufs möglich.

- Auf einer Kachel können sich gleichzeitig mehrere Hamster befinden.

- Wenn ein Hamster einen Fehler macht, bspw. vor eine Mauer „donnert", sterben alle („Programmabbruch").

Zur Umsetzung dieser Eigenschaften sind nun mehrere Erweiterungen im objektorientierten Hamster-Modell notwendig, die im folgenden Teil dieses Kapitels genauer betrachtet werden:

- Es muss eine Möglichkeit geschaffen werden, um Hamstern Namen zuordnen zu können.

- Es muss eine spezielle Anweisung geben, um zusätzliche Hamster erzeugen zu können.

- Es muss eine weitere neue Anweisung geben, um Hamster zu initialisieren.

- Um in einem Hamster-Programm ausdrücken zu können, auf welcher Kachel ein Hamster
  „geboren" wird, muss für das Hamster-Territorium ein Koordinatensystem eingeführt werden.

- Es muss eine Notation eingeführt werden, um ausdrücken zu können, für welchen Hamster
  ein bestimmter Befehl aufgerufen werden soll.

3.2 Hamster-Namen

Aus Band 1 der Java-Hamster-Bücher kennen Sie bereits die Datentypen `int` und `boolean`. Werte
des Datentyps `int` sind ganze Zahlen, Werte des Datentyps `boolean` sind die booleschen Werte
`true` und `false`. Mit dem Datentyp `Hamster` wird nun ein weiterer Datentyp eingeführt. Variablen vom Datentyp `Hamster` können dabei als Hamster-Namen interpretiert werden. Im folgenden
Beispiel werden drei Hamster-Namen `paul`, `willi` und `heidi` vereinbart.

```
Hamster paul;
Hamster willi, heidi;
```

Solche Anweisungen werden *Hamster-Deklarationsanweisungen* oder kurz *Hamster-Deklarationen* genannt. Ein Hamster-Name ist dabei ein beliebiger Bezeichner, d.h. er muss mit einem Buchstaben, einem Unterstrich (_) oder einem Dollarzeichen beginnen, dem beliebig viele weitere Buchstaben, Unterstriche und Ziffern folgen können (siehe auch Band 1, Kapitel 6.3).

3.3 Der Standard-Hamster

Um dem Standard-Hamster im objektorientierten Hamster-Modell Befehle erteilen zu können, müssen Sie ihm zunächst einen Namen zuordnen. Dieses erreichen Sie auf folgende Art und Weise:

```
Hamster paul = Hamster.getStandardHamster();
```

In dieser Anweisung wird dem *Standard-Hamster* – das ist der einzelne Hamster aus dem imperativen Hamster-Modell, der im Hamster-Simulator standardmäßig im Hamster-Territorium sitzt – der Name paul zugeordnet. Der Ausdruck Hamster.getStandardHamster() liefert genau diesen einen Hamster.

3.4 Aufruf von Hamster-Befehlen

Befehle für einen Hamster werden im objektorientierten Hamster-Modell durch Voranstellen eines Hamster-Namens sowie eines trennenden Punktes (.) aufgerufen. Aber Achtung: Der Hamster-Name muss eine gültige Variable vom Typ Hamster sein, sonst „meckert" der Compiler. Außerdem muss dem Hamster-Namen ein Hamster zugeordnet sein. Ansonsten kommt es zu einem Laufzeitfehler, d.h. Programmabbruch.

Das folgende Beispiel enthält nun unser erstes komplettes objektorientiertes Hamster-Programm: Der Standard-Hamster läuft bis zur nächsten Wand und frisst auf jeder Kachel – falls vorhanden – ein Korn.

```
void main() {
    // dem Standard-Hamster wird der Name willi zugeordnet
    Hamster willi = Hamster.getStandardHamster();

    // willi erledigt seine Arbeit
    if (willi.kornDa()) {
        willi.nimm();
    }
    while (willi.vornFrei()) {
        willi.vor();
        if (willi.kornDa()) {
            willi.nimm();
        }
    }
}
```

Achtung: Wenn Sie in objektorientierten Hamster-Programmen versuchen, einen Hamster-Befehl wie in imperativen Hamster-Programmen ohne Voranstellen eines Hamster-Namens aufzurufen, liefert der Compiler eine Fehlermeldung!

3.5 Koordinatensystem

Damit jede Kachel des Hamster-Territoriums eindeutig identifiziert werden kann, wird dem Hamster-Territorium ein Koordinatensystem zugeordnet (siehe Abbildung 3.1).

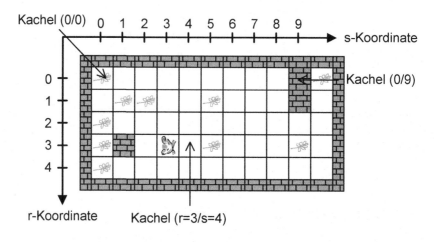

Abbildung 3.1: Hamster-Territorium mit Koordinatensystem

Jede Kachel ist in einer bestimmten Reihe und Spalte platziert. Um Kacheln benennen zu können, bekommt jede Kachel eine *r-Koordinate* (r = Reihe) und eine *s-Koordinate* (s = Spalte). Die Koordinaten sind natürliche Zahlen und beginnen bei 0. Die r-Koordinate wird nach unten pro Kachel um eine Zahl größer und die s-Koordinate wächst nach rechts hin. Die Kachel in der linken oberen Ecke hat damit die Position (r=0/s=0) – kurz (0/0). In Abbildung 3.1 sind für mehrere Kacheln ihre Koordinatenwerte markiert.

3.6 Erzeugung neuer Hamster

Nun ist es endlich soweit, dass der Standard-Hamster Gesellschaft bekommt: Wir lernen kennen, wie man neue zusätzliche Hamster erzeugt.

Die Erzeugung eines neuen Hamsters erfolgt über eine spezielle Anweisung (die so genannte *Hamster-Erzeugungsanweisung*), die folgende Gestalt hat:

```
Hamster paul = new Hamster();
```

Eine Hamster-Erzeugungsanweisung darf überall dort in einem Programm auftreten, wo auch andere Anweisungen stehen dürfen. Schauen wir uns die einzelnen Bestandteile der Hamster-Erzeugungsanweisung einmal genauer an:

- Die eigentliche Erzeugung erfolgt durch den Ausdruck new Hamster(). Dieser Ausdruck liefert einen neuen Hamster, genauer gesagt, einen Wert vom Typ Hamster. Was bei einer solchen Erzeugung genau passiert, wird in den folgenden Kapiteln noch ausführlicher beschrieben.

- Dem erzeugten Hamster wird ein Name zugeordnet. Die Namenszuordnung erfolgt über den Operator =.

- Die Hamster-Erzeugungsanweisung wird durch ein Semikolon abgeschlossen.

3.7 Initialisierung erzeugter Hamster

Bevor ein erzeugter Hamster im Hamster-Simulator tatsächlich erscheint und ihm irgendwelche Befehle gegeben werden können, muss er zunächst initialisiert werden. Initialisierung eines Hamsters bedeutet dabei, dass seinen drei Attributen anfängliche Werte zugewiesen werden:

- Es muss die Kachel festgelegt werden, auf der der Hamster sitzen soll.

- Es muss die Blickrichtung des Hamsters angegeben werden.

- Es muss angegeben werden, wie viele Körner der Hamster im Maul hat.

Die Initialisierung eines Hamsters erfolgt über einen speziellen Hamster-Befehl, den so genannten *Hamster-Initialisierungsbefehl* init. Er wird, wie andere Hamster-Befehle auch, mittels der Punktnotation über einen Hamster-Namen für den zu initialisierenden Hamster aufgerufen. Der Hamster-Initialisierungsbefehl hat vier Parameter:

- Der erste Parameter ist ein int-Wert, der die r-Koordinate der Kachel angibt, auf der der Hamster anfangs sitzen soll.

- Der zweite Parameter ist ein int-Wert, der die s-Koordinate der Kachel angibt, auf der der Hamster anfangs sitzen soll.

- Über den dritten Parameter wird die Blickrichtung des Hamsters festgelegt. Auch der dritte Parameter ist dabei ein int-Wert, wobei gilt: 0 = Norden, 1 = Osten, 2 = Süden, 3 = Westen. Besser – weil übersichtlicher – ist es jedoch, wenn Sie die folgenden Konstanten[1] verwenden: Hamster.NORD, Hamster.OST, Hamster.SUED und Hamster.WEST.

- Der vierte Parameter ist ein int-Wert, der angibt, wie viele Körner der Hamster anfangs im Maul haben soll.

Semantisch bewirkt der Hamster-Initialisierungsbefehl während der Programmausführung, dass der Hamster entsprechend seiner Attributwerte im Hamster-Simulator erscheint.

Schauen Sie sich die folgende Anweisungssequenz an:

```
Hamster paul = new Hamster();
paul.init(3, 4, Hamster.NORD, 5);
```

In der ersten Zeile wird ein Hamster erzeugt und ihm der Name paul gegeben. Hamster paul wird dann in der zweiten Zeile initialisiert: Er sitzt mit Blickrichtung Norden und 5 Körnern im Maul auf der Kachel mit den Koordinaten (3/4).

Im folgenden Beispiel werden zwei Hamster erzeugt und initialisiert:

---

[1] Was Konstanten sind, erfahren Sie in Kapitel 6.7.

```
Hamster willi = new Hamster();
willi.init(2, 3, Hamster.WEST, 4);
int zahl = 4;
Hamster heidi = new Hamster();
heidi.init(zahl, zahl + 1, Hamster.SUED, zahl * 3);
```

Hamster `willi` sitzt mit Blickrichtung Westen und 4 Körnern im Maul auf der Kachel mit den Koordinaten (2/3) und Hamster `heidi` sitzt mit Blickrichtung Süden und 12 Körnern im Maul auf der Kachel mit den Koordinaten (4/5).

Auch wenn zwischen der Hamster-Erzeugungsanweisung und dem Initialisierungsbefehl für den erzeugten Hamster noch andere Anweisungen stehen dürfen, gewöhnen Sie sich bitte an, einen erzeugten Hamster immer unmittelbar zu initialisieren. In Kapitel 6.3 werden wir ein Konstrukt kennen lernen, mit dessen Hilfe die Hamster direkt bei ihrer Erzeugung initialisiert werden können.

Sie können zwar für einen Hamster den Hamster-Initialisierungsbefehl mehrmals aufrufen. Allerdings bewirkt nur der erste Aufruf die tatsächliche Initialisierung. Weitere Aufrufe bewirken nichts. Letzteres gilt auch für den Aufruf des Initialisierungsbefehls für den Standard-Hamster. Die initialen Attributwerte des Standard-Hamsters werden bereits vor dem Start des Programms im Hamster-Simulator festgelegt.

Es ist übrigens nicht möglich, einmal erzeugte und initialisierte Hamster wieder aus dem Territorium zu entfernen, d.h. explizit „sterben" zu lassen. Hamster „sterben" erst am Ende des Programms.

Bei der Ausführung eines Hamster-Initialisierungsbefehls können Laufzeitfehler auftreten. Laufzeitfehler kennen Sie bereits aus Band 1 der Java-Hamster-Bücher, wenn Sie bspw. dem Hamster den Befehl vor geben und er gerade vor einer Mauer steht. Laufzeitfehler führen zum Abbruch des Programms. Programme, die Laufzeitfehler hervorrufen können, sind also nicht korrekt! Folgende Laufzeitfehler sind bei der Hamster-Initialisierungsanweisung möglich:

- Dem Hamster-Namen, für den der `init`-Befehl aufgerufen wird, ist kein Hamster zugeordnet:

```
Hamster willi;
willi.init(2, 3, Hamster.WEST, 4); // Laufzeitfehler!
```

- Für die Körneranzahl werden negative Werte übergeben oder der Wert der Blickrichtung liegt nicht zwischen 0 und 3:

```
Hamster maria = new Hamster();
maria.init(2, 3, 5, -4); // Laufzeitfehler!
```

- Die Kachel mit den übergebenen Koordinatenwerten existiert nicht oder es befindet sich eine Mauer auf der Kachel:

```
Hamster otto = new Hamster();
otto.init(-2, -3, Hamster.OST, 4); // Laufzeitfehler!
```

3.8 Hamster-Befehle

Alle erzeugten Hamster kennen wie der Standard-Hamster die vier Grundbefehle vor, linksUm, gib und nimm sowie die drei Testbefehle vornFrei, kornDa und maulLeer.

Der Aufruf dieser Befehle für einen bestimmten Hamster erfolgt, wie bereits in Abschnitt 3.4 beschrieben, durch Voranstellen des Hamster-Namens sowie eines trennenden Punktes.

Vorausgesetzt die Kachel (0/0) ist frei, durchläuft im folgenden Programm ein Hamster namens paul die oberste Reihe eines Hamster-Territoriums bis zur ersten Mauer und frisst auf jeder Kachel – falls vorhanden – ein Korn.

```
void main() {
    // ein Hamster namens paul wird erzeugt und initialisiert
    Hamster paul = new Hamster();
    paul.init(0, 0, Hamster.OST, 0);

    // paul erledigt seine Arbeit
    if (paul.kornDa()) {
        paul.nimm();
    }
    while (paul.vornFrei()) {
        paul.vor();
        if (paul.kornDa()) {
            paul.nimm();
        }
    }
}
```

Im nächsten Programm kommt ihm ein zweiter Hamster namens willi entgegen (Annahme: Das Territorium besteht aus 10 Spalten und enthält keine Mauern). Dabei erledigt zunächst paul und anschließend willi seine Arbeit:

```
void main() {
    // ein Hamster namens paul wird erzeugt und initialisiert
    Hamster paul = new Hamster();
    paul.init(0, 0, Hamster.OST, 0);

    // paul erledigt seine Arbeit
    if (paul.kornDa()) {
        paul.nimm();
    }
    while (paul.vornFrei()) {
        paul.vor();
        if (paul.kornDa()) {
            paul.nimm();
        }
    }

    // ein Hamster namens willi wird erzeugt und
    // initialisiert
    Hamster willi = new Hamster();
    willi.init(0, 9, Hamster.WEST, 0);

    // willi erledigt seine Arbeit
    if (willi.kornDa()) {
        willi.nimm();
    }
```

```
    while (willi.vornFrei()) {
        willi.vor();
        if (willi.kornDa()) {
            willi.nimm();
        }
    }
}
```

Das dritte Beispielprogramm ist fast identisch zum zweiten. Nur führen nun die beiden Hamster die Grundbefehle abwechselnd aus:

```
void main() {
    // ein Hamster namens paul wird erzeugt und initialisiert
    Hamster paul = new Hamster();
    paul.init(0, 0, Hamster.OST, 0);

    // ein Hamster namens willi wird erzeugt und
    // initialisiert
    Hamster willi = new Hamster();
    willi.init(0, 9, Hamster.WEST, 0);

    // paul und willi erledigen ihre Arbeit abwechselnd
    if (paul.kornDa()) {
        paul.nimm();
    }
    if (willi.kornDa()) {
        willi.nimm();
    }
    while (paul.vornFrei() && willi.vornFrei()) {
        paul.vor();
        willi.vor();
        if (paul.kornDa()) {
            paul.nimm();
        }
        if (willi.kornDa()) {
            willi.nimm();
        }
    }
}
```

3.9 Neue Hamster-Befehle

Im objektorientierten Hamster-Modell kennen die Hamster zusätzliche Befehle. Einen haben Sie bereits in Abschnitt 3.7 kennen gelernt: den init-Befehl. Weiterhin existieren die Befehle getReihe, getSpalte, getAnzahlKoerner und getBlickrichtung.

Sei paul ein Name für einen existierenden Hamster. Dann liefern die Befehle

- paul.getReihe() einen int-Wert, der die Reihe bzw. r-Koordinate der Kachel angibt, auf der sich der Hamster paul aktuell befindet,

- paul.getSpalte() einen int-Wert, der die Spalte bzw. s-Koordinate der Kachel angibt, auf der sich der Hamster paul aktuell befindet,

- paul.getAnzahlKoerner() einen int-Wert, der angibt, wie viele Körner sich aktuell im Maul des Hamsters paul befinden, und

- paul.getBlickrichtung() einen int-Wert, der die Blickrichtung repräsentiert, in die der Hamster paul aktuell schaut (0 = Norden, 1 = Osten, 2 = Süden, 3 = Westen).

Mit Hilfe dieser zusätzlichen Befehle lässt sich bspw. folgendes Hamster-Problem lösen:

Der Standard-Hamster soll in Blickrichtung bis zur nächsten Mauer laufen. Da er zum Zurücklaufen zu müde ist, erzeugt er an der Mauer einen neuen Hamster, der für ihn zum Ausgangspunkt zurück und dann weiter bis zur nächsten Mauer läuft.

```
void main() {
    Hamster paul = Hamster.getStandardHamster();

    // paul laeuft bis zur naechsten Mauer
    while (paul.vornFrei()) {
        paul.vor();
    }

    // ein neuer Hamster wird auf der Kachel erzeugt,
    // auf der sich paul nun aktuell befindet
    Hamster willi = new Hamster();
    willi.init(paul.getReihe(), paul.getSpalte(),
            (paul.getBlickrichtung() + 2) % 4,
                // entgegengesetzte Richtung
            0);

    // willi laeuft den Weg zurueck
    while (willi.vornFrei()) {
        willi.vor();
    }
}
```

3.10 Der Datentyp Hamster

In Band 1 der Java-Hamster-Bücher haben Sie ja bereits die Datentypen boolean und int kennen gelernt. Der Datentyp boolean repräsentiert boolesche Werte (wahr, falsch), der Datentyp int ganze Zahlen (..., -2, -1, 0, 1, 2, ...). Definiert man bspw. eine int-Variable namens zahl, kann man hierin Werte vom Typ int, also ganzzahlige Werte abspeichern. Die Datentypen boolean und int werden auch *Standarddatentypen* genannt. Sie sind durch die Programmiersprache vordefiniert.

Im objektorientierten Hamster-Modell kommt nun ein weiterer Datentyp hinzu: Hamster. Anders als boolean und int ist Hamster kein Standard-, sondern ein so genannter *Klassendatentyp*. Was genau eine Klasse ist und wie sich ein Klassendatentyp im Detail von einem Standarddatentyp unterscheidet, werden Sie in Kapitel 4 erfahren. In den folgenden Unterabschnitten wird der Umgang mit dem neuen Datentyp Hamster erläutert.

3.10.1 Hamster und Hamster-Namen

Es ist ganz wichtig, sich darüber im Klaren zu sein, dass Sie es beim Umgang mit Hamstern mit zwei Dingen zu tun haben: zum einen mit den Hamstern selbst, zum anderen mit den Namen dieser Hamster.

Mit dem Ausdruck new Hamster() erzeugen Sie einen Hamster – in der objektorientierten Programmierung spricht man auch von einem *Hamster-Objekt* – und ordnen ihm anschließend in der Hamster-Erzeugungsanweisung einen Namen zu: Hamster paul = new Hamster(); Gleichsam liefert auch der Ausdruck Hamster.getStandardHamster() ein Hamster-Objekt, dem Sie einen Namen zuordnen können.

Über den Namen können Sie einen Hamster steuern (paul.vor();). Wir bezeichnen paul im Folgenden als *Hamster-Name*, *Hamster-Variable* oder verallgemeinert als *Objektvariable*. Einem Hamster-Namen wird in der Hamster-Erzeugungsanweisung oder durch den Ausdruck Hamster.- getStandardHamster() ein Hamster zugeordnet. Programmiertechnisch ist paul eine Variable vom Typ Hamster, genauso wie in der Anweisung int zahl = 3; zahl eine Variable vom Typ int ist. Variablen vom Typ Hamster können Werte vom Typ Hamster – also Hamster-Objekte – speichern.

Sie werden gleich sehen, dass es auch möglich ist, einem Hamster mehrere Namen zuzuordnen, über die ein und derselbe Hamster angesprochen werden kann. Weiterhin kann ein Hamster-Name einem Hamster entzogen und einem anderen Hamster zugeordnet werden, oder ein deklarierter Hamster-Name steht als Platzhalter für beliebige Hamster.

Ebenfalls ist es möglich – bspw. in einer Hamster-Deklarationsanweisung –, einen Hamster-Namen einzuführen, ohne dass dem Namen direkt ein Hamster zugeordnet ist. Sie haben bereits gelernt, dass es in diesem Fall zu einem Laufzeitfehler kommt, wenn Sie versuchen, über einen „ins Leere zeigenden" Hamster-Namen einen Hamster-Befehl auszuführen, denn es gibt ja gar keinen Hamster, der den Befehl ausführen kann.

Für Hamster-Namen, d.h. Variablen vom Typ Hamster, gilt übrigens alles, was in Band 1 der Java-Hamster-Bücher in Kapitel 14.8 (Verallgemeinerung von Variablen und Ausdrücken) ausgeführt wurde, insbesondere auch, was den Gültigkeitsbereich von Variablen betrifft. Im folgenden Beispiel liefert der Compiler eine Fehlermeldung in Zeile 7, weil die Variable paul nicht mehr gültig ist:

```
1  void main() {
2      {
3          Hamster paul = Hamster.getStandardHamster();
4          paul.vor();
5      } // hier endet der Gueltigkeitsbereich
6      // der Variablen paul
7      paul.nimm(); // Fehler!
8  }
```

3.10.2 Zuweisung

Bereits in Band 1 des Java-Hamster-Buches haben Sie die Zuweisung bzw. Zuweisungsanweisung kennen gelernt. Mit Hilfe einer Zuweisung kann einer Variablen ein neuer Wert zugewiesen werden. Diese Aussage trifft natürlich auch für Hamster-Variablen zu.

Schauen Sie sich einmal folgendes Programmfragment an:

```
1 Hamster paul = new Hamster();
2 paul.init(0, 0, Hamster.OST, 2);
3 Hamster willi;
4 willi = paul;
5 willi.vor(); // = paul.vor();
6 Hamster karl = paul;
7 karl.nimm(); // = willi.nimm() und = paul.nimm();
```

In Zeile 1 wird ein Hamster erzeugt und ihm der Name paul zugeordnet. Genauer gesagt wird hier eine Hamster-Variable mit dem Bezeichner paul definiert und dieser als Wert ein Hamster-Objekt zugewiesen, das mittels des Ausdrucks new Hamster() erzeugt wurde. In Zeile 2 wird der neu erzeugte Hamster initialisiert.

In Zeile 3 wird nun eine weitere Hamster-Variable deklariert, ohne dass dieser direkt ein Hamster-Objekt zugeordnet wird. Letzteres erfolgt erst in Zeile 4 mittels des Zuweisungsoperators (=). Bei dieser Zuweisungsanweisung wird zunächst der Ausdruck auf der rechten Seite des =-Operators aufgerufen. Dieser Ausdruck wird durch den Variablennamen paul gebildet. Geliefert wird demnach der in der Variablen gespeicherte Wert. Dies ist das in Zeile 1 erzeugte und paul zugeordnete Hamster-Objekt. Dieser Wert wird nun der Variablen auf der linken Seite des =-Operators zugewiesen. D.h. aber dass anschließend beiden Variablen paul und willi derselbe Hamster zugeordnet ist. Anders ausgedrückt: Der in Zeile 1 erzeugte Hamster hat nun zwei Namen, nämlich paul und willi. Damit bewirkt der Befehl in Zeile 5 willi.vor(); dasselbe, was der Befehl paul.vor(); bewirken würde.

Zeile 6 demonstriert, dass bei einer Hamster-Deklarationsanweisung auch direkt eine Initialisierung stattfinden darf. Hier wird für den Hamster paul ein dritter Name karl eingeführt.

Es ist auch möglich, dass ein eingeführter Hamster-Name während des Programmablaufs unterschiedlichen Hamstern zugeordnet ist. Schauen Sie sich dazu folgendes Programmfragment an:

```
1 Hamster paul = new Hamster();
2 paul.init(0, 0, Hamster.OST, 2);
3 Hamster willi = new Hamster();
4 willi.init(1, 1, Hamster.NORD, 5);
5 Hamster karl = paul;
6 karl.vor();   // Befehl an den in Zeile 1 erzeugten Hamster
7 karl = willi;
8 karl.vor();   // Befehl an den in Zeile 3 erzeugten Hamster
```

Zunächst werden zwei Hamster erzeugt und initialisiert, die anfangs die Namen paul bzw. willi besitzen. In Zeile 5 bekommt paul einen zweiten Namen (karl). Damit bewirkt die Anweisung in Zeile 6, dass paul nach vorne läuft. In Zeile 7 wird nun diese Zuordnung revidiert, d.h. der Name karl wird dem Hamster mit dem Erstnamen paul entzogen und als Zweitname für den Hamster mit dem Erstnamen willi vergeben. Damit bewirkt die Anweisung in Zeile 8, dass der Hamster mit dem Erstnamen willi nach vorne läuft.

Auch der Erstname kann einem Hamster entzogen werden. Genau das passiert in fogendem Programmfragment in Zeile 4:

```
1 Hamster paul = new Hamster();
2 paul.init(0, 0, Hamster.OST, 2);
```

```
3 Hamster willi = paul;
4 paul = new Hamster();
5 paul.init(3, 3, Hamster.SUED, 6);
6 // ...
```

Nach Zeile 4 ist der in Zeile 1 erzeugte Hamster nur noch über den Namen `willi` erreichbar, der ihm in Zeile 3 als Zweitname zugeordnet wurde. Hinter dem Namen `paul` verbirgt sich nun ein weiterer neu erzeugter Hamster.

Fatal ist es, einem erzeugten Hamster seinen einzigen Namen wegzunehmen:

```
1 Hamster paul = new Hamster();
2 paul.init(0, 0, Hamster.OST, 2);
3 paul = new Hamster();
4 paul.init(3, 3, Hamster.SUED, 6);
```

In diesem Programmfragment hat der in Zeile 1 erzeugte Hamster nach Zeile 3 keinen Namen mehr, so dass ihm auch keine Befehle mehr erteilt werden können. Er ist quasi tot!

3.10.3 Das Literal `null`

Für den Datentyp `Hamster` (sowie später auch für andere Klassendatentypen) existiert das Literal `null`. Der Wert dieses Literals kann gedeutet werden als „kein Hamster". Mit Hilfe des `null`-Literals kann explizit ausgedrückt werden, dass einem bestimmten Hamster-Namen aktuell kein Hamster zugeordnet ist.

```
void main() {
    Hamster paul = null; // Hamster-Name (ohne Hamster)
    Hamster willi = new Hamster();
    willi.init(0, 0, Hamster.OST, 2);
    //...
    paul = new Hamster();
    // paul "uebernimmt" den aktuellen Zustand von willi
    paul.init(willi.getReihe(),
              willi.getSpalte(),
              willi.getBlickrichtung(),
              willi.getAnzahlKoerner());
    willi = null; // willi "stirbt"
    //...
}
```

`null` ist auch der Default-Wert des Datentyps `Hamster`, d.h. fehlt bei einer Hamster-Deklarationsanweisung die explizite Initialisierung, erfolgt eine implizite Initialisierung der Hamster-Variablen mit dem Wert `null`.

3.10.4 Vergleichsoperatoren

Für den Datentyp `Hamster` existieren zwei (binäre) Vergleichsoperatoren. Seien `paul` und `willi` zwei Hamster-Variablen, dann liefert

- paul == willi genau dann den Wert true, falls den Namen paul und willi derselbe Hamster zugeordnet ist oder beide Variablen den Wert null besitzen.

- paul != willi genau dann den Wert true, falls den Namen paul und willi unterschiedliche Hamster zugeordnet sind oder nur eine der beiden Variablen den Wert null besitzt.

Genau genommen können anstelle der Hamster-Namen als Operanden beliebige Ausdrücke stehen, die einen Wert vom Typ Hamster liefern. Dies sind bspw. Hamster-liefernde Funktionen (siehe Abschnitt 3.10.6) oder auch das Literal null:

```
void main() {
    Hamster paul = new Hamster();
    paul.init(0, 0, Hamster.OST, 2);
    //...
    // nur wenn der Name paul noch einem Hamster zugeordnet ist ...
    if (paul != null) {
        paul.vor();
    }
}
```

3.10.5 Parameter vom Datentyp Hamster

Wie im imperativen Hamster-Modell lassen sich auch im objektorientierten Hamster-Modell Prozeduren und Funktionen[2] definieren.

Parameter von Funktionen konnten im Band 1 der Java-Hamster-Bücher vom Datentyp boolean und int sein. Sinn und Zweck solcher Parameter ist es, funktionslokale Variablen definieren zu können, deren initialer Wert erst zur Laufzeit – beim Funktionsaufruf – festgelegt wird. D.h. in Abhängigkeit der aktuellen Parameterwerte kann eine Funktion unter Umständen unterschiedliche Dinge bewirken.

Nun haben Sie gerade einen weiteren Datentyp Hamster kennen gelernt. Und – wie Sie sicher bereits vermutet haben – lassen sich auch Funktionsparameter vom Datentyp Hamster definieren. Mit diesem Konzept ist es bspw. möglich, Funktionen zu definieren, die einen Hamster bestimmte Aufgaben bearbeiten lassen, ohne dass bei der Funktionsdefinition bereits feststeht, welcher Hamster das denn nun ist.

Schauen Sie sich einmal folgende Funktion an:

```
void sammle(Hamster egal) {
    while (egal.kornDa()) {
        egal.nimm();
    }
}
```

Der formale Parameter egal der Funktion sammle definiert eine Variable vom Typ Hamster, d.h. einen Hamster-Namen. Über diesen Namen werden in der Funktion Hamster-Befehle aufgerufen. Es steht aber noch nicht fest, welcher Hamster sich denn tatsächlich hinter dem Namen egal verbirgt.

Schauen Sie sich nun folgendes Programm an, das die Funktion sammle benutzt:

---

[2]Im Folgenden wird vereinheitlicht nur noch von *Funktionen* gesprochen.

```java
void main() {
    Hamster paul = Hamster.getStandardHamster();
    Hamster willi = new Hamster();
    willi.init(5, 5, Hamster.WEST, 1);

    sammle(paul);
    sammle(willi);
}
```

Die Funktion sammle wird in diesem Programm zweimal aufgerufen, einmal mit der Hamster-Variablen paul und ein zweites Mal mit der Hamster-Variablen willi. Was beim Aufruf der Funktion nun passiert, ist genau dasselbe, was Sie in Band 1 der Java-Hamster-Bücher bei der Parameterübergabe kennen gelernt haben: Beim ersten Aufruf wird der formale Parameter egal initialisiert mit dem aktuellen Parameter, das ist der Wert, der in der Variablen paul gespeichert ist, also der Standard-Hamster. D.h. die Hamster-Befehle innerhalb der Prozedur werden für diesen Hamster ausgeführt. Beim zweiten Aufruf der Funktion wird der formale Parameter egal initialisiert mit dem Wert, der in der Variablen willi gespeichert ist, also der in Zeile 3 erzeugte Hamster. D.h. dieses Mal werden innerhalb der Prozedur die Befehle für den anderen Hamster ausgeführt.

Man kann dieses Konzept auch anders ausdrücken: Durch den formalen Parameter vom Datentyp Hamster wird ein Hamster-Name eingeführt, der innerhalb der Funktion gültig ist. Beim Aufruf der Funktion und der Parameterübergabe wird dann festgelegt, welchem Hamster denn tatsächlich dieser (zusätzliche und zeitlich befristete) Name zugeordnet wird.

Anmerkung: Das gerade eingeführte Konzept, Funktionen definieren zu können, die für unterschiedliche Hamster ähnliche Dinge tun, wird in Kapitel 5.8 durch ein „schöneres" Konzept ersetzt.

3.10.6 Hamster-liefernde Funktionen

Mit der Einführung des Datentyps Hamster können Funktionen nun neben boolean- und int-Werten auch Werte vom Typ Hamster, also Hamster-Objekte, liefern.

Schauen Sie sich die folgende Funktion an:

```java
Hamster erzeugeHamster(int zahl) {
    Hamster karl = new Hamster();
    if (zahl < 10) {
        karl.init(0, 0, Hamster.NORD, zahl);
    } else {
        karl.init(0, 0, Hamster.SUED, zahl);
    }
    return karl;
}
```

In Abhängigkeit vom aktuellen Parameterwert wird innerhalb der Funktion erzeugeHamster entweder ein Hamster mit Blickrichtung Norden oder Blickrichtung Süden erzeugt und als Funktionswert geliefert.

Das folgende Programm demonstriert den Aufruf der Funktion:

```java
void main() {
    Hamster paul = new Hamster();
```

```
3      paul.init(5, 5, Hamster.WEST, 0);
4      while (paul.kornDa()) {
5          paul.nimm();
6      }
7
8      Hamster willi = erzeugeHamster(paul.getAnzahlKoerner());
9      while (willi.vornFrei()) {
10         willi.vor();
11     }
12 }
```

Der während der Ausführung der Funktion `erzeugeHamster` erzeugte und initialisierte Hamster bekommt in Zeile 8 den Namen `willi` zugeordnet und kann über diesen Namen weiter gesteuert werden.

Folgendes ist dazu anzumerken: Innerhalb der Funktion `erzeugeHamster` wird ein Hamster erzeugt und ihm der (funktionslokale) Name `karl` zugeordnet. Der Gültigkeitsbereich und die Lebensdauer der Hamster-Variablen `karl` beschränken sich auf die Funktion, d.h. über diesen Namen kann nur innerhalb der Funktion auf das Hamster-Objekt zugegriffen werden. Das Hamster-Objekt selbst existiert aber auch noch nach Beendigung der Ausführung der Funktion, da ihm in der `main`-Funktion unmittelbar der Name `willi` zugeordnet wird. Die Lebensdauer eines Hamster-Objektes beginnt bei der Erzeugung und endet erst am Ende des Programms bzw. wenn dem Objekt kein Name mehr zugeordnet ist.

3.11 Beispielprogramme

In diesem Abschnitt werden drei Beispielprogramme vorgestellt, die Ihnen den Umgang mit Hamster-Objekten verdeutlichen sollen.

3.11.1 Beispielprogramm 1

In diesem ersten Beispielprogramm werden wir das Beispielprogramm 1 aus Kapitel 11 des ersten Bandes der Java-Hamster-Bücher durch Zuhilfenahme der gerade erlernten objektorientierten Konzepte lösen.

Aufgabe:
In einem rechteckigen geschlossenen Raum unbekannter Größe ohne innere Mauern ist wahllos eine unbekannte Anzahl an Körnern verstreut (siehe auch Abbildung 3.2). Der Standard-Hamster, der sich zu Anfang in der linken oberen Ecke[3] des Hamster-Territoriums mit Blickrichtung Ost befindet, soll alle Körner einsammeln und dann stehen bleiben.

Lösung:
Wir definieren zunächst einen globalen Hamster-Namen `paul`. Diesem ordnen wir in der `main`-Funktion den Standard-Hamster zu. Über den Namen `paul` werden dann die Befehle an den Standard-Hamster erteilt.

---

[3]Unterschied zu Band 1: Dort stand der Hamster in der linken unteren Ecke.

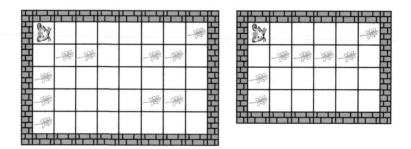

Abbildung 3.2: Typische Hamster-Territorien zu Beispielprogramm 1

```
Hamster paul;

void main() {
    paul = Hamster.getStandardHamster();
    ernteEineReiheUndLaufeZurueck();
    while (weitereReiheExistiert()) {
        begibDichInNaechsteReihe();
        ernteEineReiheUndLaufeZurueck();
    }
}

boolean weitereReiheExistiert() {
    paul.linksUm();
    if (paul.vornFrei()) {
        rechtsUm();
        return true;
    } else {
        rechtsUm();
        return false;
    } .
}

void begibDichInNaechsteReihe() {
    paul.linksUm();
    paul.vor();
    paul.linksUm();
}

void ernteEineReiheUndLaufeZurueck() {
    ernteEineReihe();
    kehrt();
    laufeZurueck();
}

void ernteEineReihe() {
    sammle();
    while (paul.vornFrei()) {
        paul.vor();
        sammle();
```

```
        }
}

void laufeZurueck() {
    while (paul.vornFrei()) {
        paul.vor();
    }
}

void sammle() {
    while (paul.kornDa()) {
        paul.nimm();
    }
}

void rechtsUm() {
    kehrt();
    paul.linksUm();
}

void kehrt() {
    paul.linksUm();
    paul.linksUm();
}
```

3.11.2 Beispielprogramm 2

Das zweite Beispielprogramm ist fast identisch zum ersten Beispielprogramm. Nur soll diesmal nicht ein Standard-Hamster, sondern ein zur Laufzeit erzeugter Hamster das Territorium abgrasen.

Aufgabe:
Im beliebig großen Hamster-Territorium befinden sich keine Mauern. Es ist wahllos eine unbekannte Anzahl an Körnern verstreut. Ein Hamster, der auf der Kachel mit den Koordinaten (0/0) mit Blickrichtung Ost erzeugt und initialisiert werden soll, soll alle Körner einsammeln und dann stehen bleiben.

Lösung:
Diesmal vermeiden wir die Nutzung globaler Variablen. Stattdessen übergeben wir den in der main-Funktion erzeugten Hamster als aktuellen Parameter an die aufgerufenen Prozeduren.

```
void main() {
    Hamster paul = new Hamster();
    paul.init(0, 0, Hamster.OST, 0);
    ernteEineReiheUndLaufeZurueck(paul);
    while (weitereReiheExistiert(paul)) {
        begibDichInNaechsteReihe(paul);
        ernteEineReiheUndLaufeZurueck(paul);
    }
}
```

```
boolean weitereReiheExistiert(Hamster hamster) {
    hamster.linksUm();
    if (hamster.vornFrei()) {
        rechtsUm(hamster);
        return true;
    } else {
        rechtsUm(hamster);
        return false;
    }
}


void begibDichInNaechsteReihe(Hamster hamster) {
    hamster.linksUm();
    hamster.vor();
    hamster.linksUm();
}


void ernteEineReiheUndLaufeZurueck(Hamster hamster) {
    ernteEineReihe(hamster);
    kehrt(hamster);
    laufeZurueck(hamster);
}


void ernteEineReihe(Hamster hamster) {
    sammle(hamster);
    while (hamster.vornFrei()) {
        hamster.vor();
        sammle(hamster);
    }
}


void laufeZurueck(Hamster hamster) {
    while (hamster.vornFrei()) {
        hamster.vor();
    }
}


void sammle(Hamster hamster) {
    while (hamster.kornDa()) {
        hamster.nimm();
    }
}


void rechtsUm(Hamster hamster) {
    kehrt(hamster);
    hamster.linksUm();
}


void kehrt(Hamster hamster) {
    hamster.linksUm();
    hamster.linksUm();
}
```

3.11.3 Beispielprogramm 3

Und auch im dritten Beispielprogramm geht es wieder um das Einsammeln aller Körner eines Territoriums. Nur sind diesmal unter Umständen eine ganze Menge an Hamstern beteiligt.

Aufgabe:
Im beliebig großen Hamster-Territorium befinden sich keine Mauern. Es ist wahllos eine unbekannte Anzahl an Körnern verstreut. Der Standard-Hamster, der sich zu Anfang in der linken oberen Ecke des Hamster-Territoriums mit Blickrichtung Ost befindet, soll alle Körner einsammeln und dann stehen bleiben. Allerdings hat er in dieser Aufgabe ein Handicap: Er kann maximal 10 Körner einsammeln. Daher muss er, wenn er dieses Maximum erreicht hat, einen neuen Hamster auf die weitere Reise schicken. Allerdings haben auch dieser sowie alle weiteren Hamster das genannte Handicap.

Lösung:
Diesmal setzen wir wieder einen globalen Hamster-Namen paul ein. Interessant ist vor allem die Prozedur sammle. Jedes Mal, wenn ein Hamster sein Körnermaximum erreicht hat und ein weiteres Korn fressen soll, erzeugt er auf derselben Kachel, auf der er gerade steht, einen neuen Hamster, der ab diesem Zeitpunkt das Abgrasen übernimmt. Der neue Hamster bekommt dabei den Namen paul des alten Hamsters zugeordnet.

```
Hamster paul;

void main() {
    paul = Hamster.getStandardHamster();
    ernteEineReiheUndLaufeZurueck();
    while (weitereReiheExistiert()) {
        begibDichInNaechsteReihe();
        ernteEineReiheUndLaufeZurueck();
    }
}

boolean weitereReiheExistiert() {
    paul.linksUm();
    if (paul.vornFrei()) {
        rechtsUm();
        return true;
    } else {
        rechtsUm();
        return false;
    }
}

void begibDichInNaechsteReihe() {
    paul.linksUm();
    paul.vor();
    paul.linksUm();
}

void ernteEineReiheUndLaufeZurueck() {
    ernteEineReihe();
    kehrt();
    laufeZurueck();
```

```
}

void ernteEineReihe() {
    sammle();
    while (paul.vornFrei()) {
        paul.vor();
        sammle();
    }
}

void laufeZurueck() {
    while (paul.vornFrei()) {
        paul.vor();
    }
}

void sammle() {
    while (paul.kornDa()) {
        if (paul.getAnzahlKoerner() < 10) {
            paul.nimm();
        } else {

            // Koernermaximum erreicht: Hamsterersetzung
            Hamster alterHamster = paul;
            paul = new Hamster();
            paul.init(alterHamster.getReihe(), alterHamster
                    .getSpalte(), alterHamster
                    .getBlickrichtung(), 0);
        }
    }
}

void rechtsUm() {
    kehrt();
    paul.linksUm();
}

void kehrt() {
    paul.linksUm();
    paul.linksUm();
}
```

3.12 Aufgaben

Nun sind Sie selbst gefordert. Lösen Sie die folgenden Aufgaben, bevor Sie ins nächste Kapitel übergehen, und denken Sie sich selbst weitere Hamster-Aufgaben aus. Versuchen Sie bspw. einige Aufgaben aus Band 1 der Java-Hamster-Bücher mal mit den neuen Konzepten zu lösen. Viel Spaß und Erfolg!

3.12.1 Aufgabe 1

Der Standard-Hamster steht – wie in Abbildung 3.3 skizziert – vor einem regelmäßigen Berg unbekannter Höhe. Er soll den Gipfel erklimmen und dann stehen bleiben.

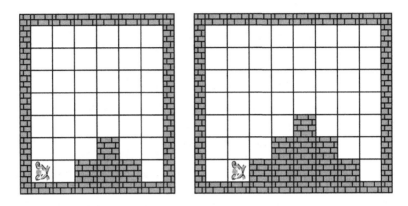

Abbildung 3.3: Typische Hamster-Territorien zu Aufgabe 1

3.12.2 Aufgabe 2

Der Standard-Hamster befindet sich in einem geschlossenen, körnerlosen Raum unbekannter Größe. Rechts von ihm befindet sich eine Wand (siehe auch Abbildung 3.4). Der Hamster soll so lange an der Wand entlang laufen, bis er irgendwann wieder seine Ausgangskachel erreicht hat.

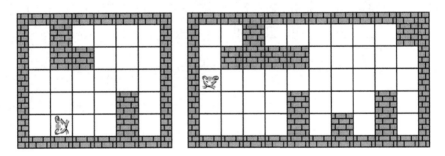

Abbildung 3.4: Typische Hamster-Territorien zu Aufgabe 2

3.12.3 Aufgabe 3

Der Standard-Hamster befindet sich irgendwo in einem quadratischen, geschlossenen, körnerlosen Raum unbekannter Größe ohne innere Mauern. Er soll die beiden Diagonalen des Raums mit jeweils einem Korn kennzeichnen (siehe auch Abbildung 3.5). Der Hamster hat genügend Körner im Maul, um die Aufgabe zu erledigen.

Abbildung 3.5: Typische Hamster-Territorien nach Erledigung von Aufgabe 3

3.12.4 Aufgabe 4

Ein neuer Hamster wird mit vier Körnern im Maul irgendwo in einem rechteckigen, geschlossenen Raum unbekannter Größe ohne innere Mauern erzeugt. Auf keiner der Kacheln liegt ein Korn. Der Hamster soll in allen vier Ecken des Raumes ein Korn ablegen.

3.12.5 Aufgabe 5

Ein neuer Hamster wird mit Blickrichtung Ost ohne Körner im Maul vor einer unregelmäßigen Mulde unbekannter Tiefe erzeugt (siehe Abbildung 3.6).

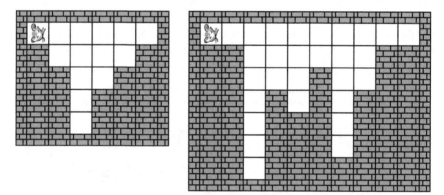

Abbildung 3.6: Typische Hamster-Territorien zu Aufgabe 5

Der Hamster bekommt die Aufgabe, die Mulde zu durchschreiten. Sobald er dies geschafft hat, d.h. sobald er auf eine Ebene gelangt, die dieselbe Höhe aufweist wie die Ausgangsposition des Hamsters, soll er stehen bleiben.

3.12.6 Aufgabe 6

Ein neuer Hamster wird irgendwo in einem beliebig großen Hamster-Territorium erzeugt. Im Territorium befinden sich keine Mauern, wohl aber der Standard-Hamster. Der erzeugte Hamster bekommt die Aufgabe, den Standard-Hamster zu suchen und auf dessen Kachel stehen zu bleiben. Der Standard-Hamster bewegt sich während der Suche nicht von der Stelle.

3.12.7 Aufgabe 7

Der Standard-Hamster befindet sich mit Blickrichtung Nord in der rechten unteren Ecke eines mauerlosen Hamster-Territoriums mit mindestens zwei Spalten und zwei Reihen. Ein neuer Hamster wird auf Kachel (0/0) mit Blickrichtung Süd erzeugt (siehe auch Abbildung 3.7). Die beiden Hamster sollen sich entgegen dem Uhrzeigersinn ein Rennen entlang der Wände des Territoriums liefern, bis einer den anderen eingeholt hat. Der neu erzeugte Hamster ist dabei allerdings klar im Vorteil. Er ist doppelt so schnell wie der Standard-Hamster, d.h. jedes Mal, nachdem der Standard-Hamster den Befehl vor ausgeführt hat, darf der neue Hamster den vor-Befehl zweimal ausführen.

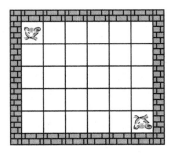 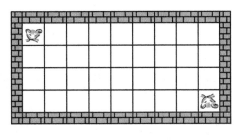

Abbildung 3.7: Typische Hamster-Territorien zu Aufgabe 7

Kapitel 4
Die Klasse `Hamster`

Dieses Kapitel ist etwas anders aufgebaut als die anderen Kapitel der drei Bände der Java-Hamster-Bücher. Sie müssen in diesem Kapitel keine eigenen Hamster-Programme entwickeln. Vielmehr wird Ihnen die bereits vordefinierte Klasse `Hamster` genauer vorgestellt. Durch diese Vorgehensweise werden Sie kennen lernen, was so genannte *Klassen* sind. Auf dieser Grundlage werden Sie dann in den folgenden Kapiteln eigene Klassen definieren können.

Das Kapitel ist so aufgebaut, dass nach einer einleitenden Motivation, was Klassen sind, in den folgenden zwei Abschnitten die Bestandteile von Klassen, nämlich Attribute und Methoden, vorgestellt werden. Die Abschnitte 4, 5 und 6 widmen sich der Implementierung von Methoden. In den Abschnitten 7 und 8 wird erläutert, was bei der Erzeugung und Initialisierung von Hamster-Objekten genau geschieht. In Abschnitt 9 müssen Sie durch das Lösen einiger Aufgaben zeigen, dass Sie die Inhalte dieses Kapitels verstanden haben.

4.1 Motivation

Alle Hamster sind auf eine bestimmte Art und Weise gleich. Sie kennen alle dieselben Befehle (`vor`, `linksUm`, ...) und sie haben alle dieselben Eigenschaften (jeder Hamster sitzt auf einer bestimmten Kachel, jeder Hamster hat eine bestimmte Blickrichtung, jeder Hamster hat eine bestimmte Anzahl an Körnern im Maul). Hamster unterscheiden sich lediglich in den Werten ihrer Eigenschaften; die Eigenschaften verschiedener Hamster können zu einem bestimmten Zeitpunkt unterschiedliche Werte besitzen. So sitzt in Abbildung 4.1 Hamster `paul` mit Blickrichtung Norden auf der Kachel (3/4), `willi` befindet sich mit Blickrichtung Osten auf der Kachel (2/0) und `maria` ist mit Blickrichtung Süden auf der Kachel (1/6) platziert.

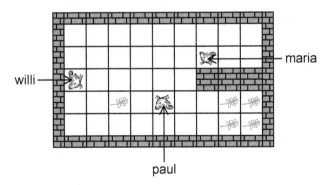

Abbildung 4.1: Unterschiedliche Hamster können unterschiedliche Eigenschaftswerte haben

Auch wenn alle Hamster dieselben Befehle verstehen, machen Sie sich bitte klar, dass in Abhängigkeit von den unterschiedlichen Werten der Hamster-Eigenschaften die Befehle unterschiedliche Auswirkungen haben können. Wird paul in Abbildung 4.1 der Befehl vor gegeben, so springt paul auf Kachel (2/4). Wird maria der Befehl vor gegeben, so „donnert" maria gegen eine Mauer und das Programm wird abgebrochen.

Sie haben bereits in Kapitel 3 den Datentyp Hamster kennen gelernt. Hamster ist ein so genannter *Klassendatentyp* – oder kurz: eine *Klasse*. Was genau ist nun eine solche Klasse? Man kann sie vergleichen mit einem „Bauplan". Eine Klasse definiert den Aufbau und die Verhaltensweise einer Menge gleichartiger „Gebilde", auch *Objekte* oder *Instanzen* der Klasse genannt. Eine Klasse gibt vor, welche Eigenschaften Objekte besitzen, die auf der Grundlage dieser Klasse erzeugt werden, und sie definiert und implementiert, welche Befehle diese Objekte „verstehen".

In der Hamster-Programmiersprache ist nun genau so eine Klasse namens Hamster vordefiniert. Die Klasse Hamster legt fest, dass alle Hamster-Objekte (also Objekte, die auf der Grundlage der Klasse Hamster erzeugt werden) dieselben Eigenschaften besitzen, nämlich eine r-Koordinate, eine s-Koordinate, eine Blickrichtung und eine bestimmte Anzahl an Körnern im Maul, und dass alle Hamster-Objekte dieselben Befehle verstehen, nämlich die Befehle init, vor, linksUm, gib, nimm, vornFrei, maulLeer, kornDa, getReihe, getSpalte, getBlickrichtung und getAnzahlKoerner.

Im Folgenden wird die Klasse Hamster in der Syntax der Programmiersprache Java vorgestellt:[1]

```java
public class Hamster {

    // Attribute
    private int reihe;    // r-Koordinate
    private int spalte;   // s-Koordinate
    private int blickrichtung;
    private int anzahlKoerner;

    // Methoden
    public void init(int r, int s, int richtung, int koerner) {
        /* Implementierung */
    }

    public void vor() { /* Implementierung */ }
    public void linksUm() { /* Implementierung */ }
    public void gib() { /* Implementierung */ }
    public void nimm() { /* Implementierung */ }

    public boolean vornFrei() { /* Implementierung */ }
    public boolean maulLeer() { /* Implementierung */ }
    public boolean kornDa() { /* Implementierung */ }

    public int getReihe() { /* Implementierung */ }
    public int getSpalte() { /* Implementierung */ }
    public int getBlickrichtung() { /* Implementierung */ }
    public int getAnzahlKoerner() { /* Implementierung */ }
}
```

---

[1] Die Klasse wird hier noch unvollständig dargestellt und in den folgenden Kapiteln ergänzt. Eine vollständige Beschreibung befindet sich in Anhang A.2.

Eine Klassendefinition besteht aus einem Klassenkopf und einem Klassenrumpf. Der Klassenkopf setzt sich zusammen aus dem Schlüsselwort `class` und dem Namen der Klasse, hier `Hamster`. Innerhalb des Klassenrumpfes, der mit einer öffnenden geschweiften Klammer (`{`) beginnt und mit einer schließenden geschweiften Klammer (`}`) endet, befinden sich so genannte *Attribute* und so genannte *Methoden*. Attribute definieren die Eigenschaften, die jeder Hamster besitzt. Methoden definieren die Befehle, die jeder Hamster versteht.

`public` und `private` sind Schlüsselwörter der Programmiersprache Java, die Zugriffsrechte auf Klassen, Attribute und Methoden definieren. Sie können sie zunächst einfach ignorieren. Ihre genaue Bedeutung werden Sie in Kapitel 14 kennen lernen.

4.2 Attribute

Schauen wir uns zunächst die Attribute an. Ein Attribut ist nichts anderes als eine Variable, die jedoch für jedes Objekt existiert, das von der Klasse erzeugt wird. Daher wird auch der Begriff *Instanzvariable* synonym zum Begriff *Attribut* verwendet. So besitzt jeder Hamster die Attribute `reihe`, `spalte`, `blickrichtung` und `anzahlKoerner`. Sie sind alle vom Typ `int` und können daher ganzzahlige Werte speichern. Die zu einem bestimmten Zeitpunkt in den Attributen gespeicherten Werte können jedoch von Hamster zu Hamster verschieden sein. Schauen Sie sich nochmal Abbildung 4.1 an. Bei dem dort skizzierten Zustand enthält das Attribut `reihe` des Hamsters `paul` den Wert 3, während das Attribut `reihe` des Hamsters `willi` den Wert 2 enthält.

4.3 Methoden

Auch Methoden kennen Sie im Prinzip schon. Methoden sind prinzipiell nichts anderes als Funktionen. Allerdings können Methoden nicht „normal" aufgerufen werden, wie Sie es in Band 1 der Java-Hamster-Bücher kennen gelernt haben (`vor();`), sondern es muss ihnen der Name eines Objekt, das von der Klasse erzeugt worden ist, gefolgt von einem Punkt (`.`) vorangestellt werden:

```
Hamster paul = new Hamster();
paul.init(2, 3, Hamster.OST, 0);
paul.vor();
```

Man sagt auch: „Methoden werden für Objekte aufgerufen"; im obigen Beispiel: „Die Methode vor wird für das Hamsterobjekt paul[2] aufgerufen". Das Erteilen des Befehls vor an einen Hamster paul ist also nichts anderes als das Aufrufen der Methode vor für paul.

Statt vom „Aufrufen von Methoden für Objekte" spricht man insbesondere in reinen objektorientierten Programmiersprachen auch vom „Schicken von Nachrichten an Objekte". Im konkreten Fall des Aufrufs des Befehls vor an einen Hamster paul hieße das, paul wird die Nachricht vor geschickt. Beim Erhalten der Nachricht wird sie von paul interpretiert und eine entsprechende Aktion ausgeführt.

---

[2]Genauer: für das Objekt, das dem Namen paul zugeordnet ist

4.4 Implementierung von Methoden

Wie sind nun diese Methoden im Hamster-Simulator implementiert?[3] Stellen Sie sich einmal die Implementierung der Methode vor vor. Hier muss in Abhängigkeit davon, welche Blickrichtung der entsprechende Hamster gerade inne hat, der Wert seiner r- oder s-Koordinate geändert werden und anschließend muss diese Änderung auf dem Bildschirm sichtbar gemacht werden. Eine Implementierung des ersten Teils könnte folgendermaßen aussehen:

```java
public class Hamster {

    // Attribute
    private int reihe;      // r-Koordinate
    private int spalte;     // s-Koordinate
    private int blickrichtung;
    private int anzahlKoerner;

    // Methoden
    public void vor() {
        if (blickrichtung == Hamster.NORD) {
            reihe = reihe - 1;
        } else if (blickrichtung == Hamster.SUED) {
            reihe = reihe + 1;
        } else if (blickrichtung == Hamster.OST) {
            spalte = spalte + 1;
        } else if (blickrichtung == Hamster.WEST) {
            spalte = spalte - 1;
        }
        // Aenderung auf dem Bildschirm sichtbar machen
    }
    ...
}
```

Innerhalb der Implementierung der Methode vor der Klasse Hamster wird auf die Attribute der Klasse Hamster zugegriffen. Der Gültigkeitsbereich der Attribute ist der gesamte Klassenrumpf, insbesondere auch die Rümpfe der Methoden. Man sagt auch, die Attribute einer Klasse sind bezüglich des Klassenrumpfes einer Klasse *global*.

Aber wir haben ja vorhin gelernt, dass zur Laufzeit eines Programms für jeden erzeugten Hamster alle vier Attribute existieren. Die Attribute welches Hamsters werden denn jetzt nun tatsächlich benutzt? Ganz einfach: Benutzt werden genau die Attribute des Hamsters, für den der Befehl vor aufgerufen wird.

Nehmen wir wieder Abbildung 4.1 als Beispiel. Wird bei dem hier skizzierten Zustand in einem Hamster-Programm die Anweisung paul.vor(); ausgeführt, dann wird für den Hamster paul die Methode vor aufgerufen. Während der Ausführung der Methode werden die Attribute des Hamsters paul genutzt. Der Wert seines Attributs blickrichtung ist 0 (also Hamster.NORD), d.h. der Wert seines Attributs reihe wird um den Wert 1 erniedrigt und beträgt anschließend 2.

Wird bei dem in Abbildung 4.1 skizzierten Zustand allerdings die Anweisung willi.vor(); ausgeführt, dann werden während der Ausführung der Methode vor die Attribute des Hamsters willi

---

[3]Die tatsächliche Implementierung weicht allerdings von der hier vorgestellten Implementierung ab.

genutzt. Der Wert seines Attributs blickrichtung ist aber 1 (Hamster.OST), so dass sich der Wert seines Attributs spalte um den Wert 1 erhöht und anschließend 1 beträgt.

Aber die Implementierung der Methode vor der Klasse Hamster ist noch nicht vollständig. Vor der Änderung der Attribute reihe bzw. spalte in Abhängigkeit der aktuellen Blickrichtung eines Hamsters muss ja noch überprüft werden, ob sich auf der Kachel vor dem Hamster eine Mauer befindet. Das ist jedoch ganz einfach, indem die Methode vornFrei benutzt wird:

```
public class Hamster {
    ...
    public void vor() {
        if (!vornFrei()) {
            // Programmabbruch
        } else if (blickrichtung == Hamster.NORD) {
            reihe = reihe - 1;
        } else if (blickrichtung == Hamster.SUED) {
            reihe = reihe + 1;
        } else if (blickrichtung == Hamster.OST) {
            spalte = spalte + 1;
        } else if (blickrichtung == Hamster.WEST) {
            spalte = spalte - 1;
        }
        // Aenderung auf dem Bildschirm sichtbar machen
    }
    ...
}
```

Innerhalb der Implementierung einer Methode *m* einer Klasse können auch andere Methoden aufgerufen werden. Zur Laufzeit werden sie dann für denjenigen Hamster aufgerufen, für den auch die Methode *m* aufgerufen wurde. D.h. bei der Ausführung der Anweisung paul.vor(); wird innerhalb der Methode vor der Testbefehl vornFrei für den Hamster paul aufgerufen, und bei der Ausführung der Anweisung willi.vor(); wird der Testbefehl vornFrei für den Hamster willi aufgerufen.

4.5 this

Vielleicht sind Sie nun ein wenig verwirrt. In der main-Funktion oder anderen Funktionen werden Hamster-Befehle für einen Hamster aufgerufen (paul.vor();). Innerhalb der Implementierung der Hamster-Methoden fehlt jedoch beim Aufruf von Hamster-Befehlen der Name und der Punkt (.)

Ein Grund dafür ist natürlich, dass bei der Implementierung der Methoden noch gar kein Hamster existiert, also noch gar kein Hamster-Name angegeben werden kann. Die Methoden der Klasse Hamster sind ja allgemeingültig für beliebige Hamster-Objekte definiert. Ein weiterer Grund ist der, dass die Angabe eines solchen Namens entfallen kann, weil implizit der Aufruf für denjenigen Hamster erfolgt, für den auch die „äußere" Methode aufgerufen wurde.

Um jedoch den Aufruf von Methoden einheitlich gestalten zu können und Verwirrung und Fehler zu vermeiden, existiert das Schlüsselwort this. Dieses Schlüsselwort kann innerhalb der Implementierung von Methoden verwendet werden und ist ein Platzhalter für das Objekt, für das die Methode jeweils während des Programmablaufs aufgerufen wurde (this.vornFrei()).

Im Falle der Klasse Hamster ist this also ein Hamster-Name. Wird zum Beispiel die Anweisung paul.vor(); aufgerufen, so ist innerhalb der Methode vor this ein zusätzlicher Name für den Hamster paul. Wird willi.vor(); ausgeführt, so ist this innerhalb der Methode vor ein zusätzlicher Name für den Hamster willi.

Das Schlüsselwort this kann übrigens auch beim Zugriff auf Attribute verwendet werden, um deutlich herauszustellen, dass das Attribut des Objektes verwendet wird, für das die Methode aufgerufen wird. Eine Implementierung der Methode vor der Klasse Hamster mit Verwendung des Schlüsselwortes this hat folgende Gestalt:

```
public class Hamster {
    ...
    public void vor() {
        if (!this.vornFrei()) {
            // Programmabbruch
        } else if (this.blickrichtung == Hamster.NORD) {
            this.reihe = this.reihe - 1;
        } else if (this.blickrichtung == Hamster.SUED) {
            this.reihe = this.reihe + 1;
        } else if (this.blickrichtung == Hamster.OST) {
            this.spalte = this.spalte + 1;
        } else if (this.blickrichtung == Hamster.WEST) {
            this.spalte = this.spalte - 1;
        }
        // Aenderung auf dem Bildschirm sichtbar machen
    }
    ...
}
```

Sie können sich die Benutzung des Schlüsselwortes this auch so vorstellen, dass für jede Methode der Klasse Hamster ein impliziter formaler Parameter vom Typ Hamster und dem Bezeichner this definiert wird. this ist dann ein funktionslokaler zusätzlicher Hamster-Name, dem zur Laufzeit als aktueller Wert das Hamster-Objekt zugeordnet wird, für das die Methode aufgerufen wird:

```
public class Hamster {
    ...
    public void vor(/* Hamster this */) {
        if (!this.vornFrei()) {
            // Programmabbruch
        } else if (this.blickrichtung == Hamster.NORD) {
            this.reihe = this.reihe - 1;
        } else if (this.blickrichtung == Hamster.SUED) {
            this.reihe = this.reihe + 1;
        } else if (this.blickrichtung == Hamster.OST) {
            this.spalte = this.spalte + 1;
        } else if (this.blickrichtung == Hamster.WEST) {
            this.spalte = this.spalte - 1;
        }
        // Aenderung auf dem Bildschirm sichtbar machen
    }
    ...
}
```

```
void main() {
    Hamster paul = new Hamster();
    Hamster willi = new Hamster();
    paul.vor();  // entspricht: vor(paul);
                 // in der Methode vor: this == paul
    willi.vor(); // entspricht: vor(willi);
                 // in der Methode vor: this == willi
}
```

Vergleichen Sie das einmal mit den Ausführungen aus Kapitel 3.10.5!

In der Tat ist in der objektorientierten Programmierung der Aufruf einer Methode über den Namen eines Objektes (bspw. `paul.vor();`) nur eine andere Schreibweise für das Konzept, das Sie in Kapitel 3.10.5 kennen gelernt haben. Anstelle den Hamster-Namen, wie Sie es dort beim Aufruf von Funktionen gelernt haben, als aktuellen Parameter innerhalb der runden Klammern anzugeben (`vor(paul);`), wird in der objektorientierten Programmierung als Schreibweise die Punktnotation genutzt, d.h. der Hamster-Name gefolgt von einem Punkt vor den Aufruf der Methode gesetzt (`paul.vor();`). Bei der Methodendefinition wird darauf verzichtet, jeweils als ersten Parameter explizit den formalen Parameter `Hamster this` (oder allgemein `<Klassenname> this`) deklarieren zu müssen.

4.6 Implementierung der Hamster-Methode `maulLeer`

Die Implementierung des Hamster-Testbefehls `maulLeer` soll als weiteres Beispiel dienen. Die entsprechende Methode ist nicht besonders komplex. Das Maul eines Hamsters ist nämlich genau dann leer, wenn sein Attribut `anzahlKoerner` den Wert 0 enthält:

```
public class Hamster {
    ...
    public boolean maulLeer() {
        return this.anzahlKoerner == 0;
    }
}
```

4.7 Erzeugung von Hamster-Objekten

In Kapitel 3.6 haben wir die Hamster-Erzeugungsanweisung kennen gelernt: `Hamster paul = new Hamster();`. Was bei der Ausführung einer Hamster-Erzeugungsanweisung passiert, ist folgendes: Durch den Ausdruck `new Hamster()` wird für jedes Attribut, das in der Klasse `Hamster` definiert ist, entsprechend seines Typs Speicherplatz reserviert. Über die Namenszuordnung `Hamster paul = ` wird dann der Speicherplatz mit dem Namen `paul` „verknüpft".

Abbildung 4.2 skizziert den Speicher nach Ausführung der folgenden beiden Anweisungen:

```
Hamster paul = new Hamster();
Hamster willi = new Hamster();
```

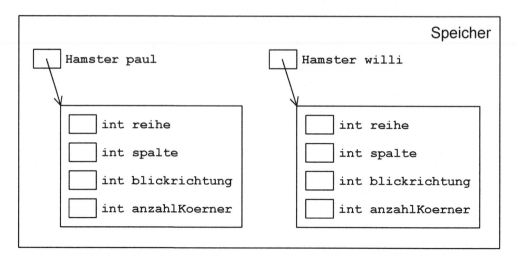

Abbildung 4.2: Speicherzustand nach der Erzeugung zweier Hamster

Wenn nach der Initialisierung (siehe folgender Abschnitt) dann entweder für paul oder für willi die Methode vor aufgerufen wird, weiß das Laufzeitsystem durch die Namenszuordnung zum Speicherplatz der Attribute, welche Attribute die Methode vor benutzen muss.

Synonym zum Ausdruck „Erzeugen eines Objektes von einer Klasse" wird im Folgenden auch von „Instanziierung einer Klasse" gesprochen. Ein Objekt einer Klasse X wird auch *Instanz* der Klasse X genannt.

4.8 Initialisierung von Hamster-Objekten

Über den Hamster-Initialisierungsbefehl init wird ein erzeugter Hamster initialisiert. init ist dabei wie vor eine Methode der Klasse Hamster, die insbesondere dafür Sorge trägt, dass die Attribute des erzeugten Hamsters einen bestimmten initialen Wert zugewiesen bekommen (genau das bedeutet „Initialisierung eines Objektes"). Die initialen Werte werden der Methode als Parameter übergeben.

Die Implementierung der Methode init der Klasse Hamster hat folgende Gestalt:

```
public class Hamster

    ...

    public void init(int r, int s, int b, int k) {
        this.reihe = r;
        this.spalte = s;
        this.blickrichtung = b;
        this.anzahlKoerner = k;
        ...
    }
}
```

Abbildung 4.3 skizziert den Speicher nach Ausführung der folgenden Anweisungen:

```
Hamster paul = new Hamster();
paul.init(5, 6, Hamster.NORD, 4);
Hamster willi = new Hamster();
paul.init(7, 8, Hamster.OST, 12);
```

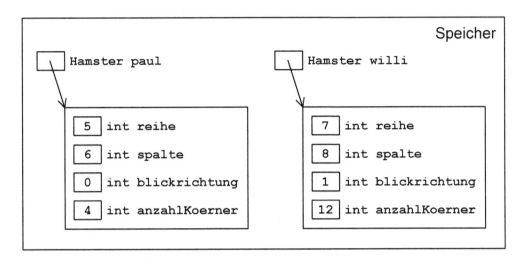

Abbildung 4.3: Speicherzustand nach der Initialisierung zweier Hamster

4.9 Aufgaben

In diesem Kapitel geht es bei den Aufgaben nicht darum, Hamster-Programme zu entwickeln. Vielmehr müssen Sie beweisen, dass Sie das Konzept der Klassen verstanden haben.

4.9.1 Aufgabe 1

Überlegen Sie, wie die Methode linksUm der Klasse Hamster implementiert sein könnte. Orientieren Sie sich dabei an der in diesem Kapitel vorgestellten Implementierung der Methode vor.

4.9.2 Aufgabe 2

Überlegen Sie, wie die Methoden getReihe, getSpalte, getBlickrichtung und getAnzahl-Koerner der Klasse Hamster implementiert sein könnten. Orientieren Sie sich dabei an der in diesem Kapitel vorgestellten Implementierung der Methode maulLeer.

4.9.3 Aufgabe 3

Skizzieren Sie den Speicherzustand nach Ausführung der folgenden Anweisungen im durch Abbildung 4.4 vorgegebenen Hamster-Territorium:

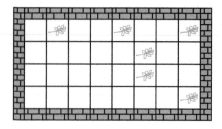

Abbildung 4.4: Hamster-Territorium zu Aufgabe 3

```
void main() {
    Hamster paul = new Hamster();
    paul.init(0, 0, Hamster.OST, 0);
    while (paul.vornFrei()) {
        paul.vor();
    }
    paul.linksUm();
}
```

4.9.4 Aufgabe 4

Skizzieren Sie den Speicherzustand nach Ausführung der folgenden Anweisungen im durch Abbildung 4.5 vorgegebenen Hamster-Territorium:

```
void main() {
    Hamster paul = new Hamster();
    paul.init(0, 3, Hamster.SUED, 9);
    while (paul.vornFrei()) {
        paul.vor();
        if (paul.kornDa()) {
            paul.nimm();
        }
    }
    paul.linksUm();
    paul.linksUm();
}
```

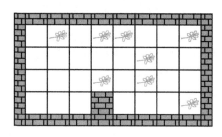

Abbildung 4.5: Hamster-Territorium zu Aufgabe 4

4.9.5 Aufgabe 5

Skizzieren Sie den Speicherzustand nach Ausführung der folgenden Anweisungen im durch Abbildung 4.6 vorgegebenen Hamster-Territorium:

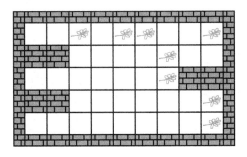

Abbildung 4.6: Hamster-Territorium zu Aufgabe 5

```
void main() {
    Hamster paul = new Hamster();
    paul.init(0, 0, Hamster.OST, 0);
    while (paul.vornFrei()) {
        paul.vor();
        if (paul.kornDa()) {
            paul.nimm();
        }
    }
    paul.linksUm();

    Hamster heidi = new Hamster();
    heidi.init(3, 6, Hamster.NORD, 5);
    while (heidi.vornFrei()) {
        heidi.vor();
        if (heidi.kornDa()) {
            heidi.nimm();
        }
    }
    heidi.linksUm();
    heidi.linksUm();
}
```

In Band 1 der Java-Hamster-Bücher, wo es nur einen einzelnen namenlosen Hamster gab, haben Sie Prozeduren und Funktionen genutzt, um den Befehlsvorrat des Hamsters zu erweitern. Bspw. konnte ein neuer Befehl kehrt durch Definition einer entsprechenden Prozedur definiert werden:

```
void kehrt() {
    linksUm();
    linksUm();
}
```

In Kapitel 3.10.5 haben Sie Parameter vom Typ Hamster genutzt, um Funktionen zu definieren, die für beliebige Hamster bestimmte Aufgaben erledigen:

```
void kehrt(Hamster egal) {
    egal.linksUm();
    egal.linksUm();
}
```

In Kapitel 4 wurde die Klasse Hamster vorgestellt und Sie haben erfahren, wie die Befehle, die Sie Hamstern erteilen können, prinzipiell implementiert sind.

In diesem Kapitel werden Sie nun kennen lernen, wie Sie das Konzept der Klassen dazu nutzen können, den Befehlsvorrat von Hamstern im objektorientierten Hamster-Modell zu erweitern, und zwar so, dass Sie bspw. einen neuen Befehl kehrt derart definieren können, dass er für einen Hamster namens paul genauso wie ein vordefinierter Befehl aufgerufen werden kann, nämlich mit paul.kehrt(); anstelle von kehrt(paul);.

In Abschnitt 1 dieses Kapitels werden Sie erfahren, wie Sie die Klasse Hamster erweitern können. Erweitern bedeutet dabei, dass Sie Hamster mit zusätzlichen Attributen und Methoden ausstatten können. Mit der Definition derartiger neuer Attribute setzt sich Abschnitt 2 auseinander, mit Methoden – also neuen Hamster-Befehlen – Abschnitt 3. Die Abschnitte 4 und 5 diskutieren spezielle Aspekte bei der Verwendung von Attributen. In Abschnitt 6 und Abschnitt 7 werden Sie lernen, wie man derartig erweiterte Hamster erzeugen und ihre alten und neuen Befehle aufrufen kann. Die Abschnitte 8 und 9 zeigen Ihnen, wie komplette Hamster-Programme mit erweiterten Hamster-Klassen definiert werden können. Anschließend werden in Abschnitt 10 die vermittelten Konzepte dieses Kapitels an drei Beispielprogrammen demonstriert und in Abschnitt 11 müssen Sie durch das Lösen von Aufgaben zeigen, dass Sie die neuen Konzepte nicht nur verstanden haben, sondern auch bei der Lösung von konkreten Problemen selbst einsetzen können.

In diesem Kapitel werden die wesentlichen Grundlagen der Definition und Nutzung von Klassen eingeführt. Damit können Sie bereits viele Probleme lösen. Weiterführende Klassenkonzepte werden Ihnen in Kapitel 6 vermittelt.

5.1 Definition erweiterter Hamster-Klassen

In Kapitel 4 wurde Ihnen die vordefinierte Klasse Hamster vorgestellt. Neben der Nutzung dieser Klasse in Form ihrer Instanziierung können Sie die Klasse auch nutzen, um auf ihrer Basis neue Klassen zu definieren, so genannte *erweiterte Hamster-Klassen*.

Das folgende Beispiel demonstriert die Definition erweiterter Hamster-Klassen:

```
class MeinHamster extends Hamster {

    // Definition von Attributen
    int gesammelteKoerner = 0;

    // Definition von Methoden
    void sammle() {
        while (this.kornDa()) {
            this.nimm();
            this.gesammelteKoerner = this.gesammelteKoerner + 1;
        }
    }

    void legeGesammelteKoernerAb() {
        while (this.gesammelteKoerner > 0) {
            this.gib();
            this.gesammelteKoerner = this.gesammelteKoerner - 1;
        }
    }
}
```

Dazu sind folgende Anmerkungen zu machen:

- Die Definition einer erweiterten Hamster-Klasse beginnt mit dem Schlüsselwort class.

- Es folgt ein beliebiger Bezeichner, über den Sie einen neuen Klassennamen und einen neuen Klassendatentyp definieren (im Beispiel MeinHamster). Unter Java-Programmierern gibt es die Konvention, dass ein solcher Klassenname mit einem Großbuchstaben beginnt und neue Wortbestandteile ebenfalls mit Großbuchstaben eingeleitet werden.

- Anschließend folgen die beiden Wörter extends Hamster. Diese beiden Wörter kennzeichnen, dass es sich bei der neu definierten Klasse um eine *erweiterte Hamster-Klasse* handelt.[1]

- Nach diesem so genannten *Klassenkopf* folgt der *Klassenrumpf*, der mit einer öffnenden geschweiften Klammer ({) beginnt und mit einer schließenden geschweiften Klammer (}) endet. Innerhalb des Klassenrumpfes können zweierlei Dinge geschehen:

  - Sie können dort beliebig viele Attribute definieren.

  - Sie können dort beliebig viele Methoden definieren (und implementieren).

Bei Java-Programmierern hat es sich eingebürgert, dass zunächst die Attribute definiert werden und anschließend die Methoden. Prinzipiell ist diese Reihenfolge aber nicht zwingend.

In dem obigen Beispiel werden ein Attribut gesammelteKoerner vom Typ int sowie zwei Methoden sammle und legeGesammelteKoernerAb definiert.

---

[1] Was die Erweiterung von Klassen genau bedeutet, erfahren Sie später in Kapitel 7.

5.2 Definition von Attributen

Die Definition eines Attributs ist syntaktisch identisch mit der Definition einer Variablen (siehe Band 1, Kapitel 14.8). Zunächst wird der Datentyp angegeben, dann der Name des Attributs und anschließend erfolgt optional eine explizite Initialisierung mit einem dem Datentyp entsprechenden Ausdruck.

Als Konvention gilt: Attributnamen beginnen mit einem Kleinbuchstaben. Setzen sich Attributnamen aus mehreren Wortbestandteilen zusammen, beginnt ein neuer Wortbestandteil immer mit einem Großbuchstaben.

Alle in einer Klasse definierten Attribute werden für jedes Objekt angelegt, das von dieser Klasse erzeugt wird, d.h. es wird entsprechend dem Attributtyp Speicherplatz reserviert. Falls vorhanden, wird anschließend der Initialisierungsausdruck ausgewertet und der berechnete Wert dem Attribut zugewiesen. Falls kein Initialisierungsausdruck vorhanden ist, wird dem Attribut der Default-Wert seines Typs zugewiesen. Das Anlegen von Attributen und ihre Initialisierung erfolgt in der Reihenfolge ihrer Definition.

Die Lebensdauer eines Attributes beginnt bei der Erzeugung des Objektes, für das das Attribut angelegt wurde, und endet erst beim Tod des Objektes, d.h. wenn dem Objekt kein Name mehr zugeordnet ist bzw. am Ende des Programms.

5.3 Definition von Methoden

Die Definition einer Methode ist syntaktisch identisch mit der Definition einer Funktion (siehe Band 1, Kapitel 15.4). Hinter dem Methodenkopf, in dem der Funktionstyp, der Name der Methode und eventuell Parameter angegeben werden, folgt der Methodenrumpf, der die Implementierung der Methode angibt, d.h. beschreibt, was die Methode bei einem Aufruf tun soll. Insbesondere ist es auch möglich, innerhalb eines Methodenrumpfes methodenlokale Variablen zu definieren, d.h. Variablen, die nur innerhalb der Methode gültig und lebendig sind.

Der Name der Methode einer erweiterten Hamster-Klasse definiert einen neuen Hamster-Befehl für alle Hamster, die von der neu definierten erweiterten Hamster-Klasse erzeugt werden.

Als Konvention gilt: Genauso wie Attributnamen beginnen auch Methodennamen mit einem Kleinbuchstaben. Setzen sich Methodennamen aus mehreren Wortbestandteilen zusammen, beginnt ein neuer Wortbestandteil immer mit einem Großbuchstaben.

Sie können einer Methodendefinition das Schlüsselwort `public` voranstellen, müssen es aber im Allgemeinen nicht. In den Beispielen der folgenden Kapitel wird das Schlüsselwort `public` nur dann verwendet, wenn es auch notwendig ist. Welche Bedeutung das Schlüsselwort hat, wird in Kapitel 14 erläutert.

5.4 Zugriff auf Attribute

5.4.1 Zugriff innerhalb der Klassendefinition

Alle in einer Klasse definierten Attribute sind global bezüglich des Klassenrumpfes[2], d.h. sie sind insbesondere innerhalb der Methodenrümpfe gültig. Der Zugriff erfolgt wie bei normalen Variablen auch über den Attributnamen.

Um herauszustellen, dass es sich bei einem Attribut um ein Attribut und keine (methodenlokale) Variable handelt, kann dem Attributnamen das Schlüsselwort this gefolgt von einem Punkt (.) vorangestellt werden.

5.4.2 Zugriff außerhalb der Klassendefinition

Im Prinzip beschränkt sich der Gültigkeitsbereich eines Attributes nicht auf den Klassenrumpf, in dem es definiert wird. Es ist – genauso wie Hamster-Befehle – auch außerhalb des Klassenrumpfes über den Namen des Hamsters zugreifbar. In der objektorientierten Programmierung gibt es jedoch ein Prinzip, das sich *Datenkapselung* nennt und das den Zugriff auf Attribute von außerhalb der entsprechenden Klassendefinition verbietet. Das Prinzip und die Vorteile der Datenkapselung sowie die Möglichkeit, den Gültigkeitsbereich von Attributen explizit über bestimmte *Zugriffsrechte* zu definieren, werden im Detail in Kapitel 14 vorgestellt.

Sollen die Werte eines Attributes von außerhalb der Klasse abgerufen (englisch: *get*) bzw. gesetzt (englisch: *set*) werden, gibt es in Java die Konvention, so genannte get- bzw. set-Methoden zu definieren. Man spricht auch von *Getter-* und *Setter-Methoden*. Für das im obigen Beispiel definierte Attribut gesammelteKoerner hätten diese Methoden die folgende Gestalt:

```
class MeinHamster extends Hamster {

    // Definition von Attributen
    int gesammelteKoerner = 0;

    // Definition von get-/set-Methoden
    int getGesammelteKoerner() {
        return this.gesammelteKoerner;
    }

    void setGesammelteKoerner(int koerner) {
        this.gesammelteKoerner = koerner;
    }
    ...
}
```

Als Konvention sollten Sie dabei beachten:

- Der Name einer Methode, über die einem bestimmten Attribut ein neuer Wert zugewiesen werden soll, setzt sich zusammen aus dem Bestandteil set sowie dem Namen des Attributes, wobei jedoch der erste Buchstabe des Attributes groß geschrieben wird.

---

[2]Sie dürfen jedoch nicht in Initialisierungsausdrücken von vorher definierten Attributen verwendet werden.

- Der Name einer Methode, über die der Wert eines bestimmten Attributs abgefragt werden soll, setzt sich zusammen aus dem Bestandteil get sowie dem Namen des Attributes, wobei jedoch der erste Buchstabe des Attributes groß geschrieben wird.

Auch die Klasse Hamster besitzt derartige get-Methoden für die Abfrage der Werte der Attribute reihe, spalte, blickrichtung und anzahlKoerner (vergleiche auch Kapitel 4). set-Methoden fehlen jedoch, d.h. es ist außerhalb der Klassendefinition der Klasse Hamster nicht erlaubt und möglich, die Werte der vier Attribute explizit zu setzen.

5.5 Attribute versus methodenlokale Variablen

In einer Klasse definierte Attribute sind Variablen, die jedes Objekt dieser Klasse besitzt, die im gesamten Klassenrumpf gültig sind und deren Lebensdauer bei der Erzeugung des Objektes beginnt und erst beim Tod des Objektes (kein Name mehr bzw. Programmende) endet. Damit lassen sich in Attributen Werte speichern, auf die in allen Methoden der Klasse zugegriffen werden kann und die über die Ausführungszeit einer Methode hinaus erhalten bleiben. Dahingegen sind methodenlokale Variablen, d.h. Variablen, die in einer Methode definiert werden, Variablen, die ab der Stelle ihrer Definition bis zum Ende der Methode (bzw. bis zum Ende des Blockes, in dem sie definiert sind) gültig und lebendig sind.

Auf der einen Seite scheinen daher Attribute allgemein gültiger zu sein, denn anstelle von methodenlokalen Variablen können immer auch Attribute verwendet werden. Gewöhnen Sie sich jedoch trotzdem folgendes an: Wenn eine Variable nur innerhalb einer Methode und ihr Wert nicht methodenübergreifend benötigt wird, definieren Sie diese Variable als methodenlokale Variable und nicht als Attribut. Gerade bei großen Klassen wird Ihr Sourcecode dadurch übersichtlicher und auch für andere Personen besser verständlich.

In der folgenden Klasse wird zur Implementierung der Methode sammle eine methodenlokale Variable anzahl benutzt. Das ist richtig, da anzahl nur eine Zählvariable ist, deren Wert nach Ausführung der Methode nicht mehr benötigt wird. Für die Implementierung der Methode laufe wird jedoch ein Attribut schritte definiert. Das ist zwar korrekt, aber ein schlechter Programmierstil, da – genauso wie bei anzahl – der Wert des Attributs nicht methodenübergreifend erhalten bleiben muss.

```
class LaufUndSammelHamster extends Hamster {

    void sammle(int maxKoerner) {
        int anzahl = 0; // methodenlokale Variable
        while (this.kornDa() && anzahl < maxKoerner) {
            this.nimm();
            anzahl = anzahl + 1;
        }
    }

    int schritte; // als Attribut: korrekt, aber schlecht

    void laufe(int maxSchritte) {
        schritte = 0;
        while (this.vornFrei() && schritte < maxSchritte) {
            this.vor();
```

```
            schritte = schritte + 1;
        }
    }
}
```

5.6 Erzeugung erweiterter Hamster-Objekte

Durch die Definition einer erweiterten Hamster-Klasse wird ein neuer Klassendatentyp eingeführt. Der Name dieses Typs ist der gewählte Klassenname. Dieser Name kann überall dort in einem Hamster-Programm verwendet werden, wo auch die bisher bekannten Datentypen `boolean`, `int` und `Hamster` stehen dürfen.

Insbesondere ist es auch möglich, Variablen von diesem neuen Datentyp zu definieren und Objekte von diesem Datentyp zu erzeugen. Dabei gilt: Hamster-Objekte einer erweiterten Hamster-Klasse XHamster müssen immer auch Hamster-Variablen vom Typ XHamster zugewiesen werden.[3]

Das folgende Programm nutzt die obige Definition der Klasse `MeinHamster`:

```
void main() {
    MeinHamster paul  = new MeinHamster();
    MeinHamster willi = new MeinHamster();
    MeinHamster heidi = new Hamster(); // Fehler
    Hamster     maria = new MeinHamster(); // ok (Polymorphie)
    MeinHamster karl  = Hamster.getStandardHamster(); // Fehler
}
```

In der `main`-Funktion werden zunächst zwei Hamster-Objekte vom Typ `MeinHamster` erzeugt und jeweils einer Hamster-Variablen vom Typ `MeinHamster` zugeordnet. Bei der dritten Anweisung liefert der Compiler eine Fehlermeldung, da versucht wird, ein Hamster-Objekt vom Typ `Hamster` einer Hamster-Variablen vom Typ `MeinHamster` zuzuweisen. Die vierte Anweisung ist im Prinzip in Ordnung; was damit bezweckt wird, wird jedoch erst in Kapitel 11 beschrieben.

Der Standard-Hamster ist übrigens immer ein normaler Hamster, d.h. eine Instanz der Klasse Hamster. Daher meckert der Compiler bei der fünften Anweisung.

Um ausgehend vom Standard-Hamster jedoch auch mit erweiterten Hamster-Klassen arbeiten zu können, wird der Begriff des Vertretungshamsters eingeführt. Als *Vertretungshamster* des Standard-Hamsters wird ein Hamster einer erweiterten Hamster-Klasse bezeichnet, der mit den aktuellen Attributwerten des Standard-Hamsters erzeugt und initialisiert wird. Im folgenden Programm ist `willi` ein Vertretungshamster des Standard-Hamsters:

```
void main() {
    Hamster paul = Hamster.getStandardHamster();
    MeinHamster willi = new MeinHamster();
    willi.init(paul.getReihe(),
               paul.getSpalte(),
               paul.getBlickrichtung(),
               paul.getAnzahlKoerner());
```

---

[3]In Kapitel 11 werden wir das Konzept der Polymorphie kennen lernen, durch das diese Einschränkung etwas gelockert werden kann.

```
       ...
}
```

5.7 Aufruf von Methoden

Hamster-Objekten, die von einer erweiterten Hamster-Klasse erzeugt worden sind, können dieselben Befehle erteilt werden, wie normalen Hamstern auch. Zusätzlich können für diese *erweiterten Hamster* jedoch alle in der erweiterten Hamster-Klasse definierten Methoden aufgerufen werden. Der Befehlsvorrat der erweiterten Hamster ist um genau die neu definierten Methoden erweitert. Das folgende Programm nutzt die obige Definition der Klasse MeinHamster:

```
1  void main() {
2      // Erzeugung und Initial. zweier erweiterter Hamster
3      MeinHamster paul = new MeinHamster();
4      MeinHamster willi = new MeinHamster();
5      paul.init(2, 2, Hamster.NORD, 4);
6      willi.init(3, 4, Hamster.NORD, 7);
7
8      paul.sammle(); // Aufruf der neuen Methode sammle
9      willi.sammle();
10     while (paul.vornFrei() &&  // Aufruf des
11             willi.vornFrei()) { // normalen Hamster-Befehls
12         paul.vor();
13         paul.sammle();
14         willi.vor();
15         willi.sammle();
16     }
17     paul.legeGesammelteKoernerAb();
18     willi.legeGesammelteKoernerAb();
19 }
```

In Zeile 3 und 4 werden zwei Hamster vom Typ MeinHamster erzeugt und ihnen die Namen paul und willi zugeordnet. Achten Sie darauf, dass paul und willi Variablen vom Typ MeinHamster und nicht vom Typ Hamster sind. Genauso wie normale Hamster müssen auch Hamster, die von einer erweiterten Hamster-Klasse erzeugt werden, zunächst initialisiert werden. Dies geschieht durch den Aufruf des init-Befehls (Zeilen 5 und 6).

In Zeile 8 wird nun für paul der Befehl sammle aufgerufen. Was hier genau passiert, ist, dass die Methode sammle der Klasse MeinHamster aufgerufen und ausgeführt wird. Innerhalb der Methode sammle bekommt paul automatisch den (zusätzlichen) Namen this zugeordnet. Über diesen Hamster-Namen this, der innerhalb der Klasse MeinHamster vom Typ MeinHamster ist, können alle Hamster-Befehle sowie auch alle zusätzlich in der Klasse MeinHamster neu definierten Befehle (Methoden) für paul aufgerufen werden. Man spricht hier auch von *Vererbung*: Die Methoden der Klasse Hamster werden an die erweiterte Hamster-Klasse MeinHamster *vererbt* (siehe auch Kapitel 7). Weiterhin kann über this auf alle in der Klasse MeinHamster definierten Attribute zugegriffen werden.

Was die Anweisung paul.sammle(); in Zeile 8 letztendlich bewirkt, ist, dass paul alle Körner auf seiner aktuellen Kachel einsammelt und sich in seinem Attribut gesammelteKoerner die Anzahl der gefressenen Körner merkt (durch die Anweisung `this.gesammelteKoerner = this.gesam-melteKoerner + 1;` innerhalb der Methode).

In Zeile 9 wird nun auch für `willi` der neue Befehl `sammle` aufgerufen. Dieses Mal wird innerhalb der Methode `sammle willi` der zusätzliche Name `this` zugeordnet und für `willi` werden die entsprechenden Anweisungen ausgeführt. D.h. nach der Ausführung von Zeile 9 hat auch `willi` alle Körner auf seiner aktuellen Kachel gefressen und sich die Anzahl der gefressenen Körner in seinem Attribut `gesammelteKoerner` gemerkt.

Nochmal zur Erinnerung: Die Klasse `MeinHamster` definiert zwar nur ein Attribut `gesammelte-Koerner`. Bei jeder Erzeugung eines Hamsters vom Typ `MeinHamster` wird jedoch zur Laufzeit ein neues Attribut angelegt, d.h. Speicherplatz für die Speicherung eines int-Wertes reserviert. Welches dieser gleichnamigen Attribute dann genutzt wird, ist abhängig davon, für welchen Hamster der Befehl `sammle` aufgerufen wird. In Zeile 8 ist dies Hamster `paul`, so dass bei der Ausführung der Methode `sammle pauls` Attribut `gesammelteKoerner` benutzt wird. In Zeile 9 wird Hamster `willi` angesprochen, so dass bei der Ausführung der methode `sammle willis` Attribut `gesammelteKoerner` genutzt wird.

Nachdem beide Hamster fleißig gesammelt haben, laufen Sie so lange abwechselnd eine Kachel nach vorne und sammeln jeweils alle Körner ein, bis einer der Hamster eine Mauer erreicht. Anschließend wird für `paul` die neu definierte Methode `legeGesammelteKoernerAb` aufgerufen (Zeile 17). Genauso wie oben für den Aufruf der Methode `sammle` beschrieben, wird hier für `paul` die Methode `legeGesammelteKoernerAb` ausgeführt. Unter der Annahme, dass `paul` unterwegs 14 Körner gefressen hat (dies wurde ja in seinem Attribut `gesammelteKoerner` vermerkt), legt er diese 14 Körner nun wieder ab. Letzendlich bewirkt die Anweisung in Zeile 18, dass auch `willi` alle gesammelten Körner wieder „ausspuckt".

Was Sie an diesem Beispiel gelernt haben sollten, ist folgendes:

- Durch die Definition einer erweiterten Hamster-Klasse können Sie den Befehlsvorrat der Hamster erweitern. Dies geschieht durch die Definition neuer Methoden.

- Mit Hilfe der Definition von Attributen in einer erweiterten Hamster-Klasse können Sie für jeden Hamster des neuen Typs Speicher reservieren, in dem sich jeder Hamster über die Ausführung einzelner Befehle hinaus bestimmte Werte merken kann.

5.8 Komplette Programme mit erweiterten Hamster-Klassen

Sie können in einem objektorientierten Hamster-Programm keine, eine oder auch mehrere erweiterte Hamster-Klassen definieren. Die Definition ist überall dort möglich, wo auch Funktionen definiert werden können (vergleiche Band 1 der Java-Hamster-Bücher, Kapitel 8.4).

Das folgende Programm ist ein komplettes objektorientiertes Hamster-Programm mit zwei neu definierten erweiterten Hamster-Klassen:

```
// eine erweitere Hamster-Klasse
class LaufHamster extends Hamster {
    void drehDich(int drehungen) {
        while (drehungen > 0) {
            this.linksUm();
            drehungen = drehungen - 1;
```

```
        }
    }

    void rechtsUm() {
        this.drehDich(3);
    }

    boolean rechtsFrei() {
        this.rechtsUm();
        boolean ergebnis = this.vornFrei();
        this.linksUm();
        return ergebnis;
    }

    void laufe() {
        while (this.vornFrei()) {
            this.vor();
        }
    }
}

// noch eine erweiterte Hamster-Klasse
class SammelHamster extends Hamster {

    int gesammelteKoerner = 0;

    void sammle() {
        while (this.kornDa()) {
            this.nimm();
            this.gesammelteKoerner = this.gesammelteKoerner + 1;
        }
    }

    int getGesammelteKoerner() {
        return this.gesammelteKoerner;
    }
}

// Hauptprogramm
void main() {
    // normaler Hamster
    Hamster paul = new Hamster(); // normaler Hamster
    paul.init(0, 1, Hamster.OST, 0);

    // erweiterter Hamster vom Typ LaufHamster
    LaufHamster willi = new LaufHamster();
    willi.init(6, 0, Hamster.OST, 0);

    // erweiterter Hamster vom Typ SammelHamster
    SammelHamster heidi = new SammelHamster();
    heidi.init(2, 0, Hamster.OST, 3);
```

```
while (paul.vornFrei()) {
    paul.vor();
}


while (!willi.rechtsFrei()) {
    willi.vor();
}
willi.rechtsUm();
willi.laufe();

while (heidi.vornFrei()
        && heidi.getGesammelteKoerner() < 10) {
    heidi.sammle();
    heidi.vor();
}
}
```

In dem obigen Programm werden zwei erweiterte Hamster-Klassen definiert und in der main-Funktion je ein normaler Hamster paul, ein LaufHamster willi und ein SammelHamster heidi erzeugt und initialisiert. paul läuft anschließend bis zur nächsten Mauer, willi sucht rechts von sich einen Gang und läuft dann bis zum Ende des Ganges und heidi sammelt Körner und läuft vor, bis sie eine Mauer erreicht oder 10 Körner gesammelt hat.

Es ist zu beachten, dass paul nur die normalen Hamster-Befehle ausführen kann, willi alle normalen Hamster-Befehle sowie die neuen Befehle drehDich, rechtsUm, rechtsFrei und laufe. heidi kann alle normalen Hamster-Befehle sowie die neuen Befehle sammle und getGesammelteKoerner ausführen. Würde der Befehl paul.rechtsUm(); aufgerufen, würde der Compiler „meckern", da paul vom Typ Hamster ist und in der Klasse Hamster keine Methode rechtsUm definiert ist. Genauso würde der Compiler eine Fehlermeldung bei der Anweisung willi.sammle(); liefern, da willi vom Typ LaufHamster ist und in der Klasse LaufHamster keine Methode sammle existiert. Allgemein gilt: Sei XHamster der Name einer erweiterten Hamster-Klasse und paul der Name einer Variable vom Typ XHamster, dann können über den Namen paul nur diejenigen Hamster-Befehle aufgerufen werden, die in der Klasse Hamster oder der Klasse XHamster definiert sind.

Durch das Konzept der Definition erweiterter Hamster-Klassen sind Sie nun in der Lage, den Befehlsvorrat der Hamster zu erweitern. Damit wird das in Kapitel 3.10.5 eingeführte Konzept (Übergabe von Hamstern als Parameter, um Funktionen definieren zu können, die für beliebige Hamster funktionieren) überflüssig. Das Klassenkonzept ist zur Lösung dieser Probleme sehr viel eleganter und auch flexibler, wie die nächsten Kapitel noch zeigen werden. Benutzen Sie deshalb bitte das in Kapitel 3.10.5 vorgestellte Konzept in Zukunft nicht mehr![4]

5.9 Separate Klassen

Wenn Sie mit Hilfe des Hamster-Simulators Hamster-Programme entwickeln, können Sie erweiterte Hamster-Klassen und Hauptprogramme (main-Funktion) in unterschiedlichen Dateien abspeichern.

---

[4]Es ist natürlich trotzdem weiterhin zulässig und zum Teil auch notwendig, in Methoden Parameter vom Typ Hamster zu deklarieren.

Allerdings müssen die Dateien in demselben Ordner abgelegt werden. Mit diesem Konzept ist es möglich, ein- und dieselbe Hamster-Klasse in mehreren Programmen zu verwenden, ohne den Sourcecode duplizieren zu müssen.

Speichern wir den folgenden Sourcecode bspw. in einer Datei DrehHamster.ham ab und compilieren:

```
class DrehHamster extends Hamster {
    void kehrt() {
        this.linksUm();
        this.linksUm();
    }

    void rechtsUm() {
        this.kehrt();
        this.linksUm();
    }
}
```

Nun bekommen wir die Aufgabe gestellt, einen Hamster bis zur nächsten Wand und anschließend zum Ausgangspunkt zurücklaufen zu lassen. Dann können wir die obige erweiterte Hamster-Klasse DrehHamster aus der Datei DrehHamster.ham einfach benutzen. Das folgende Lösungsprogramm speichern wir dazu bspw. in einer Datei LaufHamster.ham ab, und zwar im selben Ordner, in dem sich auch die Datei DrehHamster.ham befindet.

```
void main() {
    int schritte = 0;
    DrehHamster paul = new DrehHamster();
    paul.init(1, 0, Hamster.OST, 0);

    while (paul.vornFrei()) {
        paul.vor();
        schritte = schritte + 1;
    }

    paul.kehrt();

    while (schritte > 0) {
        paul.vor();
        schritte = schritte - 1;
    }
}
```

Und wenn Sie dann irgendwann die Aufgabe lösen sollen, einen Hamster in eine Ecke laufen zu lassen, können Sie ebenfalls wieder die erweiterte Hamster-Klasse DrehHamster aus der Datei DrehHamster.ham nutzen:

```
void main() {
    DrehHamster maria = new DrehHamster();
    maria.init(3, 5, Hamster.OST, 0);

    while (maria.vornFrei()) {
        maria.vor();
```

```
    }

    maria.rechtsUm();

    while (maria.vornFrei()) {
        maria.vor();
    }
}
```

Dieses Programm speichern Sie bspw. in einer Datei EckenHamster.ham ab, die sich wiederum aber in demselben Ordner befinden muss, wie die Datei DrehHamster.ham.

Durch dieses Konzept, Programme in mehrere Teile aufspalten zu können, wird die Wiederverwendbarkeit von einzelnen Teilen – hier erweiterten Hamster-Klassen – unterstützt. Wie sinnvoll und nützlich das sein kann, werden Sie insbesondere in Kapitel 7 sehen.

Wie die Einschränkung, dass sich die entsprechenden Teilprogramme in demselben Ordner befinden müssen, aufgehoben werden kann, wird Ihnen in Kapitel 14 gezeigt.

Im Prinzip können Sie eine erweiterte Hamster-Klasse in einer beliebig benannten Datei abgespeichern. Gewöhnen Sie sich bitte trotzdem an, eine Hamster-Klasse namens MeinHamster auch in einer Datei namens MeinHamster.ham abzuspeichern, damit Sie mit den Dateinamen und ihren Inhalten nicht durcheinander kommen. In bestimmten Fällen, die in Kapitel 14 eingeführt werden, wird das sogar Pflicht.

5.10 Beispielprogramme

In den folgenden drei Beispielprogrammen wird das Konzept der erweiterten Hamster-Klassen genutzt, um gegebene Hamsteraufgaben zu lösen.

5.10.1 Beispielprogramm 1

Im ersten Beispielprogramm wird das zweite Beispielprogramm aus Kapitel 3.11.2 mit Hilfe einer erweiterten Hamster-Klasse gelöst.

Aufgabe:
In einem beliebig großen Hamster-Territorium befinden sich keine Mauern. Es ist wahllos eine unbekannte Anzahl an Körnern verstreut (siehe Abbildung 5.1). Ein Hamster, der auf der Kachel mit den Koordinaten (0/0) mit Blickrichtung Ost erzeugt und initialisiert werden soll, soll alle Körner einsammeln und dann stehen bleiben.

Lösung:

```
void main() {
    AbgrassHamster paul = new AbgrassHamster();
    paul.init(0, 0, Hamster.OST, 0);
    paul.ernteEineReiheUndLaufeZurueck();
    while (paul.weitereReiheExistiert()) {
        paul.begibDichInNaechsteReihe();
        paul.ernteEineReiheUndLaufeZurueck();
```

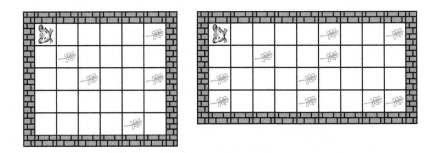

Abbildung 5.1: Typische Hamster-Territorien zu Beispielprogramm 1

```
        }
}

class AbgrassHamster extends Hamster {

    boolean weitereReiheExistiert() {
        this.linksUm();
        if (this.vornFrei()) {
            this.rechtsUm();
            return true;
        } else {
            this.rechtsUm();
            return false;
        }
    }

    void begibDichInNaechsteReihe() {
        this.linksUm();
        this.vor();
        this.linksUm();
    }

    void ernteEineReiheUndLaufeZurueck() {
        this.ernteEineReihe();
        this.kehrt();
        this.laufeZurueck();
    }

    void ernteEineReihe() {
        this.sammle();
        while (this.vornFrei()) {
            this.vor();
            this.sammle();
        }
    }

    void laufeZurueck() {
        while (this.vornFrei()) {
            this.vor();
```

```
        }
    }

    void sammle() {
        while (this.kornDa()) {
            this.nimm();
        }
    }

    void rechtsUm() {
        this.kehrt();
        this.linksUm();
    }

    void kehrt() {
        this.linksUm();
        this.linksUm();
    }
}
```

5.10.2 Beispielprogramm 2

Aufgabe:

Der Standard-Hamster steht – wie in Abbildung 5.2 skizziert – vor einem regelmäßigen Berg unbekannter Höhe. Ein Vertretungshamster des Standard-Hamsters soll den Gipfel des Berges erklimmen.

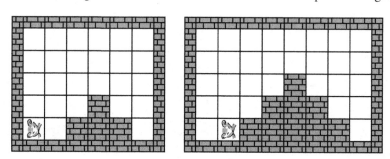

Abbildung 5.2: Typische Hamster-Territorien zu Beispielprogramm 2

Lösung:

```
void main() {
    Hamster paul = Hamster.getStandardHamster();

    // Erzeugung eines Vertretungshamsters
    KletterHamster reinhold = new KletterHamster();
    reinhold.init(paul.getReihe(), paul.getSpalte(), paul
            .getBlickrichtung(), paul.getAnzahlKoerner());

    reinhold.laufeZumBerg();
    do {
```

```
            reinhold.erklimmeEineStufe();
    } while (!reinhold.gipfelErreicht());
}


class KletterHamster extends Hamster {

    void laufeZumBerg() {
        while (this.vornFrei()) {
            this.vor();
        }
    }

    void erklimmeEineStufe() {
        this.linksUm();
        this.vor();
        this.rechtsUm();
        this.vor();
    }

    boolean gipfelErreicht() {
        return this.vornFrei();
    }

    void rechtsUm() {
        this.kehrt();
        this.linksUm();
    }

    void kehrt() {
        this.linksUm();
        this.linksUm();
    }
}
```

5.10.3 Beispielprogramm 3

Aufgabe:

Der Standard-Hamster befindet sich mit Blickrichtung Nord in der rechten unteren Ecke eines mauerlosen Hamster-Territoriums mit mindestens zwei Spalten und zwei Reihen. Wie schon in Beispielprogramm 2 ist er wieder zu faul, etwas zu tun, und erzeugt einen Vertretungshamster mit seinen Attributwerten. Ein zweiter Hamster wird auf Kachel (0/0) mit Blickrichtung Süd erzeugt (siehe auch Abbildung 5.3). Die beiden Hamster sollen sich entgegen dem Uhrzeigersinn ein Rennen entlang der Wände des Territoriums liefern, bis einer den anderen eingeholt hat. Der Hamster, der anfangs auf der Kachel (0/0) sitzt, ist dabei allerdings klar im Vorteil. Er ist doppelt so schnell wie der Vertretungshamster des Standard-Hamsters, d.h. jedes Mal, nachdem der Vertretungshamster den Befehl vor ausgeführt hat, darf der andere Hamster den vor-Befehl zweimal ausführen. Nach seinem Sieg soll der schnelle Hamster quasi als Siegesrunde den absolvierten Weg nochmal zurücklaufen.

Lösungshinweise:

Es werden zwei erweiterte Hamster-Klassen LangsamerHamster und SchnellerHamster defi-

Abbildung 5.3: Typische Hamster-Territorien zu Beispielprogramm 3

niert. Beide definieren eine Methode lauf. Während in der Methode lauf der Klasse Langsamer-Hamster nur einmal die Methode vor aufgerufen wird, geschieht dies in der Methode lauf der Klasse SchnellerHamster zweimal, d.h. Hamster der Klasse SchnellerHamster sind via der Methode lauf doppelt so schnell, wie Hamster der Klasse LangsamerHamster. Die Anzahl der absolvierten Schritte merkt sich der schnelle Hamster in einem Attribut schritte.

Lösung:

```
class LangsamerHamster extends Hamster {

    void lauf() {
        if (!this.vornFrei()) {
            this.linksUm();
        }
        this.vor();
    }
}

class SchnellerHamster extends Hamster {

    int schritte = 0;

    void lauf() {
        this.laufEinenSchritt();
        this.laufEinenSchritt();
    }

    void laufEinenSchritt() {
        if (!this.vornFrei()) {
            this.linksUm();
        }
        this.vor();
        this.schritte = this.schritte + 1;
    }

    void jubeln() {
        this.kehrt();
        while (this.schritte > 0) {
            if (!this.vornFrei()) {
```

```
                    this.rechtsUm();
                }
            this.vor();
            this.schritte = this.schritte - 1;
        }
    }

    void rechtsUm() {
        this.kehrt();
        this.linksUm();
    }

    void kehrt() {
        this.linksUm();
        this.linksUm();
    }
}

void main() {
    Hamster paul = Hamster.getStandardHamster();
    LangsamerHamster schnecke = new LangsamerHamster();
    schnecke.init(paul.getReihe(), paul.getSpalte(), paul
            .getBlickrichtung(), paul.getAnzahlKoerner());
    SchnellerHamster speedy = new SchnellerHamster();
    speedy.init(0, 0, Hamster.SUED, 0);

    while (!(speedy.getReihe() == schnecke.getReihe() && speedy
            .getSpalte() == schnecke.getSpalte())) {
        schnecke.lauf();
        speedy.lauf();
    }
    speedy.jubeln();
}
```

5.11 Aufgaben

Nun müssen Sie zeigen, dass Sie das Konzept der erweiterten Hamster-Klassen verstanden haben. Lösen Sie dazu die folgenden Aufgaben durch die Definition geeigneter erweiterter Hamster-Klassen und denken Sie sich selbst weitere Hamsteraufgaben aus. Versuchen Sie bspw. einige Aufgaben aus Band 1 des Java-Hamster-Buches mal mit den neuen Konzepten zu lösen. Viel Spaß und Erfolg!

5.11.1 Aufgabe 1

Die Aufgabenstellung des Beispielprogramms 1 aus Abschnitt 5.10.1 wird leicht abgeändert: Der Hamster wird irgendwo im Territorium erzeugt. Die genaue Aufgabenstellung lautet:

In einem beliebig großen Hamster-Territorium befinden sich keine Mauern. Es ist wahllos eine unbekannte Anzahl an Körnern verstreut. Ein Hamster, der irgendwo im Territorium erzeugt und initialisiert werden soll, soll alle Körner einsammeln und dann stehen bleiben.

5.11.2 Aufgabe 2

Die Aufgabenstellung des Beispielprogramms 2 aus Abschnitt 5.10.2 wird leicht abgeändert: Der Berg ist unregelmäßig gestaltet (siehe Abbildung 5.4). Die genaue Aufgabenstellung lautet:

Der Standard-Hamster steht – wie in den folgenden Abbildungen skizziert – vor einem unregelmäßigen Berg unbekannter Höhe. Ein Vertretungshamster des Standard-Hamsters soll den Gipfel des Berges erklimmen.

Abbildung 5.4: Typische Hamster-Territorien zu Aufgabe 2

5.11.3 Aufgabe 3

Die Aufgabenstellung des Beispielprogramms 3 aus Abschnitt 5.10.3 wird leicht abgeändert: Der zweite Hamster ist dreimal so schnell, wie der Vertretungshamster des Standard-Hamsters. Die genaue Aufgabenstellung lautet:

Der Standard-Hamster befindet sich mit Blickrichtung Nord in der rechten unteren Ecke eines beliebig großen Hamster-Territoriums ohne Mauern. Ein zweiter Hamster wird auf Kachel (0/0) mit Blickrichtung Süd erzeugt. Die beiden Hamster sollen sich entgegen dem Uhrzeigersinn ein Rennen entlang der Wände des Territoriums liefern, bis einer den anderen eingeholt hat. Der Hamster, der anfangs auf der Kachel (0/0) sitzt, ist allerdings klar im Vorteil. Er ist dreimal so schnell wie der Vertretungshamster, den der Standard-Hamster ins Rennen schickt, d.h. jedes Mal, nachdem der Vertretungshamster den Befehl vor ausgeführt hat, darf der andere Hamster den vor-Befehl dreimal ausführen. Nach seinem Sieg soll der schnelle Hamster quasi als Siegesrunde den absolvierten Weg nochmal zurücklaufen.

Ein Hinweis: Es reicht nicht aus, die Methode lauf der Klasse SchnellerHamster zu ändern. Angepasst werden muss zusätzlich noch die Abbruchbedingung der while-Schleife in der main-Funktion!

5.11.4 Aufgabe 4

Der Standard-Hamster befindet sich in einem geschlossenen, körnerlosen Raum unbekannter Größe. Rechts von ihm befindet sich eine Wand (siehe Abbildung 5.5). Er bekommt die Aufgabe, so lange an der Wand entlang zu laufen, bis er irgendwann wieder seine Ausgangskachel erreicht hat. Da er selbst mal wieder zu faul ist, erzeugt er einen Vertretungshamster, d.h. einen Hamster mit seinen Attributwerten, und schickt diesen los.

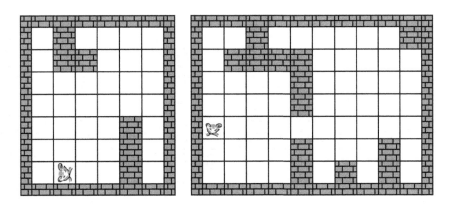

Abbildung 5.5: Typische Hamster-Territorien zu Aufgabe 4

5.11.5 Aufgabe 5

Der Standard-Hamster befindet sich irgendwo in einem quadratischen, geschlossenen, körnerlosen Raum unbekannter Größe ohne innere Mauern. Er soll die beiden Diagonalen des Raums mit jeweils einem Korn kennzeichnen. Er hat genügend Körner im Maul, um die Aufgabe zu erledigen. Wie inzwischen schon üblich, erzeugt er einen Vertretungshamster und schickt diesen auf die Reise. Abbildung 5.6 skizziert typische Hamster-Territorien nach Erledigung der Aufgabe.

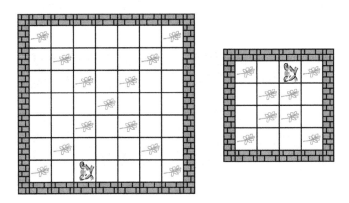

Abbildung 5.6: Typische Hamster-Territorien nach Erledigung von Aufgabe 5

5.11.6 Aufgabe 6

Ein neuer Hamster wird mit Blickrichtung Ost ohne Körner im Maul vor einer unregelmäßigen Mulde unbekannter Tiefe erzeugt (siehe Abbildung 5.7). Der Hamster bekommt die Aufgabe, die Mulde zu durchschreiten. Sobald er dies geschafft hat, d.h. sobald er auf eine Ebene gelangt, die dieselbe Höhe aufweist, wie die Ausgangsposition des Hamsters, soll er stehen bleiben.

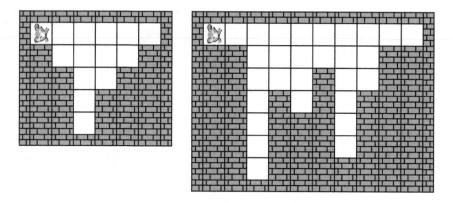

Abbildung 5.7: Typische Hamster-Territorien zu Aufgabe 6

5.11.7 Aufgabe 7

Der Standard-Hamster habe initial eine bestimmte Anzahl an Körnern im Maul. Er steht irgendwo mit Blickrichtung Ost in einem Territorium ohne Körner und Mauern. Er beauftragt einen Vertretungshamster damit, die Körner als Dualzahl kodiert im Territorium abzulegen und dahinter stehen zu bleiben. Eine „1" wird dabei durch eine Kachel mit einem Korn und eine „0" durch eine Kachel ohne Korn repräsentiert. Abbildung 5.8 skizziert das Hamster-Territorium nach Erledigung der Aufgabe, wenn der Standard-Hamster anfangs 13 Körner im Maul hatte (13 im Dezimalsystem entspricht 1101 im Dualsystem).

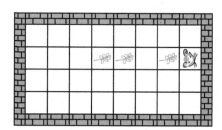

Abbildung 5.8: Typisches Hamster-Territorium nach Erledigung von Aufgabe 7

5.11.8 Aufgabe 8

Ein neuer Hamster wird mit Blickrichtung Ost auf der Kachel (0/0) eines beliebig großen Territoriums ohne Mauern erzeugt. Im Territorium befinden sich, wie in Abbildung 5.9 (links) beispielhaft skizziert, vertikale „Körnertürme". Der Hamster bekommt die Aufgabe, die Körnertürme so zu sortieren, dass sie zum Schluss in aufsteigender Größe im Territorium angeordnet sind (siehe Abbildung 5.9 (rechts)).

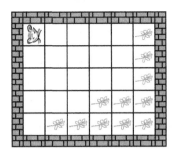

Abbildung 5.9: Typisches Hamster-Territorium zu Aufgabe 8

5.11.9 Aufgabe 9

Lösen Sie Beispielprogramm 3 aus Kapitel 3.11.3 durch die Definition einer geeigneten erweiterten Hamster-Klasse. Die genaue Aufgabenstellung lautet:

In einem beliebig großen Hamster-Territorium befinden sich keine Mauern. Es ist wahllos eine unbekannte Anzahl an Körnern verstreut. Ein Vertretungshamster des Standard-Hamsters, der sich zu Anfang in der linken oberen Ecke des Hamster-Territoriums mit Blickrichtung Ost befindet, soll alle Körner einsammeln und dann stehen bleiben. Allerdings gibt es in dieser Aufgabe ein Handicap: Jeder Hamster kann maximal 10 Körner einsammeln. Daher muss ein Hamster, wenn er dieses Maximum erreicht hat, einen neuen Hamster auf die weitere Reise schicken.

5.11.10 Aufgabe 10

Zwei sich liebende Hamster Romeo und Julia stehen, wie in Abbildung 5.10 (links) skizziert, am Abhang einer unendlich tiefen, beliebig weiten Schlucht, Romeo links, Julia rechts.

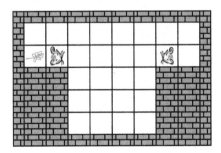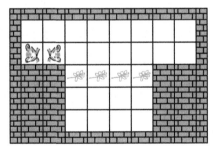

Abbildung 5.10: Typisches Hamster-Territorium zu Aufgabe 10

Romeo will Julia retten. Neben ihm liegt ein Haufen mit Körnern. Mit diesen Körnern kann Romeo eine Brücke über die Schlucht bauen. Allerdings ist diese Körnerbrücke sehr zerbrechlich: Zu einem Zeitpunkt darf sich höchstens ein Hamster mit maximal einem Korn im Maul oberhalb eines „Brückenkorns" befinden. Beim Brückenbau darf Romeo kurzfristig zum Ablegen eines Korns über der Schlucht „schweben". Helfen Sie Romeo, die Brücke zu bauen und Julia auf die sichere linke Seite zu führen (Abbildung 5.10 (rechts)).

5.11.11 Aufgabe 11

Der Standard-Hamster möchte stilvoll Weihnachten feiern. Er schickt dazu einen Vertretungshamster los, der – wie in Abbildung 5.11 skizziert – einen Tannenbaum unbekannter Höhe und Breite (Abbildung links) mit Körnern schmücken soll (Abbildung rechts). Der Standard-Hamster steht anfangs mit Blickrichtung Osten auf der Kachel (0/0).

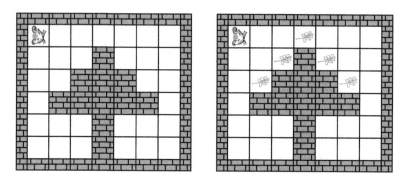

Abbildung 5.11: Typisches Hamster-Territorium zu Aufgabe 11

5.11.12 Aufgabe 12

Wie in Aufgabe 11 gibt es auch in dieser Aufgabe einen Tannenbaum im Territorium. Nur besteht dieser nun aus Körnern (siehe Abbildung 5.12). Da Weihnachten inzwischen vorbei ist, bekommt der Standard-Hamster, der sich anfangs wieder mit Blickrichtung Osten auf der Kachel (0/0) befindet, die Aufgabe, den Tannenbaum „aufzufressen".

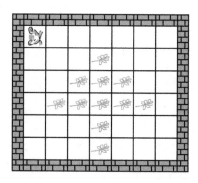

Abbildung 5.12: Typisches Hamster-Territorium zu Aufgabe 12

5.11.13 Aufgabe 13

Der Standard-Hamster ist in Skiurlaub. Er steht, wie in Abbildung 5.13 skizziert, vor einem unbekannt langen „Slalomkurs" aus Mauern und soll diesen, wie in der Abbildung angedeutet, bewältigen. Das Ende des Parcours ist durch ein Korn markiert. Da er am Abend vorher jedoch etwas viel gefeiert hat und sein Restalkohol noch nicht vollständig abgebaut ist, schickt er lieber einen Vertretungshamster auf die Strecke.

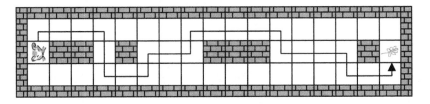

Abbildung 5.13: Typisches Hamster-Territorium zu Aufgabe 13

5.11.14 Aufgabe 14

Der Standard-Hamster ist immer noch in Skiurlaub. Er hat inzwischen eine nette Bekanntschaft gemacht und möchte dieser zeigen, wie gut er (bzw. sein Vertretungshamster) Ski fahren kann. Die beiden haben vereinbart, einen Parallelslalom auszutragen (siehe Abbildung 5.14). Beim Parallelslalom führen die beiden Hamster die jeweiligen Hamster-Befehle immer abwechselnd aus.

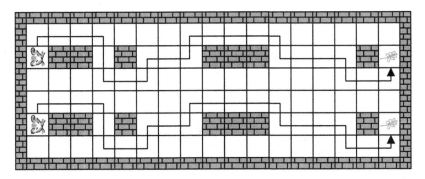

Abbildung 5.14: Typisches Hamster-Territorium zu Aufgabe 14

Die wesentlichen Grundlagen der Definition und Nutzung erweiterter Hamster-Klassen haben Sie in Kapitel 5 kennen gelernt. Es gibt diesbezüglich jedoch noch weitere wichtige und nützliche Konzepte, die in diesem Kapitel nun vorgestellt werden.

Zunächst werden in Abschnitt 1 und 2 dieses Kapitels zwei aus Band 1 der Java-Hamster-Bücher bereits bekannte Konzepte von Funktionen auf Methoden übertragen: das Überladen von Methoden und die Definition rekursiver Methoden. Mit der Initialisierung von Objekten über so genannte *Konstruktoren* setzt sich Abschnitt 3 auseinander. In den Abschnitten 4 und 5 werden mit *Klassenattributen* und *Klassenmethoden* besondere Arten von Attributen und Methoden eingeführt: Klassenattribute sind Attribute, die allen Objekten einer Klasse gemeinsam gehören, und Klassenmethoden können, wie normale Funktionen, unabhängig von der Existenz von Objekten aufgerufen werden, sind aber einer Klasse zugeordnet. Derartige Klassenmethoden nutzt insbesondere die vordefinierte Klasse `Territorium`, mittels der zur Laufzeit Informationen über das aktuelle Hamster-Territorium abgefragt werden können. Abschnitt 6 skizziert die Definition und Implementierung dieser Klasse.

Weitere besondere Arten von Attributen bilden so genannte *Konstanten* und *Subobjekte*, die in den Abschnitten 7 und 8 vorgestellt werden. Mit Aufzählungstypen (*Enums*) setzt sich Abschnitt 9 auseinander. Wie üblich folgen zum Abschluss des Kapitels in Abschnitt 10 drei Beispielprogramme, die den Einsatz und Nutzen der neuen Konzepte demonstrieren, und in Abschnitt 11 wird Ihnen eine Menge von selbstständig zu lösenden Aufgaben gegeben.

6.1 Überladen von Methoden

Genauso wie Prozeduren und Funktionen können auch Methoden überladen werden (vergleiche Band 1, Kapitel 16.3). *Überladen von Methoden* bedeutet dabei, dass eine Klasse mehrere Methoden mit demselben Namen besitzt, die sich jedoch in der Anzahl der Parameter bzw. den Typen der Parameter unterscheiden.

Im folgenden Beispiel wird der `vor`-Befehl, d.h. die entsprechende Methode `vor` der Klasse `Hamster`, überladen:

```
1  class MeinHamster extends Hamster {
2
3      void vor(int anzahl) {
4          while (this.vornFrei() && anzahl > 0) {
5              this.vor();
6              anzahl = anzahl - 1;
7          }
8      }
9
```

```
10      void vor(boolean kehrtWende) {
11          if (kehrtWende)
12              this.kehrt();
13          this.vor();
14      }
15
16      void kehrt() {
17          this.linksUm();
18          this.linksUm();
19      }
20 }
21
22 void main() {
23      MeinHamster paul = new MeinHamster();
24      paul.init(0, 0, Hamster.OST, 0);
25      paul.vor();
26      paul.vor(10);
27      paul.vor(!paul.vornFrei());
28 }
```

In Zeile 3 wird eine Methode vor definiert, die sich bezüglich der Anzahl an Parametern (nämlich 1) von der (parameterlosen) Methode vor der Klasse Hamster unterscheidet. Eine weitere Überladung der Methode vor findet in Zeile 10 statt. Hier ist der Typ des Parameters boolean, während der Parameter in der Methode vor in Zeile 3 vom Typ int ist. In der Implementierung beider Methoden wird durch die Anweisung this.vor(); (Zeile 5 und 13) die Methode vor der Klasse Hamster aufgerufen.

In der main-Funktion wird Hamster paul dreimal der Befehl vor erteilt. Beim ersten Mal (Zeile 25) führt er den normalen vor-Befehl aus. Beim zweiten Mal (Zeile 26) übergibt er der Methode einen int-Wert, d.h. die Methode vor der Klasse MeinHamster in Zeile 3 wird ausgeführt. Bei der Anweisung in Zeile 27 wird als aktueller Parameter ein boolescher Wert berechnet, d.h. es wird die in Zeile 10 definierte vor-Methode aufgerufen.

6.2 Rekursive Methoden

Eine Funktion ist *rekursiv*, wenn sie während ihrer Ausführung erneut aufgerufen wird (vergleiche Band 1, Kapitel 17). Eine Methode ist *rekursiv*, wenn sie während ihrer Ausführung für dasselbe Objekt erneut aufgerufen wird.

Folgende Klasse definiert eine rekursive Methode:

```
class VorHamster extends Hamster {

    void vor(int schritte) {
        if (this.vornFrei() && schritte > 0) {
            this.vor();
            this.vor(schritte - 1); // rekursiver Aufruf der
                                    // Methode
        }
    }
}
```

6.3 Konstruktoren

Es gibt einen besonderen Typ von Methoden, die so genannten *Konstruktoren*. Sie zeichnen sich dadurch aus, dass sie ohne einen Funktionstyp deklariert werden und ihr Name gleich dem Klassennamen ist. Sinn und Zweck von Konstruktoren ist es, unmittelbar nach der Erzeugung eines Objektes dieses zu initialisieren, d.h. insbesondere den Attributen des Objektes initiale Werte zuzuweisen.

6.3.1 Motivation

Bisher haben wir Attribute immer bei ihrer Definition initialisiert. In der folgenden Klasse wird bspw. ein int-Attribut maximaleSchritte mit dem Initialisierungsausdruck 10 definiert. D.h. jedes Mal, wenn ein Objekt der Klasse erzeugt wird, wird Speicherplatz für dieses Attribut reserviert und ihm der Wert 10 zugewiesen. Über die Methode lauf kann ein Hamster maximal zehnmal eine Kachel nach vorne springen.

```
class LaufHamster extends Hamster {

    int maximaleSchritte = 10;

    int schritte = 0;

    void lauf() {
        if (this.schritte < this.maximaleSchritte
                && this.vornFrei()) {
            this.vor();
            schritte = schritte + 1;
        }
    }
}
```

Bei diesem Beispiel wird der Wert des Initialisierungsausdrucks des Attributes maximaleSchritte bei der Klassendefinition vorgegeben, d.h. er ist für jeden erzeugten Hamster gleich. Problematisch ist jedoch, wenn der Wert für unterschiedliche Hamster verschieden sein soll und erst zur Laufzeit des Programms ermittelt wird bzw. werden kann.

Theoretisch kann dieses Problem dadurch gelöst werden, dass eine Methode setMaximaleSchritte definiert wird, die unmittelbar nach dem init-Befehl für jeden Hamster aufgerufen werden muss:

```
class LaufHamster2 extends Hamster {

    int maximaleSchritte;

    int schritte = 0;

    void setMaximaleSchritte(int anzahl) {
        this.maximaleSchritte = anzahl;
    }

    void lauf() {
        if (this.schritte < this.maximaleSchritte
                && this.vornFrei()) {
```

```
                   this.vor();
                   schritte = schritte + 1;
              }
         }
}


void main() {
    LaufHamster2 paul = new LaufHamster2();
    paul.init(0, 0, Hamster.OST, 0);
    paul.setMaximaleSchritte(9);
    while (paul.vornFrei()) {
        paul.lauf();
    }

    Hamster heidi = Hamster.getStandardHamster();

    LaufHamster2 willi = new LaufHamster2();
    willi.init(2, 0, Hamster.OST, 0);
    willi.setMaximaleSchritte(heidi.getAnzahlKoerner());
    while (willi.vornFrei()) {
        willi.lauf();
    }
}
```

Erst in der main-Funktion wird in diesem Beispiel festgelegt, dass paul maximal neun mal springen darf und willi maximal so oft, wie der Standard-Hamster Körner im Maul hat.

Durch diese Art der Lösung des Problems der Initialisierung von Attributen kommt es jedoch zu neuen Problemen. Zum einen kann nun die Methode setMaximaleSchritte prinzipiell mehrmals für einen Hamster aufgerufen werden (was dann natürlich dazu führen kann, dass der Hamster mehr als die eigentlich erlaubten Schritte läuft). Zum anderen ist es leicht möglich, den Aufruf der Methode ganz zu vergessen. Standardmäßig ist dann jedoch dem Attribut der Wert 0 zugewiesen worden und der Hamster läuft gar nicht. Vermutlich kennen Sie das letzte Problem schon: Auch den Aufruf des init-Befehls nach der Erzeugung eines Hamsters haben Sie bestimmt schon einmal vergessen.

6.3.2 Definition von Konstruktoren

Zur Lösung dieser Probleme dienen nun die Konstruktoren. Bei der folgenden Klassendefinition wird ein Konstruktor definiert:

```
class LaufHamster3 extends Hamster {

    int maximaleSchritte;

    int schritte;

    // Konstruktor
    LaufHamster3(int r, int s, int b, int k, int maxSchritte) {
        this.init(r, s, b, k);
        this.schritte = 0;
        this.maximaleSchritte = maxSchritte;
```

```
    }

    void lauf() {
        if (this.schritte < this.maximaleSchritte
                && this.vornFrei()) {
            this.vor();
            schritte = schritte + 1;
        }
    }
}
```

Der definierte Konstruktor hat fünf Parameter. Er ist so implementiert, dass zunächst der init-Befehl mit den ersten vier Parametern aufgerufen wird. Anschließend wird das Attribut `schritte` auf 0 gesetzt und dem Attribut `maximaleSchritte` wird der Wert des fünften Parameters zugewiesen.

6.3.3 Aufruf von Konstruktoren

Der Sinn und Zweck eines Konstruktors zeigt sich bei der Objekterzeugung; denn es gilt: Besitzt eine Klasse einen (oder mehrere[1]) Konstruktoren, dann **muss** einer dieser Konstruktoren bei der Erzeugung eines Objektes dieser Klasse auch aufgerufen werden. Damit kann eine kontrollierte und flexible Initialisierung aller Attribute eines Objektes sichergestellt werden.

Der Aufruf eines Konstruktors wird innerhalb der folgenden `main`-Funktion demonstriert, die sich auf die obige Klasse `LaufHamster3` bezieht:

```
void main() {
    LaufHamster3 paul = new LaufHamster3(0, 0, Hamster.OST,
            0, 9);
    while (paul.vornFrei()) {
        paul.lauf();
    }

    Hamster heidi = Hamster.getStandardHamster();

    LaufHamster3 willi = new LaufHamster3(2, 0, Hamster.OST,
            0, heidi.getAnzahlKoerner());
    while (willi.vornFrei()) {
        willi.lauf();
    }

    LaufHamster3 karl = new LaufHamster3(); // Fehler!
}
```

Bisher haben Sie zur Hamster-Erzeugung immer den Ausdruck `new Hamster()` oder bei einer neu definierten erweiterten Hamster-Klasse `MHamster` den Ausdruck `new MHamster()` benutzt. Das wird jetzt leicht erweitert: Definiert eine erweiterte Hamster-Klasse einen Konstruktor, dann muss bei der Erzeugung von Objekten dieser Klasse nach dem `new`-Operator ein Konstruktor mit entsprechenden aktuellen Parameterwerten aufgerufen werden. Was intern passiert, ist, dass zunächst

---

[1] Auch Konstruktoren können überladen werden!

mittels des new-Operators Speicherplatz für alle Attribute des neuen Objektes reserviert wird. Anschließend wird dann der entsprechende Konstruktor aufgerufen und ausgeführt.

Bezüglich des obigen Beispiels bedeutet dies: In der ersten Anweisung in der main-Funktion wird zunächst ein Hamster vom Typ LaufHamster3 erzeugt. Danach wird für diesen Hamster der Konstruktor aufgerufen, d.h. die Anweisungen des Konstruktors werden ausgeführt. Insbesondere bedeutet das, dass dem Attribut maximaleSchritte des Hamsters der Wert 9 zugewiesen wird. Anschließend wird dem Hamster der Name paul zugeordnet. Dasselbe passiert in der vierten Anweisung der main-Funktion mit dem Hamster willi. Seinem Attribut maximaleSchritte wird jedoch als Wert die aktuelle Körneranzahl des Standard-Hamsters zugewiesen.

Da in der Klasse LaufHamster3 ein Konstruktor mit Parametern definiert wird, „meckert" der Compiler in diesem Beispiel bei dem Versuch, einen Hamster karl mit dem „alten" Hamster-Erzeugungsausdruck new LaufHamster3() zu erzeugen.

Beachten Sie, dass bei dem obigen Beispiel der Hamster-Initialisierungsbefehl innerhalb des Konstruktors aufgerufen wird und daher nicht mehr nach der Hamster-Erzeugungsanweisung aufgerufen werden muss!

Tipp: Um in Zukunft den Fehler vermeiden zu können, nach einer Hamster-Erzeugung den Aufruf des init-Befehls zu vergessen, definieren Sie in einer erweiterten Hamster-Klasse immer einen Konstruktor, der den init-Befehl aufruft:

```
class MHamster extends Hamster {
    MHamster(int r, int s, int b, int k) {
        this.init(r, s, b, k);
    }
}

void main() {
    MHamster paul = new MHamster(3, 1, Hamster.SUED, 89);
    // paul wird im Konstruktor initialisiert!
    if (paul.vornFrei()) {
        paul.vor();
    }
}
```

6.3.4 Konstruktoren der Klasse Hamster

Übrigens besitzt auch die vordefinierte Klasse Hamster selbst einen identischen Konstruktor wie die Klasse MHamster aus dem vorherigen Abschnitt, so dass Sie selbstverständlich auch normale Hamster mittels dieses Konstruktors initialisieren können und nicht mehr den init-Befehl aufrufen müssen:

```
void main() {
    Hamster paul = new Hamster(3, 4, Hamster.SUED, 17);
    // paul wird im Konstruktor initialisiert!
    while (paul.vornFrei()) {
        paul.vor();
    }
}
```

Genau genommen definiert die Klasse `Hamster` drei Konstruktoren.[2] Der erste Konstruktor hat vier Parameter und initialisiert damit die vier Attribute jedes Hamsters (Zeile 6). Der zweite Konstruktor ist parameterlos und wird daher beim Aufruf des Hamster-Erzeugungsausdrucks `new Hamster()` aufgerufen (Zeile 10). Er vermerkt intern, dass der Hamster noch nicht initialisiert wurde, d.h. vor dem Erteilen irgendwelcher Befehle an den Hamster noch der `init`-Befehl aufgerufen werden muss. Parameterlose Konstruktoren werden übrigens auch als *Default-Konstruktoren* bezeichnet. Dem dritten Konstruktor (Zeile 15) wird als Parameter ein bereits existierender Hamster übergeben. Er initialisiert den neuen Hamster mit den Attributwerten des bereits existierenden Hamsters. Derartige Konstruktoren werden auch *Copy-Konstruktoren* genannt.

```
1  public class Hamster {
2
3      private boolean initialisiert;
4      ...
5
6      public Hamster(int r, int s, int b, int k) {
7          this.init(r, s, b, k);
8      }
9
10     public Hamster() {  // Default-Konstruktor
11         this.initialisiert = false;
12     }
13
14     // Copy-Konstruktor
15     public Hamster(Hamster existierenderHamster) {
16         this.init(existierenderHamster.getReihe(),
17                 existierenderHamster.getSpalte(),
18                 existierenderHamster.getBlickrichtung(),
19                 existierenderHamster.getAnzahlKoerner());
20     }
21
22     public void init(int r, int s, int b, int k) {
23         this.reihe = r;
24         this.spalte = s;
25         this.blickrichtung = b;
26         this.anzahlKoerner = k;
27         this.initialisiert = true;
28     }
29
30     public void vor() {
31         if (!this.initialisiert) {
32             // Laufzeitfehler, d.h Programmabbruch
33         } else {
34             ...
35         }
36     }
37     ...
38 }
39
```

---

[2]Die Schlüsselwörter `public` und `private` können Sie im Moment noch einfach ignorieren. Was es damit auf sich hat, wird in Kapitel 14 erläutert.

```
40  void main() {
41      // Aufruf des Konstruktors in Zeile 6
42      Hamster paul = new Hamster(1, 0, Hamster.NORD, 3);
43      paul.vor(); // ok
44
45      // Aufruf des Copy-Konstruktors in Zeile 15
46      Hamster manfred = new Hamster(paul);
47      paul.vor(); // ok
48
49      // Aufruf des Default-Konstruktors in Zeile 10
50      Hamster willi = new Hamster();
51      willi.vor(); // Programmabbruch, da willi nicht
52                   // initialisiert wurde
53  }
```

6.3.5 Klassen-interner Konstruktoraufruf

Die Implementierung des Copy-Konstruktors der Klasse Hamster hätte auch folgendermaßen erfolgen können:

```
public class Hamster {

    public Hamster(int r, int s, int b, int k) {
        this.init(r, s, b, k);
    }

    public Hamster(Hamster existierenderHamster) {
        this(existierenderHamster.getReihe(),
            existierenderHamster.getSpalte(),
            existierenderHamster.getBlickrichtung(),
            existierenderHamster.getAnzahlKoerner());
    }
    ...
}
```

Über das so genannte *this-Konstrukt* ist es möglich, innerhalb einer Klasse einen anderen Konstruktor aufzurufen, in dem Fall der obigen Klasse Hamster den Konstruktor mit den vier int-Parametern. Das this-Konstrukt kann ausschließlich als erste Anweisung innerhalb von Konstruktoren genutzt werden.

6.4 Klassenattribute

Wir erinnern uns: Attribute sind spezielle Variablen, die innerhalb einer Klassendefinition definiert werden. Jedes Objekt, das aus dieser Klasse erzeugt wird, besitzt ein eigenes solches Attribut.

Es ist jedoch auch möglich, ein Attribut so zu definieren, dass es nur einmal existiert und allen Objekten dieser Klasse gemeinsam gehört. Ein solches Attribut wird *Klassenattribut* oder auch *Klassenvariable* genannt.

6.4.1 Definition von und Zugriff auf Klassenattribute

Für die Definition eines Klassenattributes wird das Schlüsselwort static benutzt. Es wird der Attributdefinition vorangestellt.[3] Der Zugriff auf ein Klassenattribut kann genauso wie der Zugriff auf ein „normales" Attribut erfolgen. Um normale Attribute und Klassenattribute sprachlich auseinander halten zu können, werden normale Attribute auch *Instanzattribute* genannt. Der Begriff *Attribut* ist dann der Oberbegriff für Instanz- und Klassenattribut.

Im folgenden Beispiel wird innerhalb der Klasse SammelHamster ein Klassenattribut gemeinsam-GesammelteKoerner und ein Instanzattribut alleineGesammelteKoerner definiert:

```
class SammelHamster extends Hamster {

    int alleineGesammelteKoerner;                    // Instanzattribut

    static int gemeinsamGesammelteKoerner = 0; // Klassenattribut

    SammelHamster(int r, int s, int b, int k) {
        this.init(r, s, b, k);
        this.alleineGesammelteKoerner = 0;
        // this.gemeinsamGesammelteKoerner = 0;
    }

    void sammle() {
        while (this.kornDa()) {
            this.nimm();
            this.alleineGesammelteKoerner =
                this.alleineGesammelteKoerner + 1;
            this.gemeinsamGesammelteKoerner =
                this.gemeinsamGesammelteKoerner + 1;
        }
    }

    void laufeUndSammle() {
        while (this.vornFrei()) {
            this.vor();
            this.sammle();
        }
    }
}

void main() {
    SammelHamster paul = new SammelHamster(0, 0,
            Hamster.OST, 0);
    paul.laufeUndSammle();

    SammelHamster willi = new SammelHamster(1, 0,
            Hamster.OST, 0);
    willi.laufeUndSammle();
```

---

[3] Aus implementierungstechnischen Gründen müssen Sie im Hamster-Simulator Klassen, die Klassenattribute definieren, und Hauptprogramme immer in separaten Dateien abspeichern (vergleiche Kapitel 5.9).

```
        SammelHamster heidi = new SammelHamster(2, 0,
                Hamster.OST, 0);
        heidi.laufeUndSammle(); // Anweisung 6
        ...
}
```

Nehmen wir an, das Programm wird in der in Abbildung 6.1 skizzierten Situation ausgeführt (auf jeder Kachel liegt maximal ein Korn), dann hat nach Anweisung 6 des Hauptprogramms pauls Attribut alleineGesammelteKoerner den Wert 4, willis Attribut alleineGesammelteKoerner den Wert 5, heidis Attribut alleineGesammelteKoerner den Wert 7 und das Klassenattribut gemeinsamGesammelteKoerner den Wert 16 (4+5+7).

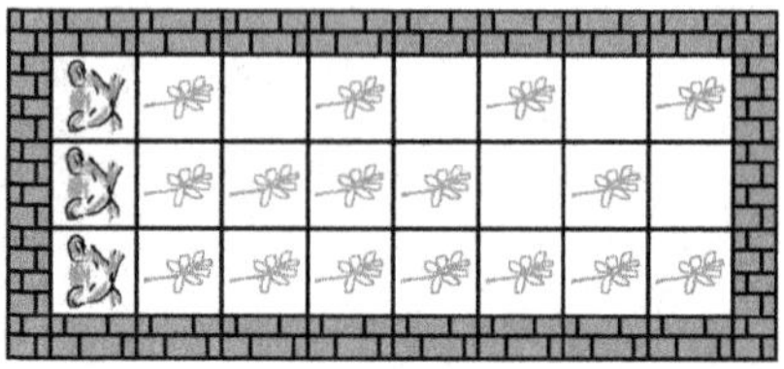

Abbildung 6.1: Klassenattribute

Achten Sie darauf, dass Klassenattribute immer explizit bei ihrer Definition initialisiert werden, während Instanzattribute im Allgemeinen innerhalb eines Konstruktors initialisiert werden. Würde das Klassenattribut gemeinsamGesammelteKoerner in dem Konstruktor initialisiert (wie in der auskommentierten Zeile im Konstruktor der Klasse SammelHamster angedeutet), würde es bei jeder Erzeugung eines neuen Objektes wieder neu initialisiert. D.h. sein Wert wäre nach Anweisung 6 des Hauptprogrammes identisch zum Wert des Attributs alleineGesammelteKoerner von Hamster heidi.

Das Anlegen eines Klassenattributs (d.h. das Reservieren von Speicherplatz) und seine Initialisierung erfolgen vor dem ersten Zugriff auf das Attribut.

Wie bereits gesagt, kann der Zugriff auf ein Klassenattribut x einer Klasse X genauso wie der Zugriff auf ein Instanzattribut erfolgen (bspw. via this.x = 3;). Um aber deutlich zu machen, dass es sich um ein Klassen- und kein Instanzattribut handelt, wird Java-Programmierer die alternative Möglichkeit empfohlen, über den Klassennamen gefolgt von einem Punkt (.) auf das Klassenattribut zuzugreifen (bspw. X.x = 3;). Das folgende Beispiel demonstriert diese Zugriffsnotation für das obige Beispiel:

```
class SammelHamster extends Hamster {

    int alleineGesammelteKoerner;                    // Instanzattribut

    static int gemeinsamGesammelteKoerner = 0;   // Klassenattribut
    ...

    void sammle() {
        while (this.kornDa()) {
            this.nimm();
            this.alleineGesammelteKoerner =
                this.alleineGesammelteKoerner + 1;
```

```
        SammelHamster.gemeinsamGesammelteKoerner =
            SammelHamster.gemeinsamGesammelteKoerner + 1;
    }
  }
  ...
}
```

6.4.2 Klassenattribute der Klasse `Hamster`

Übrigens besitzt auch die vordefinierte Klasse `Hamster` ein Klassenattribut, nämlich `anzahlHamster` vom Typ `int`. Es wird in der Methode `init` jeweils um den Wert 1 erhöht, speichert also die aktuelle Anzahl an erzeugten und initialisierten Hamstern im Territorium (inklusive dem Standard-Hamster).

```
public class Hamster {

  private static int anzahlHamster = 0;
  ...

  public void init(int r, int s, int b, int k) {
    ...
    Hamster.anzahlHamster = Hamster.anzahlHamster + 1;
  }
  ...
}
```

6.5 Klassenmethoden

So genannte *Klassenmethoden* sind spezielle Methoden, die unabhängig von der Existenz von Objekten einer Klasse aufgerufen werden können.

6.5.1 Definition und Aufruf von Klassenmethoden

Gekennzeichnet werden Klassenmethoden bei ihrer Definition durch Voranstellen des Schlüsselwortes `static`.[4] Sie erlauben in ihrer Implementierung ausschließlich den Zugriff auf Klassenattribute und andere Klassenmethoden der Klasse. Der Zugriff auf Instanzattribute und „normale" Methoden (*Instanzmethoden*) über das Schlüsselwort `this` ist nicht möglich.

Klassenmethoden können zwar genauso wie Instanzmethoden über einen Hamster-Namen aufgerufen werden, ihnen wird jedoch bei ihrem Aufruf kein Hamster-Objekt übergeben. Von daher wird Java-Programmierer – wie auch bei Klassenattributen – der Zugriff über den Klassennamen nahegelegt.

Im folgenden Beispiel wird das Beispiel aus dem vorherigen Abschnitt erweitert. Es wird eine Klassenmethode `getGemeinsamGesammelteKoerner` definiert, die als Wert den aktuellen Wert des

---

[4] Aus implementierungstechnischen Gründen müssen Sie im Hamster-Simulator Klassen, die Klassenmethoden definieren, und Hauptprogramme immer in separaten Dateien abspeichern (vergleiche Kapitel 5.9).

Klassenattributs gemeinsamGesammelteKoerner liefert. Die main-Funktion ist so implementiert, dass nur dann ein dritter Hamster erzeugt wird, wenn die beiden Hamster vorher zusammen noch keine 10 Körner gesammelt haben. Diese Überprüfung erfolgt durch Aufruf der Klassenmethode getGemeinsamGesammelteKoerner:

```
class SammelHamster2 extends Hamster {

    int alleineGesammelteKoerner;                           // Instanzattribut

    static int gemeinsamGesammelteKoerner = 0; // Klassenattribut

    SammelHamster2(int r, int s, int b, int k) {
        this.init(r, s, b, k);
        this.alleineGesammelteKoerner = 0;
    }

    void sammle() {
        while (this.kornDa()) {
            this.nimm();
            this.alleineGesammelteKoerner =
                this.alleineGesammelteKoerner + 1;
            SammelHamster2.gemeinsamGesammelteKoerner =
                SammelHamster2.gemeinsamGesammelteKoerner + 1;
        }
    }

    void laufeUndSammle() {
        this.sammle();
        while (this.vornFrei()) {
            this.vor();
            this.sammle();
        }
    }

    // Definition einer Klassenmethode
    static int getGemeinsamGesammelteKoerner() {
        return SammelHamster2.gemeinsamGesammelteKoerner;
    }
}

void main() {
    SammelHamster2 paul = new SammelHamster2(0, 0,
            Hamster.OST, 0);
    paul.laufeUndSammle();

    SammelHamster2 willi = new SammelHamster2(1, 0,
            Hamster.OST, 0);
    willi.laufeUndSammle();

    // Aufruf der Klassenmethode
    if (SammelHamster2.getGemeinsamGesammelteKoerner() < 10) {
        SammelHamster2 heidi = new SammelHamster2(2, 0,
```

```
                    Hamster.OST, 0);
        heidi.laufeUndSammle();
        // ...
    }
}
```

6.5.2 Klassenmethoden der Klasse Hamster

Auch die vordefinierte Klasse Hamster stellt Klassenmethoden zur Verfügung:

```
public class Hamster {

    private static int anzahlHamster = 0;
    ...

    public static int getAnzahlHamster() {
        return Hamster.anzahlHamster;
    }

    public static Hamster getStandardHamster() {
        /* Implementierung */
    }
    ...
}
```

Die Klassenmenthode getStandardHamster kennen Sie ja bereits. Sie liefert den Standard-Hamster.

Die Klassenmethode getAnzahlHamster liefert den aktuellen Wert des Klassenattributes anzahl-Hamster. Folgendes Beispiel demonstriert den Einsatz dieser Klassenmethoden.

```
void main() {
    Hamster paul = Hamster.getStandardHamster();
    while (Hamster.getAnzahlHamster() <= 5) {
        paul = new Hamster(paul.getReihe(),
                paul.getSpalte(), paul.getBlickrichtung(), 0);
        if (paul.kornDa()) {
            paul.nimm();
        }
        while (paul.vornFrei()) {
            paul.vor();
            if (paul.kornDa()) {
                paul.nimm();
            }
        }
        paul.linksUm();
        paul.linksUm();
    }
}
```

In dem Beispiel werden zusätzlich zum Standard-Hamster 5 Hamster erzeugt. Sie durchlaufen jeweils abwechselnd von West nach Ost und von Ost nach West oder von Norden nach Süden und von Süden nach Norden das Territorium und fressen von jeder Kachel – falls vorhanden – ein Korn.

6.6 Die Klasse Territorium

Beachten Sie: Während Instanzmethoden nur für vorher erzeugte und initialisierte Objekte aufgerufen werden können (d.h. es muss mindestens ein Objekt der Klasse existieren), ist ein Aufruf einer Klassenmethode auch dann möglich, wenn noch gar kein Objekt der Klasse existiert. Genau diese Eigenschaft nutzt eine im Hamster-Modell vordefinierte Klasse Territorium aus. Sie besteht lediglich aus Klassenattributen und -methoden (da es im Hamster-Modell eh nur genau ein Territorium gibt).

Für Sie als Programmierer stellt die Klasse folgende Klassenmethoden zur Verfügung:[5]

```java
public class Territorium {

    // liefert die Anzahl an Reihen im Territorium
    public static int getAnzahlReihen() {
        /* Implementierung */
    }

    // liefert die Anzahl an Spalten im Territorium
    public static int getAnzahlSpalten() {
        /* Implementierung */
    }

    // ueberprueft, ob sich auf der Kachel (reihe/spalte)
    // eine Mauer befindet;
    // es wird genau dann true geliefert, wenn sich auf der
    // angegebenen Kachel eine Mauer befindet oder wenn sich die
    // angegebenen Werte ausserhalb des Territoriums befinden
    public static boolean mauerDa(int reihe, int spalte) {
        /* Implementierung */
    }

    // liefert die Gesamtzahl an Koernern, die im Territorium
    // auf Kacheln herumliegen
    public static int getAnzahlKoerner() {
        /* Implementierung */
    }

    // liefert die Anzahl an Koernern auf der Kachel (reihe/spalte)
    // oder 0, falls die Kachel nicht existiert oder durch eine
    // Mauer blockiert ist
    public static int getAnzahlKoerner(int reihe, int spalte) {
        /* Implementierung */
    }

    // liefert die Gesamtzahl an erzeugten und initialisierten
    // Hamstern im Territorium (inkl. Standard-Hamster)
    public static int getAnzahlHamster() {
        return Hamster.getAnzahlHamster();
    }
```

---

[5]wird später noch erweitert; eine vollständige Beschreibung der Klasse Territorium befindet sich in Anhang A.3.

```
    // liefert die Anzahl an Hamstern auf der Kachel (reihe/spalte)
    // oder 0, falls die Kachel nicht existiert oder durch eine
    // Mauer blockiert ist
    public static int getAnzahlHamster(int reihe, int spalte) {
        /* Implementierung */
    }
}
```

Bezüglich der Abbildung 6.2 liefert der Aufruf der Methoden

- `Territorium.getAnzahlReihen()` den Wert *3*,

- `Territorium.getAnzahlSpalten()` den Wert *8*,

- `Territorium.mauerDa(1, 3)` den Wert *false*,

- `Territorium.mauerDa(2, 4)` den Wert *true* und

- `Territorium.mauerDa(23, 47)` den Wert *true*.

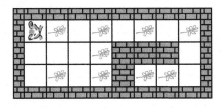

Abbildung 6.2: Die Klasse `Territorium`

Mit Hilfe der Klasse `Territorium` können Sie nun folgendes Problem auf einfache Art und Weise lösen: Ein beliebig großes Territorium, das keine Mauern enthält, soll durch Hamster „abgegrast" werden.

Die Lösung basiert darauf, dass pro Zeile ein neuer Hamster erzeugt wird, der seine Zeile abgrast. Die Zeilen werden dabei von oben nach unten durchlaufen. Die Überprüfung, ob noch eine weitere Zeile existiert, erfolgt über die Klassenmethode `mauerDa` der Klasse `Territorium`.

```
class AbgrasHamster extends Hamster {
    AbgrasHamster(int r, int s, int b, int k) {
        this.init(r, s, b, k);
    }

    void sammle() {
        while (this.kornDa()) {
            this.nimm();
        }
    }

    void laufeUndSammle() {
        this.sammle();
        while (this.vornFrei()) {
            this.vor();
            this.sammle();
```

```
            }
        }
}

void main() {
    int zeile = 0;
    while (!Territorium.mauerDa(zeile, 0)) {
        AbgrasHamster paul = new AbgrasHamster(zeile, 0,
                Hamster.OST, 0);
        paul.laufeUndSammle();
        zeile = zeile + 1;
    }
}
```

Eine alternative Lösung, die die Klassenmethoden getAnzahlReihen und getAnzahlSpalten der Klasse Territorium benutzt, sieht so aus:

```
class AbgrasHamster2 extends Hamster {
    AbgrasHamster2(int r, int s, int b, int k) {
        this.init(r, s, b, k);
    }

    void sammle() {
        while (this.kornDa()) {
            this.nimm();
        }
    }

    void laufeUndSammle() {
        this.sammle();
        int spalte = 0;
        while (spalte < Territorium.getAnzahlSpalten() - 1) {
            this.vor();
            this.sammle();
            spalte = spalte + 1;
        }
    }
}

void main() {
    int zeile = 0;
    while (zeile < Territorium.getAnzahlReihen()) {
        AbgrasHamster2 paul = new AbgrasHamster2(zeile, 0,
                Hamster.OST, 0);
        paul.laufeUndSammle();
        zeile = zeile + 1;
    }
}
```

6.7 Konstanten

Sinn und Zweck von Konstanten ist es, bestimmten Werten einen Namen zu geben. Sie haben Konstanten in den vergangenen Kapiteln bereits häufig genutzt: Hamster.NORD, Hamster.OST, Hamster.SUED und Hamster.WEST sind vordefinierte Konstanten, die den Werten 0, 1, 2 bzw. 3 einen Namen zuordnen.

6.7.1 Definition von und Zugriff auf Konstante

Konstanten werden als spezielle Klassenattribute definiert, indem der eigentlichen Klassenattribut-definition das Schlüsselwort final vorangestellt wird und die explizite Initialisierung des Klasse-nattributs nicht fehlen darf, bspw.

```
class ParfumHamster extends Hamster {

    // Definition einer Konstanten
    final static int KOELNISCH_WASSER = 4711;
}
```

Benutzt werden Konstanten wie normale Klassenattribute auch, mit dem einzigen Unterschied, dass ihnen (außer bei der Definition) kein neuer Wert zugewiesen werden kann (sie sind „konstant"). D.h. für die oben definierte Konstante KOELNISCH_WASSER meckert der Compiler bei einer Anweisung der Form

```
ParfumHamster.KOELNISCH_WASSER = ParfumHamster.KOELNISCH_WASSER + 1;
```

Auf Konstante kann also nur lesend zugegriffen werden. Wenn Sie in Ausdrücken verwendet werden, liefern sie immer den ihnen bei ihrer Definition zugewiesenen Wert.

Um Konstanten von normalen Klassenattributen zu unterscheiden, halten sich Java-Programmierer im Allgemeinen an die Konvention, in Bezeichnern für Konstanten keine Kleinbuchstaben zu ver-wenden und Wortteile durch einen Unterstrich (_) zu trennen. Halten Sie diese Konvention möglichst auch ein.

Eine weitere Konvention ist, dass für den Zugriff auf Konstanten von außerhalb der Klassendefinition keine set/get-Methoden definiert werden müssen. Auf Konstante können Sie auch von außerhalb einer Klasse direkt zugreifen. Genau das haben Sie ja in den vergangenen Kapiteln bereits mit den vier Konstanten der Klasse Hamster gemacht.

6.7.2 Konstanten der Klasse Hamster

Die vier Konstanten der Klasse Hamster sind übrigens folgendermaßen definiert:

```
public class Hamster {

    // Definition von Konstanten
    public final static int NORD = 0;
    public final static int OST  = 1;
    public final static int SUED = 2;
    public final static int WEST = 3;
```

```
    ...
}
```

6.7.3 Vorteile von Konstanten

Ein Vorteil von Konstanten ist es, für bestimmte Werte aussagekräftige Namen einzuführen. Ein weiterer Vorteil von Konstanten ist (und deshalb werden sie häufig auch eingesetzt), dass, falls nachträglich der Wert der Konstanten geändert werden soll, diese Änderung nur an einer Stelle, nämlich bei der Konstantendefinition, vorgenommen werden muss.

Stellen Sie sich einmal vor, der Wert der Konstante Hamster.NORD müsste (aus welchem Grund auch immer) auf den Wert 1000 gesetzt werden. Dann müsste diese Änderung an genau einer Stelle geschehen, nämlich bei ihrer Definition, und alle Ihre Programme wären noch gültig. Würde dahingegen die Konstante Hamster.NORD gar nicht existieren und hätten Sie in Ihren Programmen bei der Hamster-Initialisierung immer das Literal 0 verwendet, dann müssten Sie in allen Ihren Programmen diese Änderung vornehmen.

6.7.4 final-Instanzattribute

Auch Instanzattribute lassen sich als final deklarieren. final-Instanzattributen kann und muss genau einmal ein anschließend nicht mehr veränderbarer Wert zugewiesen werden: Entweder direkt bei der Deklaration oder in jedem Konstruktor der Klasse.

```
class FinalHamster extends Hamster {

    final int startReihe;

    FinalHamster(int r, int s, int b, int k) {
        this.init(r, s, b, k);
        this.startReihe = r;
    }

    void tueWas() {
        this.startReihe = this.getReihe(); // Fehler
    }
}
```

6.8 Subobjekte

In den bisherigen Beispielen waren in erweiterten Hamster-Klassen definierte Attribute immer vom Typ boolean oder int. Es ist aber durchaus auch möglich – genauso wie bei normalen Variablen –, Attribute vom Typ Hamster oder vom Typ einer erweiterten Hamster-Klasse zu definieren. Generell bezeichnet man solche Attribute vom Typ einer Klasse als *Subobjekte*. Im Fall von Hamster-Klassen wird im Folgenden der Begriff *Hamster-Subobjekt* bzw. *Sub-Hamster* verwendet.

Im folgenden Beispiel wird in der Klasse FaulerHamster ein solches Hamster-Subobjekt definiert. Es bekommt den Namen knecht:

```
class FaulerHamster extends Hamster {

    Hamster knecht; // Hamster-Subobjekt

    FaulerHamster(int r, int s, int b, int k) {
        this.init(r, s, b, k);
        this.knecht = new Hamster(r, s, b, k);
    }

    void laufeBisZurWand() {
        while (this.knecht.vornFrei()) {
            this.knecht.vor();
        }

        /* oder:
        while (knecht.vornFrei()) {
            knecht.vor();
        }
        */

    }
}

void main() {
    FaulerHamster herrscher = new FaulerHamster(2, 0,
            Hamster.OST, 0);
    herrscher.laufeBisZurWand();
}
```

Im Konstruktor der Klasse FaulerHamster wird dem Attribut knecht ein neu erzeugtes Hamster-Objekt zugeordnet, d.h. jeder Hamster, der von der Klasse FaulerHamster erzeugt wird, besitzt ein solches Hamster-Subobjekt (in diesem Beispiel einen „Knecht" im wahrsten Sinne des Wortes, wie wir gleich sehen werden). Genutzt wird der Sub-Hamster in der Methode laufeBisZurWand. Anstatt dass hier über das Schlüsselwort this auf den Hamster zugegriffen wird, für den der Befehl laufeBisZurWand aufgerufen wird, werden die entsprechenden Hamster-Befehle für den Sub-Hamster knecht aufgerufen.

Was bedeutet das aber? Schauen Sie sich die main-Funktion an. In der ersten Anweisung wird ein FaulerHamster mit dem Namen herrscher erzeugt. Nach dieser Anweisung existieren aber tatsächlich zwei Hamster, zum einen natürlich der Hamster herrscher, zum anderen aber auch sein im Konstruktor erzeugter Sub-Hamster knecht. Die zweite Anweisung bewirkt nun, dass zwar dem Hamster herrscher der Befehl laufeBisZurWand erteilt wird, dieser aber (intern) den Befehl an seinen Sub-Hamster delegiert, d.h. seinen knecht auf die Reise schickt. Und in der Tat heisst dieses Prinzip des Weiterreichens von Befehlen an Subobjekte auch *Delegation*.

Im obigen Beispiel werden keine set/get-Methoden definiert, um von außen auf das Attribut knecht zugreifen zu können. Die Hamster-Erzeugung und die Namenszuordnung erfolgt im Konstruktor. D.h. aber, dass prinzipiell nur der „Ober-Hamster" Zugriff auf seinen Sub-Hamster hat und sonst niemand. Derartige Subobjekte werden auch als *exklusive Subobjekte* bezeichnet. In der objektorientierten Modellierung spricht man auch von *Komposition*. Im folgenden Beispiel ist das anders. Hier teilen sich unter Umständen mehrere „Ober-Hamster" einen Sub-Hamster:

```
class FaulerHamster2 extends Hamster {

    Hamster knecht; // Hamster-Subobjekt

    FaulerHamster2(int r, int s, int b, int k, Hamster hamster) {
        this.init(r, s, b, k);
        this.knecht = hamster;
    }

    void setKnecht(Hamster hamster) {
        this.knecht = hamster;
    }

    Hamster getKnecht() {
        return this.knecht;
    }

    void laufeBisZurWand() {
        if (this.knecht != null) {
            while (this.knecht.vornFrei()) {
                this.knecht.vor();
            }
        } else {
            while (this.vornFrei()) {
                this.vor();
            }
        }
        this.kehrt();
    }

    void kehrt() {
        if (this.knecht != null) {
            knecht.linksUm();
            knecht.linksUm();
        } else {
            this.linksUm();
            this.linksUm();
        }
    }
}

void main() {
    /* 1 */ Hamster james = new Hamster(0, 0, Hamster.SUED, 0);
    /* 2 */ FaulerHamster2 paul = new FaulerHamster2(2, 0,
                Hamster.OST, 0, james);
    /* 3 */ FaulerHamster2 willi = new FaulerHamster2(3, 0,
                Hamster.OST, 0, james);

    /* 4 */ paul.laufeBisZurWand();
    /* 5 */ willi.laufeBisZurWand();

    /* 6 */ paul.setKnecht(null);
```

```
    /* 7 */ willi.setKnecht(null);

    /* 8 */ paul.laufeBisZurWand();
    /* 9 */ willi.laufeBisZurWand();
}
```

Im Konstruktor der Klasse FaulerHamster2 wird in diesem Beispiel kein Hamster-Objekt erzeugt. Vielmehr wird dem Hamster-Namen knecht ein Hamster zugeordnet, der irgendwo anders erzeugt wurde und über den fünften Parameter übergeben wird. Achten Sie darauf, dass der hier zur Laufzeit übergebene Wert auch null sein kann. Das wird in den Methoden laufeBisZurWand und kehrt auch berücksichtigt. In diesem Falle hat der Hamster keinen „Knecht" und muss selber was tun.

Ausgetauscht werden kann der Sub-Hamster über die Methode setKnecht. In der Methode wird dem Hamster-Namen knecht ein anderer Hamster zugeordnet. Erfolgt zur Laufzeit die Übergabe des Wertes null, ist das gleichbedeutend damit, dass dem „Ober-Hamster" sein Knecht entzogen wird.

Im Hauptprogramm wird zunächst ein normaler Hamster erzeugt und ihm der Name james zugeordnet. Anschließend werden zwei Hamster vom Typ FaulerHamster2 mit den Namen paul und willi erzeugt. In beiden Fällen wird als fünfter Parameter der Hamster james übergeben, so dass bedingt durch die zweite Anweisung des Konstruktors beide den Hamster james als denselben Sub-Hamster besitzen. In diesem Fall spricht man auch von einem *nicht-exklusiven Subobjekt*[6]. Sowohl bei paul als auch bei willi erhält james intern den Zweitnamen knecht.

Wird nun in Anweisung 4 der main-Funktion paul der Befehl laufeBisZurWand gegeben, delegiert dieser den Befehl an seinen Sub-Hamster, d.h. james läuft bis zur nächsten Wand und dreht sich um. Und auch in Anweisung 5 der main-Funktion muss james nochmal ran, dieses Mal im Auftrag seines „Ober-Hamsters" willi. Erst durch die Anweisungen 6 und 7 wird james erlöst. Durch Aufruf der Methode setKnecht mit dem Wert null wird sowohl paul als auch willi ihr Sub-Hamster entzogen, so dass die beiden in den Anweisungen 8 und 9 selbst aktiv werden müssen.

6.9 Enums

Schauen wir uns noch einmal den Konstruktor der Klasse Hamster mit den vier int-Parametern an:

```
public class Hamster {

    public Hamster(int reihe, int spalte, int blickrichtung,
                   int koerner) {
        // ...
    }
    ...
}
```

Über den dritten Parameter wird die initiale Blickrichtung des Hamsters übergeben. Hierzu stellt die Klasse Hamster die Konstanten NORD, WEST, SUED und OST zur Verfügung. Da der Typ des Parameters int ist, können jedoch auch int-Werte übergeben werden, die eine ungültige Blickrichtung repräsentieren. Der Compiler kann diesen Fehler nicht entdecken und es tritt ein Laufzeitfehler auf:

---

[6]bzw. in der objektorientierten Modellierung von *Aggregation*.

```
void main() {
    Hamster paul = new Hamster(0, 0, Hamster.OST, 0); // ok
    Hamster willi = new Hamster(3, 2, 1, 7); // ok; 1 == Hamster.OST
    Hamster karin = new Hamster(2, 2, 8, 2); // Laufzeitfehler
}
```

Mit Hilfe so genannter *Enums* – auf deutsch *Aufzählungstypen* – ist es möglich, derartige Fehler zu vermeiden.[7]

Ein Enum ist dabei ein Klassen-ähnliches Gebilde, das die gültigen Werte des Aufzählungstypen explizit definiert. Folgendes Enum definiert bspw. einen neuen Typ Richtung:

```
enum Richtung {
    NORD, WEST, SUED, OST
}
```

Eine Enum-Definition besteht aus einem Kopf und einem Rumpf. Im Kopf wird hinter dem Schlüsselwort enum ein Bezeichner angegeben. Dies ist der Name des Enums und genauso wie bei der Definition von Klassen ein neuer Typ. Die gültigen Werte des Typs werden im Rumpf zwischen den geschweiften Klammern angegeben. Bei den Werten muss es sich um Java-Bezeichner handeln, die durch Kommata getrennt werden. Im obigen Beispiel wird also der Enum-Typ Richtung definiert, dessen Wertebereich aus den Werten Richtung.NORD, Richtung.WEST, Richtung.SUED und Richtung.OST besteht.

Von einem Enum-Typ lassen sich Variablen definieren, denen Werte des Enum-Typs zugewiesen werden können. An Operationen sind ausschließlich der Test auf Gleichheit (==) und Ungleichheit (!=) erlaubt. Folgendes Beispiel demonstriert die Verwendung von Enum-Typen.

```
enum Richtung {
        NORD, WEST, SUED, OST
}

void main() {
    Richtung meineRichtung = Richtung.OST;
    ...
    if (meineRichtung == Richtung.WEST) {
        ...
    }
    ...
    if (meineRichtung != Richtung.NORD) {
        ...
    }
}
```

Durch den Einsatz des obigen Enums Richtung lässt sich nun auch das Blickrichtungsproblem der Hamster lösen.

```
enum Richtung {
    NORD, WEST, SUED, OST
}
```

---

[7]Enums wurden mit der Version 5 von Java in die Sprache integriert.

```
class RichtungsHamster extends Hamster {

    RichtungsHamster(int r, int s, Richtung b, int k) {
        if (b == Richtung.NORD) {
            this.init(r, s, Hamster.NORD, k);
        } else if (b == Richtung.WEST) {
            this.init(r, s, Hamster.WEST, k);
        } else if (b == Richtung.SUED) {
            this.init(r, s, Hamster.SUED, k);
        } else {
            this.init(r, s, Hamster.OST, k);
        }
    }
}

void main() {
    RichtungsHamster paul =
        new RichtungsHamster(0, 0, Richtung.OST, 0); // ok
    RichtungsHamster willi =
        new RichtungsHamster(3, 2, 1, 7); // Syntaxfehler
    RichtungsHamster karin =
        new RichtungsHamster(2, 2, 8, 2); // Syntaxfehler
}
```

Für Hamster vom Typ RichtungsHamster kann ein Laufzeitfehler in Folge einer ungültigen Blick-richtung nicht mehr auftreten, da der Compiler aufgrund der Verwendung des typsicheren Enums Richtung derartige Fehler bereits erkennt.

6.10 Beispielprogramme

In diesem Kapitel haben Sie eine ganze Menge neuer Konzepte kennen gelernt. Nun wird es Zeit, den Einsatz und Nutzen dieser Konzepte an einigen größeren Beispielprogrammen zu demonstrieren.

6.10.1 Beispielprogramm 1

Aufgabe:
In einem mauerlosen Territorium mit mindestens zwei Reihen und zwei Spalten sitzen in den Ecken vier Königshamster (siehe Abbildung 6.3). Sie regieren und arbeiten zwar recht fleißig, sind aber zu faul, sich zum Plausch mit den anderen Königen in die anderen Ecken zu begeben. Stattdessen haben sie sich gemeinsam einen Botschaftshamster zugelegt, der ihre Botschaften an die anderen Königshamster überbringt. Die Botschaften sind geheim und werden daher jeweils in einem Korn versteckt. Der Königshamster in der linken oberen Ecke beginnt mit dem Schreiben einer Botschaft. Der Botschaftshamster läuft immer entgegen dem Uhrzeigersinn von einem König zum anderen, übergibt die Botschaft, wartet auf eine neue Botschaft, usw.

Lösungshinweise:
Es werden zwei Klassen KoenigsHamster und BotschaftsHamster definiert. Der gemeinsame

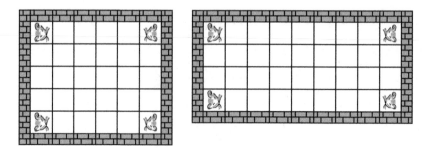

Abbildung 6.3: Typische Hamster-Territorien zu Beispielprogramm 1

Botschaftshamster aller Königshamster wird in der Klasse KoenigsHamster in Form eines static-Subobjektes vom Typ BotschaftsHamster realisiert.

Lösung:

```
void main() {
    // in den vier Ecken des Territoriums werden vier
    // KoenigsHamster platziert
    KoenigsHamster paul = new KoenigsHamster(0, 0,
            Hamster.OST, 1);
    KoenigsHamster willi = new KoenigsHamster(Territorium
            .getAnzahlReihen() - 1, 0, Hamster.OST, 0);
    KoenigsHamster heidi = new KoenigsHamster(Territorium
            .getAnzahlReihen() - 1, Territorium
            .getAnzahlSpalten() - 1, Hamster.WEST, 0);
    KoenigsHamster maria = new KoenigsHamster(0, Territorium
            .getAnzahlSpalten() - 1, Hamster.WEST, 0);

    BotschaftsHamster botschafter = KoenigsHamster
            .getBotschafter();
    KoenigsHamster aktuellerKoenig = paul;
    do {
        // schreiben und weiterleiten der Botschaft
        aktuellerKoenig.gib();
        aktuellerKoenig.schickeBotschafter();

        // bei wem haelt sich aktuell der Botschaftshamster
        // auf
        if (aktuellerKoenig == paul) {
            aktuellerKoenig = willi;
        } else if (aktuellerKoenig == willi) {
            aktuellerKoenig = heidi;
        } else if (aktuellerKoenig == heidi) {
            aktuellerKoenig = maria;
        } else {
            aktuellerKoenig = paul;
        }

        // aufnehmen und bearbeiten der Botschaft
        aktuellerKoenig.nimm();
```

```
    } while (!botschafter.istAmEnde());
}

class KoenigsHamster extends Hamster {

    // alle KoenigsHamster teilen sich einen BotschaftsHamster
    static BotschaftsHamster botschafter = new BotschaftsHamster(
            Territorium.getAnzahlReihen() / 2, Territorium
                    .getAnzahlSpalten() / 3, Hamster.SUED);

    KoenigsHamster(int r, int s, int b, int k) {
        this.init(r, s, b, k);
    }

    void schickeBotschafter() {
        KoenigsHamster.botschafter.ueberbringeBotschaft();
    }

    static BotschaftsHamster getBotschafter() {
        return KoenigsHamster.botschafter;
    }
}

class BotschaftsHamster extends Hamster {

    final static int MAX_BOTSCHAFTEN = 50;

    int anzahlBotschaften;

    BotschaftsHamster(int r, int s, int b) {
        // egal, wohin ein Botschaftshamster platziert wird,
        // er laeuft immer direkt zur Kachel (0/0)
        this.init(r, s, b, 0);
        this.anzahlBotschaften = 0;
        while (this.getBlickrichtung() != Hamster.NORD) {
            this.linksUm();
        }
        this.renneZurMauer();
        this.linksUm();
        this.renneZurMauer();
        this.linksUm();
        // nun steht der Hamster mit Blickrichtung SUED auf
        // Kachel (0/0)
    }

    void renneZurMauer() {
        while (this.vornFrei()) {
            this.vor();
        }
    }

    void ueberbringeBotschaft() {
```

```
        // der Hamster nimmt das Botschaftskorn,
        // rennt in die naechste Ecke und legt das Korn dort ab
        this.nimm();
        this.renneZurMauer();
        this.linksUm();
        this.gib();
        this.anzahlBotschaften = this.anzahlBotschaften + 1;
    }

    boolean istAmEnde() {
        return this.anzahlBotschaften >
            BotschaftsHamster.MAX_BOTSCHAFTEN;
    }
}
```

6.10.2 Beispielprogramm 2

Aufgabe:

In einem beliebig großen Territorium ohne Mauern leben zunächst zwei Hamster. Diese laufen zufallsgesteuert im Territorium herum. Wenn sie auf dieselbe Kachel gelangen, produzieren sie Nachwuchs. Auch der Nachwuchs läuft anschließend im Territorium herum und kann wiederum Nachwuchs zeugen.

Lösungshinweise:

Die neu definierte erweiterte Hamster-Klasse ZufallsHamster enthält eine Klassenmethode erzeugeZufallsZahl, mit der Zufallszahlen zwischen 0 und einem anzugebenden Wert erzeugt werden können. Diese Methode nutzt intern ein Konstrukt der Programmiersprache Java, das es ermöglicht, Zufallszahlen zwischen 0 und einem bestimmten Wert N zu generieren: (int)(Math.random() * (N+1)). In der Klasse existiert ein parameterloser Konstruktor, der Objekte der Klasse mit Zufallswerten initialisiert. Den Nachwuchs eines ZufallsHamsters realisiert ein Subobjekt der Klasse ZufallsHamster. Da dieses ebenfalls vom Typ ZufallsHamster ist, kann auch der Nachwuchs selbst wieder Nachwuchs bekommen.

Lösung:

```
void main() {
    // zwei ZufallsHamster werden erzeugt, im Konstruktor
    // der Klasse zufallsmaessig initialisiert und so lange
    // auf die Paarungsreise geschickt, bis es mehr als 8
    // Hamster (inkl. Standard-Hamster) gibt
    ZufallsHamster paul = new ZufallsHamster();
    ZufallsHamster heidi = new ZufallsHamster();
    while (Hamster.getAnzahlHamster() <= 8) {
        paul.lauf();
        heidi.lauf();
    }
}

class ZufallsHamster extends Hamster {

    // Subobjekt
```

```
ZufallsHamster nachwuchs;

// Konstruktor
ZufallsHamster() {
    // ein neuer Hamster wird zufaellig irgendwo im
    // Territorium erzeugt
    int r = ZufallsHamster.erzeugeZufallsZahl(Territorium
            .getAnzahlReihen() - 1);
    int s = ZufallsHamster.erzeugeZufallsZahl(Territorium
            .getAnzahlSpalten() - 1);
    int b = ZufallsHamster.erzeugeZufallsZahl(3);
    this.init(r, s, b, 0);
    this.nachwuchs = null;
}

void lauf() {
    // der Hamster laeuft zufaellig irgendwohin
    int zahl = ZufallsHamster.erzeugeZufallsZahl(3);
    if (zahl == 0) {
        if (this.vornFrei())
            this.vor();
    } else if (zahl == 1) {
        this.linksUm();
        if (this.vornFrei())
            this.vor();
    } else if (zahl == 2) {
        this.kehrt();
        if (this.vornFrei())
            this.vor();
    } else {
        this.rechtsUm();
        if (this.vornFrei())
            this.vor();
    }

    // falls Nachwuchs vorhanden ist, darf dieser auch laufen
    if (this.nachwuchs != null) {
        this.nachwuchs.lauf();
    }

    // falls sich auf der neuen Kachel schon Hamster
    // befinden, und der Hamster noch keinen Nachwuchs hat,
    // "paart" er sich und erzeugt Nachwuchs
    if (Territorium.getAnzahlHamster(this.getReihe(), this
            .getSpalte()) > 1
            && this.nachwuchs == null) {
        this.nachwuchs = new ZufallsHamster();
        // Aufruf des obigen Konstruktors und damit
        // "Zufallsinitialisierung"
    }
}
```

```java
    void rechtsUm() {
        this.kehrt();
        this.linksUm();
    }

    void kehrt() {
        this.linksUm();
        this.linksUm();
    }

    // erzeugt Zufallszahl zwischen 0 und max
    static int erzeugeZufallsZahl(int max) {
        return (int) (Math.random() * (max + 1));
    }
}
```

6.10.3 Beispielprogramm 3

Durch dieses Beispiel soll insbesondere der Einsatz von Konstanten demonstriert werden.

Aufgabe:
Zwei Hamster wollen gegeneinander das bekannte 4-Gewinnt-Spiel spielen. Sie werden durch einen RegelHamster unterstützt, der quasi als Schiedsrichter fungiert.

4-Gewinnt ist ein 2-Personen-Spiel (bzw. 2-Hamster-Spiel). Jeder Spieler besitzt eine Menge an Scheiben. Die Scheiben des einen Spielers sind rot, die des anderen gelb. Das Spielfeld ist ein quadratisches Feld, das aus 7*7 Kacheln besteht (7 Haufen, die maximal 7 Kacheln hoch sind; siehe Abbildung 6.4). Die Spieler sind abwechselnd an der Reihe. Bei jedem Spielzug müssen sie eine ihrer Scheiben auf einen der Haufen legen, der noch nicht voll ist. Ziel jedes Spielers ist es, seine Scheiben so zu platzieren, dass eine Spalte, Zeile oder Diagonale zustande kommt, in der 4 seiner Scheiben aneinander liegen. Dann hat er gewonnen. Das Spiel endet unentschieden, wenn alle Kacheln belegt sind, ohne dass einer der Spieler das Ziel erreicht.

Anstelle von verschiedenfarbigen Scheiben nutzen die beiden Hamster natürlich Körner. Ein einzelnes Korn repräsentiert eine rote Scheibe, ein Haufen mit zwei Körnern eine gelbe Scheibe.

Abbildung 6.4 skizziert ein mögliches 4-Gewinnt-Hamster-Territorium, bei dem der Spieler mit den roten Scheiben gewonnen hat.

Lösungshinweise:
Es werden zwei Klassen definiert. Die Klasse NGewinntHamster realisiert die spielenden Hamster. Von dieser Klasse werden ein gelber und ein roter NGewinnt-Hamster erzeugt. Die zweite Klasse RegelHamster dient der Kontrolle der Regeln.

Von besonderem Interesse ist die Nutzung von Konstanten. Die beiden Konstanten ROT und GELB repräsentieren nicht nur die beiden Farben, sondern auch die Menge an Körnern zur Kennzeichnung der jeweiligen Farbe. Wenn gelbe Scheiben bspw. nicht durch zwei, sondern durch fünf Körner simuliert werden sollen, müssen Sie den Wert der Konstanten GELB einfach auf 5 setzen und das Spiel funktioniert ohne weitere Änderungen immer noch.

Eine weitere Konstante ist die Konstante FELD_GROESSE, die die Größe des Feldes repräsentiert und mit dem Wert 7 initialisiert wird. Anstelle des Literals 7 wird im Sourcecode immer diese Konstante

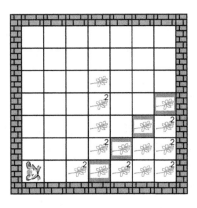

Abbildung 6.4: 4-Gewinnt-Hamster-Territorium

verwendet, wenn irgendeine Berechnung mit der Feldgröße ansteht. D.h. aber, wenn Sie die Hamster mal mit einer anderen Feldgröße spielen lassen wollen, müssen Sie lediglich den Wert dieser Konstante ändern. Es sind keine weiteren Anpassungen des Sourcecodes notwendig. Analoges gilt für die Konstante N_GEWINNT, die initial auf den Wert 4 gesetzt wird. Sie gibt an, wie viele gleichfarbige Scheiben in einer Zeile, Spalte oder Diagonale liegen müssen, um das Spiel zu gewinnen. Sollen die Hamster nicht 4-Gewinnt, sondern 5-Gewinnt spielen, muss diese Konstante einfach auf 5 gesetzt werden.

In der Implementierung des 4-Gewinnt-Spiels verfolgen die Hamster übrigens keine Strategie. Die Auswahl des Haufens, auf den eine Scheibe gelegt werden soll, erfolgt per Zufall.

Lösung:

```
void main() {
    // zunaechst Kontrolle des Spielfeldes
    if (Territorium.getAnzahlReihen() < RegelHamster.FELD_GROESSE ||
        Territorium.getAnzahlSpalten() < RegelHamster.FELD_GROESSE) {
            return;
    }

    // zwei Spieler und ein Schiedsrichter werden erzeugt
    NGewinntHamster paul = new NGewinntHamster(
            NGewinntHamster.GELB);
    NGewinntHamster willi = new NGewinntHamster(
            NGewinntHamster.ROT);
    RegelHamster heidi = new RegelHamster();

    // paul beginnt
    NGewinntHamster spieler = paul;
    while (!heidi.spielEnde()) {
        spieler.fuehreNaechstenSpielzugAus();

        // die beiden Hamster ziehen abwechselnd
        if (spieler == paul) {
            spieler = willi;
        } else {
            spieler = paul;
```

```
        }
    }

    // Spielende
    int sieger = heidi.ermittleSieger();
    if (sieger == NGewinntHamster.GELB) {
        paul.jubeln();
    } else if (sieger == NGewinntHamster.ROT) {
        willi.jubeln();
    } else { // Unentschieden
        paul.jubeln();
        willi.jubeln();
    }
}

// realisiert die NGewinnt-Regeln
class RegelHamster extends Hamster {

    // Groesse des Spielfeldes
    final static int FELD_GROESSE = 7;

    // wie viele Scheiben in Reihe, Spalte oder Diagonale
    final static int N_GEWINNT = 4;

    int sieger = 0;

    RegelHamster() {
        this.init(RegelHamster.FELD_GROESSE - 1, 0, Hamster.OST,
            0);
    }

    boolean spielEnde() {
        // der Regelhamster ist zu faul, das Feld abzulaufen und
        // die Koerner zu zaehlen; stattdessen nutzt er die
        // Moeglichkeiten der Klasse Territorium

        // Ueberpruefung der Zeilen
        int zeile = 0;
        while (zeile < RegelHamster.FELD_GROESSE) {
            int spalte = 0;
            while (spalte <= RegelHamster.FELD_GROESSE
                    - RegelHamster.N_GEWINNT) {
                if (Territorium.getAnzahlKoerner(zeile, spalte) ==
                        NGewinntHamster.ROT) {
                    if (nInZeile(zeile, spalte,
                            NGewinntHamster.ROT)) {
                        this.sieger = NGewinntHamster.ROT;
                        return true;
                    }
                } else if (Territorium.getAnzahlKoerner(zeile,
                        spalte) == NGewinntHamster.GELB) {
                    if (nInZeile(zeile, spalte,
```

```
                        NGewinntHamster.GELB)) {
                    this.sieger = NGewinntHamster.GELB;
                    return true;
                }
            }
            spalte = spalte + 1;
        }
        zeile = zeile + 1;
    }


    // Ueberpruefung der Spalten:
    // siehe Aufgabe 3

    // Ueberpruefung der Diagonalen
    // siehe Aufgabe 3

    // Feld voll und kein Sieger?
    zeile = 0;
    while (zeile < RegelHamster.FELD_GROESSE) {
        int spalte = 0;
        while (spalte < RegelHamster.FELD_GROESSE) {
            if (Territorium.getAnzahlKoerner(zeile, spalte)
                    == 0) {
                return false;
            }
            spalte = spalte + 1;
        }
        zeile = zeile + 1;
    }
    return true;
}


int ermittleSieger() {
    return sieger;
}

// ueberprueft, ob sich N_GEWINNT gleiche Scheiben in einer
// Reihe befinden, und zwar ab Kachel (zeile/spalte)
boolean nInZeile(int zeile, int spalte, int anzahl) {
    int i = 1;
    while (i < RegelHamster.N_GEWINNT) {
        if (Territorium.getAnzahlKoerner(zeile, spalte + i)
                != anzahl) {
            return false;
        }
        i = i + 1;
    }
    return true;
}
}

// realisiert die spielenden Hamster
```

```java
class NGewinntHamster extends Hamster {

    // Farben der Scheiben
    final static int ROT = 1;

    final static int GELB = 2;

    // Farbe des Spielers
    int farbe;

    NGewinntHamster(int farbe) {
        this.init(RegelHamster.FELD_GROESSE - 1, 0, Hamster.OST,
                RegelHamster.FELD_GROESSE
                        * RegelHamster.FELD_GROESSE * farbe);
        // die Anzahl der Koerner im Maul der Hamster reicht auf
        // jeden
        // Fall aus
        this.farbe = farbe;
    }

    void fuehreNaechstenSpielzugAus() {
        // die Hamster verfolgen keine Strategie; die
        // Spaltenauswahl geschieht per Zufall
        int spalte = this.spaltenAuswahl();
        this.laufeZurSpalte(spalte);
        this.linksUm();
        boolean abgelegt = this.legeScheibeAb();
        this.linksUm();
        this.laufeZumStartpunkt(spalte);
        this.kehrt();

        // falls die gewaehlte Spalte schon voll war, muss
        // der Hamster nochmal ran
        if (!abgelegt) {
            this.fuehreNaechstenSpielzugAus();
        }
    }

    void laufeZurSpalte(int schritte) {
        while (schritte > 0) {
            this.vor();
            schritte = schritte - 1;
        }
    }

    void laufeZumStartpunkt(int schritte) {
        while (schritte > 0) {
            this.vor();
            schritte = schritte - 1;
        }
    }
```

```java
boolean legeScheibeAb() {
    // legt oberhalb der letzten Scheibe eine weitere Scheibe
    // ab; falls die Spalte schon voll ist, wird false
    // geliefert
    boolean abgelegt = false;

    if (!this.kornDa()) {
        int anzahl = 0;
        while (anzahl < this.farbe) {
            this.gib();
            anzahl = anzahl + 1;
        }
        abgelegt = true;
    }

    int schritte = 0;
    while (schritte < RegelHamster.FELD_GROESSE && !abgelegt
            && this.vornFrei()) {
        this.vor();
        schritte = schritte + 1;
        if (!this.kornDa()) {
            int anzahl = 0;
            while (anzahl < this.farbe) {
                this.gib();
                anzahl = anzahl + 1;
            }
            abgelegt = true;
        }
    }

    // und zurueck
    this.kehrt();
    while (schritte > 0) {
        this.vor();
        schritte = schritte - 1;
    }
    this.kehrt();

    return abgelegt;
}

void jubeln() {
    // laeuft alle Spalten ab und tanzt dabei
    int schritte = 0;
    while (schritte < RegelHamster.FELD_GROESSE - 1) {
        this.vor();
        this.drehDich(4);
        schritte = schritte + 1;
    }
}

void drehDich(int anzahl) {
```

```
        while (anzahl > 0) {
            this.linksUm();
            anzahl = anzahl - 1;
        }
    }

    void rechtsUm() {
        this.drehDich(3);
    }

    void kehrt() {
        this.drehDich(2);
    }

    // erzeugt Zufallszahl zwischen 0 und FELD_GROESSE-1
    int spaltenAuswahl() {
        return (int) (Math.random() * RegelHamster.FELD_GROESSE);
    }
}
```

6.11 Aufgaben

Nun sind Sie selbst wieder an der Reihe. Lösen Sie die folgenden Aufgaben durch die Definition und Nutzung erweiterter Hamster-Klassen. Denken Sie sich darüber hinaus weitere Aufgaben aus! Viel Spaß und Erfolg!

6.11.1 Aufgabe 1

Ändern Sie die Lösung von Beispielprogramm 1 aus Abschnitt 6.10.1 so ab, dass der Botschafts-hamster nicht entgegen dem Uhrzeigersinn, sondern im Uhrzeigersinn läuft.

6.11.2 Aufgabe 2

Die in Beispielprogramm 2 in Abschnitt 6.10.2 gestellte Aufgabe wird so geändert, dass beim Auf-einandertreffen zweier Hamster zwei neue Hamster – also Zwillinge – als Nachwuchs produziert werden.

6.11.3 Aufgabe 3

Ergänzen Sie die fehlenden Anweisungen der Methode spielEnde der Klasse RegelHamster in Beispielprogramm 3 aus Abschnitt 6.10.3, d.h. implementieren Sie die Überprüfung beim N-Gewinnt-Spiel, ob sich N_GEWINNT gleichfarbige Scheiben aneinanderliegend in einer Spalte oder Diagonale befinden.

6.11.4 Aufgabe 4

In einem beliebig großen Territorium ohne Mauern werden auf einigen Kacheln neue Hamster erzeugt und initialisiert. Der Standard-Hamster soll – solange er noch Körner im Maul hat – diese Hamster aufsuchen und ihnen jeweils ein Korn übergeben, d.h. auf deren Kachel ablegen. Die neuen Hamster bewegen sich übrigens nicht von der Stelle.

6.11.5 Aufgabe 5

Diesmal wird Aufgabe 4 umgedreht, d.h. alle in einem beliebig großen Territorium ohne Mauern neu erzeugten Hamster sollen – insofern sie ein Korn im Maul haben – den Standard-Hamster aufsuchen und ihm ein Korn übergeben. Der Standard-Hamster bewegt sich nicht.

6.11.6 Aufgabe 6

Der Standard-Hamster, der irgendwo in einem beliebig großen Territorium ohne Mauern steht, ist auf der Flucht. Sein Jäger ist ein anderer Hamster, der auf Kachel (0/0) erzeugt und initialisiert wird. Während der Standard-Hamster ziellos wie die Hamster in Beispielprogramm 2 aus Abschnitt 6.10.2 durch das Territorium torkelt, versucht der jagende Hamster so schnell wie möglich, sein Opfer zu erreichen. Dabei ist er übrigens doppelt so schnell, wie der Standard-Hamster, d.h. für jedes vor des Standard-Hamsters darf der Jäger zweimal den Befehl vor ausführen. Hat der Jäger sein Opfer erreicht, d.h. sie stehen auf derselben Kachel, muss dieses alle seine Körner abgeben und der erfolgreiche Jäger darf sie fressen.

6.11.7 Aufgabe 7

In dieser Aufgabe ändern wir Aufgabe 6 etwas ab. Der Standard-Hamster als gejagtes Opfer ist dieses Mal noch ärmer dran, denn der jagende Hamster hat sich Helfer organisiert. Die genaue Aufgabenstellung lautet folgendermaßen:

Der Standard-Hamster, der irgendwo in einem beliebig großen Territorium ohne Mauern steht, ist auf der Flucht. Sein Jäger ist ein anderer Hamster, der auf Kachel (1/1) erzeugt und initialisiert wird. Während der Standard-Hamster ziellos wie die Hamster in Beispielprogramm 2 aus Abschnitt 6.10.2 durch das Territorium torkelt, versucht der jagende Hamster so schnell wie möglich, sein Opfer zu erreichen. Für die Jagd hat sich der jagende Hamster vier Helfer organisiert. Diese umgeben ihn oben, unten, rechts und links. Immer, wenn sich der Jäger nach vorn bewegt oder linksum dreht, führen auch seine Helfer diese Aktionen aus. Der Jäger muss dabei natürlich beachten, dass er sich nicht direkt an den Rand des Territoriums begibt, damit noch Platz für seine Helfer bleibt. Die jagende Hamstertruppe ist übrigens doppelt so schnell, wie der Standard-Hamster, d.h. für jedes vor des Standard-Hamsters dürfen der Jäger und seine Helfer zweimal den Befehl vor ausführen. Hat der Jäger oder einer seiner Helfer das Opfer erreicht, d.h. sie stehen auf derselben Kachel, muss dieses alle seine Körner abgeben und der erfolgreiche Hamster darf sie fressen.

Realisieren Sie bitte die Helfer-Hamster als Subobjekte eines Jäger-Hamsters.

6.11.8 Aufgabe 8

Und auch bei dieser Aufgabe dient Aufgabe 6 als Basisaufgabe. Im Unterschied zu Aufgabe 6 dürfen dieses Mal an beliebigen Stellen im Territorium Mauern stehen, der Standard-Hamster muss allerdings prinzipiell erreichbar sein.

6.11.9 Aufgabe 9

Gegeben ist ein beliebiges Hamster-Territorium. Auf allen Kacheln, auf denen mindestens ein Korn liegt, soll ein Hamster geboren werden und sich einmal im Kreis drehen.

6.11.10 Aufgabe 10

Ein Hamster sitzt, wie in Abbildung 6.5 skizziert, an der Wand eines beliebigen Territoriums. Er soll im Uhrzeigersinn entlang der Wand laufen, bis er wieder zum Ausgangspunkt angelangt ist. Er darf jedoch nicht den Testbefehl vornFrei benutzen. Stattdessen soll er von der Methode mauerDa der Klasse Territorium Gebrauch machen.

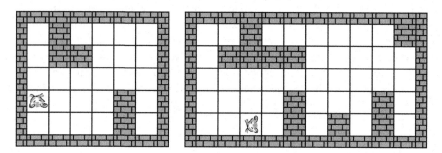

Abbildung 6.5: Typische Hamster-Territorien zu Aufgabe 10

6.11.11 Aufgabe 11

Wieder einmal geht es um das vollständige Abgrasen – also Aufsammeln aller Körner – eines beliebig großen mauerlosen Territoriums. In Abschnitt 6.6 haben das mehrere Hamster von Norden nach Süden und in jeder Reihe von Westen nach Osten erledigt. In dieser Aufgabe sollen sie dies analog zu Abschnitt 6.6 von Süden nach Norden und in jeder Reihe von Osten nach Westen erledigen.

6.11.12 Aufgabe 12

Ein Hamster steht, wie in Abbildung 6.6 skizziert, am Eingang eines zyklenfreien Labyrinths, dessen Gänge maximal eine Kachel breit sind.

Der Hamster bekommt die Aufgabe, das Labyrinth nach Körnern zu durchsuchen. Sobald er ein Korn findet, soll er dies aufnehmen und auf dem schnellsten Weg wieder zum Eingang zurückkehren.

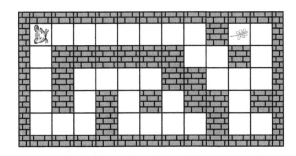

Abbildung 6.6: Typisches Hamster-Territorium zu Aufgabe 12

Zu dieser Aufgabe wurde in Kapitel 17.7 des ersten Bandes des Java-Hamster-Buches eine rekursive imperative Lösung vorgestellt, die das Backtracking-Prinzip nutzt. Entwickeln Sie analog dazu ein rekursives objektorientiertes Lösungsprogramm.

6.11.13 Aufgabe 13

Die Hamster sollen das bekannte Damenproblem beim Schach lösen: Es soll eine Stellung für acht Schach-Damen auf einem Schachbrett gefunden werden, so dass sich keine zwei Damen gegenseitig schlagen können. Die Damen sind so zu platzieren, dass jede Reihe, jede Spalte und jede Diagonale des Schachbrettes höchstens eine Dame enthält. Die Damen werden dabei durch jeweils einen Hamster repräsentiert. Insgesamt existieren 92 Lösungen für ein 8x8-Spielbrett, von denen Abbildung 6.7 eine mögliche skizziert.

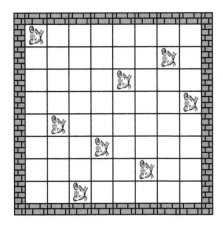

Abbildung 6.7: Eine Lösung des Damenproblems

6.11.14 Aufgabe 14

Acht Hamster spielen ein Spiel, das dem Kinderspiel „Der Plumpssack, der geht rum!" ähnelt. Sie sitzen dazu, wie in Abbildung 6.8 skizziert, zu einem Quadrat angeordnet. Ein weiterer Hamster steht mit einem Korn im Maul oberhalb des Hamsters in der linken oberen Ecke des Hamster-Quadrates.

Er ermittelt eine Zufallszahl zwischen 1 und 20 und läuft entsprechend viele Schritte im Uhrzeigersinn um die anderen Hamster herum. Dann legt er das Korn ab. Nun ist der Hamster, hinter den das Korn abgelegt wurde, an der Reihe. Er frisst das Korn, ermittelt eine neue Zufallszahl und begibt sich auf den Weg. Der andere Hamster nimmt inzwischen die frei gewordene Kachel ein. Das Ganze wiederholt sich 15-mal. Achtung: Die Hamster in den Ecken sind jeweils für drei Kacheln zuständig.

Definieren Sie für die maximale Zufallszahl und die Anzahl an Wiederholungen Konstanten und ändern Sie diese Konstanten auch mal.

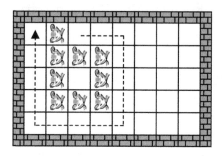

Abbildung 6.8: Hamster-Territorium zu Aufgabe 14

6.11.15 Aufgabe 15

In einem beliebig großen Hamster-Territorium ohne Mauern werden n Hamster auf beliebigen Kacheln erzeugt. Berechnen Sie die Kachel des Territoriums, die alle Hamster mit einer möglichst geringen Anzahl an vor-Befehlen erreichen können.

6.11.16 Aufgabe 16

Und noch einmal geht es um das Abgrasen eines beliebig großen mauerlosen Territoriums, in dem irgendwo der Standard-Hamster steht. Ein Vertretungshamster des Standard-Hamster soll alle Körner fressen und dann stehen bleiben, dabei aber einen möglichst kurzen Weg (möglichst wenige vor-Befehle) zurücklegen.

6.11.17 Aufgabe 17

Definieren Sie einen Enum-Typ Wochentag, der die sieben Wochentage repräsentiert. Implementieren Sie dann eine erweiterte Hamster-Klasse WochenHamster mit einer Methode void wochentagMarkieren(Wochentag tag), bei deren Aufruf ein Hamster in Abhängigkeit vom übergebenen Wochentag entsprechend viele Körner auf der aktuellen Kachel ablegt (insofern er genügend viele im Maul hat): Montag 1 Korn, Dienstag 2 Körner, Mittwoch 3 Körner, ... Schreiben Sie ein kleines Testprogramm.

Kapitel 7
Vererbung

In den vorangegangenen Kapiteln haben Sie gegenüber Band 1 der Java-Hamster-Bücher im Wesentlichen zwei neue Programmierkonstrukte kennen gelernt: Klassen und Objekte. Klassen und Objekte bilden die Basis der objektorientierten Programmierung, auf der weitere Konzepte aufbauen, die letztendlich die wichtigsten Vorteile der objektorientierten Programmierung implizieren, nämlich die flexible Wiederverwendbarkeit und die einfache Erweiterbarkeit von Sourcecode.

Das Konzept der objektorientierten Programmierung, das die Wiederverwendbarkeit von Sourcecode bedingt, nennt sich *Vererbung*: Neue Klassen lassen sich auf der Grundlage existierender Klassen definieren und erben deren Attribute und Methoden. Mit dem Vererbungskonzept setzt sich dieses Kapitel auseinander. Und auf dem Vererbungskonzept basiert auch das Konzept, das die einfache Erweiterbarkeit von Sourcecode impliziert: die *Polymorphie* in Verbindung mit *dynamischem Binden* von Methoden (siehe Kapitel 11).

In Abschnitt 1 dieses Kapitels werden Sie feststellen, dass Sie das Konzept der Vererbung bereits kennen und bei der Definition erweiterter Hamster-Klassen eingesetzt haben. Erweiterte Hamster-Klassen sind nämlich Erben der Klasse Hamster. Sie erben deren Attribute und Methoden. In Abschnitt 2 lernen Sie kennen, wie Sie mit Hilfe des Vererbungskonzeptes erweiterte Hamster-Klassen nochmal erweitern können. Abschnitt 3 führt das Schlüsselwort super ein, um auf geerbte Elemente zugreifen zu können. Mit dem Überschreiben geerbter Methoden setzt sich Abschnitt 4 auseinander. Abschnitt 5 behandelt das Problem gleichnamiger geerbter und neu definierter Attribute. Konstruktoren und Klassenattribute nehmen eine Sonderrolle bei der Vererbung ein. Hiermit beschäftigen sich die Abschnitte 6 und 7. Das Unterbinden der Vererbung mittels des Schlüsselwortes final ist Thema von Abschnitt 8. In Abschnitt 9 werden dann nochmal die Vorteile der Vererbung zusammengefasst. Abschnitt 10 führt mit der erweiterten Hamster-Klasse AllroundHamster eine sehr viel mächtigere Klasse als die Klasse Hamster ein. Das Kapitel endet mit drei Beispielprogrammen und einer Menge von Aufgaben in den Abschnitten 11 und 12.

7.1 Erben der Klasse Hamster

Das Konzept der Vererbung ist eigentlich nichts Neues für Sie. Sie haben es in den vergangenen Kapiteln bereits intensiv genutzt. Erweiterte Hamster-Klassen sind nämlich so genannte „Erben" der Klasse Hamster. Ausgedrückt wird dieser Sachverhalt durch die beiden Wörter extends Hamster bei der Definition einer erweiterten Hamster-Klasse. Die neue Klasse „extends" (erweitert) die Klasse Hamster, sie besitzt („erbt") alle Attribute und Methoden, die die Klasse Hamster besitzt, kann jedoch noch weitere Attribute und Methoden hinzufügen.

Beim Vererbungskonzept spricht man in der objektorientierten Programmierung auch vom *Ableiten* einer Klasse von einer anderen: Eine erweiterte Hamster-Klasse wird von der Klasse Hamster abgeleitet. Eine erweiterte Hamster-Klasse wird auch als *Unterklasse* der Klasse Hamster bezeichnet; die

Klasse Hamster ist eine *Oberklasse* oder *Basisklasse* aller erweiterter Hamster-Klassen. Betrachtet man die Klassen als Typen, bildet eine Unterklasse einen so genannten *Untertyp* oder *Subtyp* der Oberklasse und eine Oberklasse bildet einen *Obertyp* seiner Unterklassen.

Nach diesen vielen neuen Begriffen interessiert Sie nun aber sicher: Was bedeutet das denn nun genau für mich als Programmierer? Der Sinn und Zweck des Ableitens kann eigentlich ganz kurz zusammengefasst werden: Wird eine Klasse Y von einer Klasse X abgeleitet, dann erbt Y alle Attribute und Methoden der Klasse X, d.h. die Klasse Y besitzt automatisch alle Attribute, die auch die Klasse X besitzt, ohne dass sie nochmal neu definiert werden müssen, und die Klasse Y besitzt automatisch auch alle Methoden der Klasse X, ohne dass sie nochmal neu definiert und implementiert werden müssen. Wird ein Objekt der Klasse Y erzeugt, können für dieses Objekt damit alle Methoden aufgerufen werden, die auch für Objekte der Klasse X aufgerufen werden können.[1]

Schauen wir uns dies einmal für erweiterte Hamster-Klassen an. Die folgende Klasse NeuerHamster ist eine erweiterte Hamster-Klasse. Sie wird von der Klasse Hamster abgeleitet und erbt alle Attribute und Methoden der Klasse Hamster:

```
class NeuerHamster extends Hamster {
    // nichts Neues
}
```

Wird nun in einem Programm ein Objekt der Klasse NeuerHamster erzeugt, können diesem Objekt alle Befehle erteilt werden, die auch normalen Hamstern erteilt werden können. Ausgeführt werden die in der Klasse Hamster implementierten Methoden:

```
void main() {
    NeuerHamster paul = new NeuerHamster();
    paul.init(0, 0, Hamster.NORD, 0);
    while (paul.vornFrei()) {    // geerbte Methode
        paul.vor();              // geerbte Methode
    }
}
```

Auf den ersten Blick bringt damit das Vererbungskonzept noch nichts Neues. Auf den zweiten aber schon, denn in der neuen abgeleiteten Klasse können neue (weitere) Attribute definiert werden und es können neue (weitere) Methoden definiert und implementiert werden. Bei der Implementierung der neuen Methoden darf dabei sowohl auf die geerbten als auch auf die neuen Attribute und Methoden zugegriffen werden.

Eine Ausnahme bilden hier allerdings die Attribute der Klasse Hamster. Sie sind nämlich als private deklariert (vergleiche Kapitel 4.1). Das bedeutet, dass sie zwar an von der Klasse Hamster abgeleitete Klassen vererbt werden, von dort aus aber nicht auf sie zugegriffen werden darf. Was es genau mit derartigen Zugriffsrechten auf sich hat und welchem Zweck sie dienen, werden Sie in Kapitel 14 erfahren. Um in erweiterten Hamsterklassen den Wert der geerbten Attribute der Klasse Hamster abzufragen, können Sie jedoch die durch die Klasse Hamster bereitgestellten und vererbten get-Methoden nutzen.

Die folgende erweiterte Hamster-Klasse FressHamster definiert ein neues zusätzliches Attribut gesammelteKoerner und definiert und implementiert eine neue zusätzliche Methode friss. Bei der Implementierung wird dabei sowohl auf das neue Attribut gesammelteKoerner als auch auf die

---

[1]Eine Ausnahme bilden die Konstruktoren (siehe Abschnitt 7.6).

von der Klasse Hamster geerbten Methoden getAnzahlKoerner, kornDa und nimm zugegriffen: Hamster vom Typ FressHamster sollen nämlich bis zu 7 Körner fressen, maximal aber 10 Körner im Maul haben dürfen[2]:

```
class FressHamster extends Hamster {

    int gesammelteKoerner = 0;

    void friss() {
      if (this.gesammelteKoerner < 7 &&          // neues Attribut
              this.getAnzahlKoerner() < 10 &&     // geerbte Methode
              this.kornDa()) {                    // geerbte Methode
          this.nimm();                            // geerbte Methode
          this.gesammelteKoerner =
              this.gesammelteKoerner + 1;
      }
    }
}
```

Im folgenden Programm wird die eben definierte Klasse FressHamster genutzt. In Zeile 2 wird ein Hamster vom Typ FressHamster erzeugt. Ihm können sowohl geerbte (Zeile 3, 5 und 7) als auch neu definierte Befehle (Zeile 4 und 6) erteilt werden.

```
1  void main() {
2      FressHamster paul = new FressHamster();
3      paul.init(0, 0, Hamster.NORD, 4);
4      paul.friss();
5      while (paul.vornFrei()) {
6          paul.friss();
7          paul.vor();
8      }
9  }
```

7.2 Ableiten von erweiterten Hamster-Klassen

Bisher haben Sie erweiterte Hamster-Klassen immer direkt von der Klasse Hamster abgeleitet (extends Hamster). Das muss jedoch nicht zwangsläufig so sein. Hinter dem Schlüsselwort extends muss nicht unbedingt Hamster stehen. Vielmehr kann hier der Name einer beliebigen anderen Klasse angeführt werden, d.h. Sie können eine erweiterte Hamster-Klasse nochmal erweitern.

Schauen Sie sich folgendes Beispiel an:

```
class SammelHamster extends Hamster {

    int gesammelteKoerner = 0;

    void sammle() {
        while (this.kornDa()) {
            this.nimm();
```

---

[2]Man beachte die Körner, die ein Objekt bei seiner Initialisierung im Maul hat.

```
                    this.gesammelteKoerner = this.gesammelteKoerner + 1;
            }
        }
}


class LegUndSammelHamster extends SammelHamster {

    void legGesammelteKoernerAb() {
        while (this.gesammelteKoerner > 0) {
            this.gib();
            this.gesammelteKoerner = this.gesammelteKoerner - 1;
            // Zugriff auf geerbtes Attribut
        }
    }
}


void main() {
    LegUndSammelHamster paul = new LegUndSammelHamster();
    paul.init(2, 3, Hamster.NORD, 9);
    paul.sammle();
    while (paul.vornFrei()) {
        paul.vor();
        paul.sammle();
    }
    paul.legGesammelteKoernerAb();
}
```

In diesem Beispiel wird zunächst eine Klasse SammelHamster von der Klasse Hamster abgeleitet. Anschließend erfolgt die Definition einer weiteren Klasse LegUndSammelHamster als von der Klasse SammelHamster abgeleitete Klasse. Die Klasse SammelHamster erbt (wie gewohnt) alle Attribute und Methoden der Klasse Hamster und definiert ein weiteres Attribut (gesammelteKoerner) und eine weitere Methode (sammle).

Wie im vorherigen Abschnitt erläutert, erbt die Klasse LegUndSammelHamster alle (!) Attribute und Methoden von der Klasse SammelHamster, d.h. die Klasse LegUndSammelHamster erbt nicht nur die in der Klasse SammelHamster neu definierten Attribute und Methoden, sondern auch alle von der Klasse Hamster bereits an die Klasse SammelHamster vererbten Attribute und Methoden. Zusätzlich definiert sie eine weitere Methode (legGesammelteKoernerAb). Daher können – wie die main-Funktion demonstriert – für Objekte vom Typ LegUndSammelHamster sowohl der Befehl vor (von der Klasse Hamster geerbt) als auch der Befehl sammle (von der Klasse SammelHamster geerbt) als auch der Befehl legGesammelteKoernerAb (neu definiert) aufgerufen werden.

In der Implementierung der Methode legGesammelteKoernerAb wird übrigens auf das geerbte Attribut gesammelteKoerner zugegriffen. Für ein Objekt der Klasse LegUndSammelHamster ist es dasselbe Attribut, das auch die geerbte Methode sammle benutzt. Anders als bei den Attributen der Klasse Hamster ist ein Zugriff auf dieses geerbte Attribut möglich, da es nicht als private deklariert ist.

Bei einer derartigen Beziehung zwischen der Klasse LegUndSammelHamster und der Klasse Hamster spricht man auch von einer *indirekten* Vererbungsbeziehung:

- SammelHamster ist eine *direkte* Unterklasse von Hamster,

- LegUndSammelHamster ist eine *direkte* Unterklasse von SammelHamster und

- LegUndSammelHamster ist eine *indirekte* Unterklasse von Hamster.

Durch eine mehrfach eingesetzte Ableitung können übrigens komplette „Stammbäume" entstehen. Man spricht auch von *Klassenhierarchien*. Im folgenden Beispiel werden insgesamt 6 Klassen definiert, deren Stammbaum in Abbildung 7.1 skizziert wird:

```
class Kind1Hamster extends Hamster { ... }
class Kind2Hamster extends Hamster { ... }
class Enkel1Hamster extends Kind1Hamster { ... }
class Enkel2Hamster extends Kind1Hamster { ... }
class Enkel3Hamster extends Kind1Hamster { ... }
class UrEnkelHamster extends Enkel3Hamster { ... }
```

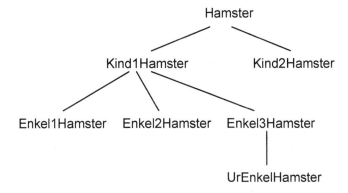

Abbildung 7.1: Klassen-Stammbaum

Die Klassen Kind1Hamster und Kind2Hamster erben alle Methoden und Attribute der Klasse Hamster. Die Klassen Enkel1Hamster, Enkel2Hamster und Enkel3Hamster erben alle Methoden und Attribute der Klasse Kind1Hamster (und darüber auch indirekt die der Klasse Hamster). Die Klasse UrEnkelHamster erbt wiederum von der Klasse Enkel3Hamster.

Als *Mehrfachvererbung* bezeichnet man es, wenn eine Klasse mehrere direkte Oberklassen besitzen kann. Java unterstützt keine Mehrfachvererbung, d.h. hinter dem Schlüsselwort extends darf nur ein einzelner Klassennamen angegeben werden.

7.3 super

Um bei der Implementierung einer Methode in einer abgeleiteten Klasse herauszustellen, dass auf geerbte Methoden bzw. Attribute zugegriffen wird, kann – muss aber nicht – das Schlüsselwort super verwendet werden. In erweiterten Hamster-Klassen ist super ähnlich wie this prinzipiell ein zusätzlicher Hamster-Name, über den allerdings nur geerbte Attribute und Methoden aufgerufen werden können.

Das folgende Programm demonstriert den Einsatz des Schlüsselwortes super:

```
class DrehHamster extends Hamster {
    void kehrt() {
        super.linksUm(); // anstelle von this.linksUm();
        super.linksUm();
    }

    void rechtsUm() {
        this.kehrt(); // super.kehrt() ist nicht erlaubt!
        super.linksUm();
    }
}
```

Einen weiteren Einsatzbereich des Schlüsselwortes super werden Sie im nächsten Abschnitt kennen lernen.

7.4 Überschreiben von Methoden

Das Prinzip des *Überschreibens* von geerbten Methoden ist die Grundlage der Polymorphie und des dynamischen Bindens von Methoden (siehe Kapitel 11).

7.4.1 Reimplementierung geerbter Methoden

Schauen Sie sich einmal folgende erweiterte Hamster-Klasse an:

```
class SammelUndLegHamster extends Hamster {
    int gesammelteKoerner = 0;

    void sammle() {
        while (this.kornDa()) {
            this.nimm();
            this.gesammelteKoerner = this.gesammelteKoerner + 1;
        }
    }

    void legAb() {
        while (this.gesammelteKoerner > 0) {
            this.gib();
            this.gesammelteKoerner = this.gesammelteKoerner - 1;
        }
    }
}
```

Über die Methode sammle kann ein Hamster vom Typ SammelUndLegHamster Körner sammeln. Wird dann seine Methode legAb aufgerufen, legt er die gesammelten[3] Körner wieder ab.

Es wird nun eine ähnliche Klasse gebraucht, die sich im Prinzip nur dadurch von der Klasse SammelUndLegHamster unterscheidet, dass der Befehl legAb bewirkt, dass nicht nur die gesammelten,

---

[3]nicht die Körner, die er anfangs im Maul hat

sondern alle Körner im Maul des betroffenen Hamsters abgelegt werden. Eine derartige Klasse lässt sich dadurch definieren, dass sie von der Klasse SammelUndLegHamster abgeleitet wird und damit deren Attribute und Methoden erbt, dass sie aber die Methode legAb redefiniert und entsprechend der geänderten Anforderungen implementiert:

```
class SammelUndLegAlleHamster extends SammelUndLegHamster {
    void legAb() {
        while (!this.maulLeer()) {
            this.gib();
        }
        this.gesammelteKoerner = 0;
    }
}

void main() {
    SammelUndLegHamster paul = new SammelUndLegHamster();
    paul.init(2, 3, Hamster.NORD, 9);
    SammelUndLegAlleHamster willi = new SammelUndLegAlleHamster();
    willi.init(2, 5, Hamster.NORD, 4);

    while (paul.vornFrei() && willi.vornFrei()) {
        paul.sammle();
        paul.vor();
        willi.sammle();
        willi.vor();
    }
    paul.legAb();  // Ausfuehrung der Methode in der
                   // Klasse SammelUndLegHamster
    willi.legAb(); // Ausfuehrung der Methode in der
                   // Klasse SammelUndLegAlleHamster
}
```

Man sagt auch: In der Klasse SammelUndLegAlleHamster wird die geerbte Methode legAb *überschrieben*. Beim Überschreiben einer geerbten Methode müssen der Name der Methode, ihr Rückgabewert, die Anzahl der Parameter und die Typen der einzelnen Parameter der überschriebenen und der überschreibenden Methode identisch sein.

Der Aufruf des Befehls legAb für Hamster paul bewirkt die Ausführung der in der Klasse SammelUndLegHamster definierten Methode, da sich hinter dem Namen paul ein Hamster dieses Typs verbirgt. Der Aufruf des Befehls legAb für Hamster willi bewirkt aber die Ausführung der in der Klasse SammelUndLegAlleHamster definierten Methode, da willi ein Hamster dieses Typs ist. Es ist von außerhalb der Klassendefinition nicht mehr möglich, für willi die geerbte Methode legAb aufzurufen.

7.4.2 Zugriff auf geerbte überschriebene Methoden

Innerhalb einer Klasse ist es bei der Implementierung von Methoden durchaus möglich, auf geerbte überschriebene Methoden zuzugreifen, und zwar mit Hilfe des Schlüsselwortes super (siehe auch Abschnitt 7.3). Das folgende Beispiel zeigt eine alternative Implementierung der Klasse SammelUndLegAlleHamster:

```
class SammelUndLegAlleHamster extends SammelUndLegHamster {

  void legAb() {
    super.legAb();    // Aufruf der geerbten Methode
    while (!this.maulLeer()) {
      this.gib();
    }
  }
}
```

Bei der Implementierung der Methode `legAb` wird mittels der Anweisung `super.legAb();` die geerbte Methode `legAb` der Klasse `SammelUndLegHamster` aufgerufen.[4]

7.4.3 Überschreiben von Hamster-Methoden

Mit den bisher eingeführten Konzepten ist es noch nicht möglich, in einer erweiterten Hamster-Klasse auch die Original-Hamster-Befehle zu überschreiben. Grund hierfür sind so genannte Zugriffsrechte, die erst in Kapitel 14 eingeführt werden. Wenn Sie trotzdem bereits jetzt die Original-Hamster-Befehle überschreiben möchten, setzen Sie bitte das Schlüsselwort `public` der entsprechenden Methodendefinition voran.

Ein Hamster, der von der im folgenden Beispiel definierten Klasse `DummerHamster` erzeugt wird, verwechselt beispielsweise links und rechts und wird niemals ein Korn finden, da die überschriebene Methode `kornDa` immer den Wert `false` liefert:

```
class DummerHamster extends Hamster {

    // Ueberschreiben des Hamster-Befehls
    public void linksUm() {
        super.linksUm();
        super.linksUm();
        super.linksUm();
    }

    // Ueberschreiben des Hamster-Testbefehls
    public boolean kornDa() {
        return false;
    }

    // Definition einer neuen Methode
    void rechtsUm() {
        super.linksUm();
    }
}

void main() {
    DummerHamster idiot = new DummerHamster();
    idiot.init(0, 0, Hamster.OST, 0);
```

---

[4]Achtung: Machen Sie sich klar, dass ein Aufruf von `this.legAb();` anstelle von `super.legAb();` einen (nicht-endenden) rekursiven Aufruf der Methode `legAb` der Klasse `SammelUndLegAlleHamster` zur Folge haben würde!

```
    while (idiot.vornFrei()) {
        idiot.vor();
        if (idiot.kornDa()) { // Aufruf der ueberschriebenen
                              // Methode
            idiot.nimm();
        }
    }

    idiot.linksUm(); // Aufruf der ueberschriebenen Methode,
                     // d.h. der Hamster dreht sich nach rechts
    while (idiot.vornFrei()) {
        idiot.vor();
    }
}
```

7.4.4 Überschreiben versus Überladen von Methoden

In Kapitel 6.1 haben Sie das Konzept des *Überladens* von Methoden kennen gelernt. Dieses ist nicht gleichbedeutend mit dem *Überschreiben* von Methoden. Es besteht folgender Unterschied:

- Eine Methode einer Klasse (die auch geerbt sein kann) wird *überladen*, wenn eine weitere Methode mit demselben Namen definiert wird, die sich aber in Anzahl oder Typen der Parameter unterscheiden.

- Eine Methode einer Klasse wird *überschrieben*, wenn sie in einer abgeleiteten Klasse mit einer identischen Signatur definiert wird. Zur Signatur gehören der Funktionsname, der Funktionstyp, die Anzahl an Parametern und die Typen der Parameter[5].

Das folgende Beispiel demonstriert den Unterschied zwischen dem Überladen und Überschreiben von Methoden:

```
class MeinHamster extends Hamster {
    void vor(int schritte) { // Ueberladen
        while (schritte > 0 && this.vornFrei()) {
            this.vor();
            schritte = schritte - 1;
        }
    }

    void kehrt() {
        this.linksUm();
        this.linksUm();
    }
}

class DeinHamster extends MeinHamster {
    void kehrt(boolean wirklich) { // Ueberladen
        if (wirklich) {
```

---

[5]und ab Kapitel 13 auch die deklarierten Exception-Klassen

```
                    super.kehrt();
            }
    }

    void kehrt() { // Ueberschreiben
        this.linksUm();
        this.linksUm();
        this.linksUm();
        this.linksUm();
        this.linksUm();
        this.linksUm();
    }
}
```

In der Klasse MeinHamster wird die geerbte Hamster-Methode vor, die keine Parameter hat, durch
eine Methode vor mit einem int-Parameter überladen. In der Klasse DeinHamster wird die geerbte
Methode kehrt, die keine Parameter hat, durch eine Methode kehrt mit einem boolean-Parameter
überladen und durch eine neudefinierte Methode kehrt ohne Parameter überschrieben.

7.5 Gleichnamige Attribute

Es ist durchaus auch möglich, der Übersichtlichkeit halber aber nicht empfehlenswert, in einer abgeleiteten Klasse als Namen eines Attributes den Namen eines geerbten Attributes zu wählen:

```
 1  class Hamster1 extends Hamster {
 2      int gesammelteKoerner;
 3
 4      void sammle() {
 5          while (this.kornDa()) {
 6              this.nimm();
 7              this.gesammelteKoerner = this.gesammelteKoerner + 1;
 8          }
 9      }
10  }
11
12  class Hamster2 extends Hamster1 {
13      int gesammelteKoerner;
14
15      void legAb() {
16          while (this.gesammelteKoerner > 0) {
17          // while (super.gesammelteKoerner > 0) {
18              this.gib();
19              this.gesammelteKoerner =
20                  this.gesammelteKoerner - 1;
21              // super.gesammelteKoerner =
22              //     super.gesammelteKoerner - 1;
23          }
24      }
25  }
26
```

```
27  void main() {
28      Hamster2 paul = new Hamster2();
29      paul.init(0, 0, Hamster.SUED, 3);
30      paul.sammle();
31      paul.legAb();
32  }
```

Was hier passiert, ist, dass der in der main-Funktion erzeugte Hamster paul zwei Attribute mit dem Bezeichner gesammelteKoerner besitzt: ein von der Klasse Hamster1 geerbtes und ein in der Klasse Hamster2 neu definiertes. In der Implementierung der Methode sammle wird auf das Attribut gesammelteKoerner der Klasse Hamster1 zugegriffen, bei der Implementierung der Methode legAb() auf das in der Klasse Hamster2 definierte Attribut gesammelteKoerner, d.h. bei der Ausführung der Befehle sammle und legAb nutzt paul zwei unterschiedliche Attribute. Letztendlich führt das in diesem Beispiel dazu, dass paul gar keine Körner ablegt, da sein Attribut gesammelteKoerner aus der Klasse Hamster2 mit dem Default-Wert 0 initialisiert und niemals erhöht wird.

Der Zugriff auf ein gleichnamiges geerbtes Attribut kann übrigens mittels des Schlüsselwortes super erfolgen, wie in den auskommentierten Anweisungen in Zeile 17 und Zeile 21-22 angedeutet wird. Würden die Anweisungen in Zeile 16 und in Zeile 19-20 durch die Anweisung in Zeile 17 sowie Zeile 21-22 ersetzt, würde paul beim Erteilen des Befehls legAb auf das geerbte Attribut gesammelteKoerner der Klasse Hamster1 zugreifen, d.h. er würde alle in Zeile 30 gesammelten Körner in Zeile 31 auch wieder ablegen.

7.6 Konstruktoren

Konstruktoren besitzen beim Konzept der Ableitung von Klassen eine Sonderrolle. Sie werden nämlich nicht vererbt. Vielmehr müssen vorhandene Konstruktoren der Oberklasse explizit aufgerufen werden.

7.6.1 Regeln bei der Definition von Konstruktoren

Bei der Definition von Konstruktoren in Unterklassen gilt folgendes:

1. Besitzt eine Klasse X einen (oder mehrere) Konstruktoren mit Parametern aber **keinen** parameterlosen Konstruktor und wird von der Klasse X eine Klasse Y abgeleitet, dann **muss** in der Klasse Y ein Konstruktor definiert werden, dessen **erste** Anweisung im Aufruf eines Konstruktors der Klasse X bestehen **muss**.

2. Besitzt eine Klasse X einen parameterlosen Konstruktor (und eventuell noch andere Konstruktoren mit Parametern) und wird von der Klasse X eine Klasse Y abgeleitet, dann muss in Klasse Y nicht unbedingt ein Konstruktor definiert werden. Wird in diesem Fall ein Objekt der Klasse Y mit dem Ausdruck new Y() erzeugt, wird aber automatisch der parameterlose Konstruktor der Klasse X aufgerufen.

3. Besitzt eine Klasse X einen parameterlosen Konstruktor (und eventuell noch andere Konstruktoren mit Parametern) und wird von der Klasse X eine Klasse Y abgeleitet und definiert Klasse

Y einen Konstruktor und fehlt als erste Anweisung dieses Konstruktors der Aufruf eines Konstruktors der Klasse X, dann wird automatisch der parameterlose Konstruktor der Klasse X aufgerufen.

Das klingt alles recht kompliziert. Durch diese Vorschriften bzw. Maßnahmen wird aber sichergestellt, dass bei der Erzeugung eines Objektes einer abgeleiteten Klasse auf jeden Fall ein Konstruktor seiner Oberklasse(n) aufgerufen wird und damit alle seine geerbten Attribute auch (kontrolliert) initialisiert werden.

7.6.2 Das super-Konstrukt

Bevor die drei skizzierten Fälle an konkreten Beispielen verdeutlicht werden, wird zunächst noch vorgestellt, wie der Aufruf eines Konstruktors einer Oberklasse erfolgt. Dies geschieht durch Verwendung des Schlüsselwortes super mit Hilfe des so genannten *super-Konstruktes*:

```
super(<parameterliste>);
```

Stellen Sie sich das super-Konstrukt einfach als einen speziellen Methodenaufruf vor: Aufgerufen wird hier der der Parameterliste entsprechende Konstruktor der Oberklasse.

7.6.3 Beispiele für die Definition von Konstruktoren

Im folgenden Beispiel wird der erste Fall aus Abschnitt 7.6.1 skizziert. Die Klasse Hamster1 definiert zwei Konstruktoren mit Parametern, also muss die von Klasse Hamster1 abgeleitete Klasse Hamster2 einen Konstruktor definieren, in der als erste Anweisung mittels des super-Konstruktes ein Konstruktor der Klasse Hamster1 aufgerufen wird.

```
class Hamster1 extends Hamster {
    Hamster1(int r, int s, int b, int k) {
        this.init(r, s, b, k);
    }

    Hamster1(int r, int s, int b) {
        this.init(r, s, b, 0);
    }
}

class Hamster2 extends Hamster1 {
    int gesammelteKoerner;

    // Definition (mindestens) eines Konstruktors ist
    // erforderlich
    Hamster2(int r, int s, int b, int k) {
        super(r, s, b, k); // Aufruf des vier-parametrigen
                           // Konstruktors der Klasse Hamster1
                           // mittels des super-Konstruktes
        this.gesammelteKoerner = 0;
    }
}
```

Im nächsten Beispiel wird der zweite Fall skizziert. Die Klasse Hamster1 definiert zwei Konstruktoren, von denen einer parameterlos ist. Damit braucht die Klasse Hamster2, die von der Klasse Hamster1 abgeleitet wird, keinen Konstruktor definieren. Wird ein Objekt der Klasse Hamster2 erzeugt, wird automatisch der parameterlose Konstruktor der Klasse Hamster1 aufgerufen.

```
class Hamster1 extends Hamster {
    int gesammelteKoerner;

    Hamster1(int r, int s, int b, int k) {
        this.init(r, s, b, k);
        this.gesammelteKoerner = 0;
    }

    Hamster1() {
        this.init(0, 0, Hamster.NORD, 0);
        this.gesammelteKoerner = 0;
    }
}

class Hamster2 extends Hamster1 {
    // Definition eines Konstruktors ist nicht erforderlich
}

void main() {
    Hamster2 paul = new Hamster2();
    // Aufruf des parameterlosen Konstruktors der Klasse
    // Hamster1
}
```

Im dritten Beispiel wird der dritte Fall skizziert. Die Klasse Hamster1 definiert zwei Konstruktoren, von denen einer parameterlos ist. Die von der Klasse Hamster1 abgeleitete Klasse Hamster2 definiert ebenfalls zwei Konstruktoren. Im ersten wird mittels des super-Konstruktes der erste Konstruktor des Klasse Hamster1 aufgerufen. Im zweiten wird automatisch als erste Anweisung der parameterlose Konstruktor der Klasse Hamster1 aufgerufen.

```
class Hamster1 extends Hamster {
    int gesammelteKoerner;

    Hamster1(int r, int s, int b, int k) {
        this.init(r, s, b, k);
        this.gesammelteKoerner = 0;
    }

    Hamster1() {
        this.init(0, 0, Hamster.NORD, 0);
        this.gesammelteKoerner = 0;
    }
}

class Hamster2 extends Hamster1 {
    int maxSchritte;

    Hamster2(int r, int s, int b, int k, int m) {
```

```
        super(r, s, b, k);
        this.maxSchritte = m;
    }

    Hamster2(int m) {
        // automatischer Aufruf des parameterlosen Konstruktors
        // der Klasse Hamster1
        this.maxSchritte = m;
    }
}
```

Damit Sie nicht durcheinander kommen und keine Fehler machen, gewöhnen Sie sich am besten folgendes an: Wenn Sie eine neue Klasse durch Ableitung von einer existierenden Klasse definieren, definieren Sie auf jeden Fall einen Konstruktor, der explizit als erste Anweisung einen Konstruktor der Oberklasse aufruft.

7.6.4 Konstruktoren der Klasse Hamster

In Kapitel 6.3.4 wurden die Konstruktoren der Klasse Hamster vorgestellt. Die Klasse besitzt drei Konstruktoren: einen parameterlosen Konstruktor, einen Konstruktor mit vier int-Parametern und einen Konstruktor mit einem Parameter vom Typ Hamster. Daher treffen beim Ableiten einer Klasse von der Klasse Hamster die Fälle 2 bzw. 3 zu:

- Die neue Klasse muss keinen eigenen Konstruktor definieren. In diesem Fall wird beim Erzeugen eines Objektes der neuen Klasse der parameterlose Konstruktor der Klasse Hamster aufgerufen.

- Definiert die neue Klasse einen Konstruktor, muss nicht explizit als dessen erste Anweisung ein Konstruktor der Klasse Hamster aufgerufen werden. Es wird dann jedoch implizit trotzdem der parameterlose Konstruktor aufgerufen.

In den bisherigen Beispielen wurde bei der Definition einer erweiterten Hamster-Klasse meistens ein Konstruktor mit vier int-Parametern definiert, in dem mit den vier Parameterwerten die init-Methode aufgerufen wurde.

```
class KehrtHamster extends Hamster {

    KehrtHamster(int r, int s, int b, int k) {
        // automatischer Aufruf von: super();
        this.init(r, s, b, k);
    }

    void kehrt() {
        this.linksUm();
        this.linksUm();
    }
}
```

Gewöhnen Sie sich aufgrund der eben geschilderten Fakten ab nun an, stattdessen mit dem super-Konstrukt den Konstruktor der Klasse Hamster mit den vier Parametern aufzurufen:

```
class KehrtHamster extends Hamster {

    KehrtHamster(int r, int s, int b, int k) {
        super(r, s, b, k);
        // anstelle von: this.init(r, s, b, k);
    }

    void kehrt() {
        this.linksUm();
        this.linksUm();
    }
}
```

Möchten Sie einen Vertretungshamster definieren, nutzen Sie am besten den Konstruktor der Klasse Hamster mit dem Parameter vom Typ Hamster:

```
class KehrtHamster extends Hamster {

    KehrtHamster(Hamster existierenderHamster) {
        super(existierenderHamster);
    }

    void kehrt() {
        this.linksUm();
        this.linksUm();
    }
}

void main() {
    KehrtHamster paul = new KehrtHamster(Hamster
            .getStandardHamster());
    // paul ist Vertretungshamster des Standard-Hamsters
    ...
}
```

7.7 Klassenattribute

Bei der Ableitung von Klassen werden Klassenattribute anders behandelt als normale Attribute. Zur Erinnerung: In Kapitel 6.4 wurden Klassenattribute definiert als spezielle Attribute, die pro Klasse nur einmal existieren und auf die alle Objekte dieser Klasse Zugriff haben. Ein Klassenattribut ist also ein gemeinsames Attribut aller Objekte der Klasse.

Diese Definition wird nun erweitert: Klassenattribute sind spezielle Attribute, die pro Klasse und aller derer Unterklassen nur einmal existieren und auf die alle Objekte der Klasse sowie alle Objekte von Unterklassen dieser Klasse Zugriff haben. Ein Klassenattribut ist also ein gemeinsames Attribut aller Objekte der Klasse und aller Objekte ihrer Unterklassen. Diese Definition impliziert aber: Klassenattribute werden beim Ableitungsprozess nicht vererbt. Lediglich ihr Zugriffsraum wird (auf die Unterklassen) erweitert.

Das folgende Beispiel demonstriert die Eigenschaften von Klassenattributen beim Ableitungsprozess:

```
class SammelHamster extends Hamster {
    static int gemeinsamGesammelteKoerner = 0; // Klassenattribut

    SammelHamster(int r, int s, int b, int k) {
        super(r, s, b, k);
    }

    public void nimm() {
        super.nimm();
        SammelHamster.gemeinsamGesammelteKoerner =
            SammelHamster.gemeinsamGesammelteKoerner + 1;
    }

    static int getGemeinsamGesammelteKoerner() {
        return SammelHamster.gemeinsamGesammelteKoerner;
    }
}

class GangsterHamster extends SammelHamster {

    GangsterHamster(int r, int s, int b, int k) {
        super(r, s, b, k);
    }

    public void nimm() {
        super.nimm();
        SammelHamster.gemeinsamGesammelteKoerner = 0; // Sabotage
    }
}
```

Alle Hamster vom Typ `SammelHamster` und vom Typ `GangsterHamster` teilen sich das gemeinsame Klassenattribut gemeinsamGesammelteKoerner. Durch Überschreiben der Methode `nimm` wird für Hamster vom Typ `SammelHamster` erreicht, dass sie sich in dem Klassenattribut gemeinsamGesammelteKoerner merken, wie viele Körner sie zusammen gefressen haben. Hamster vom Typ `GangsterHamster` versuchen, dieses Bestreben zu „sabotieren". Sobald ihnen der Befehl `nimm` erteilt wird, setzen sie den Wert dieses Attributes wieder auf 0.

7.8 final

Zwei Einsatzbereiche des Schlüsselwortes `final` haben Sie bereits in den Kapiteln 6.7 und 6.7.4 kennen gelernt: Es dient zur Definition von Konstanten und nicht veränderbaren Instanzattributen. Das Schlüsselwort kann jedoch noch an zwei weiteren Stellen genutzt werden:

- Stellt man das Schlüsselwort `final` bei der Definition einer Klasse dem Schlüsselwort `class` voran, kann von dieser Klasse keine Klasse abgeleitet werden.

- Stellt man das Schlüsselwort `final` einer Methodendefinition voran, kann diese Methode in abgeleiteten Klassen nicht überschrieben werden.

Im folgenden Beispiel wird die Klasse `MeinHamster` als `final` deklariert, so dass der Compiler beim Versuch, eine Klasse `DeinHamster` von der Klasse `MeinHamster` abzuleiten, meckert:

```
final class MeinHamster extends Hamster {
    ...
}

class DeinHamster extends MeinHamster {}   // Fehler!
```

Im zweiten Beispiel ist es der Klasse DeinHamster, die von der Klasse MeinHamster abgeleitet ist, nicht erlaubt, die Methode rechtsUm zu überschreiben, da diese in der Klasse MeinHamster als final deklariert wurde:

```
class MeinHamster extends Hamster {

    final void rechtsUm() {
        this.linksUm();
        this.linksUm();
        this.linksUm();
    }
}

class DeinHamster extends MeinHamster {

    void rechtsUm() { // Fehler!
        this.linksUm();
        this.linksUm();
        this.linksUm();
        this.linksUm();
        this.linksUm();
        this.linksUm();
        this.linksUm();
    }
}
```

7.9 Vorteile der Vererbung

Als Vererbung bezeichnet man in der objektorientierten Programmierung das Konzept, bereits existierende Klassen als Grundlage neu zu definierender Klassen nutzen zu können. Bei dieser Form der Klassendefinition besitzt die neue Klasse automatisch alle Attribute und Methoden der existierenden Klasse, sie werden quasi geerbt. Im Einzelnen bietet das Konzept der Vererbung folgende Vorteile:

- Einsparung von (Schreib-)Arbeit: Wenn ein Programmierer zum Lösen eines bestimmten Problems eine Klasse findet, die bereits Teile seines Problems löst, kann er eine neue Klasse von dieser Klasse ableiten, ohne den Sourcecode erneut abtippen bzw. per „copy-and-paste" duplizieren zu müssen. Er kann die fehlenden Teile dann ergänzen bzw. durch das Überschreiben von Methoden bestimmte Teillösungen an sein konkretes Problem anpassen.

- Vereinfachte Fehlerbeseitigung: Dadurch dass beim Ableiten kein Sourcecode dupliziert wird, müssen Fehler, die nachträglich im Sourcecode der Oberklasse gefunden werden, nur einmal in dieser beseitigt werden.

- Basis der Polymorphie: Vererbung ist die Grundlage der Polymorphie und des dynamischen Bindens von Methoden, dem wohl wichtigsten Konzept der objektorientierten Programmierung (siehe Kapitel 11).

7.10 Allround-Hamster

Im Folgenden wird eine erweiterte Hamster-Klasse `AllroundHamster` definiert, die viele häufig benötigte Methoden zur Verfügung stellt. In den folgenden Beispielen und Kapiteln werden erweiterte Hamster-Klassen oft nicht mehr direkt von der Klasse `Hamster`, sondern von dieser Klasse `AllroundHamster` abgeleitet, so dass neben den Original-Hamster-Befehlen unmittelbar die zusätzlichen Methoden genutzt werden können.

```
class AllroundHamster extends Hamster {

    /**
     * initialisiert einen neuen AllroundHamster mit den
     * uebergebenen Werten
     *
     * @param r
     *              Reihe
     * @param s
     *              Spalte
     * @param b
     *              Blickrichtung
     * @param k
     *              Anzahl Koerner im Maul
     */
    AllroundHamster(int r, int s, int b, int k) {
        super(r, s, b, k);
    }

    /**
     * initialisiert einen neuen AllroundHamster mit den
     * Attributwerten eines bereits existierenden Hamsters
     *
     * @param existierenderHamster
     *              ein bereits existierender Hamster
     */
    AllroundHamster(Hamster existierenderHamster) {
        super(existierenderHamster);
    }

    /**
     * der Hamster dreht sich "anzahlDrehungen" mal um 90 Grad
     * nach links
     *
     * @param anzahlDrehungen
     *              Anzahl der linksum-Drehungen
     */
    void linksUm(int anzahlDrehungen) {
```

```
        for (int i = 0; i < anzahlDrehungen; i++) {
            this.linksUm();
        }
    }


    /**
     * der Hamster dreht sich um 180 Grad
     */
    void kehrt() {
        this.linksUm(2);
    }


    /**
     * der Hamster dreht sich um 90 Grad nach rechts
     */
    void rechtsUm() {
        this.linksUm(3);
    }


    /**
     * der Hamster laeuft "anzahl" Schritte, maximal jedoch bis
     * zur naechsten Mauer; geliefert wird die tatsaechliche
     * Anzahl gelaufener Schritte
     *
     * @param anzahl
     *              maximal zu laufende Schritte
     * @return tatsaechliche Anzahl gelaufener Schritte
     */
    int vor(int anzahl) {
        int schritte = 0;
        while (this.vornFrei() && anzahl > 0) {
            this.vor();
            schritte = schritte + 1;
            anzahl = anzahl - 1;
        }
        return schritte;
    }


    /**
     * der Hamster legt "anzahl" Koerner ab, maximal jedoch so
     * viele, wie er im Maul hat; geliefert wird die
     * tatsaechliche Anzahl abgelegter Koerner
     *
     * @param anzahl
     *              maximal abzulegende Kerner
     * @return tatsaechliche Anzahl ablegter Koerner
     */
    int gib(int anzahl) {
        int abgelegteKoerner = 0;
        while (!this.maulLeer() && anzahl > 0) {
            this.gib();
            abgelegteKoerner = abgelegteKoerner + 1;
```

```
        anzahl = anzahl - 1;
    }
    return abgelegteKoerner;
}


/**
 * der Hamster frisst "anzahl" Koerner, maximal jedoch so
 * viele, wie auf der aktuellen Kachel liegen
 *
 * @param anzahl
 *               maximal aufzunehmende Koerner
 * @return tatsaechlich Anzahl aufgenommener Koerner
 */
int nimm(int anzahl) {
    int gefresseneKoerner = 0;
    while (this.kornDa() && anzahl > 0) {
        this.nimm();
        gefresseneKoerner = gefresseneKoerner + 1;
        anzahl = anzahl - 1;
    }
    return gefresseneKoerner;
}


/**
 * der Hamster legt alle Koerner, die er im Maul hat, auf der
 * aktuellen Kachel ab; geliefert wird die Anzahl abgelegter
 * Koerner
 *
 * @return Anzahl abgelegter Koerner
 */
int gibAlle() {
    int abgelegteKoerner = 0;
    while (!this.maulLeer()) {
        this.gib();
        abgelegteKoerner = abgelegteKoerner + 1;
    }
    return abgelegteKoerner;
}


/**
 * der Hamster frisst alle Koerner auf der aktuellen Kachel;
 * geliefert wird die Anzahl gefressener Koerner
 *
 * @return Anzahl aufgenommener Koerner
 */
int nimmAlle() {
    int gefresseneKoerner = 0;
    while (this.kornDa()) {
        this.nimm();
        gefresseneKoerner = gefresseneKoerner + 1;
    }
    return gefresseneKoerner;
```

```
}

/**
 * der Hamster laeuft bis zur naechsten Mauer; geliefert wird
 * die Anzahl ausgefuehrter Schritte
 *
 * @return Anzahl ausgefuehrter Schritte
 */
int laufeZurWand() {
    int schritte = 0;
    while (this.vornFrei()) {
        this.vor();
        schritte = schritte + 1;
    }
    return schritte;
}

/**
 * der Hamster testet, ob links von ihm die Kachel frei ist
 *
 * @return true, falls die Kachel links vom Hamster frei ist,
 *         false sonst
 */
boolean linksFrei() {
    this.linksUm();
    boolean frei = this.vornFrei();
    this.rechtsUm();
    return frei;
}

/**
 * der Hamster testet, ob rechts von ihm die Kachel frei ist
 *
 * @return true, falls die Kachel rechts vom Hamster frei
 *         ist, false sonst
 */
boolean rechtsFrei() {
    this.rechtsUm();
    boolean frei = this.vornFrei();
    this.linksUm();
    return frei;
}

/**
 * der Hamster testet, ob hinter ihm die Kachel frei ist
 *
 * @return true, falls die Kachel hinter dem Hamster frei
 *         ist, false sonst
 */
boolean hintenFrei() {
    this.kehrt();
    boolean frei = this.vornFrei();
```

```
        this.kehrt();
        return frei;
}


/**
 * ueberprueft, ob auf der Kachel, auf der der Hamster
 * aktuell steht, mindestens eine bestimmte Anzahl an
 * Koernern liegt
 *
 * @param anzahl
 *              Anzahl der geforderten Koerner
 * @return true, falls auf der aktuellen Kachel mindestens
 *         "anzahl"-Koerner liegen
 */
boolean koernerDa(int anzahl) {
    return Territorium.getAnzahlKoerner(this.getReihe(),
            this.getSpalte()) >= anzahl;
}


/**
 * der Hamster dreht sich so lange um, bis er in die
 * uebergebene Blickrichtung schaut
 *
 * @param richtung
 *              die Richtung, in die der Hamster schauen soll
 */
void setzeBlickrichtung(int richtung) {
    while (this.getBlickrichtung() != richtung) {
        this.linksUm();
    }
}


/**
 * der Hamster laeuft in der Spalte, in der er gerade steht,
 * zur angegebenen Reihe; Voraussetzung: die Reihe existiert
 * und es befinden sich keine Mauern auf dem gewaehlten Weg
 *
 * @param reihe
 *              Reihe, in die der Hamster laufen soll
 */
void laufeZuReihe(int reihe) {
    if (reihe == this.getReihe()) {
        return;
    }
    if (reihe > this.getReihe()) {
        this.setzeBlickrichtung(Hamster.SUED);
    } else {
        this.setzeBlickrichtung(Hamster.NORD);
    }
    while (reihe != this.getReihe()) {
        this.vor();
    }
```

```
    }

    /**
     * der Hamster laeuft in der Reihe, in der er gerade steht,
     * zur angegebenen Spalte; Voraussetzung: die Spalte
     * existiert und es befinden sich keine Mauern auf dem
     * gewaehlten Weg
     *
     * @param spalte
     *              Spalte, in die der Hamster laufen soll
     */
    void laufeZuSpalte(int spalte) {
        if (spalte == this.getSpalte()) {
            return;
        }
        if (spalte > this.getSpalte()) {
            this.setzeBlickrichtung(Hamster.OST);
        } else {
            this.setzeBlickrichtung(Hamster.WEST);
        }
        while (spalte != this.getSpalte()) {
            this.vor();
        }
    }

    /**
     * der Hamster laeuft zur Kachel (reihe/spalte);
     * Voraussetzung: die Kachel existiert und es befinden sich
     * keine Mauern im Territorium bzw. auf dem gewaehlten Weg
     *
     * @param reihe
     *              Reihe der Zielkachel
     * @param spalte
     *              Spalte der Zielkachel
     */
    void laufeZuKachel(int reihe, int spalte) {
        this.laufeZuReihe(reihe);
        this.laufeZuSpalte(spalte);
    }
}
```

Wenn Sie selbst die Klasse AllroundHamster im Hamster-Simulator nutzen wollen, achten Sie bitte darauf, dass die entsprechende compilierte Datei in dem Verzeichnis vorhanden sein muss, in dem Sie Ihre Dateien abspeichern und compilieren (vergleiche Kapitel 5.9). Wie das vermieden werden kann, werden Sie später in Kapitel 14 erfahren.

Es sei nochmal darauf hingewiesen, dass Funktionen prinzipiell wie Prozeduren auch in Form von Anweisungen aufgerufen werden können. Es werden dann die Anweisungen des Funktionsrumpfes wie üblich ausgeführt. Der gelieferte Wert wird jedoch ignoriert. Im folgenden Programm sammelt AllroundHamster paul alle Körner der obersten Reihe, bis er auf eine leere Kachel stößt oder eine Mauer erreicht und legt danach alle seine Körner ab. Die Methode nimmAlle der Klasse AllroundHamster wird dabei als Funktion aufgerufen – sie liefert die Anzahl an gesammelten

Körner. Die Methode gibAlle, die eigentlich einen int-Wert liefert – die Anzahl an abgelegten Körnern – wird in Form einer Anweisung aufgerufen. Der gelieferte Wert wird nicht benötigt und daher einfach ignoriert.

```
void main() {
    AllroundHamster paul = new AllroundHamster(0, 0,
            Hamster.OST, 0);
    while (paul.nimmAlle() > 0 && paul.vornFrei()) {
        paul.vor();
    }
    paul.gibAlle();
    // Aufruf einer wertliefernden Methode in Form einer
    // Anweisung
}
```

7.11 Beispielprogramme

Die folgenden drei Beispielprogramme sollen Ihnen die Verwendung und die Vorteile des Vererbungskonzeptes verdeutlichen.

7.11.1 Beispielprogramm 1

Aufgabe:
Der Standard-Hamster steht irgendwo in einem beliebig großen Territorium ohne Mauern. Ein Vertretungshamster soll das Territorium abgrasen, d.h. alle Körner, die sich im Territorium befinden, fressen.

Lösungshinweise:
Die Aufgabe ist eine bereits bekannte Aufgabe. Die hier gewählte Lösung ist allerdings völlig anders als bisher. Es wird eine Klasse AbgrasHamster von der Klasse AllroundHamster aus Abschnitt 7.10 abgeleitet und die geerbte Methode gotoKachel genutzt, mit der man einen Hamster – egal wo er gerade steht – auf dem kürzesten Weg zu einer angegebenen Kachel laufen lassen kann. Die Methode abgrasen der Klasse AbgrasHamster löst die gestellte Aufgabe auf folgende Art und Weise: Mittels der Methoden der Klasse Territorium wird untersucht, auf welchen Kacheln des Territoriums sich überhaupt Körner befinden. Falls solche Kachel entdeckt werden, wird der Hamster über die geerbte Methode gotoKachel dort hin gesteuert, wo er die Körner frisst.

Lösung:

```
class AbgrasHamster extends AllroundHamster {

    AbgrasHamster(Hamster hamster) {
        super(hamster);
    }

    // grast das komplette Territorium ab
    void abgrasen() {
        int r = 0;
        while (r < Territorium.getAnzahlReihen()) {
```

```
            int s = 0;
            while (s < Territorium.getAnzahlSpalten()) {
                if (Territorium.getAnzahlKoerner(r, s) > 0) {
                    this.laufeZuKachel(r, s);
                    this.nimm(Territorium.getAnzahlKoerner(
                        r, s));
                }
                s = s + 1;
            }
            r = r + 1;
        }
    }
}

void main() {
    AbgrasHamster paul = new AbgrasHamster(Hamster
            .getStandardHamster());
    paul.abgrasen();
}
```

7.11.2 Beispielprogramm 2

In diesem Beispiel wird zunächst eine erweiterte Hamster-Klasse `DualHamster` definiert, die das Zeichnen von Dualzahlen aus Körnern ermöglicht (siehe Abbildung 7.2). Dualzahlen haben Sie in Band 1 des Java-Hamster-Buches in Kapitel 4.4.2 kennen gelernt. Dualzahlen sind Zahlen zur Basis 2, d.h. Zahlen, die nur aus 0en und 1en bestehen. Die Klasse `DualHamster` stellt insbesondere die Methoden `zeichne0`, `zeichne1` und `zeichne(int dezimalZahl)` zur Verfügung. Die beiden ersten Methoden zeichnen eine 0 bzw. eine 1 ins Territorium Die dritte Methode rechnet die übergebene Dezimalzahl gemäß des in Band 1 des Java-Hamster-Buches angegebenen Algorithmus in eine Dualzahl um und zeichnet diese dann auf den Bildschirm.

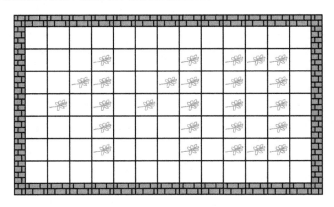

Abbildung 7.2: Dualzahlen aus Körnern

```
class DualHamster extends AllroundHamster {
    // Konstruktor
    DualHamster(int r, int s, int b, int k) {
```

```java
        super(r, s, b, k);
    }

    // zeichnet eine 0 aus Koernern
    void zeichne0() {
        this.vorUndGib(3);
        this.rechtsUm();
        this.vorUndGib(4);
        this.rechtsUm();
        this.vorUndGib(2);
        this.rechtsUm();
        this.vorUndGib(3);
        this.vor();
        this.linksUm();
        this.vor();
        this.kehrt();
    }

    // zeichnet eine 1 aus Koernern
    void zeichne1() {
        this.vor();
        this.rechtsUm();
        this.vor();
        this.vor();
        this.linksUm();
        this.gib();
        this.vor();
        this.linksUm();
        this.vor();
        this.rechtsUm();
        this.gib();
        this.linksUm();
        this.vor();
        this.rechtsUm();
        this.vor();
        this.rechtsUm();
        this.gib();
        this.vorUndGib(4);
        this.rechtsUm();
        this.vor(2);
        this.rechtsUm();
        this.vor(4);
        this.linksUm();
        this.vor();
        this.kehrt();
    }

    // zeichnet die uebergebene Dezimalzahl als Dualzahl
    // aus Koernern
    void zeichne(int dezimalZahl) {
        this.setzeBlickrichtung(Hamster.OST);
        if (dezimalZahl < 2) {
```

```
                this.zeichneZiffer(dezimalZahl);
                this.vor(4);
        } else {
                this.zeichne(dezimalZahl / 2); // Rekursion!
                this.zeichneZiffer(dezimalZahl % 2);
                this.vor(4);
        }
    }

    // zeichnet die uebergebene Ziffer aus Koernern
    void zeichneZiffer(int ziffer) {
        if (ziffer == 0) {
            this.zeichne0();
        } else if (ziffer == 1) {
            this.zeichne1();
        }
    }

    // Hilfsmethoden
    void vorUndGib(int anzahl) {
        while (anzahl > 0) {
            this.vor();
            this.gib();
            anzahl = anzahl - 1;
        }
    }
}
```

Stellen Sie sich nun vor, Sie möchten analog zu der Klasse DualHamster eine Klasse OktalHamster definieren, die anstelle von Dualzahlen Oktalzahlen zeichnen kann. Oktalzahlen sind Zahlen zur Basis 8, d.h. Zahlen, die nur aus den Ziffern 0 bis 7 bestehen. Durch das Konzept der Vererbung können Sie hierbei eine Menge Arbeit sparen. Denn, wenn die Klasse OktalHamster von der Klasse DualHamster abgeleitet wird, erbt sie die beiden Methoden zeichne0 und zeichne1 und muss nur noch die weiteren Methoden zeichne2, zeichne3, zeichne4, zeichne5, zeichne6 und zeichne7, ergänzen. Weiterhin muss durch Überschreiben die Methode zeichne(int dezimal-Zahl) (inklusive der Hilfsmethode zeichneZiffer) an den entsprechenden Umrechnungsalgorithmus für Oktalzahlen angepasst werden.

```
class OktalHamster extends DualHamster {
    // Konstruktor
    OktalHamster(int r, int s, int b, int k) {
        super(r, s, b, k);
    }

    // zeichnet eine 2 aus Koernern
    void zeichne2() {
        this.vorUndGib(3);
        this.rechtsUm();
        this.vorUndGib(2);
        this.rechtsUm();
        this.vorUndGib(2);
        this.linksUm();
```

```
            this.vorUndGib(2);
            this.linksUm();
            this.vorUndGib(2);
            this.kehrt();
            this.vor(2);
            this.rechtsUm();
            this.vor(4);
            this.linksUm();
            this.vor();
            this.kehrt();
        }


        // zeichnet eine 3 aus Koernern
        void zeichne3() {
            // siehe Aufgabe 2
        }


        // zeichnet eine 4 aus Koernern
        void zeichne4() {
            // siehe Aufgabe 2
        }


        // zeichnet eine 5 aus Koernern
        void zeichne5() {
            // siehe Aufgabe 2
        }


        // zeichnet eine 6 aus Koernern
        void zeichne6() {
            // siehe Aufgabe 2
        }


        // zeichnet eine 7 aus Koernern
        void zeichne7() {
            // siehe Aufgabe 2
        }


        // zeichnet die uebergebene Dezimalzahl als Zahl
        // zur Basis 8 aus Koernern
        void zeichne(int dezimalZahl) {
            this.setzeBlickrichtung(Hamster.OST);
            if (dezimalZahl < 8) {
                this.zeichneZiffer(dezimalZahl);
                this.vor(4);
            } else {
                this.zeichne(dezimalZahl / 8); // Rekursion!
                this.zeichneZiffer(dezimalZahl % 8);
                this.vor(4);
            }
        }


        // zeichnet die uebergebene Ziffer aus Koernern
```

```
    void zeichneZiffer(int ziffer) {
        super.zeichneZiffer(ziffer); // Aufruf der geerbten
                                     // Methode
        if (ziffer == 2) {
            this.zeichne2();
        } else if (ziffer == 3) {
            this.zeichne3();
        } else if (ziffer == 4) {
            this.zeichne4();
        } else if (ziffer == 5) {
            this.zeichne5();
        } else if (ziffer == 6) {
            this.zeichne6();
        } else if (ziffer == 7) {
            this.zeichne7();
        }
    }
}
```

Die beiden Klassen gehen davon aus, dass das Territorium zum Auslegen der Körner genügend groß ist und dass die entsprechenden Hamster genügend Körner im Maul haben.

In der main-Funktion wird der Umgang mit DualHamstern und OktalHamstern demonstriert. Es werden ein DualHamster und ein OktalHamster erzeugt, die anschließend die Anzahl an Körnern im Maul des Standard-Hamsters als Dualzahl bzw. als Oktalzahl ins Territorium zeichnen.

```
void main() {
    Hamster willi = Hamster.getStandardHamster();
    DualHamster heidi = new DualHamster(0, 0, Hamster.OST,
            100000);
    OktalHamster paul = new OktalHamster(10, 0, Hamster.OST,
            100000);
    heidi.zeichne(willi.getAnzahlKoerner());
    paul.zeichne(willi.getAnzahlKoerner());
}
```

7.11.3 Beispielprogramm 3

Im dritten Beispiel geht es um das Zeichnen von „Körnerquadraten" (vergleiche Abbildung 7.3). Und zwar wird zunächst eine Klasse QuadratHamster definiert, die eine Methode boolean zeichne (int r, int s, int laenge) implementiert, mittels der ein Hamster mit seinen Körnern ab der Kachel (r/s) die Kanten eines Quadrates der angegebenen Länge (laenge) ins Territorium zeichnen kann.

Von der Klasse QuadratHamster wird anschließend eine Klasse GefuelltesQuadratHamster abgeleitet, die die geerbte Methode zeichne überschreibt, und zwar so, dass nicht nur die Kanten eines Quadrates mit Körnern gezeichnet werden, sondern die gesamte Quadratfläche ausgefüllt wird. Bei der Implementierung der Methode werden einige geerbte Hilfsmethoden genutzt.

Zum Schluss folgt ein kleines Testprogramm, in dem jeweils ein Hamster von den beiden Klassen instanziiert und für diesen die zeichne-Methode aufgerufen wird.

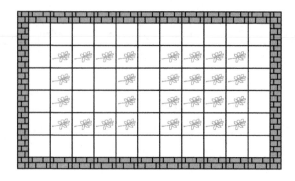

Abbildung 7.3: Körnerquadrate

Lösung:

```
class QuadratHamster extends AllroundHamster {
    // Konstruktor
    QuadratHamster(int r, int s, int b, int k) {
        super(r, s, b, k);
    }


    // zeichnet ab der Kachel (r/s) mit Koernern ein Quadrat
    // mit der angegebenen Seitenlaenge;
    // der Hamster tut nichts und liefert false, wenn er
    // nicht genuegend Koerner zum Zeichnen im Maul hat oder
    // ab der angegebenen Kachel nicht mehr genuegend Platz ist
    boolean zeichne(int r, int s, int laenge) {
        if (laenge <= 0 || !this.genuegendKoernerImMaul(laenge)
                || !this.genuegendPlatz(r, s, laenge)) {
            return false;
        }

        this.merkenDerStartPosition();
        this.laufeZuKachel(r, s);
        this.setzeBlickrichtung(Hamster.OST);
        this.zeichneWirklich(laenge);
        this.geheZurStartPosition();
        return true;
    }


    // Hilfsmethoden

    boolean genuegendKoernerImMaul(int laenge) {
        int benoetigteAnzahl = 0;
        if (laenge == 1) {
            benoetigteAnzahl = 1;
        } else {
            benoetigteAnzahl = (laenge - 1) * 4;
        }
        return benoetigteAnzahl <= this.getAnzahlKoerner();
    }
```

```java
    boolean genuegendPlatz(int r, int s, int laenge) {
        return s + laenge <= Territorium.getAnzahlSpalten()
                && r + laenge <= Territorium.getAnzahlReihen();
    }


    int rAlt, sAlt, bAlt;

    void merkenDerStartPosition() {
        this.rAlt = this.getReihe();
        this.sAlt = this.getSpalte();
        this.bAlt = this.getBlickrichtung();
    }

    void geheZurStartPosition() {
        this.laufeZuKachel(this.rAlt, this.sAlt);
        this.setzeBlickrichtung(this.bAlt);
    }

    void zeichneWirklich(int laenge) {
        this.gib();
        if (laenge > 1) {
            this.vorUndGib(laenge - 1);
            this.rechtsUm();
            this.vorUndGib(laenge - 1);
            this.rechtsUm();
            this.vorUndGib(laenge - 1);
            this.rechtsUm();
            this.vorUndGib(laenge - 2);
            this.vor();
            this.rechtsUm();
        }
    }

    void vorUndGib(int anzahl) {
        while (anzahl > 0) {
            this.vor();
            this.gib();
            anzahl = anzahl - 1;
        }
    }
}

class GefuelltesQuadratHamster extends QuadratHamster {
    // Konstruktor
    GefuelltesQuadratHamster(int r, int s, int b, int k) {
        super(r, s, b, k);
    }

    // zeichnet ab der Kachel (r/s) mit Koernern ein Quadrat
    // mit der angegebenen Seitenlaenge;
    // das Quadrat wird dabei mit Koernern gefuellt;
```

```
// der Hamster tut nichts und liefert false, wenn er
// nicht genuegend Koerner zum Zeichnen im Maul hat oder
// ab der angegebenen Kachel nicht mehr genuegend Platz ist
boolean zeichne(int r, int s, int laenge) {
    if (laenge <= 0 || !this.genuegendKoernerImMaul(laenge)
            || !this.genuegendPlatz(r, s, laenge)) {
        return false;
    }

    this.merkenDerStartPosition();
    this.laufeZuKachel(r, s);
    this.setzeBlickrichtung(Hamster.OST);
    while (laenge > 0) {
        super.zeichneWirklich(laenge);
        laenge = laenge - 2;
        if (laenge > 0) {
            this.vor();
            this.rechtsUm();
            this.vor();
            this.linksUm();
        }
    }
    this.geheZurStartPosition();
    return true;
}


// alternative Implementierung; aber nicht optimiert, da der
// Hamster nach jedem Aufruf der geerbten Methode zeichne
// wieder zunaechst zur Ausgangsposition laeuft
/*
boolean zeichnex(int r, int s, int laenge) {
    if (laenge <= 0 || !this.genuegendKoernerImMaul(laenge)
            || !this.genuegendPlatz(r, s, laenge)) {
        return false;
    }
    while (laenge > 0) {
        super.zeichne(r, s, laenge);
        laenge = laenge - 2;
        r = r + 1;
        s = s + 1;
    }
    return true;
}
*/


// Hilfsmethoden

// muss ueberschrieben werden
boolean genuegendKoernerImMaul(int laenge) {
    return laenge * laenge <= this.getAnzahlKoerner();
}
}
```

```
// Testprogramm
void main() {
    QuadratHamster heidi = new QuadratHamster(0, 0,
            Hamster.OST, 100000);
    GefuelltesQuadratHamster maria = new GefuelltesQuadratHamster(
            10, 10, Hamster.OST, 100000);

    heidi.zeichne(0, 0, 6);
    maria.zeichne(7, 7, 11);
}
```

7.12 Aufgaben

Nun müssen Sie selbst wieder aktiv werden. Lösen Sie bitte die folgenden Aufgaben, bevor Sie ins nächste Kapitel übergehen, und denken Sie sich selbst weitere Aufgaben aus! Viel Spaß und Erfolg!

7.12.1 Aufgabe 1

In Beispielprogramm 1 in Abschnitt 7.11.1 wird das Territorium von oben nach unten und in jeder Reihe von links nach rechts abgegrast. Ändern Sie die Methode abgrasen so, dass das Abgrasen von unten nach oben und in jeder Reihe von rechts nach links erfolgt.

7.12.2 Aufgabe 2

Implementieren Sie die fehlenden Methoden der Klasse OktalHamster in Beispielprogramm 2 in Abschnitt 7.11.2.

7.12.3 Aufgabe 3

In Beispielprogramm 2 in Abschnitt 7.11.2 wurden zwei Klassen DualHamster und OktalHamster definiert, die es ermöglichen, Dualzahlen bzw. Oktalzahlen aus Körnern ins Territorium zu zeichnen. Nutzen Sie das Konzept der Vererbung, um eine Klasse DezimalHamster zu definieren, die das Zeichnen von Dezimalzahlen unterstützt.

7.12.4 Aufgabe 4

Erweitern Sie die Klasse DezimalHamster aus Aufgabe 3 zu einer Klasse HexadezimalHamster, die es ermöglicht, Hexadezimalzahlen aus Körnern ins Territorium zu zeichnen (vergleiche Abbildung 7.4). Hexadezimalzahlen sind Zahlen zur Basis 16. Sie bestehen aus den Ziffern 0 bis 9 sowie den Buchstaben A bis F, die die Werte 10 bis 15 repräsentieren. Bspw. wird die Dezimalzahl 16 im Hexadezimalsystem durch „10" repräsentiert, die Dezimalzahl 31 durch „1F".

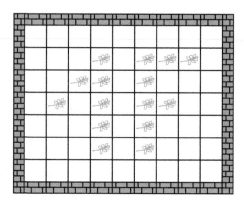

Abbildung 7.4: Hexadezimalzahlen

7.12.5 Aufgabe 5

Entwickeln Sie analog zu Beispielprogramm 3 in Abschnitt 7.11.3 zwei Klassen RechteckHamster und GefuelltesRechteckHamster. Die beiden Klassen sollen jeweils eine Methode boolean zeichne (int reihe, int spalte, int breite, int hoehe) zum Zeichnen von Körnerrechtecken anstelle von Körnerquadraten definieren und implementieren (vergleiche Abbildung 7.5).

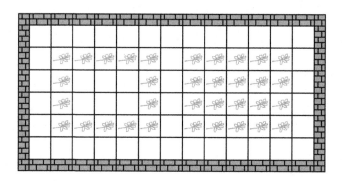

Abbildung 7.5: Körnerrechtecke

7.12.6 Aufgabe 6

Entwickeln Sie analog zu Beispielprogramm 3 in Abschnitt 7.11.3 zwei Klassen RauteHamster und GefuellteRauteHamster. Die beiden Klassen sollen jeweils eine Methode boolean zeichne (int mitteR, int mitteS, int radius) zum Zeichnen von Körnerrauten anstelle von Körnerquadraten definieren und implementieren. In Abbildung 7.6 werden Körnerrauten mit dem Radius 3 skizziert. Links die nicht gefüllte Raute hat den Mittelpunkt (4/4), rechts die gefüllte Raute hat den Mittelpunkt (4/12).

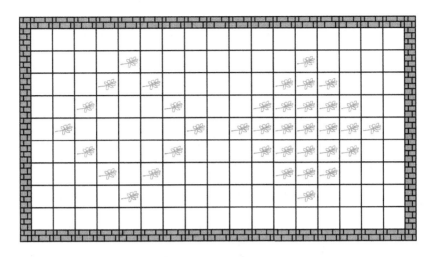

Abbildung 7.6: Körnerrauten

7.12.7 Aufgabe 7

Nutzen Sie die Klasse AllroundHamster aus Abschnitt 7.10, um mit Hilfe der Methode laufe-
ZuKachel ein Hamster-Programm zu schreiben, bei dem ein Hamster – solange er noch Körner im
Maul hat – auf jeder Kachel der beiden Diagonalen eines mauerlosen quadratischen Territoriums ein
Korn ablegt.

7.12.8 Aufgabe 8

Definieren Sie eine erweiterte Hamster-Klasse TestHamster, die die folgenden Methoden definiert:

- boolean rechtsFrei()
- boolean linksFrei()
- boolean hintenFrei()
- boolean vornLinksFrei()
- boolean vornRechtsFrei()
- boolean hintenLinksFrei()
- boolean hintenRechtsFrei()
- boolean ringsherumFrei()

Implementieren Sie die Methoden mit Hilfe der Methoden der Klasse Territorium.

Kapitel 8
Arrays

In diesem Kapitel wird die Vorstellung eines Programmierkonzeptes eingeschoben, das eigentlich nicht zur objektorientierten, sondern bereits zur imperativen Programmierung gehört, so genannte *Arrays*. Arrays wurden aber bewusst noch nicht bereits in Band 1 der Java-Hamster-Bücher eingeführt, weil sie in Java einiges mit Objekten gemeinsam haben, wie Sie spätestens in Abschnitt 8.7 dieses Kapitel sehen werden.

Arrays ermöglichen die Zusammenfassung mehrerer Variablen desselben Typs zu einer Einheit. Nach einer einleitenden Motivation für den Sinn und Zweck von Arrays in Abschnitt 1 werden in Abschnitt 2 dieses Kapitel ihre Definition und Erzeugung vorgestellt. Abschnitt 3 befasst sich mit der Zuweisung von Arrays zu so genannten Array-Variablen. Über Array-Variablen und einen Index ist ein Zugriff auf die einzelnen Variablen eines Arrays möglich. Wie das geschieht, damit beschäftigt sich Abschnitt 4. Auf mögliche Laufzeitfehler bei der Nutzung von Arrays wird in Abschnitt 5 hingewiesen. In Abschnitt 6 wird auf die explizite Initialisierung von Arrays eingegangen. Arrays haben in Java einiges mit Klassen und Objekten gemeinsam. Diese Gemeinsamkeiten werden in Abschnitt 7 untersucht. Abschnitt 8 zeigt, wie die Länge eines Arrays ermittelt werden kann. Dies ist wichtig bei der Übergabe von Arrays als Parameter an Funktionen und Methoden sowie bei der Lieferung von Arrays als Rückgabewerte von Funktionen und Methoden, was in den Abschnitten 9 und 10 erläutert wird. In Abschnitt 11 wird mit der `for`-Schleife ein neuer Schleifentyp eingeführt, der den Umgang mit Arrays vereinfacht. Arrays lassen sich auch als Attribute verwenden. Das wird in Abschnitt 12 genutzt, um die motivierende Beispielaufgabe aus Abschnitt 1 zu lösen. Abschnitt 13 demonstriert, wie Hamster in Arrays untergebracht werden können. Während in den ersten 13 Abschnitten nur eindimensionale Arrays betrachtet werden, erweitert Abschnitt 14 das Array-Konzept auf mehrere Dimensionen. Das in der Tat recht lange aber sehr wichtige Kapitel endet in den Abschnitten 15 und 16 mit drei ausführlichen Beispielprogrammen, durch die der Einsatz und Nutzen von Arrays demonstriert wird, sowie einer Menge von Aufgaben, an denen Sie sich selbst beweisen müssen, dass Sie das Array-Konzept verstanden haben.

8.1 Motivation

Ein Hamster bekommt folgende Aufgabe. Er soll in einem ihm unbekannten Territorium bis zur nächsten Wand laufen, dabei auf jeder Kachel alle Körner fressen und sich die jeweilige Anzahl merken. An der Wand angekommen, soll er sich umdrehen, zurücklaufen und dabei die gefressenen Körnerhaufen nach ihrer Größe sortiert wieder ablegen. Abbildung 8.1 skizziert die Aufgabe an einem Beispiel.

Ist es möglich, dieses Problem mit unseren bisherigen Kenntnisssen zu lösen? So ohne weiteres: nein! Was wir nämlich zum einen benötigen, ist die Möglichkeit, erst zur Laufzeit eines Programms eine bestimmte Menge von Variablen anzulegen, in denen sich der Hamster die jeweilige Anzahl

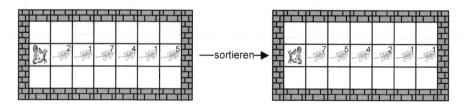

Abbildung 8.1: Ausführung der motivierenden Hamster-Aufgabe

an Körnern merken kann. Zum anderen ist es erforderlich, dass die entsprechenden Variablen eine bestimmte Beziehung zueinander aufweisen, über die auf sie zugegriffen werden kann.

Genau diesem Zweck dienen so genannte *Arrays*, die auch als *Felder* oder *Vektoren* bezeichnet werden. Arrays bilden eine Einheit mehrerer Variablen gleichen Typs, deren genaue Anzahl erst zur Laufzeit eines Programms angegeben werden muss und auf die über einen so genannten *Index* zugegriffen wird.

8.2 Definition und Erzeugung von Arrays

Die folgende Anweisung definiert und erzeugt ein eindimensionales[1] Array mit 6 int-Variablen. Abbildung 8.2 skizziert, was im Speicher passiert.

```
int[] speicher = new int[6];
```

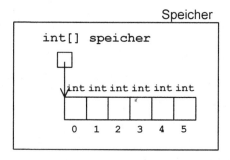

Abbildung 8.2: Definition und Erzeugung von Arrays

Schauen wir uns in der Anweisung zunächst den Teil rechts des =-Operators an. Mittels des Ausdrucks new int[6] werden 6 Variablen vom Typ int erzeugt, d.h. es wird Speicherplatz für die Speicherung von 6 ganzzahligen Werten reserviert. Anders als bisher, werden diese int-Variablen nicht auf dem Stack, sondern auf dem Heap angelegt (vergleiche Band 1, Kapitel 4.4.3). Anstelle des Datentyps int können auch beliebige andere Datentypen angegeben werden (boolean, Hamster, ...) und innerhalb der eckigen Klammern kann ein beliebiger Ausdruck vom Typ int stehen. So werden durch den Ausdruck new boolean[3*4] 12 Variablen vom Typ boolean erzeugt und durch den Ausdruck new Hamster[Territorium.getAnzahlReihen()] so viele Hamster-Variablen[2], wie das aktuelle Territorium Reihen besitzt.

---

[1] zu mehrdimensionalen Arrays siehe Abschnitt 8.14

[2] keine Hamster-Objekte, nur Hamster-Namen (siehe Abschnitt 8.13)!

Die erzeugten Variablen bilden jeweils eine Einheit, die als *Array* bezeichnet wird. Die Variablen des Arrays nennt man auch *Komponenten* oder *Elemente* des Arrays. Arrays sind übrigens immer Einheiten von Variablen desselben Typs. Es ist bspw. nicht möglich, ein Array zu erzeugen, das aus `int`- und `boolean`-Variablen besteht. Die Größe eines Arrays, d.h. die Anzahl an Variablen der Einheit, wird bei der Erzeugung angegeben und ist anschließend nicht mehr änderbar, d.h. wird ein Array mit 6 Variablen erzeugt, kann man es später nicht mehr auf 8 Variablen vergrößern.

Auf der linken Seite des =-Operators in der obigen Anweisung wird eine so genannte *Array-Variable* definiert. Array-Variablen können (Referenzen auf) Arrays speichern. Dass es sich bei einer Array-Variable um keine normale Variable handelt, wird dadurch gekennzeichnet, dass dem Datentyp ein Paar eckige Klammern (`[]`) nachgestellt werden. Genauer gesagt bilden Konstrukte wie `int[]`, `boolean[]` oder `Hamster[]` jeweils einen neuen Datentyp. Dieser kann überall dort in einem Programm verwendet werden, wo auch andere Datentypen stehen können. So wird durch die Anweisung `int[] speicher` eine neue Variable vom Typ `int[]` definiert, wobei der Typ `int[]` ausdrückt, dass es sich um eine Variable handelt, die Arrays mit `int`-Variablen speichern kann. Bitte beachten Sie, dass innerhalb der eckigen Klammern kein Ausdruck steht, d.h. es muss für eine Array-Variable nicht festgelegt werden, wie groß das zu speichernde Array ist.

Über den =-Operator in der obigen Anweisung erfolgt nun eine Zuordnung des auf der rechten Seite erzeugten Arrays zu der auf der linken Seite angegebenen Array-Variablen. Genauer: In der Array-Variablen wird als Wert die Speicheradresse gespeichert, an der das Array auf dem Heap angelegt worden ist. Anders als bspw. in den Programmiersprachen C und C++ ist es in Java allerdings nicht möglich, den genauen Wert (ein ganzzahliger Wert) zu ermitteln, geschweige denn arithmetische Operationen damit auszuführen. Daher wird auch im Allgemeinen nicht davon gesprochen, dass in einer Array-Variablen eine Speicheradresse gespeichert wird, sondern eine *Referenz*: Eine Array-Variable *referenziert* ein Array, d.h. über die Array-Variable ist ein Zugriff auf das Array möglich (*Dereferenzierung*). Genauer gesagt: **Ausschließlich** über eine Array-Variable ist ein Zugriff auf die einzelnen Variablen eines Arrays möglich. Diese haben keine eigenen Namen, sind also nicht direkt ansprechbar.

Array-Variablen vom Typ `int[]` können übrigens nur Arrays mit `int`-Variablen zugeordnet werden. Bei einer Anweisung der Form `boolean[] speicher = new int[7]` würde der Compiler meckern.

8.3 Zuweisung

In der in Abbildung 8.2 skizzierten Anweisung erfolgt gleichzeitig die Definition einer Array-Variablen (`int[] speicher`), die Erzeugung eines `int`-Arrays (`new int[6]`) und die Zuordnung des Arrays zur Array-Variablen über den =-Operator. Es ist aber durchaus auch möglich, diese drei Dinge voneinander zu trennen, wie das folgende Beispielprogramm demonstriert:

```
1  void main() {
2      int[] speicher = new int[6];
3      int[] menge = speicher;
4      speicher = new int[7];
5      menge = null;
6      int[] haufen; // entspricht: int[] haufen = null;
7      // boolean[] vergleiche = speicher; // Fehler!
8  }
```

Abbildung 8.3 skizziert, was in diesem Programm passiert.

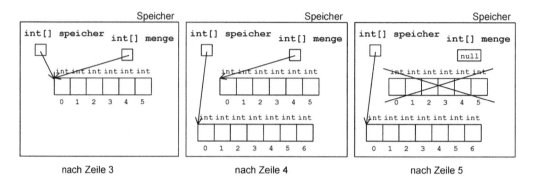

Abbildung 8.3: Arrays und Array-Variablen

In Zeile 2 des Programms erfolgt wie gehabt die Erzeugung eines Arrays und seine Zuordnung zu einer definierten Array-Variablen. In Zeile 3 wird eine weitere Array-Variable namens `menge` definiert und ihr als Wert der Wert der Array-Variablen `speicher` zugewiesen. Das ist aber ja, wie Sie gerade gelernt haben, die Adresse eines Arrays. Damit speichern die beiden Array-Variablen nach der Anweisung in Zeile 3 dieselbe Adresse, referenzieren also dasselbe Array.

In Zeile 4 wird ein zweites Array erzeugt und der in Zeile 2 definierten Array-Variablen `speicher` zugewiesen. D.h. nach Zeile 4 referenziert die Array-Variable `menge` das in Zeile 2 erzeugte Array und die Array-Variable `speicher` das in Zeile 4 erzeugte Array.

Auch das bereits in Kapitel 3.10.3 eingeführte Literal `null` kann in Zusammenhang mit Array-Variablen verwendet werden. `null` steht hier für den Wert „keine Adresse" bzw. „kein Array". In Zeile 5 wird der Array-Variablen `menge` der Wert `null` zugewiesen, d.h. `menge` referenziert jetzt kein Array mehr. `null` ist übrigens auch der Standard-Wert für Array-Typen, d.h. wird einer Array-Variablen bei ihrer Definition kein Array zugewiesen, speichert sie automatisch den Wert `null` (siehe Zeile 6).

Vielleicht haben Sie sich schon gefragt: Was passiert eigentlich mit dem in Zeile 2 erzeugten Array nach der Ausführung der Anweisung in Zeile 5? Nach dieser Anweisung gibt es keine Array-Variable mehr, die die Adresse dieses Arrays speichert, d.h. das Array referenziert. Das Array ist damit nicht mehr erreichbar, ein Zugriff auf die Variablen des Arrays nicht mehr möglich. Das Array verbraucht damit unnötig Speicherplatz. Für derartige Fälle ist aber in Java vorgesorgt. Ein so genannter *Garbage-Collector* (auf deutsch: *Mülleinsammler*) entdeckt solche „Speicherleichen", löscht das Array und gibt den Speicherplatz wieder frei. Sie brauchen sich darum als Programmierer nicht zu kümmern. Es gilt sogar: Sie **können** sich darum gar nicht kümmern. Es gibt in Java keinen zum `new`-Operator analogen `delete`-Operator, über den Sie Speicherplatz explizit wieder freigeben könnten.

Bei der Anweisung in Zeile 7 des Beispielprogramms würde der Compiler meckern: Der Typ der Array-Variablen `vergleiche` (`boolean[]`) entspricht nicht dem Typ der Array-Variablen `speicher` (`int[]`).

8.4 Zugriff auf Arrays

In den vorherigen Abschnitten haben Sie die Erzeugung von Arrays kennen gelernt. Wie aber können Sie nun auf die einzelnen Variablen eines Arrays zugreifen, d.h. sie konkret zum Speichern von Werten nutzen?

Die Variablen eines Arrays haben keine eigenen Namen, wie normale Variablen. Ein Zugriff auf sie ist daher nur über „Umwege" möglich. Derartige Umwege realisieren Array-Variablen, die Arrays referenzieren. Der Zugriff erfolgt dabei mit Hilfe eines so genannten *Index*. Sei bspw. speicher eine Array-Variable, die ein Array mit 3 Variablen referenziert, dann wird mittels speicher[0] auf die erste, speicher[1] auf die zweite und speicher[2] auf die dritte Variable des Arrays zugegriffen.

Die allgemeine Syntax zum Zugriff auf Variablen eines Arrays lautet in EBNF:

```
<Array-Variable> "[" <int-Ausdruck> "]"
```

Der int-Ausdruck innerhalb der eckigen Klammern indiziert die entsprechende Position der Variablen des Arrays, das über die Array-Variable referenziert wird. speicher[<int-Ausdruck>] ist ein Ausdruck, bei dem zunächst der int-Ausdruck in den eckigen Klammern berechnet wird. Dann wird als Wert der Wert der Variablen des Arrays des via der Array-Variablen speicher referenzierten Arrays an der diesem Wert entsprechenden Index-Position geliefert. Der Index beginnt in Java immer bei 0 und wird fortlaufend um 1 erhöht.

Das folgende Programm demonstriert den Zugriff auf Arrays:

```
void main() {
    int[] speicher = new int[7];
    int zaehler = 0;
    while (zaehler < 7) {
        speicher[zaehler] = zaehler * zaehler;
        zaehler = zaehler + 1;
    }
}
```

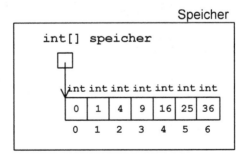

Abbildung 8.4: Zugriff auf Arrays

Die while-Schleife wird insgesamt sieben Mal durchlaufen. In jedem Durchlauf wird die Variable zaehler, die mit dem Wert 0 initialisiert wird, um den Wert 1 erhöht. D.h. beim ersten Schleifendurchlauf wird über den Ausdruck speicher[zaehler] auf die Variable des Arrays mit dem

Index 0 zugegriffen, beim zweiten Durchlauf auf die Variable mit dem Index 1, usw. Den einzelnen Variablen des Arrays wird jeweils das Quadrat des aktuellen `zaehler`-Wertes zugewiesen, so dass Abbildung 8.4 den Speicherzustand nach Ende der Schleife skizziert.

Das folgende Programm zeigt ein weiteres Beispiel, bei dem ein Array mit `boolean`-Variablen erzeugt wird. Den einzelnen Variablen des Arrays werden dann abwechselnd die beiden booleschen Werte `true` und `false` zugewiesen:

```
 1  void main() {
 2      boolean[] werte = new boolean[11];
 3      werte[0] = true;
 4      int zaehler = 1;
 5      while (zaehler < 11) {
 6          werte[zaehler] = !werte[zaehler - 1];
 7          zaehler = zaehler + 1;
 8      }
 9  }
```

Zunächst wird in Zeile 2 des Programms ein `boolean`-Array mit 11 Variablen erzeugt. In Zeile 3 wird der ersten Variablen dieses Arrays, d.h. der Variablen des Arrays mit dem Index 0, der Wert `true` zugewiesen. Anschließend wird die Variable `zaehler` auf 1 gesetzt und damit, da `zaehler` bei jedem Schleifendurchlauf um 1 erhöht wird, die Schleife 10 mal durchlaufen. Schauen wir uns den ersten Schleifendurchlauf genauer an. Zunächst wird in Zeile 6 die rechte Seite der Zuweisung berechnet. `zaehler` hat den Wert 1, so dass der Ausdruck `zaehler-1` den Wert 0 liefert. Es wird also der Wert der Variablen des Arrays mit dem Index 0 ermittelt. Der ist aber aufgrund der Anweisung in Zeile 3 `true`. Dieser Wert wird durch den `!`-Operator negiert, so dass letztendlich von der rechten Seite der Zuweisung der Wert `false` geliefert wird. Der Wert `false` wird dann im linken Teil der Zuweisung der Variablen des Arrays mit dem Index 1 zugewiesen, da `zaehler` ja den Wert 1 speichert. Im zweiten Durchlauf der Schleife wird dann der negierte Wert der Variablen des Arrays mit dem Index 1 der Variablen des Arrays mit dem Index 2 zugewiesen, usw. Letztendlich speichern nach Beendigung der Schleife die einzelnen Variablen des Arrays abwechselnd die Werte `true` und `false`.

8.5 Laufzeitfehler beim Zugriff auf Arrays

Der Zugriff auf die Variablen eines Arrays erfolgt also über Array-Variablen mit Hilfe eines Index. Dabei sind zwei Typen von Laufzeitfehlern möglich, die zum Programmabbruch führen. Der erste tritt dann auf, wenn man versucht, über eine Array-Variable auf ein Array zuzugreifen, der Array-Variablen aber gar kein Array zugeordnet ist, sondern sie den Wert `null` enthält. Das folgende Programm skizziert diesen Fehler:

```
void main() {
    int[] speicher = new int[13];
    int zaehler = 0;
    while (zaehler < 13) {
        speicher[zaehler] = 2 * zaehler + 1;
        zaehler = zaehler + 1;
    }
    speicher = null;
```

```
        zaehler = 0;
        while (zaehler < 13) {
            speicher[zaehler] = 3 * zaehler - 1; // Laufzeitfehler
            zaehler = zaehler + 1;
        }
}
```

Da der Array-Variablen `speicher` vor der zweiten `while`-Schleife der Wert `null` zugewiesen wird, die Array-Variable also kein Array referenziert, kommt es beim ersten Durchlauf der zweiten Schleife während der Zuweisung zu einem Laufzeitfehler.

Der zweite Typ von Laufzeitfehler wird ausgelöst, wenn Sie versuchen, über eine Array-Variable auf eine Komponente des Arrays zuzugreifen, die gar nicht existiert. Schauen Sie sich dazu einmal das folgende Programm an:

```
void main() {
    int[] speicher = new int[5];
    int zaehler = 0;
    while (zaehler <= 5) {
        speicher[zaehler] = zaehler + 1;
        zaehler = zaehler + 1;
    }
}
```

Die Schleife innerhalb des Programms wird insgesamt sechsmal durchlaufen. Beim sechsten Durchlauf wird dabei versucht, auf die Komponente des Arrays mit dem Index 5 zuzugreifen. Das Array besteht aber nur aus insgesamt 5 Variablen mit Indizes von 0 bis 4. Es kommt zu einem Laufzeitfehler.

8.6 Initialisierung von Arrays

Bei der Erzeugung eines Arrays werden die einzelnen Variablen des Arrays automatisch mit den Default-Werten des entsprechenden Array-Typs initialisiert (`int`: 0, `boolean`: `false`, `Hamster`: `null`). Möchten Sie eine anderweitige Initialisierung vornehmen, müssen Sie dies explizit in einer Schleife tun. So wird durch die Schleife im folgenden Programm jede Komponente des in Zeile 2 erzeugten Arrays mit dem Wert `true` initialisiert:

```
void main() {
    boolean[] vergleiche = new boolean[5];
    int zaehler = 0;
    while (zaehler < 5) {
        vergleiche[zaehler] = true;
        zaehler = zaehler + 1;
    }
    ...
}
```

Achten Sie darauf, dass in der Schleifenbedingung der `<`-Operator und nicht der `<=`-Operator benutzt wird. Das ist ein häufiger Fehler bei Programmieranfängern. Das Array hat zwar 5 Komponenten, der Index endet jedoch bei 4!

Sind die Größe eines Arrays und die einzelnen Werte, die in dem Array gespeichert werden sollen, bekannt, so lässt sich ein Array auch über folgendes Konstrukt in einer einzelnen Anweisung erzeugen und gleichzeitig initialisieren:

```
int[] einstelligeQuadratZahlen = {1, 4, 9};
```

ist äquivalent zu

```
int[] einstelligeQuadratZahlen = new int[3];
int zaehler = 0;
while (zaehler < 3) {
    einstelligeQuadratZahlen[zaehler] =
        (zaehler + 1) * (zaehler + 1);
    zaehler = zaehler + 1;
}
```

8.7　Referenzdatentypen

Vielleicht haben Sie in den vorangehenden Abschnitten auch schon eine gewisse Ähnlichkeit zwischen Arrays und Objekten als Instanzen von Klassen bemerkt: Sie müssen beide mit Hilfe des new-Operators erzeugt werden, bevor sie benutzt werden können, und auf sie zugegriffen wird über spezielle Variablen, nämlich Array-Variablen bzw. Objektvariablen (Hamster-Variablen), denen die Arrays bzw. Objekte zugeordnet sind. In der Tat gilt: Klassen und Arrays sind beides so genannte *Referenzdatentypen*, und Objektvariablen (Hamster-Variablen) und Array-Variablen bezeichnet man verallgemeinert auch als *Referenzvariablen*. Sie speichern als Werte Referenzen auf Arrays bzw. Objekte, d.h. Speicheradressen von bestimmten Speicherbereichen auf dem Heap. Für Arrays haben wir uns diesen Sachverhalt in den vergangenen Abschnitten schon etwas genauer vor Augen geführt. Für Objekte wurde das nur kurz in Kapitel 4.7 geschildert und soll jetzt etwas detaillierter nachgeholt werden.

Schauen Sie sich noch einmal die Klassendefinition der Klasse Hamster in Kapitel 4 an. Sie definiert die vier Attribute reihe, spalte, blickrichtung und anzahlKoerner. Jedes Hamster-Objekt, das von der Klasse Hamster erzeugt wird, besitzt diese vier Attribute. Und tatsächlich passiert bei der Ausführung des new-Operators bei der Hamster-Erzeugung ähnliches wie bei der Ausführung des new-Operators bei der Array-Erzeugung: Es wird auf dem Heap Speicherplatz für die vier Attribute reserviert und die Adresse des Speicherbereichs wird als Wert geliefert. Eine Hamster-Variable speichert damit Speicheradressen. Sie referenziert den Speicherbereich der Attribute eines bestimmten Objektes. Eine Hamster-Variable bzw. ein Hamster-Name entspricht also einer Referenz auf das zugeordnete Hamster-Objekt. Abbildung 8.5 verdeutlicht diesen Sachverhalt.

Anders als bei Arrays erfolgt bei Objekten der Zugriff auf die referenzierten Variablen (Attribute) nicht über einen Index, sondern via der Punktnotation über die entsprechenden Attributnamen. Anders als bei Arrays müssen die Attribute von Objekten auch nicht vom gleichen Typ sein. Schauen Sie sich folgende erweiterte Hamster-Klasse an:

```
class DrehHamster extends Hamster {
    boolean horizontal;

    DrehHamster(int r, int s, int b, int k) {
        super(r, s, b, k);
```

```
Hamster paul = new Hamster(3, 4, Hamster.OST, 5);

Hamster karl = new Hamster(2, 7, Hamster.NORD, 9);
```

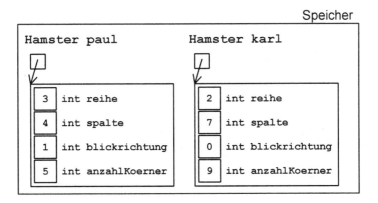

Abbildung 8.5: Referenzierung von Objekten

```
    if (this.getBlickrichtung() == Hamster.OST
            || this.getBlickrichtung() == Hamster.WEST) {
        this.horizontal = true;
    } else {
        this.horizontal = false;
    }
}

void drehDich() {
    this.linksUm();
    this.horizontal = !this.horizontal;
}
}
```

Ein von der Klasse DrehHamster erzeugter Hamster besitzt die vier geerbten Attribute reihe, spalte, blickrichtung und anzahlKoerner sowie das boolean-Attribut horizontal. Abbildung 8.6 skizziert die Speicherzuordnung für Hamster vom Typ DrehHamster.

In der Tat stellen Klassen und Objekte eine Erweiterung eines Programmierkonzeptes der imperativen Programmierung dar, das in Programmiersprachen wie Pascal, Modula-2 oder C als *Verbund*, *Record* oder *Struktur* bezeichnet wird. Ein Verbund ist die Zusammenfassung mehrerer Variablen unter Umständen unterschiedlichen Typs zu einer Einheit. Eine Klasse entspricht einem solchen Verbund. Über die Zusammenfassung von Variablen (Attribute) hinaus definiert sie jedoch noch zusätzlich die Operationen (Methoden), die auf diesen Variablen möglich sind.

8.8 Ermittlung der Größe eines Arrays

Wie groß ein Array ist, d.h. aus wie vielen Variablen es besteht, kann mittels des Attributes length ermittelt werden, das jedes Array besitzt und das nicht verändert werden kann. Sei speicher eine

```
DrehHamster heidi =

    new DrehHamster(3, 7, Hamster.OST, 2);
```

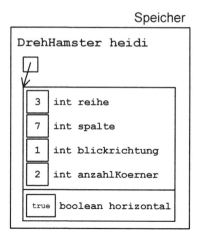

Abbildung 8.6: Speicherzuordnung von Hamstern vom Typ DrehHamster

Array-Variable, die ein Array referenziert, dann liefert der Ausdruck speicher.length als Wert die Anzahl an Variablen des Arrays.

```
1  void main() {
2      int[] menge = new int[23];
3      int anzahlAnVariablen = menge.length; // liefert 23
4
5      menge = new int[39];
6      anzahlAnVariablen = menge.length;       // liefert 39
7  }
```

In dem obigen Beispiel liefert der Ausdruck menge.length in Zeile 3 den Wert 23, da die Array-Variable menge auf ein Array verweist, das aus 23 Komponenten besteht. Derselbe Ausdruck liefert in Zeile 6 den Wert 39, da menge jetzt ein Array mit 39 Komponenten referenziert.

8.9 Arrays als Parameter von Funktionen und Methoden

Arrays können (natürlich) auch Funktionen bzw. Methoden als Parameter übergeben werden. Die folgende Funktion initialisiert alle Komponenten eines ihr übergebenen int-Arrays mit einem ebenfalls als Parameter übergebenen Wert:

```
void init(int[] speicher, int wert) {
    int zaehler = 0;
    while (zaehler < speicher.length) {
        speicher[zaehler] = wert;
        zaehler = zaehler + 1;
    }
}
```

```
}

void main() {
    int[] menge1 = new int[5];      // Zeile 1
    init(menge1, 47);               // Zeile 2

    int[] menge2 = new int[7];      // Zeile 4
    init(menge2, 15);               // Zeile 5

    int[] menge3 = new int[5];      // Zeile 7
    int zaehler = 0;
    while (zaehler < menge3.length) {
        menge3[zaehler] = menge1[zaehler] + menge2[zaehler];
        zaehler = zaehler + 1;
    }
}
```

In der main-Funktion wird die Funktion init für die Initialisierung zweier int-Arrays genutzt.

Was passiert hier bei der Parameterübergabe genau (siehe auch Abbildung 8.7)?

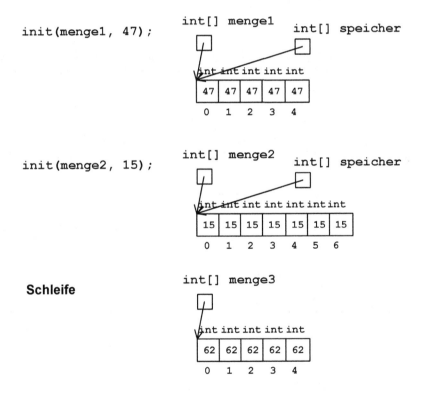

Abbildung 8.7: Array als Parameter

Als formaler Parameter der Funktion init wird eine Array-Variable speicher definiert, d.h. beim Aufruf der Funktion wird eine funktionslokale Array-Variable namens speicher angelegt. Als

Array-Variable kann sie eine Referenz auf ein Array speichern. In Zeile 2 der main-Funktion wird als aktueller Parameter die Array-Variable menge1 genutzt. Bei der Parameterübergabe wird nun der formale Parameter speicher mit dem Wert der Array-Variablen menge1 initialisiert, d.h. menge1 und speicher referenzieren anschließend dasselbe Array. Der Zugriff auf die Array-Komponenten über die Array-Variable speicher in der Iterationsanweisung der while-Schleife der init-Funktion bewirkt damit eine Veränderung der Komponenten des Arrays, das in Zeile 1 der main-Funktion erzeugt wurde. Nach Beendigung des Funktionsaufrufs in Zeile 2 der main-Funktion enthalten alle Komponenten des Arrays, das die Array-Variable menge1 referenziert, den Wert 47.

In Zeile 5 der main-Funktion erfolgt nun dasselbe mit dem in Zeile 4 erzeugten Array. Der formale Parameter speicher der init-Funktion erhält bei der Parameterübergabe als Wert die in der Array-Variablen menge2 gespeicherte Adresse, womit in der Funktion das in Zeile 4 erzeugte Array manipuliert wird. Nach Abarbeitung der Zeile 5 der main-Funktion enthalten alle Komponenten des Arrays, das die Array-Variable menge2 referenziert, den Wert 15.

Die Ausführung der anschließenden Schleife in der main-Funktion bewirkt, dass allen Komponenten des in Zeile 7 erzeugten Arrays der Wert 62 (47 + 15) zugewiesen wird.

An der Implementierung der Funktion init erkennen Sie nun auch den Nutzen des Attributes length: Die Funktion kann für int-Arrays beliebiger Größe genutzt werden.

Sie haben in Kapitel 16.2 von Band 1 der Java-Hamster-Bücher gelernt, dass Java ausschließlich die call-by-value-Parameterübergabe unterstützt, d.h. aktuelle Parameter sind Werte, die bei der Parameterübergabe dazu genutzt werden, den entsprechenden formalen Parameter zu initialisieren. Es ist damit in Java nicht möglich, Variablen als Parameter zu übergeben, deren Werte in der Funktion verändert werden (call-by-referenz-Parameterübergabe). Dieses Prinzip besitzt auch für Array-Variablen Gültigkeit: Es ist nicht möglich, einer Funktion eine Array-Variable zu übergeben und deren Wert innerhalb der Funktion zu verändern. Übergeben wird immer nur der gespeicherte Wert, d.h. die Adresse. Es ist aber durchaus möglich (wie ja auch die obige init-Funktion gezeigt hat), die einzelnen Variablen des zugeordneten Arrays zu manipulieren.

Für die Übergabe von Objektvariablen als Parameter gilt identisches. Wird eine Funktion mit einem formalen Parameter vom Typ einer Klasse definiert und wird zur Laufzeit ein entsprechender Wert (Referenz auf ein Objekt) übergeben, so können innerhalb der Funktion die Werte der Attribute des Objektes (über entsprechende Methodenaufrufe) geändert werden. Genau das haben Sie bereits in Kapitel 3.10.5 ausgenutzt.

8.10 Arrays als Funktions- bzw. Methodenwerte

Die Definition von Funktionen bzw. Methoden, die (Hamster-)Objekte liefern, haben Sie bereits in Kapitel 3.10.6 kennen gelernt. Genau das dort beschriebene Prinzip trifft auf alle Referenzdatentypen zu, also auch auf Arrays. Funktionen können Arrays liefern. Genau genommen werden allerdings keine Arrays geliefert, sondern lediglich Referenzen auf Arrays. Schauen Sie sich das folgende Beispiel an:

```
int[] erzeugeArray(int groesse, int wert) {
    int[] array = new int[groesse];
    int zaehler = 0;
    while (zaehler < array.length) {
        array[zaehler] = wert;
```

```
        zaehler = zaehler + 1;
    }
    return array;
}

void main() {
    int[] speicher1 = erzeugeArray(7, 47);      // Zeile 1
    int[] speicher2 = erzeugeArray(5, 15);      // Zeile 2
    int[] speicher3 = new int[5];
    int zaehler = 0;
    while (zaehler < speicher3.length) {
        speicher3[zaehler] = speicher1[zaehler] + speicher2[zaehler];
        zaehler = zaehler + 1;
    }
    speicher1 = null;                           // Zeile 9
    ...
}
```

In der Funktion `erzeugeArray` wird eine lokale Variable `array` definiert. Dies ist eine Array-Variable vom Typ `int[]`. Sie kann als Wert die Adresse eines `int`-Arrays speichern. Ein solches `int`-Array wird erzeugt und der Variablen `array` zugeordnet. Anschließend wird das Array initialisiert und dann als Funktionswert geliefert. Genau genommen wird aber nicht das Array geliefert, sondern seine Speicheradresse, nämlich der Wert der Array-Variable `array`. In der `main`-Funktion wird nach dem Aufruf der `erzeugeArray`-Funktion in Zeile 1 diese Adresse auch der Array-Variablen `speicher1` zugewiesen. In Zeile 2 erfolgt dasselbe ein zweites Mal. Die Array-Variablen `speicher1` und `speicher2` enthalten also nach Zeile 2 der `main`-Funktion die Adressen zweier Arrays, die jeweils bei der Ausführung der `erzeugeArray`-Funktion erzeugt worden sind.

Es gilt: Die Lebensdauer eines Arrays beginnt bei seiner Erzeugung und endet, wenn es keine Array-Variable mehr gibt, die es referenziert (in diesem Fall kann der Garbage-Collector aktiv werden). Da in Zeile 1 und Zeile 2 der `main`-Funktion nach Beendigung der `erzeugeArray`-Funktion die Adressen der jeweils funktionsintern erzeugten Arrays direkt den beiden Array-Variablen `speicher1` bzw. `speicher2` zugewiesen werden, sind die Arrays auch weiterhin „erreichbar" (zugreifbar) und bleiben damit auch über die Funktionsausführung hinaus lebendig. Erst in Zeile 9 der `main`-Funktion, in der der Array-Variablen `speicher1` der Wert *null* zugewiesen wird, gibt es keine Referenz mehr auf das in Zeile 2 bei der Funktionsausführung erzeugte Array und der Garbage-Collector kann den entsprechenden Speicherplatz wieder frei geben.

8.11 for-Schleife

In Band 1 der Java-Hamster-Bücher haben Sie in Kapitel 10 zwei Typen von Schleifen bzw. Wiederholungsanweisungen kennen gelernt: die `while`-Schleife und die `do`-Schleife. Es gibt in Java jedoch noch einen dritten Schleifentyp, der insbesondere beim Umgang mit Arrays ganz nützlich ist: die `for`-Schleife.

8.11.1 Syntax und Semantik

Bei der Benutzung von Arrays kommt es sehr häufig vor, dass das komplette Array „durchlaufen" werden muss, d.h. es muss auf alle Komponenten nacheinander zugegriffen werden. Man spricht hierbei auch vom „Iterieren über ein Array". Die Beispiele in den vergangenen Abschnitten belegen dies. In den Beispielen wurde dazu jeweils eine int-Variable zaehler benutzt, die in der while-Schleife in jedem Schleifendurchlauf um 1 erhöht wurde. Mittels einer for-Schleife kann ein solcher Array-Durchlauf etwas kompakter gestaltet werden. Die genaue Syntax der for-Schleife in EBNF lautet:

```
"for" "(" <Initialisierungsanweisung>
          <Schleifenbedingung> ";"
          <Inkrementausdruck> ")"
   <Iterationsanweisung>
```

Die Semantik der for-Schleife ist wie folgt:

1. Zunächst wird die Initialisierungsanweisung ausgeführt.

2. Anschließend wird die Schleifenbedigung überprüft. Liefert sie den Wert false, ist die for-Schleife beendet.

3. Liefert die Schleifenbedingung den Wert true, wird die Iterationsanweisung ausgeführt.

4. Danach wird der Inkrementausdruck ausgeführt.

5. Die Schritte (2) bis (4) werden so lange wiederholt, bis die Schleifenbedingung den Wert false liefert.

Tatsächlich ist die for-Schleife in Java noch ein wenig komplexer. Wir beschränken uns bei der Einführung hier jedoch auf die Aspekte der for-Schleife, die für die Handhabung von Arrays besonders wichtig sind.

Das folgende Beispielprogramm ist semantisch äquivalent mit dem Programm aus Abschnitt 8.6, in dem ein Array initialisiert wurde, verwendet aber anstelle einer while-Schleife eine for-Schleife:

```
1  void main() {
2      boolean[] vergleiche = new boolean[5];
3      for (int zaehler = 0; zaehler < 5; zaehler = zaehler + 1)
4          vergleiche[zaehler] = true;
5      ...
6  }
```

1. Zunächst wird in der Initialisierungsanweisung der for-Schleife eine Variable zaehler eingeführt und mit dem Wert 0 initialisiert. Eine solche Variable wird auch *Schleifenvariable* genannt.

2. Danach wird in der Schleifenbedingung überprüft, ob der Wert von zaehler kleiner als 5 ist. Ist dies nicht der Fall, wird die Schleife beendet und in Zeile 5 mit dem Programm fortgefahren.

3. Ist die Schleifenbedingung erfüllt, wird in der Iterationsanweisung der entsprechenden Array-Komponente der Wert true zugewiesen.

4. Anschließend wird durch den Inkrementausdruck die Variable zaehler um den Wert 1 erhöht.

5. Die Schritte (2) bis (4) werden so lange durchlaufen, bis die Schleifenbedingung nicht mehr erfüllt ist (in dem Beispielprogramm also fünfmal).

Bitte achten Sie darauf, dass Sie wie auch bei der while-Schleife als Iterationsanweisung eine Blockanweisung benutzen müsssen, wenn Sie innerhalb der Schleife mehrere Anweisungen ausführen möchten.

8.11.2 Äquivalenz zur while-Schleife

Dass eine for-Schleife im Prinzip nur eine andere Schreibweise für eine bestimmte Art von while-Schleife darstellt, zeigt folgende Beziehung:

Eine for-Schleife der Art

```
for (<Initialisierungsanweisung>
     <Schleifenbedingung> ;
     <Inkrementausdruck>
     )
   <Iterationsanweisung>
```

ist semantisch äquivalent[3] zu folgender while-Schleife:

```
{
   <Initialisierungsanweisung>
   while (<Schleifenbedingung>) {
     <Iterationsanweisung>
     <Inkrementausdruck>;
   }
}
```

Beachten Sie bitte den die while-Schleife inklusive der Initialisierungsanweisung umschließenden Block. Es gilt nämlich: Der Gültigkeitsbereich einer in der Initialisierungsanweisung einer for-Schleife definierten Variable erstreckt sich ausschließlich über die for-Schleife. Sie ist nach Beendigung der Schleife nicht mehr gültig, d.h. zugreifbar.

Das folgende Programm verdeutlicht die Beziehung der for- und der while-Schleife an einem konkreten Beispiel. Ein Hamster paul soll in einem mauerlosen Territorium beliebiger Größe bis zum Rand laufen und in einem Array festhalten, ob sich auf den einzelnen Kacheln Körner befinden oder nicht. Er benutzt dazu eine for-Schleife. Anschließend soll ein Hamster willi mit einer while-Schleife dasselbe tun.

In dem Beispiel wird, um eine noch kompaktere Schreibweise zu erreichen, eine weitere „Abkürzung" benutzt. Es gilt nämlich: Sei x eine Variable vom Typ int. Dann ist der Ausdruck x++ semantisch äquivalent zu dem Ausdruck x = x + 1 und x-- ist semantisch äquivalent zu x = x - 1.

```
void main() {
   Hamster paul = new Hamster(0, 0, Hamster.OST, 0);
   boolean[] koernerDa1 =
       new boolean[Territorium.getAnzahlSpalten()];
```

---
[3]In Java gibt es eine Ausnahme bezüglich dieser semantischen Äquivalenz, die an dieser Stelle aber nicht von Bedeutung ist.

```
    for (int spalte = 0;
         spalte < Territorium.getAnzahlSpalten();
         spalte++)
    {
        koernerDa1[spalte] = paul.kornDa();
        if (spalte < Territorium.getAnzahlSpalten() - 1) {
            paul.vor();
        }
    }
    // int akt = spalte; // Fehler, da spalte nicht mehr gueltig ist

    Hamster willi = new Hamster(0, 0, Hamster.OST, 0);
    boolean[] koernerDa2 =
        new boolean[Territorium.getAnzahlSpalten()];
    {
        int spalte = 0;
        while (spalte < Territorium.getAnzahlSpalten()) {
            {
                koernerDa2[spalte] = willi.kornDa();
                if (spalte < Territorium.getAnzahlSpalten() - 1) {
                    willi.vor();
                }
            }
            spalte++;
        }
    }
    // int akt = spalte; // auch hier ist spalte nicht mehr gueltig
}
```

8.11.3 for-each-Schleife

Es kommt sehr häufig vor, dass über ein komplettes Array iteriert werden muss, um nacheinander
mit allen Array-Komponenten eine bestimmte Aktion zu tätigen. Für genau diesen Zweck wurde in
der Version 5 von Java die so genannte *for-each-Schleife* eingeführt, die etwas übersichtlicher als die
normale for-Schleife ist. Schauen wir uns die for-each-Schleife an einem Beispiel an. Die folgende
Methode liefert die Summe der Zahlen des ihr übergebenen Arrays.

```
int summe(int[] zahlen) {
    int ergebnis = 0;
    for (int zahl : zahlen) {
        ergebnis = ergebnis + zahl;
    }
    return ergebnis;
}
```

In der for-each-Schleife wird nach dem Schlüsselwort for innerhalb von runden Klammern zunächst
eine Schleifenvariable definiert, anschließend folgt ein Doppelpunkt und dann eine Array-Variable.
Der Typ der Schleifenvariablen muss gleich dem oder konform zum Typ der Array-Komponenten
sein. Der Gültigkeitsbereich der Schleifenvariablen erstreckt sich über die for-each-Schleife.

Die Schleife wird so oft durchlaufen, wie das der Array-Variablen zugeordnete Array Komponenten besitzt. In jedem Schleifendurchlauf wird der Wert der nächsten Array-Komponente ermittelt und der Schleifenvariablen zugewiesen. Das Array wird dabei immer von vorn nach hinten, also von Index 0 bis Index length-1 durchlaufen. Die obige Funktion summe ist somit identisch mit der folgenden Funktion summe, in der die normale for-Schleife eingesetzt wird.

```
int summe(int[] zahlen) {
    int ergebnis = 0;
    for (int i = 0; i < zahlen.length; i++) {
        ergebnis = ergebnis + zahlen[i];
    }
    return ergebnis;
}
```

In der for-each-Schleife werden immer nur die Werte der einzelnen Array-Komponenten geliefert, nicht die Variablen selbst. Somit ist es nicht möglich, durch Einsatz der for-each-Schleife ein Array zu initialisieren. Die for-each-Schleife kann auch für alle Iterable-Klassen genutzt werden, wie wir in Kapitel 16.2.4.5 noch sehen werden.

8.12 Arrays als Attribute

Selbstverständlich ist es auch möglich, Array-Variablen als Attribute einer Klasse zu definieren. Damit lässt sich dann auch die im motivierenden Abschnitt 8.1 gestellte Hamster-Aufgabe lösen, die wie folgt lautete: Ein Hamster soll in einem ihm unbekannten Territorium bis zur nächsten Wand laufen, dabei auf jeder Kachel alle Körner fressen und sich die jeweilige Anzahl merken. An der Wand angekommen, soll er sich umdrehen, zurücklaufen und dabei die gefressenen Körnerhaufen nach ihrer Größe sortiert wieder ablegen.

Im folgenden Lösungsprogramm läuft der Hamster zunächst zur nächsten Wand und zurück. Damit kennt er die Anzahl an Kacheln bis zur nächsten Wand. Er erzeugt (für sich) ein int-Array genau dieser Größe. Danach läuft der Hamster entsprechend der Aufgabenstellung erneut zur Wand, sammelt dabei die Körner ein und merkt sich in seinem int-Array die jeweilige Körneranzahl pro Kachel. Anschließend sortiert er das Array. Auf dem Rückweg muss er dann entsprechend der im sortierten Array gespeicherten Werte auf jeder Kachel die entsprechende Anzahl an Körnern wieder ablegen.

```
class SortierHamster extends AllroundHamster {

    int[] speicher; // Array als Attribut

    SortierHamster(Hamster existierenderHamster) {
        super(existierenderHamster);
        this.speicher = null;
    }

    void sortiereKoernerhaufen() {
        int anzahl = this.zaehleKacheln();
        // der Hamster erzeugt fuer sich ein Array, dass er
        // seiner Array-Variablen speicher zuordnet
        this.speicher = new int[anzahl];
```

```
            this.sammleKoerner();
            this.sortiereArray();
            this.legeKoernerSortiertAb();
        }


        // zaehlt die Anzahl an Kacheln vor ihm bis zur naechsten
        // Wand
        int zaehleKacheln() {
            int anzahlKacheln = 1;
            while (this.vornFrei()) {
                this.vor();
                anzahlKacheln++;
            }
            this.kehrt();
            int schritte = anzahlKacheln - 1;
            while (schritte > 0) {
                this.vor();
                schritte = schritte - 1;
            }
            this.kehrt();
            return anzahlKacheln;
        }


        // frisst alle Koerner bis zur Wand und vermerkt die
        // jeweilige Anzahl im Array
        void sammleKoerner() {
            this.speicher[0] = this.nimmAlle();
            for (int zaehler = 1; zaehler < this.speicher.length;
                    zaehler++) {
                this.vor();
                this.speicher[zaehler] = this.nimmAlle();
            }
            this.kehrt();
        }


        // sortiert das Array in aufsteigender Reihenfolge
        // der gespeicherten Werte
        void sortiereArray() {
            boolean getauscht;
            do {
                getauscht = false;
                for (int zaehler = 1; zaehler < this.speicher.length;
                        zaehler++) {
                    if (this.speicher[zaehler - 1] >
                            this.speicher[zaehler]) {
                        // tauschen
                        int ablage = this.speicher[zaehler - 1];
                        this.speicher[zaehler - 1] =
                            this.speicher[zaehler];
                        this.speicher[zaehler] = ablage;
                        getauscht = true;
                    }
```

```
            }
        } while (getauscht);
    }

    // legt die aufgesammelten Koerner entsprechend der im Array
    // gespeicherten Werte wieder ab
    void legeKoernerSortiertAb() {
        this.gib(this.speicher[0]);
        for (int zaehler = 1; zaehler < this.speicher.length;
                zaehler++) {
            this.vor();
            this.gib(this.speicher[zaehler]);
        }
    }
}

void main() {
    SortierHamster paul = new SortierHamster(Hamster
            .getStandardHamster());
    paul.sortiereKoernerhaufen();
}
```

Die Klasse SortierHamster, die von der Klasse AllroundHamster aus Kapitel 7.10 abgeleitet ist, definiert als Attribut eine Array-Variable namens speicher. Dieser wird in der Methode sortiereKoernerhaufen ein Array zugeordnet. Jeder Hamster der Klasse SortierHamster besitzt also eine solche Array-Variable und nach Ausführung der entsprechenden Zuweisung in der Methode sortiereKoernerhaufen auch ein darüber referenziertes Array.

Interessant an diesem Beispiel ist vor allem die Methode sortiereArray. Sortieren eines Arrays bedeutet, dass die Werte, die die einzelnen Array-Komponenten enthalten, in eine bestimmte Reihenfolge gebracht werden. Im obigen Beispiel ist diese Reihenfolge die Größe der Werte, d.h. nach dem Sortieren ist der in einer Array-Komponente gespeicherte Wert jeweils kleiner oder gleich dem Wert der folgenden Array-Komponente (vergleiche Abbildung 8.8).

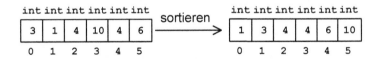

Abbildung 8.8: Sortieren von Arrays

Zum Sortieren wird in dem Beispiel ein recht einfacher Algorithmus implementiert, der sich *Bubblesort* nennt. Das Array wird dabei mehrfach durchlaufen. In jedem Array-Durchlauf werden jeweils alle Array-Komponenten mit ihren Nachbar-Komponenten verglichen. Wenn ein Vergleich ergibt, dass die Komponente mit dem kleineren Index einen größeren Wert enthält als die Komponente mit dem größeren Index, werden die beiden Werte vertauscht. Die Array-Durchläufe werden so lange wiederholt, bis in einem Durchlauf keine Tauschaktion mehr stattgefunden hat. Denn genau dann ist sichergestellt, dass das Array derart sortiert ist, dass in jeder Array-Komponente mit einem kleineren Index auch ein kleinerer oder identischer Wert steht, als in einer Array-Komponente mit einem größeren Index

Es gibt viele verschiedene Sortieralgorithmen. Bubblesort ist sehr einfach zu verstehen und zu implementieren. Er ist aber recht langsam, d.h. bei einem großen Array kann es passieren, dass das Sortieren sehr lange dauert. Ein sehr viel effizienterer, d.h. im Allgemeinen schnellerer Algorithmus ist bspw. der so genannte *Quicksort-Algorithmus*. Er wird im Folgenden vorgestellt, ist aber nicht sehr einfach zu verstehen. Versuchen sie es selbst!

```
class QuicksortSortierHamster extends SortierHamster {

    QuicksortSortierHamster(Hamster existierenderHamster) {
        super(existierenderHamster);
    }

    void sortiereArray() {
        this.quicksort(0, this.speicher.length - 1);
    }

    void quicksort(int vonIndex, int bisIndex) {
        int i = vonIndex;
        int j = bisIndex;
        int mittlererWert = this.speicher[(vonIndex + bisIndex) / 2];

        // Aufteilung
        while (i <= j) {
            while (this.speicher[i] < mittlererWert)
                i++;
            while (this.speicher[j] > mittlererWert)
                j--;
            if (i <= j) {
                tauschen(i, j);
                i++;
                j--;
            }
        }

        // rekursiver Aufruf
        if (vonIndex < j)
            quicksort(vonIndex, j);
        if (i < bisIndex)
            quicksort(i, bisIndex);
    }

    void tauschen(int i, int j) {
        int ablage = this.speicher[i];
        this.speicher[i] = this.speicher[j];
        this.speicher[j] = ablage;
    }
}
```

8.13 Hamster-Arrays

In Abschnitt 8.2 wurde bereits erwähnt, dass es auch möglich ist, Arrays vom Typ `Hamster[]` zu definieren. Was verbirgt sich nun genau dahinter? Schauen Sie sich die folgende Anweisung an:

```
Hamster[] tiere = new Hamster[5];
```

In dieser Anweisung wird auf der rechten Seite ein Array mit 5 Hamster-Variablen (Variablen vom Typ `Hamster`) erzeugt. Eine Referenz auf dieses Array wird anschließend der Array-Variablen `tiere` zugewiesen.

Ganz wichtig ist es zu verstehen, dass mit dem Ausdruck `new Hamster[5]` lediglich 5 neue Hamster-Variablen bzw. Hamster-Namen eingeführt werden. Es werden keine Hamster-Objekte selbst erzeugt! Dieses müsste (wenn es gewollt wäre) anschließend explizit in einer Schleife geschehen:

```
void main() {
    Hamster[] tiere = new Hamster[5];
    for (int zaehler = 0; zaehler < tiere.length; zaehler++) {
        tiere[zaehler] = new Hamster(zaehler, zaehler,
                Hamster.NORD, 0);
    }
    for (int zaehler = 0; zaehler < tiere.length; zaehler++) {
        if (tiere[zaehler].vornFrei()) {
            tiere[zaehler].vor();
        }
    }
}
```

In diesem Programm wird zunächst ein Array mit 5 Hamster-Variablen erzeugt. Anschließend werden in der ersten `for`-Schleife insgesamt 5 Hamster erzeugt und jeweils einer Hamster-Variablen des Arrays zugeordnet. D.h. der erste erzeugte Hamster hat quasi den Namen `tiere[0]` und der fünfte erzeugte Hamster hat den Namen `tiere[4]`. Die Initialisierung der Hamster erfolgt so, dass sie in der Diagonale von oben links nach unten rechts im Territorium platziert werden. In der zweiten `for`-Schleife wird anschließend allen 5 Hamstern der Befehl `vor` erteilt, insofern vor ihnen das Feld frei ist. `tiere[zaehler]` repräsentiert die Hamster-Variable, die sich im Array am Index mit dem Wert von `zaehler` befindet, und über diese Variable lässt sich dann mit der Punktnotation auf den Hamster selbst zugreifen. Abbildung 8.9 skizziert den Programmspeicher nach Ausführung der ersten `for`-Schleife in der `main`-Funktion.

8.14 Mehrdimensionale Arrays

Arrays, wie Sie sie bisher kennen gelernt haben, bezeichnet man als *eindimensionale* Arrays. Sie zeichnen sich dadurch aus, dass eine Speicherung von Werten in einer Dimension möglich ist. In den Abbildungen dieses Kapitels wird diese Dimension dadurch repräsentiert, dass die einzelnen Array-Komponenten graphisch horizontal nebeneinander liegen.

8.14.1 Definition und Erzeugung

In Java sind Arrays jedoch nicht auf eine Dimension beschränkt. Es ist vielmehr möglich, auch zwei-, drei- oder allgemein n-dimensionale Arrays anzulegen, wobei der Wert *n* jedoch im Source-

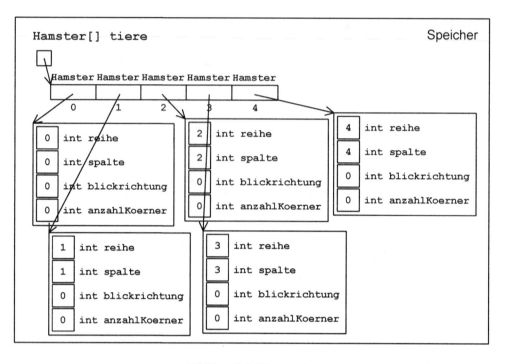

Abbildung 8.9: Hamster-Arrays

code festgelegt werden muss.[4] Ein-, zwei- und dreidimensionale Arrays lassen sich graphisch schön veranschaulichen, wie Abbildung 8.10 zeigt. Bei zweidimensionalen Arrays spricht man auch von *Matrizen*, bei dreidimensionalen von *Quadern*.

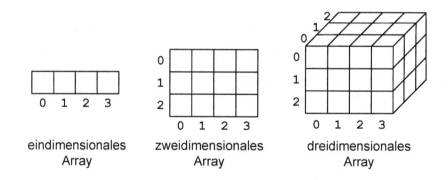

Abbildung 8.10: Darstellung mehrdimensionaler Arrays

Die Dimension einer Array-Variablen wird bei ihrer Definition festgelegt, und zwar kennzeichnet die Anzahl an Paaren von eckigen Klammern die Dimensionalität einer Array-Variablen:

```
int [] vektor;        ---> eindimensional
int [][] matrix;      ---> zweidimensional
```

---

[4] d.h. er kann nicht erst zur Laufzeit festgelegt werden

```
int[][][] quader;      ---> dreidimensional
```

Die Dimensionalität eines Arrays wird bei seiner Erzeugung festgelegt. Auch hier kennzeichnet die Anzahl an Paaren von eckigen Klammern mit einem eingeschlossenen int-Ausdruck die Dimensionalität des Arrays:

```
new int[2];           ---> eindimensional
new int[2*3][4*5];    ---> zweidimensional
new int[4][8+3][77];  ---> dreidimensional
```

Dabei gilt: Einer n-dimensionalen Array-Variable kann auch nur ein n-dimensionales Array zugeordnet werden:

```
int vektor[] = new int[2];
int matrix[][] = new int[2*3][4*5];
int quader[][][] = new int[4][8+3][77];
```

Im Folgenden werden nur noch zweidimensionale Arrays betrachtet, weil Arrays größerer Dimension selten gebraucht werden und weil für sie die Ausführungen analog gelten.

8.14.2 Zugriff

Zum Zugriff auf Komponenten eines zweidimensionalen Arrays bedient man sich zweier Indizes. Im graphischen Sinne kennzeichnet der erste die Reihe und der zweite die Spalte der zuzugreifenden Komponente (vergleiche auch Abbildung 8.10). Der Zeilenindex beginnt dabei bei 0 und wird von oben nach unten pro Zeile um 1 erhöht. Auch der Spaltenindex beginnt bei 0, er wird von links nach rechts pro Spalte um 1 erhöht. Referenziert eine Array-Variable matrix ein zweidimensionales Array und soll auf die Komponente in der zweiten Zeile und vierten Spalte zugegriffen werden, so erfolgt dies durch den Ausdruck matrix[1][3].

Das Durchlaufen eines zweidimensionalen Arrays erfolgt im Allgemeinen mittels zweier ineinander geschachtelter for-Schleifen. Das folgende Programm bewirkt die Initialisierung einer Matrix mit den in Abbildung 8.11 skizzierten Werten.

```
void main() {
    int wert = 0;
    int[][] matrix = new int[4][7];
    for (int zeile = 0; zeile < matrix.length; zeile++) {
        for (int spalte = 0; spalte < matrix[zeile].length;
                spalte++) {
            matrix[zeile][spalte] = wert;
            wert++;
        }
    }
    ...
}
```

Der Ausdruck matrix.length in Zeile 4 des Programms liefert dabei die Anzahl an Zeilen der Matrix, der Ausdruck matrix[zeile].length in Zeile 5 die Anzahl an Spalten der Zeile der Matrix mit dem Index, den die Variable zeile gerade als Wert speichert.[5]

---

[5] In Java ist es auch möglich, zweidimensionale Arrays zu definieren, bei denen die Anzahl an Spalten pro Zeile variieren. Dieses Konzept wird aber eher selten gebraucht und daher hier auch nicht vorgestellt.

0	0	1	2	3	4	5	6
1	7	8	9	10	11	12	13
2	14	15	16	17	18	19	20
3	21	22	23	24	25	26	27
	0	1	2	3	4	5	6

Abbildung 8.11: Zugriff auf mehrdimensionale Arrays

Der Einsatz eines zweidimensionalen Arrays wird im folgenden Hamster-Programm demonstriert. Ein Hamster einer erweiterten Hamster-Klasse `RennHamster`, die von der Klasse `AllroundHamster` aus Kapitel 7.10 abgeleitet ist, sitzt als Vertretungshamster des Standard-Hamsters an der Wand eines Territoriums und soll entgegen dem Uhrzeigersinn entlang der Wand laufen, bis er wieder zum Ausgangspunkt zurückgekehrt ist. Nachdem er einmal losgelaufen ist, darf er weder die Methoden der Klasse `Territorium` noch die drei Testbefehle `vornFrei`, `kornDa` und `maulLeer` der Klasse `Hamster` benutzen. Was macht er also? Vor dem Loslaufen erzeugt er eine `boolean`-Matrix, die so groß ist, wie das Territorium, und trägt dort mittels der Methode `mauerDa` der Klasse `Territorium` ein, wo sich jeweils eine Mauer befindet. Beim Laufen orientiert er sich dann an dieser Matrix (siehe die überschriebene Methode `vornFrei`). Abbildung 8.12 skizziert rechts die `boolean`-Matrix für das links dargestellte Hamster-Territorium (t steht für `true`, f für `false`).

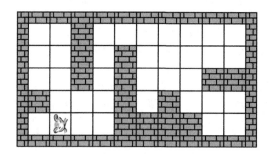

0	f	f	t	f	f	f	f	f	f	f
1	f	f	t	f	t	f	f	f	f	f
2	f	f	t	f	t	f	f	f	t	t
3	t	f	f	f	t	f	t	f	f	f
4	f	f	f	f	t	t	t	t	f	f
	0	1	2	3	4	5	6	7	8	9

Abbildung 8.12: Rundlauf mittels `boolean`-Matrix

```
void main() {
    RennHamster paul = new RennHamster(Hamster
            .getStandardHamster());
    paul.renneWandAb();
}

class RennHamster extends AllroundHamster {

    boolean[][] raum;

    int startR, startS;

    boolean gelaufen;
```

```
RennHamster(Hamster hamster) {
    super(hamster);
    // erzeugt boolean-Array, das so gross ist wie das
    // Territorium
    this.raum =
            new boolean[Territorium.getAnzahlReihen()][Territorium
                .getAnzahlSpalten()];
    // initialisiert das Array mit den Werten der
    // mauerDa-Methode
    for (int z = 0; z < this.raum.length; z++) {
        for (int s = 0; s < this.raum[z].length; s++) {
            this.raum[z][s] = Territorium.mauerDa(z, s);
        }
    }
}

void renneWandAb() {
    this.startR = this.getReihe();
    this.startS = this.getSpalte();
    this.gelaufen = false;
    this.renn();
}

void renn() {
    if (gelaufen && this.getSpalte() == this.startS
            && this.getReihe() == this.startR) {
        return; // Ausgangspunkt erreicht
    }
    if (this.rechtsFrei()) {
        this.rechtsUm();
        this.vor();
        this.renn();
    } else if (this.vornFrei()) {
        this.vor();
        this.renn();
    } else if (this.linksFrei()) {
        this.linksUm();
        this.vor();
        this.renn();
    } else {
        this.kehrt();
        if (this.vornFrei()) {
            this.vor();
            this.renn();
        }
    }
}

// Ueberschreiben des Standard-Befehls
public void vor() {
    super.vor();
```

```
            this.gelaufen = true;
    }

    // Ueberschreiben des Standard-Testbefehls
    public boolean vornFrei() {
        if (this.getBlickrichtung() == Hamster.NORD) {
            if (this.getReihe() == 0)
                return false;
            else
                return !this.raum[this.getReihe() - 1][this
                    .getSpalte()];
        } else if (this.getBlickrichtung() == Hamster.SUED) {
            if (this.getReihe() == Territorium.getAnzahlReihen() - 1)
                return false;
            else
                return !this.raum[this.getReihe() + 1][this
                    .getSpalte()];
        } else if (this.getBlickrichtung() == Hamster.WEST) {
            if (this.getSpalte() == 0)
                return false;
            else
                return !this.raum[this.getReihe()][this
                    .getSpalte() - 1];
        } else { // this.getBlickrichtung() == Hamster.OST
            if (this.getSpalte() == Territorium
                    .getAnzahlSpalten() - 1)
                return false;
            else
                return !this.raum[this.getReihe()][this
                    .getSpalte() + 1];
        }
    }
}
```

8.15 Beispielprogramme

Das war ein ganze Menge Stoff, den Sie in diesem Kapitel kennen gelernt haben. Die folgenden drei
Beispielprogramme sollen dazu dienen, Ihnen den Einsatz und Nutzen dieses Stoffs nochmal an drei
etwas komplexeren Beispielprogrammen zu demonstrieren.

8.15.1 Beispielprogramm 1

Aufgabe:
Der Standard-Hamster steht irgendwo in einem rechteckigen Territorium ohne innere Mauern. In
dem Territorium liegen „Körnertürme", d.h. die einzelnen Spalten sind von unten nach oben hin mit
einer bestimmten Anzahl an Körnern gefüllt (siehe Abbildung 8.13 (links)). Auf jeder Kachel liegt
dabei maximal ein Korn. Ein Vertretungshamster des Standard-Hamsters soll die Körnertürme der
Größe nach von links nach rechts sortieren (siehe Abbildung 8.13 (rechts)).

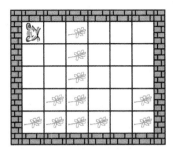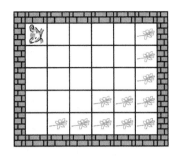

Abbildung 8.13: Sortieren von Körnertürmen

Lösungshinweise:

Es wird eine erweiterte Hamster-Klasse `SortierHamster` definiert, die entsprechende Methoden zur Verfügung stellt. Die Klasse ist von der Klasse `AllroundHamster` aus Kapitel 7.10 abgeleitet. In der `main`-Funktion wird ein Hamster der Klasse `SortierHamster` erzeugt. Zunächst begibt er sich in die linke untere Ecke. Dann zählt er die Spalten und erzeugt ein Array der entsprechenden Größe. Anschließend sammelt er die Körner ein und vermerkt jeweils die Anzahl der Körner pro Körnerturm im Array. Nach dem Sortieren des Arrays mittels des Bubblesort-Algorithmus legt der Hamster die Körnertürme der Größe nach wieder aus.

Lösung:

```
void main() {
    Hamster paul = Hamster.getStandardHamster();
    SortierHamster willi = new SortierHamster(paul
            .getReihe(), paul.getSpalte(), paul
            .getBlickrichtung(), 0);
    willi.laufNachUntenLinks();
    int spalten = willi.zaehleSpalten();
    int[] koerner = new int[spalten];
    willi.zaehleUndSammleKoerner(koerner);
    willi.sortiereKoerner(koerner);
    willi.legeAlleKoernerAb(koerner);
}

class SortierHamster extends AllroundHamster {

    SortierHamster(int r, int s, int b, int k) {
        super(r, s, b, k);
    }

    void laufNachUntenLinks() {
        this.setzeBlickrichtung(Hamster.WEST);
        this.laufeZurWand();
        this.linksUm();
        this.laufeZurWand();
        this.linksUm();
        // der Hamster steht ganz unten links;
        // Blickrichtung OST
    }
```

```
int zaehleSpalten() {
    // der Hamster steht ganz unten links;
    // Blickrichtung OST
    int spalten = 1;
    while (this.vornFrei()) {
        this.vor();
        spalten = spalten + 1;
    }
    return spalten;
    // der Hamster steht ganz unten rechts;
    // Blickrichtung OST
}

void zaehleUndSammleKoerner(int[] koerner) {
    // der Hamster steht ganz unten rechts,
    // Blickrichtung OST
    this.linksUm();
    for (int s = koerner.length - 1; s >= 0; s--) {
        int anzahl = zaehleKoernerInSpalteUndNimm();
        koerner[s] = anzahl;
        this.linksUm();
        if (this.vornFrei()) {
            this.vor();
            this.rechtsUm();
        } else {
            this.rechtsUm();
        }
    }
    // der Hamster steht ganz unten links,
    // Blickrichtung NORD
}

int zaehleKoernerInSpalteUndNimm() {
    // der Hamster steht ganz unten;
    // Blickrichtung NORD
    int anzahl = 0;
    while (this.kornDa()) {
        this.nimm();
        anzahl = anzahl + 1;
        if (this.vornFrei()) {
            this.vor();
        }
    }
    this.kehrt();
    this.laufeZurWand();
    this.kehrt();
    return anzahl;
}

void sortiereKoerner(int[] koerner) {
    // sortieren des Arrays;
```

```
        // wir nehmen wieder den Bubblesort-Algorithmus
        boolean getauscht = false;
        do {
            getauscht = false;
            for (int i = 1; i < koerner.length; i++) {
                if (koerner[i - 1] > koerner[i]) {
                    int ablage = koerner[i - 1];
                    koerner[i - 1] = koerner[i];
                    koerner[i] = ablage;
                    getauscht = true;
                }
            }
        } while (getauscht);
    }

    void legeAlleKoernerAb(int[] koerner) {
        // der Hamster steht ganz unten links;
        // Blickrichtung NORD
        for (int s = 0; s < koerner.length; s++) {
            this.legeKoernerAb(koerner[s]);
            this.rechtsUm();
            if (this.vornFrei()) {
                this.vor();
                this.linksUm();
            }
        }
    }

    void legeKoernerAb(int anzahl) {
        // legt anzahl Koerner in einer Spalte ab;
        // der Hamster steht unten; Blickrichtung NORD
        for (int z = 0; z < anzahl; z++) {
            this.gib();
            if (this.vornFrei()) {
                this.vor();
            }
        }
        this.kehrt();
        this.laufeZurWand();
        this.kehrt();
    }
}
```

8.15.2 Beispielprogramm 2

Aufgabe:

Die Hamster wollen ein Wettrennen veranstalten. Dazu wird in einem beliebig großen Territorium ohne Mauern am Anfang jeder Reihe ein Hamster mit Blickrichtung Osten erzeugt. Auf „Los" rennen die Hamster los, und zwar immer nacheinander von oben nach unten eine bestimmte Strecke. Die Länge der Strecke, die ein Hamster pro Rennzug laufen darf, ermittelt sich aus der Anzahl Körner, die auf der Kachel liegen, auf der er gerade steht. Wenn irgendwo 0 Körner liegen, muss der betroffene Hamster nicht stehen bleiben, sondern darf eine einzelne Kachel nach vorne springen. Erreicht ein Hamster die rechte Wand, hat er gewonnen und darf jubeln. Er muss sich den Sieg jedoch mit anderen Hamstern teilen, die im selben Zug ebenfalls noch die Wand erreichen.

Lösungshinweise:

Pro Reihe wird ganz links jeweils ein Hamster der erweiterten Hamster-Klasse RennHamster erzeugt und in einem RennHamster-Array gespeichert. Die Klasse RennHamster ist von der Klasse AllroundHamster aus Kapitel 7.10 abgeleitet. Es existiert ein weiteres boolean-Array, in dem vermerkt wird, welche Hamster nach Ablauf einer Spielrunde das Ziel erreicht haben. Bis zum Spielende wird pro Spielzug in einer for-Schleife jeweils die Methode renn für alle Hamster aufgerufen. Nach Spielende dürfen alle die Hamster jubeln, die das Ziel erreicht haben. Dieses ist in dem boolean-Array jeweils an dem Index vermerkt, an dem auch der entsprechende Hamster im RennHamster-Array gespeichert ist.

Lösung:

```
void main() {

    // Erzeugung der Hamster
    RennHamster[] hamster = new RennHamster[Territorium
            .getAnzahlReihen()];
    for (int r = 0; r < Territorium.getAnzahlReihen(); r++) {
        hamster[r] = new RennHamster(r);
    }

    // in diesem Array wird vermerkt, welche Hamster das Ziel
    // erreicht haben
    boolean[] geschafft = new boolean[hamster.length];
    for (int b = 0; b < geschafft.length; b++) {
        geschafft[b] = false;
    }

    // nun gehts los
    boolean ende = false;
    while (!ende) {
        for (int r = 0; r < hamster.length; r++) {
            geschafft[r] = hamster[r].renn();
            ende = ende || geschafft[r];
        }
    }

    // alle Sieger duerfen jubeln
    for (int b = 0; b < geschafft.length; b++) {
        if (geschafft[b]) {
            hamster[b].jubeln();
        }
    }
}

class RennHamster extends AllroundHamster {

    RennHamster(int reihe) {
```

```
        super(reihe, 0, Hamster.OST, 0);
    }

    boolean renn() {
        int rennSchritte = Territorium.getAnzahlKoerner(this
                .getReihe(), this.getSpalte());
        if (rennSchritte == 0) {
            if (this.vornFrei()) {
                this.vor();
            }
            return !this.vornFrei();
        }
        for (int i = 0; i < rennSchritte; i++) {
            if (this.vornFrei()) {
                this.vor();
            } else {
                // geschafft
                return true;
            }
        }
        return !this.vornFrei();
    }

    void jubeln() {
        for (int i = 0; i < 8; i++) {
            this.linksUm();
        }
    }
}
```

8.15.3 Beispielprogramm 3

Aufgabe:
Die Hamster haben sich in diesem Beispielprogramm viel vorgenommen. Sie wollen die Auskunft bei der Deutschen Bundesbahn entlasten. Diese gibt ihnen vor, zwischen welchen deutschen Städten Direktverbindungen existieren. Die Hamster ermitteln darauf hin, von welcher Stadt aus welche anderen Städte überhaupt erreicht werden können.

Gegeben ist ein quadratisches mauerloses Territorium. Auf den Kacheln liegt entweder kein oder ein Korn. Die Anzahl der Reihen und Spalten ist gleich der Anzahl der Städte. Jede Stadt wird durch eine Reihe i und eine Spalte i repräsentiert. Bspw. repräsentiert in Abbildung 8.14 (links) die Reihe 0 und die Spalte 0 die Stadt Oldenburg, die Reihe 1 und die Spalte 1 die Stadt Bremen und die Reihe 2 und die Spalte 2 die Stadt Hannover. Genau dann, wenn auf einer Kachel mit der Position (n/m) ein Korn liegt, bedeutet das, dass zwischen der Stadt n und der Stadt m eine Direktverbindung existiert. Die Verbindungen sind übrigens unidirektional, d.h. wenn zwischen einer Stadt x und einer Stadt y eine Direktverbindung besteht, muss nicht zwangsläufig auch in der anderen Richtung (von y nach x) eine Direktverbindung existieren

Die Aufgabe der Hamster besteht nun darin, auch auf den Kacheln (n/m) ein Korn abzulegen, wo eine indirekte Verbindung zwischen der Stadt n und der Stadt m existiert. In der Abbildung gibt es bspw.

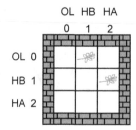 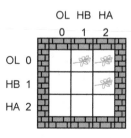

Abbildung 8.14: Bahnverbindungen

Direktverbindungen zwischen Oldenburg und Bremen (Kachel (0/1)) und zwischen Bremen und Hannover (Kachel (1/2)) und somit eine indirekte Verbindung zwischen Oldenburg und Hannover. Also muss auf der Kachel (0/2) ein Korn abgelegt werden (siehe Abbildung 8.14 (rechts)).

Lösungshinweise:
Es wird eine erweiterte Hamster-Klasse `AuskunftsHamster` von der Klasse `AllroundHamster` aus Kapitel 7.10 abgeleitet. Ein von dieser Klasse erzeugter Hamster sucht zunächst das Territorium nach Körnern, d.h. nach Direktverbindungen, ab und speichert diese in einer booleschen Matrix. Anschließend berechnet er auch die indirekten Verbindungen, vermerkt diese in der Matrix und kann daraufhin bei einem weiteren Durchlauf durch das Territorium anhand der Matrix alle Kacheln markieren, die eine direkte oder indirekte Verbindungen repräsentieren.

Der Algorithmus zur Berechnung aller indirekten Verbindungen funktioniert so, dass für alle Kombinationen überprüft wird, ob Verbindungen von r nach k und von k nach s existieren. Wenn das der Fall ist, existiert auch eine indirekte Verbindung von r nach s. Diese Überprüfung aller Kombinationen wird so lange wiederholt, bis in einem Durchlauf keine neuen Verbindungen mehr ermittelt wurden.

Lösung:

```
void main() {
    AuskunftsHamster egon = new AuskunftsHamster(0, 0,
            Hamster.OST);
    egon.ermittleDirektVerbindungen();
    egon.berechneAlleVerbindungen();
    egon.gibAlleVerbindungenAus();
}


class AuskunftsHamster extends AllroundHamster {

    final static int ANZAHL = Territorium.getAnzahlReihen();

    boolean[][] verbindungen;

    AuskunftsHamster(int r, int s, int b) {
        super(r, s, b, AuskunftsHamster.ANZAHL
                * AuskunftsHamster.ANZAHL);
        // Hamster hat genuegend Koerner im Maul
        this.laufeZuKachel(0, 0);
        this.setzeBlickrichtung(Hamster.OST);
```

```
            this.verbindungen = new boolean[ANZAHL][ANZAHL];
    }

    void ermittleDirektVerbindungen() {
        for (int r = 0; r < AuskunftsHamster.ANZAHL; r++) {
            this.ermittle();
            for (int s = 0; s < AuskunftsHamster.ANZAHL - 1; s++) {
                this.vor();
                this.ermittle();
            }
            if (r % 2 == 0) {
                this.rechtsUm();
                if (this.vornFrei()) {
                    this.vor();
                    this.rechtsUm();
                }
            } else {
                this.linksUm();
                if (this.vornFrei()) {
                    this.vor();
                    this.linksUm();
                }
            }
        }
    }

    void ermittle() {
        if (this.kornDa()) {
            this.nimm();
            this.verbindungen[this.getReihe()][this.getSpalte()] =
                true;
        } else {
            this.verbindungen[this.getReihe()][this.getSpalte()] =
                false;
        }
    }

    void berechneAlleVerbindungen() {
        boolean geaendert;
        do {
            geaendert = false;
            for (int r = 0; r < AuskunftsHamster.ANZAHL; r++) {
                for (int s = 0; s < AuskunftsHamster.ANZAHL; s++) {
                    for (int k = 0; k < AuskunftsHamster.ANZAHL;
                        k++) {
                        if (this.verbindungen[r][k]
                                && this.verbindungen[k][s]
                                && !this.verbindungen[r][s]) {
                            this.verbindungen[r][s] = true;
                            geaendert = true;
                        }
                    }
                }
```

```
                        }
                    }
                } while (geaendert);
            }

            void gibAlleVerbindungenAus() {
                this.laufeZuKachel(0, 0);
                this.setzeBlickrichtung(Hamster.OST);
                for (int r = 0; r < AuskunftsHamster.ANZAHL; r++) {
                    this.markiere();
                    for (int s = 0; s < AuskunftsHamster.ANZAHL - 1; s++) {
                        this.vor();
                        this.markiere();
                    }
                    if (r % 2 == 0) {
                        this.rechtsUm();
                        if (this.vornFrei()) {
                            this.vor();
                            this.rechtsUm();
                        }
                    } else {
                        this.linksUm();
                        if (this.vornFrei()) {
                            this.vor();
                            this.linksUm();
                        }
                    }
                }
            }

            void markiere() {
                if (this.verbindungen[this.getReihe()][this.getSpalte()]) {
                    this.gib();
                }
            }
        }
```

8.16 Aufgaben

Und nun müssen Sie zeigen, dass Sie den Stoff dieses Kapitels nicht nur verstanden haben, sondern auch praktisch beherrschen, d.h. merken, wann Sie Arrays zum Lösen einer gestellten Aufgaben benötigen, und wissen, wie Sie mit Arrays umgehen müssen. Denken Sie sich neben den folgenden Aufgaben weitere Aufgaben aus und lösen sie auch diese! Viel Spaß und Erfolg!

8.16.1 Aufgabe 1

Schauen Sie sich nochmal das Beispielprogramm 1 in Abschnitt 8.15.1 an. Dort sammelt der Hamster zunächst alle Körnertürme ein, vermerkt sich die Höhen in einem Array und sortiert anschließend das Array mittels des Bubblesort-Algorithmus. Eine Alternative zu diesem Vorgehen wäre, das Array bereits beim Einfügen neuer Werte zu sortieren. Und in der Tat nennt man dieses Vorgehen auch „Sortieren beim Einfügen".

Der genaue Algorithmus kann folgendermaßen skizziert werden (siehe auch Abbildung 8.15):

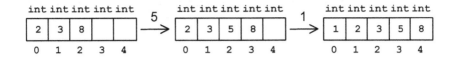

Abbildung 8.15: Sortieren beim Einfügen

Zunächst ist das Array leer. Der erste Wert wird in die erste Komponente des Arrays abgespeichert. Soll ein zweiter Wert in dem Array gespeichert werden, wird überprüft, ob er kleiner ist, als der erste Wert. Wenn ja, wird der erste Wert in die zweite Array-Komponente verschoben und der neue Wert in der ersten Komponente abgespeichert. Wenn nein, erfolgt die Abspeicherung in der zweiten Komponente. Bei jedem Speichern eines neuen Wertes erfolgt also eine Einordnung des Wertes in das Array derart, dass das Array immer sortiert bleibt.

Implementieren Sie Beispielprogramm 1 mittels des Algorithmus „Sortieren beim Einfügen".

8.16.2 Aufgabe 2

Ändern Sie das Beispielprogramm 2 aus Abschnitt 8.15.2 so ab, dass die Hamster nicht nur bis zur nächsten Wand, sondern bis zur Wand und zurück laufen.

8.16.3 Aufgabe 3

Bei den Auskunftshamstern in Beispielprogramm 3 aus Abschnitt 8.15.3 wurden unidirektionale Verbindungen zwischen den Städten vorausgesetzt. In dieser Aufgabe soll das Beispielprogramm nun an bidirektionale Verbindungen angepasst werden. Bidirektional bedeutet, dass mit einer Verbindung zwischen Stadt n und Stadt m immer auch eine Rückverbindung zwischen Stadt m und Stadt n besteht. Das bedeutet für den Hamster, dass es ausreicht, sich um die Körner unterhalb der Diagonalen von links oben nach rechts unten zu kümmern. Ihre konkrete Aufgabe lautet nun: Passen Sie Beispielprogramm 3 an bidirektionale Verbindungen an!

8.16.4 Aufgabe 4

Der Standard-Hamster steht irgendwo in einem quadratischen Territorium ohne innere Mauern. Auf den einzelnen Kacheln liegt kein Korn oder genau ein Korn. Der Standard-Hamster soll einen Vertretungshamster auf die Reise schicken und die Anordnung der Körner um 90 Grad im Uhrzeigersinn, 90 Grad gegen den Uhrzeigersinn, und 180 Grad drehen (vergleiche auch Abbildung 8.16).

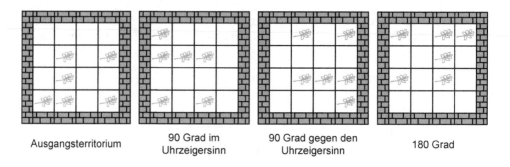

| Ausgangsterritorium | 90 Grad im Uhrzeigersinn | 90 Grad gegen den Uhrzeigersinn | 180 Grad |

Abbildung 8.16: Typisches Hamster-Territorium zu Aufgabe 4

8.16.5 Aufgabe 5

In einem beliebig großen mauerlosen Territorium mit einer geraden Anzahl an Kacheln liegt auf der Hälfte der Kacheln kein Korn. Auf der anderen Hälfte liegt genau ein Korn. Ein Hamster, der auf Kachel (0/0) mit Blickrichtung OST und keinen Körnern im Maul erzeugt wird, soll diese Situation umkehren, d.h. am Ende seiner Arbeit soll auf allen anfangs leeren Kacheln genau ein Korn liegen und die anfangs mit einem Korn besetzten Kacheln sollen am Ende körnerlos sein (vergleiche auch Abbildung 8.17).

| vorher | nachher |

Abbildung 8.17: Typisches Hamster-Territorium zu Aufgabe 5

8.16.6 Aufgabe 6

Die Ausgangs- und Endsituation dieser Aufgabe sind ähnlich wie in Aufgabe 5. Wieder liegen in einem beliebig großen mauerlosen Territorium mit einer geraden Anzahl an Kacheln auf der Hälfte der Kacheln keine Körner. Auf der anderen Hälfte liegt genau ein Korn. Am Ende soll die Situation umgekehrt sein, d.h. am Ende des Programms soll auf allen anfangs leeren Kacheln genau ein Korn liegen und die anfangs mit einem Korn besetzten Kacheln sollen am Ende körnerlos sein. Nur dieses Mal teilen sich zwei Hamster die Arbeit. Der eine wird auf Kachel (0/0) mit Blickrichtung OST und keinen Körnern im Maul erzeugt und darf nur die Kacheln mit einer geraden r-Koordinate bearbeiten. Der zweite wird auf Kachel (1/0) mit Blickrichtung OST und keinen Körnern im Maul erzeugt und darf nur die Kacheln mit einer ungeraden r-Koordinate bearbeiten.

8.16.7 Aufgabe 7

Die Hamster bekommen die so genannte *Game-of-Life-Simulation* beigebracht.

Bei der Game-of-Life-Simulation gibt es tote und lebende Zellen. Eine lebende Zelle wird im Hamster-Territorium durch eine Kachel mit Korn, eine tote Zelle durch eine Kachel ohne Korn dargestellt. Jede Zelle kann überleben, sterben oder geboren werden. Die schrittweise Entwicklung von einem Stellungsbild zum nächsten erfolgt gemäß einiger Regeln, die berücksichtigen, wie viele lebende Nachbarzellen eine Zelle hat. Eine Zelle x, die nicht am Rand des Territoriums liegt, hat 8 Nachbarzellen, Zellen am Rand entsprechend weniger. Die Regeln, nach denen sich die Zellen-Population von einer Stellung zur nächsten entwickelt, sind:

- Für eine Zelle x, die gerade tot ist, gilt: Wenn x genau 3 lebende Nachbarzellen hat, wird x neu geboren; sonst bleibt x tot.

- Für eine Zelle x, die gerade lebendig ist, gilt: Wenn x weniger als 2 lebende Nachbarn hat, stirbt x an Vereinsamung. Wenn x 2 oder 3 lebende Nachbarzellen hat, bleibt x in der nächsten Stellung lebendig. In allen anderen Fällen stirbt x an Überbevölkerung.

Alle Veränderungen gemäß dieser Regeln geschehen gleichzeitig. Abbildung 8.18 skizziert drei Populationen einer Simulation.

Die Simulation beginnt mit einem bestimmten mauerlosen Ausgangsterritorium. Ein Vertretungshamster des Standard-Hamster soll so viele Generationen simulieren, wie er anfangs Körner im Maul hat.

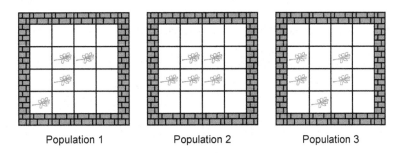

Population 1   Population 2   Population 3

Abbildung 8.18: Beispielhafte Game-of-Life-Populationsentwicklung

8.16.8 Aufgabe 8

Lösen Sie Aufgabe 13 aus Kapitel 6.11.13 durch den Einsatz von Arrays.

Die Hamster sollen das bekannte Damenproblem beim Schach lösen: Es soll eine Stellung für acht Schach-Damen auf einem Schachbrett gefunden werden, so dass sich keine zwei Damen gegenseitig schlagen können. Die Damen sind so zu platzieren, dass jede Reihe, jede Spalte und jede Diagonale des Schachbrettes höchstens eine Dame enthält. Die Damen werden dabei durch jeweils einen Hamster repräsentiert. Insgesamt existieren 92 Lösungen für ein 8x8-Spielbrett, von denen Abbildung 8.19 eine mögliche skizziert.

Speichern Sie die Hamster in einem Array. Definieren Sie für die Anzahl an Hamstern (Damen) bzw. die Größe des Territoriums eine Konstante, so dass das Damenproblem durch Ändern der Konstante auch bspw. für ein 5x5-Spielbrett mit 5 Damen und ein 10x10-Spielbrett mit 10 Damen gelöst werden kann.

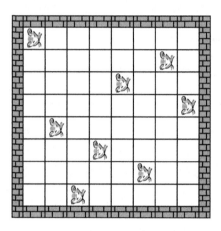

Abbildung 8.19: Eine Lösung des Damenproblems

8.16.9 Aufgabe 9

Lösen Sie Aufgabe 14 aus Kapitel 6.11.14 durch den Einsatz von Arrays.

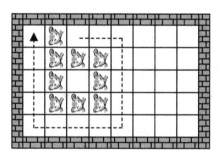

Abbildung 8.20: Typisches Hamster-Territorium zu Aufgabe 9

Einige Hamster spielen ein Spiel, das dem Kinderspiel „Der Plumpssack, der geht rum!" ähnelt. Sie sitzen dazu, wie in Abbildung 8.20 skizziert, zu einem Quadrat angeordnet. Ein weiterer Hamster steht mit einem Korn im Maul oberhalb des Hamsters in der linken oberen Ecke des Hamster-Quadrates. Er ermittelt eine Zufallszahl zwischen 1 und 20 und läuft entsprechend viele Schritte im Uhrzeigersinn um die anderen Hamster herum. Dann legt er das Korn ab. Nun ist der Hamster, hinter den das Korn abgelegt wurde, an der Reihe. Er frisst das Korn, ermittelt eine neue Zufallszahl und begibt sich auf den Weg. Der andere Hamster nimmt inzwischen die frei gewordene Kachel ein. Das Ganze wiederholt sich 15-mal. Achtung: Die Hamster in den Ecken sind jeweils für drei Kacheln zuständig.

Speichern Sie die Hamster in einem Array und definieren Sie eine Konstante für die Anzahl an Hamstern. Ändern Sie diese Konstante auch mal.

8.16.10 Aufgabe 10

Implementieren Sie eine Funktion void matrixSortieren(int[][] matrix), die ein als Parameter übergebenes zweidimensionales Array, wie in Abbildung 8.21 skizziert, sortiert.

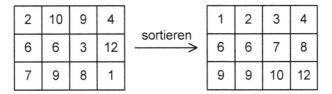

Abbildung 8.21: Sortieren einer Matrix

Nutzen Sie diese Funktion in einem Hamster-Programm, in dem ein Hamster die Körnermengen auf den einzelnen Kacheln eines mauerlosen Territoriums entsprechend umsortieren soll.

8.16.11 Aufgabe 11

Diese Aufgabe ähnelt ein wenig Beispielprogramm 1 aus Abschnitt 8.15.1.

In einem Territorium ohne Mauern liegen „Körnertürme", d.h. die einzelnen Spalten sind von unten nach oben hin mit einer bestimmten Anzahl an Körnern gefüllt (siehe Abbildung 8.22). Auf jeder Kachel liegt dabei maximal ein Korn. Auf jeder Kachel der untersten Reihe des Territoriums wird ein Hamster mit Blickrichtung Norden erzeugt.

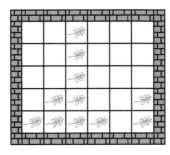

Abbildung 8.22: Körnertürme

Zunächst sollen alle Hamster die Körner ihrer Spalte fressen. Es beginnt der Hamster in der ersten Spalte. Dann kommt der Hamster der zweiten Spalte an die Reihe, usw. Anschließend sollen die Hamster die Körner wieder ablegen. Dieses Mal ist die Reihenfolge jedoch anders. Es beginnt der Hamster, der die wenigsten Körner gesammelt hat. Danach folgt der Hamster mit den zweitwenigsten, usw.

8.16.12 Aufgabe 12

In Beispielprogramm 2 in Kapitel 6.10.2 wurde folgende Hamster-Aufgabe gelöst:

In einem beliebig großen Territorium ohne Mauern leben zunächst zwei Hamster. Diese laufen zu-fallsgesteuert im Territorium herum. Wenn Sie auf dieselbe Kachel gelangen, produzieren Sie Nach-wuchs. Auch der Nachwuchs läuft anschließend im Territorium herum und kann wiederum Nach-wuchs zeugen.

Bei der Implementierung gab es jedoch eine Einschränkung: Jeder Hamster konnte nur einmal Nach-wuchs bekommen. Ändern Sie das dortige Programm so ab, dass jeder Hamster N Nachwuchshams-ter bekommen kann, wobei N eine Konstante ist.

Es gibt nicht nur Hamster auf dieser Welt! Bisher haben Sie als Klassen ausschließlich so genannte *Hamster-Klassen* kennen gelernt. Objekte waren bisher immer Hamster. Aber das Klassen/Objekte-Konzept der objektorientierten Programmierung ist natürlich sehr viel mächtiger, als damit nur das Tun und Lassen von Hamstern beschreiben zu können. In diesem Kapitel werden wir daher das Klassen/Objekte-Konzept verallgemeinern.

Das Kapitel ist relativ kurz, denn im Prinzip gibt es gar nichts Neues zu vermitteln. Sie haben das Klassen/Objekte-Konzept schon fast vollständig in den vergangenen Kapiteln kennen gelernt. In Abschnitt 1 wird Ihnen zunächst gezeigt, wie Sie Klassen definieren und nutzen können, die keine erweiterten Hamster-Klassen sind. Abschnitt 2 verallgemeinert das Konzept der Vererbung. Wichtig sind die Beispielprogramme in Abschnitt 3, denn diese demonstrieren, wie man „normale" Klassen einsetzen kann. Dass Sie das verstanden haben, müssen Sie dann in Abschnitt 4 mit dem selbstständigen Lösen von einigen Aufgaben beweisen.

9.1 Klassen und Objekte

Klassen sind ein Hilfsmittel der Programmierung, um bestimmte zusammenhängende Dinge zu einer Einheit zusammenfassen zu können. Klassen können als Baupläne angesehen werden, die den Aufbau und das Verhalten einer Menge ähnlicher Gebilde beschreiben. Objekte einer Klasse sind konkrete Ausprägungen dieser Klasse, die so aufgebaut sind und die sich so verhalten, wie die Klasse es vorgibt.

So beschreibt die Klasse Hamster den Aufbau (Attribute) und das Verhalten (Methoden) von Hamstern. Werden Hamster als Objekte der Klasse Hamster erzeugt, so besitzen sie die entsprechenden Attribute und agieren so, wie die Methoden implementiert sind.

9.1.1 Klassen

Schauen wir uns einmal eine erste Nicht-Hamster-Klasse an:

```
class Position {

    // Attribute
    int reihe;

    int spalte;

    // Konstruktor
    Position(int rWert, int sWert) {
```

```
        this.reihe = rWert;
        this.spalte = sWert;
    }

    // Methoden
    int getReihe() {
        return this.reihe;
    }

    int getSpalte() {
        return this.spalte;
    }
}
```

Definiert wird in dem Beispiel eine Klasse namens `Position`. Das Einzige, was sie von einer erweiterten Hamster-Klasse unterscheidet, ist die Abwesenheit der beiden Wörter `extends Hamster` im Klassenkopf. D.h. die Klasse `Position` ist eine selbstständige, nicht abgeleitete Klasse. Insbesondere ist sie nicht von der Klasse `Hamster` abgeleitet, erbt also auch nicht deren Attribute und Methoden. Vielmehr repräsentiert die Klasse `Position` bspw. die Position einer Kachel im Hamster-Territorium. Eine solche Position ist gekennzeichnet durch eine Reihe (r-Koordinate) und eine Spalte (s-Koordinate). Entsprechend besitzt die Klasse `Position` zwei Attribute `reihe` und `spalte`, die entsprechende Koordinatenwerte speichern können. Weiterhin befindet sich in der Klasse ein Konstruktor, über den die beiden Attribute initialisiert werden, sowie zwei Methoden, die die aktuellen Attributwerte zurückliefern.

Was ist nun der Sinn und Zweck der Klasse `Position`? Sie fasst eine r- und eine s-Koordinate (Attribute) zu einer Einheit zusammen und definiert und implementiert Operationen (Methoden) auf den entsprechenden Attributen. Mehr ist an dieser Stelle bezüglich der Definition von Klassen auch gar nicht zu sagen. Sie haben das gesamte Klassenkonzept der objektorientierten Programmierung bereits in den vergangenen Kapiteln am Beispiel der Hamster-Klassen kennen gelernt. Alles, was Sie dort gelernt haben, lässt sich ohne Einschränkungen auf „normale" Klassen übertragen:

- Klassen besitzen einen Namen, über den ein neuer Datentyp (Klassendatentyp) eingeführt wird. So kann nach der Definition der Klasse `Position` der Bezeichner `Position` überall dort verwendet werden, wo auch andere Datentypen (`int`, `boolean`, `Hamster`, ...) auftreten dürfen.

- Innerhalb eines Klassenrumpfes können Attribute (Instanz- und Klassenattribute), Konstruktoren, Methoden (Instanz- und Klassenmethoden) und Konstanten definiert werden. Die Attribute sind dabei global bezüglich des Klassenrumpfes, d.h. auf sie kann bei der Implementierung der Methoden zugegriffen werden.

9.1.2 Objekte und Objektvariablen

Genauso wie bei „normalen" Klassen gibt es auch bei „normalen" Objekten nichts, was Sie nicht schon von Hamster-Objekten her kennen:

- Von einer definierten Klasse können Objekte erzeugt werden.

- Vom Datentyp einer definierten Klasse können Objektvariablen definiert werden.

- Objekte einer Klasse können Objektvariablen vom Typ der Klasse zugeordnet werden.

- Über eine Objektvariable können für Objekte, die ihr zugeordnet sind, in der entsprechenden Klasse definierte Methoden aufgerufen werden.

- Für alle Klassendatentypen existiert das Literal null, das so viel wie „kein Objekt zugeordnet" bedeutet.

- Objekte, die keiner Objektvariablen mehr zugeordnet sind, sind nicht mehr erreichbar und werden daher vom Garbage-Collector gelöscht.

- Wird über eine Objektvariable, der kein Objekt zugeordnet ist, eine Methode aufgerufen, so führt das zur Laufzeit zum Programmabbruch (Laufzeitfehler).

Im folgenden Programm wird die oben definierte Klasse Position zur Demonstration der Handhabung von „normalen" Objekten genutzt:

```
void main() {
    Position pos1 = new Position(2, 3);
    Position pos2 = new Position(4, 5);
    Hamster paul = new Hamster(pos1.getReihe(), pos1
            .getSpalte(), Hamster.OST, 3);
    Hamster willi = new Hamster(pos2.getReihe(), pos2
            .getSpalte(), Hamster.WEST, 4);
    pos1 = null;

    Hamster karin = new Hamster(pos1.getReihe(), // Laufzeitfehler
            pos1.getSpalte(), Hamster.NORD, 5);
    pos2.vor(); // Fehler

    // ...

}
```

In Zeile 2 wird eine Objektvariable namens pos1 vom Klassendatentyp Position definiert. Weiterhin wird mittels des new-Operators ein Objekt der Klasse Position erzeugt, d.h. für das Objekt wird Speicherplatz für dessen Attribute reihe und spalte reserviert. Diese Attribute werden durch Ausführung des Konstruktors mit den Werten 2 bzw. 3 initialisiert. Anschließend wird über den =-Operator das Objekt der Objektvariablen pos1 zugeordnet. In Zeile 3 wird ein zweites Objekt vom Typ Position erzeugt, dessen Attribute reihe und spalte im Konstruktor mit den Werten 4 bzw. 5 initialisiert werden, und das Objekt wird der Objektvariablen pos2 zugeordnet.

In Zeile 4 und 5 wird nun ein Hamster erzeugt und initialisiert. Der Wert des ersten Konstruktorparameters ergibt sich dabei durch Aufruf der Methode getReihe für das Objekt, das der Objektvariablen pos1 zugeordnet ist. Die Methode liefert den Wert 2. Die Auswertung des zweiten Konstruktorparameters erfolgt analog. In Zeile 6 und 7 wird ein zweiter Hamster erzeugt und initialisiert. In diesem Fall werden dem Konstruktor als erste aktuelle Parameter die Werte übergeben, die die Ausführung der Methoden getReihe und getSpalte für das Objekt liefert, das der Objektvariablen pos2 zugeordnet ist, d.h. die Werte 4 bzw. 5.

In Zeile 8 wird der Objektvariablen pos1 der Wert null zugeordnet, d.h. das in Zeile 2 erzeugte Position-Objekt ist nun keiner Objektvariablen mehr zugeordnet; es ist somit nicht mehr erreichbar und der Garbage Collector kann den entsprechenden Speicherplatz wieder frei geben. Der Aufruf `pos1.getReihe()` in Zeile 10 produziert einen Laufzeitfehler und führt damit zum Programmabbruch, da `pos1` kein Objekt mehr zugeordnet ist.

Nicht möglich ist natürlich auch der in Zeile 12 angedeutete Aufruf der Methode `vor` für das der Objektvariablen `pos2` zugeordnete Objekt. Die Klasse `Position` ist keine (erweiterte) Hamster-Klasse. Für Objekte der Klasse können damit auch keine Hamster-Methoden aufgerufen werden. Aufgerufen werden können nur die Methoden, die in der Klasse auch definiert sind.

Das folgende Beispiel demonstriert die Nutzung der Klasse `Position` zur Definition einer erweiterten Hamster-Klasse:

```
class MeinHamster extends Hamster {
    MeinHamster(Position pos, int b, int k) {
        super(pos.getReihe(), pos.getSpalte(), b, k);
    }
}

void main() {
    MeinHamster paul = new MeinHamster(new Position(5, 2),
            Hamster.NORD, 0);
    while (paul.vornFrei()) {
        paul.vor();
    }
}
```

Der Konstruktor der Klasse `MeinHamster` besitzt nur drei Parameter. Der erste Parameter kapselt dabei die r- und s-Koordinate. Die entsprechenden Werte werden beim Aufruf des Konstruktors der Hamster-Klasse über die Methoden `getReihe` und `getSpalte` ermittelt. Im Hauptprogramm wird ein Hamster-Objekt vom Typ `MeinHamster` erzeugt und der Konstruktor der Klasse `MeinHamster` aufgerufen. Der erste aktuelle Parameter des Konstruktors ergibt sich aus der Erzeugung eines Position-Objektes, das dem formalen Parameter pos des Konstruktors zugeordnet wird, so dass der Hamster letztendlich auf der Kachel mit den Koordinaten (5/2) platziert wird.

9.1.3 Konvention

Sei X eine Klasse und `obj` eine Objektvariable vom Typ X, der ein Objekt der Klasse X zugeordnet ist. Wenn davon gesprochen wird, dass „für das Objekt `obj` eine Methode aufgerufen wird", ist damit eigentlich gemeint, dass „für das der Objektvariablen `obj` zugeordnete Objekt eine Methode aufgerufen wird". Diese Ausdrucksweise ist zwar eigentlich unpräzise, hat sich aber der kürzeren Formulierung wegen in der objektorientierten Programmierung eingebürgert.

9.2 Vererbung

Auch von normalen Klassen können weitere Klassen abgeleitet werden. Stellen Sie sich einmal vor, das Hamster-Territorium sei kein zwei-, sondern ein dreidimensionales Gebilde. In diesem Fall würde man eine dritte Koordinate t (Tiefe) benötigen, um die Position einer Kachel zu beschreiben. Eine entsprechende Klasse `Position3D` könnte nun relativ einfach durch Ableiten von der oben definierten Klasse `Position` definiert werden:

```
class Position3D extends Position {
    // Attribute
    int tiefe;

    // Konstruktor
    Position3D(int rWert, int sWert, int tWert) {
        super(rWert, sWert);
        this.tiefe = tWert;
    }

    // Methoden
    int getTiefe() {
        return this.tiefe;
    }
}
```

Durch das Konstrukt extends Position im Kopf der Klassendefinition wird festgelegt, dass die neu definierte Klasse Position3D von der Klasse Position abgeleitet wird, d.h. die Klasse Position3D erbt die Attribute reihe und spalte sowie die Methoden getReihe und getSpalte von der Klasse Position. Sie fügt ein neues Attribut tiefe sowie eine neue Methode getTiefe hinzu. Da die Klasse Position einen einzigen Konstruktor mit Parametern besitzt, muss die Klasse Position3D einen Konstruktor definieren, der als erste Anweisung den Konstruktor der Oberklasse mit Hilfe des super-Konstruktes aufruft.

Im folgenden Beispiel wird die Nutzung der Klasse Position3D skizziert:

```
1 void main() {
2     Position3D pos = new Position3D(3, 4, 5);
3     ...
4     int rKoordinate = pos.getReihe();
5     int tKoordinate = pos.getTiefe();
6     ...
7 }
```

In Zeile 2 wird ein Objekt der Klasse Position3D erzeugt und einer Objektvariable pos vom Typ Position3D zugeordnet. In Zeile 4 wird für das Objekt die geerbte Methode getReihe aufgerufen, die in diesem Fall den Wert 3 liefert. Die Anweisung in Zeile 5 führt zur Ausführung der neu definierten Methode getTiefe, die den Wert 5 liefert.

Auch bezüglich der Ableitung von „normalen" Klassen ist all das ohne Einschränkungen übertragbar, was Sie bereits beim Ableiten von Hamster-Klassen in Kapitel 7 kennen gelernt haben. Insbesondere gilt:

- Instanzattribute und Methoden werden vererbt.

- Objekte von abgeleiteten Klassen „teilen" sich die Klassenattribute ihrer Oberklasse mit den Objekten der Oberklasse.

- Für die Handhabung von Konstruktoren gelten die in Kapitel 7.6.1 beschriebenen Regeln.

- Methoden können überladen und überschrieben werden (vergleiche Kapitel 6.1 und 7.4).

9.3 Beispielprogramme

In den folgenden drei Beispielprogrammen wird der Einsatz „normaler" Klassen demonstriert.

9.3.1 Beispielprogramm 1

Es sollen Hamster-Zwillinge simuliert werden, für die folgendes gilt:

- Hamster-Zwillinge sind zwei Hamster, die immer mit derselben Blickrichtung auf derselben Kachel des Hamster-Territoriums stehen.

- Sie sollen alle vier Hamster-Grundbefehle und alle drei Hamster-Testbefehle ausführen können.

- Beim Aufnehmen von Körnern soll es dabei gerecht zugehen: Die Zwillinge führen einen entsprechenden nimm-Befehl immer abwechselnd aus.

- Beim Ablegen von Körnern dominiert der ältere Zwilling: Zunächst muss der jüngere Körner ablegen. Erst, wenn dieser kein Korn mehr im Maul hat, muss der ältere ein Korn „rausrücken".

Die folgende Klasse (keine Hamster-Klasse!) demonstriert eine mögliche Implementierung:

```
class Zwillinge {

    Hamster aelterer;

    Hamster juengerer;

    boolean aeltererHatGenommen;

    Zwillinge(int r, int s, int b, int k) {
        this.aelterer = new Hamster(r, s, b, k);
        this.juengerer = new Hamster(r, s, b, k);
        this.aeltererHatGenommen = false;
    }

    boolean vornFrei() {
        return this.aelterer.vornFrei();
    }

    boolean kornDa() {
        return this.aelterer.kornDa();
    }

    boolean maulLeer() {
        return this.juengerer.maulLeer()
                && this.aelterer.maulLeer();
    }

    void vor() {
        this.aelterer.vor();
```

```
                    this.juengerer.vor();
        }

        void linksUm() {
            this.aelterer.linksUm();
            this.juengerer.linksUm();
        }

        void nimm() {
            if (!this.aelterer.kornDa())
                return;
            if (!aeltererHatGenommen) {
                this.aelterer.nimm();
                this.aeltererHatGenommen = true;
            } else {
                this.juengerer.nimm();
                this.aeltererHatGenommen = false;
            }
        }

        void gib() {
            if (!this.juengerer.maulLeer()) {
                this.juengerer.gib();
            } else if (!this.aelterer.maulLeer()) {
                this.aelterer.gib();
            }
        }
    }
```

Die Klasse Zwillinge definiert zwei Attribute vom Typ Hamster (also Subobjekte) sowie ein boolesches Attribut aeltererHatGenommen, in dem vermerkt wird, welcher der beiden Hamster als letztes ein Korn genommen hat. Es existiert ein Konstruktor, der die beiden Hamster-Objekte erzeugt und mit identischen Werten initialisiert. Bei der Implementierung der Methoden vornFrei und kornDa reicht es aus, für einen der beiden Hamster abzufragen, ob vor ihm frei ist bzw. ob sich auf der aktuellen Kachel ein Korn befindet. Die Methode maulLeer liefert genau dann den Wert *true*, wenn beide Hamster keine Körner mehr im Maul haben. Die Methoden vor und linksUm sind so implementiert, dass bei ihrem Aufruf beide Hamster jeweils dasselbe tun. Die Methode nimm realisiert ein abwechselndes Nehmen von Körnern, insofern überhaupt welche da sind, und die Methode gib sorgt dafür, dass immer erst der jüngere Hamster Körner abzugeben hat.

Das folgende Hauptprogramm nutzt die Klasse Zwillinge. Die Zwillingshamster sollen die oberste Reihe im Territorium abgrasen. Am Ende der Reihe sollen sie sich umdrehen und zurücklaufen und dabei so lange sie Körner im Maul haben oder bis sie eine Mauer erreicht haben auf jeder Kachel jeweils ein Korn ablegen.

```
void main() {
    Zwillinge beide = new Zwillinge(0, 0, Hamster.OST, 0);

    // zur naechsten Mauer rennen und Koerner einsammeln
    while (beide.vornFrei()) {
        beide.vor();
        while (beide.kornDa()) {
```

```
            beide.nimm();
        }
    }

    // umdrehen, zuruecklaufen und dabei Koerner ablegen
    beide.linksUm();
    beide.linksUm();
    beide.gib();
    while (!beide.maulLeer() && beide.vornFrei()) {
        beide.vor();
        beide.gib();
    }
}
```

9.3.2 Beispielprogramm 2

Arrays als Speicher von Werten können in bestimmten Situationen einen gravierenden Nachteil haben. Schon bei ihrer Erzeugung muss angegeben werden, wie viele Werte sie maximal speichern können. Es ist nicht möglich, die Größe eines Arrays nachträglich zu ändern. In diesem Beispiel wird eine Klasse Speicher definiert, die diesen Nachteil nicht besitzt. Sie ermöglicht die Speicherung von prinzipiell beliebig vielen Werten.

```
// Hilfsklasse zum Speichern der eigentlichen Werte
class SpeicherElement {
    int wert; // der gespeicherte Wert

    SpeicherElement naechstes; // Referenz zum naechsten Element

    SpeicherElement(int wert) {
        this.wert = wert;
        this.naechstes = null;
    }

    int getWert() {
        return this.wert;
    }

    SpeicherElement getNaechstes() {
        return this.naechstes;
    }

    void setNaechstes(SpeicherElement elem) {
        this.naechstes = elem;
    }
}

class Speicher {

    SpeicherElement erstes; // Referenz zum ersten Element

    int anzahl; // Anzahl an gespeicherten Werten
```

```
Speicher() {
    this.erstes = null;
    this.anzahl = 0;
}


// fuegt einen uebergebenen Wert hinten an den Speicher an
void hinzufuegen(int wert) {
    SpeicherElement neuesElement = new SpeicherElement(wert);
    this.anzahl = this.anzahl + 1;
    if (this.erstes == null) {
        this.erstes = neuesElement;
    } else {
        SpeicherElement elem = this.erstes;
        while (elem.getNaechstes() != null) {
            elem = elem.getNaechstes();
        }
        elem.setNaechstes(neuesElement);
    }
}


// entfernt den uebergebenen Wert aus dem Speicher;
// kommt er mehrfach im Speicher vor, werden alle
// Vorkommen entfernt
void entfernen(int wert) {
    while (this.erstes != null
            && this.erstes.getWert() == wert) {
        this.erstes = this.erstes.getNaechstes();
        // erstes ist damit aus dem Speicher entfernt
    }
    if (this.erstes == null)
        return;

    SpeicherElement vorheriges = this.erstes;
    SpeicherElement merker = vorheriges.getNaechstes();
    while (merker != null) {
        if (merker.getWert() == wert) {
            vorheriges.setNaechstes(merker.getNaechstes());
            // Element ist damit aus dem Speicher entfernt
        } else {
            vorheriges = merker;
        }
        merker = merker.getNaechstes();
    }
}


// ueberprueft, ob der uebergebene Wert im Speicher
// gespeichert ist
boolean istEnthalten(int wert) {
    SpeicherElement elem = this.erstes;
    while (elem != null) {
        if (elem.getWert() == wert) {
```

```
                    return true;
            }
            elem = elem.getNaechstes();
        }
        return false;
    }


    // liefert die Anzahl an gespeicherten Werten
    int getAnzahl() {
        return this.anzahl;
    }


    // die naechsten drei Funktionen liefern im Zusammenspiel der
    // Reihe nach die gespeicherten Werte

    SpeicherElement merker = null;

    void beginnDurchlauf() {
        this.merker = this.erstes;
    }

    boolean endeErreicht() {
        return this.merker == null;
    }

    int liefereNaechstenWert() {
        int wert = this.merker.getWert();
        this.merker = this.merker.getNaechstes();
        return wert;
    }
}
```

Die Klasse Speicher ist als so genannte *verkettete Liste* realisiert. Die zu speichernden Werte werden dabei in Objekten der Klasse SpeicherElement gespeichert. Neben den zu speichernden Werten enthält jedes Objekt ein zweites Attribut vom Typ SpeicherElement. Dieses kann auf ein weiteres Speicherelement verweisen, und dieses ebenfalls, usw. Die einzelnen Speicherelemente werden dadurch quasi miteinander „verkettet", daher auch der Name *verkettete Liste*. Die Klasse Speicher selbst enthält ein Attribut erstes vom Typ SpeicherElement, bei dem die Kette beginnt. Abbildung 9.1 skizziert eine verkettete Liste nach Ausführung der folgenden Anweisungen:

```
Speicher speicher = new Speicher();
speicher.hinzufuegen(47);
speicher.hinzufuegen(11);
speicher.hinzufuegen(-8);
```

Mit der Methode hinzufuegen kann ein bestimmter Wert in den Speicher abgelegt werden. Der Wert wird dabei in einem neu erzeugten Objekt der Klasse SpeicherElement hinten an die verkettete Liste angefügt. Dazu wird zuvor die Kette durchlaufen, bis das Ende erreicht ist.

Die Methode entfernen dient zum Entfernen aller Speicherelemente der Kette, die den als Parameter übergebenen Wert speichern. Wird ein solches Speicherelement beim Durchlaufen der Kette

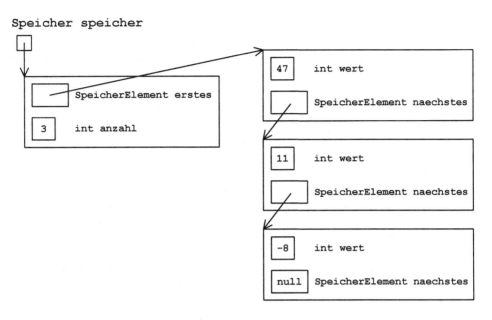

Abbildung 9.1: Verkettete Liste

gefunden, wird das Entfernen des Elementes dadurch realisiert, dass sein Vorgänger mit seinem Nachfolger verkettet wird. Das Element selbst kann dann vom Garbage Collector bereinigt werden.

Von besonderem Interesse sind weiterhin die drei Methoden beginnDurchlauf, endeErreicht und liefereNaechstenWert, mit denen alle aktuell gespeicherten Werte ermittelt werden können. Das folgende Hauptprogramm demonstriert den Einsatz dieser Methoden. Zunächst irrt ein weiblicher Hamster namens julia zufallsgesteuert durch ein mauerloses Territorium. Auf bestimmten Kacheln „verliert" sie dabei ein Korn. Sie hält an, wenn sie keine Körner mehr im Maul hat. Anschließend kommt die große Stunde von romeo, einem anderen Hamster. Er hat das Missgeschick von julia mitbekommen und will ihr helfen.[1] Er läuft dazu exakt denselben Weg ab, den auch julia gelaufen ist, sammelt dabei die von ihr verlorenen Körner wieder ein und – die Geschichte hat ein „Happy End" – übergibt sie ihr schließlich. Dabei macht er sich ein Objekt vom Typ Speicher zunutze, in dem die Koordinaten aller Kacheln abgespeichert worden sind, auf denen julia ein Korn verloren hat.

```
class Zufall { // generiert Zufallszahlen
    // erzeugt Zufallszahlen zwischen 0 und max
    static int naechsteZahl(int max) {
        return (int) (Math.random() * (max + 1));
    }
}

void main() {
    AllroundHamster julia = new AllroundHamster(Hamster
            .getStandardHamster());
    Speicher kacheln = new Speicher();
```

---

[1]Die beiden Hamster werden von der Klasse AllroundHamster aus Kapitel 7.10 erzeugt.

```
    kacheln.hinzufuegen(julia.getReihe());
    kacheln.hinzufuegen(julia.getSpalte());

    // zunaechst laeuft Julia
    while (!julia.maulLeer()) {
        julia.gib();
        int reihe = Zufall.naechsteZahl(Territorium
                .getAnzahlReihen() - 1);
        int spalte = Zufall.naechsteZahl(Territorium
                .getAnzahlSpalten() - 1);
        julia.laufeZuKachel(reihe, spalte);
        kacheln.hinzufuegen(reihe);
        kacheln.hinzufuegen(spalte);
    }

    kacheln.beginnDurchlauf();
    int reihe = kacheln.liefereNaechstenWert();
    int spalte = kacheln.liefereNaechstenWert();
    AllroundHamster romeo = new AllroundHamster(reihe,
            spalte, Hamster.OST, 0);

    // Romeo laeuft Julia hinterher
    while (!kacheln.endeErreicht()) {
        romeo.nimm();
        reihe = kacheln.liefereNaechstenWert();
        spalte = kacheln.liefereNaechstenWert();
        romeo.laufeZuKachel(reihe, spalte);
    }

    // Romeo uebergibt Julia die Koerner
    while (!romeo.maulLeer()) {
        romeo.gib();
        julia.nimm();
    }
}
```

9.3.3 Beispielprogramm 3

In Kapitel 8 haben wir gelernt, dass alle Komponenten eines Arrays jederzeit über einen Index zugreifbar sind. In manchen Situationen möchte man das aber gar nicht. Stellen Sie sich bspw. einen Aktenhaufen auf dem Schreibtisch eines Beamten vor.[2] Bekommt er eine neue Akte, wird diese in der Regel erstmal oben auf den Stapel draufgelegt, und wenn der Stapel dann mal abgearbeitet wird, erfolgt die Abarbeitung der Akten von oben nach unten.

In diesem Beispielprogramm wird eine so genannte *Datenstruktur* entwickelt, die derartige Stapel realisiert. Implementiert wird die Datenstruktur in Form einer Klasse, die entsprechend auch Stapel genannt wird. Anstelle von Akten können Objekte vom Typ Position auf den Stapel abgelegt werden.

---

[2]die nicht betroffenen Beamten mögen mir dieses Beispiel verzeihen

```
class Position {
    int reihe;

    int spalte;

    Position(int r, int s) {
        this.reihe = r;
        this.spalte = s;
    }

    int getReihe() {
        return this.reihe;
    }

    int getSpalte() {
        return this.spalte;
    }
}

class Stapel {

    Position[] speicher; // Speicher

    int oberstesElement; // Index auf oberstes Element

    Stapel(int maxGroesse) {
        this.speicher = new Position[maxGroesse];
        this.oberstesElement = -1;
    }

    // legt pos oben auf dem Stapel ab
    void drauflegen(Position pos) {
        if (!this.istVoll()) {
            this.oberstesElement = this.oberstesElement + 1;
            this.speicher[this.oberstesElement] = pos;
        }
    }

    // entfernt das oberste Element des Stapels und liefert es
    // als Wert zurueck
    Position herunternehmen() {
        if (!this.istLeer()) {
            Position ergebnis = this.speicher[this.oberstesElement];
            this.oberstesElement = this.oberstesElement - 1;
            return ergebnis;
        } else {
            return null;
        }
    }

    // ueberprueft, ob der Stapel voll ist
    boolean istVoll() {
```

```
        return this.oberstesElement == this.speicher.length - 1;
    }


    // ueberprueft, ob der Stapel leer ist
    boolean istLeer() {
        return this.oberstesElement == -1;
    }
}
```

Realisiert wird die Datenstruktur klassenintern mit Hilfe eines Arrays, in dem Objekte vom Typ Position gespeichert werden können. Von der Klasse werden zwei Methoden drauflegen und herunternehmen zur Verfügung gestellt, die einen eingeschränkten, indirekten Zugriff auf das Array ermöglichen. Mit der Methode drauflegen kann ein Position-Objekt oben auf dem Stapel abgelegt werden und mit Hilfe der Methode herunternehmen kann das oberste Element des Stapels geliefert und vom Stapel entfernt werden. Die Zugriffe auf das klasseninterne Array von außerhalb der Klassendefinition erfolgen ausschließlich indirekt über diese Methoden. Andere Zugriffe auf das Array werden nicht unterstützt. Man spricht daher auch von Datenkapselung (siehe auch Kapitel 14).

Das folgende Hauptprogramm demonstriert die Verwendung der Klasse Stapel. Ein Hamster willi irrt ziellos durch ein mauerloses Territorium und verliert dabei Körner. Zum Glück speichert er sich die Positionen der besuchten Kacheln in einem Objekt vom Typ Stapel. Als er merkt, dass sein Maul leer ist, schickt er einen Hamster james auf die Suche nach den verlorenen Körnern.[3] james ist nicht dumm und nutzt dazu die auf dem Stapel abgelegten Informationen. Damit kann er den Weg zurücklaufen und die Körner einsammeln. Das Programm nutzt die Klasse Zufall aus Beispielprogramm 2.

```
void main() {
    AllroundHamster willi = new AllroundHamster(Hamster
            .getStandardHamster());
    Stapel haufen = new Stapel(willi.getAnzahlKoerner());

    // zunaechst irrt Willi durchs Territorium
    while (!willi.maulLeer() && !haufen.istVoll()) {
        int reihe = Zufall.naechsteZahl(Territorium
                .getAnzahlReihen() - 1);
        int spalte = Zufall.naechsteZahl(Territorium
                .getAnzahlSpalten() - 1);
        willi.laufeZuKachel(reihe, spalte);
        willi.gib();
        haufen.drauflegen(new Position(reihe, spalte));
    }

    AllroundHamster james = new AllroundHamster(willi);

    // James laeuft zurueck und sammelt die Koerner wieder
    // ein
    while (!haufen.istLeer()) {
        Position naechsteKachel = haufen.herunternehmen();
        james.laufeZuKachel(naechsteKachel.getReihe(),
                naechsteKachel.getSpalte());
```

---

[3]Die beiden Hamster werden von der Klasse AllroundHamster aus Kapitel 7.10 erzeugt.

```
        james.nimm();
    }
}
```

9.4 Aufgaben

Und nun müssen Sie sich beweisen, dass Sie das Klassen/Objekt-Konzept auch wirklich verstanden haben. Lösen Sie dazu die folgenden Aufgaben und denken Sie sich selbst weitere Aufgaben aus. Viel Spaß und Erfolg!

9.4.1 Aufgabe 1

Implementieren Sie analog zu Beispielprogramm 1 in Abschnitt 9.3.1 eine Klasse Drillinge, die Hamsterdrillinge repräsentiert.

- Hamsterdrillinge sind drei Hamster, die immer mit derselben Blickrichtung auf derselben Kachel des Hamster-Territoriums stehen.

- Sie sollen alle vier Hamster-Grundbefehle und alle drei Hamster-Testbefehle ausführen können.

- Beim Aufnehmen von Körnern soll es dabei gerecht zugehen: Die Drillinge führen einen entsprechenden nimm-Befehl immer der Reihe nach aus; der älteste beginnt.

- Beim Ablegen von Körnern muss der jüngste Drilling zunächst alle Körner ablegen. Erst, wenn dieser kein Korn mehr im Maul hat, muss der mittlere Drilling seine Körner „rausrücken". Als letzter ist der älteste Drilling an der Reihe.

Implementieren Sie die Klasse Drillinge zweimal. Ein erstes Mal als nicht abgeleitete Klasse und ein zweites Mal als von der Klasse Zwillinge abgeleitete Klasse. Schreiben Sie dann ein Hauptprogramm, in dem Drillinge erzeugt werden, die zunächst ein mauerloses Territorium vollständig abgrasen und dann so lange sie noch Körner in ihren Mäulern haben, auf jeder Kachel genau ein Korn ablegen.

9.4.2 Aufgabe 2

Erweitern Sie die Klasse Speicher aus Beispielprogramm 2 in Abschnitt 9.3.2 durch eine Methode sortieren, mit der die Verkettung der Speicherelemente so geändert wird, dass die in ihnen gespeicherten Werte der Größe nach sortiert sind. Denken Sie sich selbst eine Hamster-Aufgabe aus, um die Klasse zu testen.

9.4.3 Aufgabe 3

Ändern Sie die Klasse Speicher aus Beispielprogramm 2 in Abschnitt 9.3.2 so ab, dass keine int-Werte gespeichert werden, sondern analog zu Beispielprogramm 3 in Abschnitt 9.3.3 Objekte vom Typ Position. Passen Sie dann auch das Hauptprogramm an die geänderte Klasse an.

9.4.4 Aufgabe 4

Erweitern Sie das Hauptprogramm aus Beispielprogramm 3 in Abschnitt 9.3.3 derart, dass der Hamster james nicht nur die Körner wieder einsammelt, sondern zu Hamster willi zurückbringt und diesem übergibt.

9.4.5 Aufgabe 5

Leiten Sie von der Klasse Stapel aus Beispielprogramm 3 in Abschnitt 9.3.3 eine Klasse Tausch-Stapel ab, die eine weitere Methode tauschen zur Verfügung stellt, mit der die beiden obersten Elemente des Stapels – insofern überhaupt zwei auf dem Stapel liegen – vertauscht werden. Denken Sie sich selbst eine Hamster-Aufgabe aus, um die Klasse zu testen.

9.4.6 Aufgabe 6

Die Klasse Stapel aus Beispielprogramm 3 in Abschnitt 9.3.3 ist mit Hilfe eines Arrays implementiert, in dem die zu speichernden Werte abgelegt werden. Alternativ könnte eine Implementierung jedoch auch mit Hilfe der Klasse Speicher aus Beispielprogramm 2 in Abschnitt 9.3.2 erfolgen, die so geändert wurde, dass keine int-Werte, sondern Position-Objekte gespeichert werden können (siehe Aufgabe 3). Durch diese alternative Implementierung wären sowohl der Parameter des Konstruktors als auch die Methode istVoll überflüssig.

Teilaufgabe (a):
Implementieren Sie die Klasse Stapel (d.h. die entsprechenden Methoden) mit Hilfe einer Klasse Speicher, die Position-Objekte speichern kann, indem Sie anstelle des klasseninternen Arrays ein Subobjekt vom Typ Speicher definieren.

Teilaufgabe (b):
Implementieren Sie die Klasse Stapel (d.h. die entsprechenden Methoden) mit Hilfe einer Klasse Speicher, die Position-Objekte speichern kann, indem Sie die Klasse Stapel von der Klasse Speicher ableiten und zur Implementierung der Methoden die geerbten Methoden benutzen.

Testen Sie die Korrektheit der von Ihnen implementierten Klassen mit Hilfe des Hauptprogramms aus Beispielprogramm 3.

Kapitel 10
Ein- und Ausgabe

Die Hamster werden immer schlauer. In diesem Kapitel werden wir ihnen in Abschnitt 2 das Schreiben und in Abschnitt 3 das Lesen beibringen. Zuvor werden in Abschnitt 1 Zeichenketten eingeführt, die die Hamster zum Schreiben und Lesen benötigen. Abschnitt 4 enthält Beispielprogramme und Abschnitt 5 einige Aufgaben.

10.1 Zeichenketten

Ein sehr wichtiger Datentyp in der Programmierung sind Folgen von Zeichen, auch *Zeichenketten* bzw. im Englischen *Strings* genannt. Trotz ihrer Wichtigkeit – auch schon in der imperativen Programmierung – wurden sie jedoch noch nicht in Band 1 der Java-Hamster-Bücher eingeführt, weil Strings in Java als Objekte repräsentiert werden. Jetzt, wo Sie aber das Konzept der Klassen und Objekte kennen, können wir uns Strings einmal genauer anschauen.

10.1.1 Stringliterale

Stringliterale sind Folgen von Zeichen, die zwischen Anführungszeichen stehen, wie zum Beispiel

```
"Lieber Hamster"
"Guten Morgen"
"Juchu, bald kann ich programmieren!"
```

Es gibt einige Besonderheiten im Zusammenhang mit Strings:

- Soll in einer Zeichenkette das Anführungszeichen selbst stehen, muss davor ein Schrägstrich stehen: "Sie sagte: \"Hallo Schatz!\""

- Soll in einer Zeichenkette ein Schrägstrich stehen, muss davor ein weiterer Schrägstrich gestellt werden: "Das Zeichen \\ heißt auch Backslash!"

- Das Stringliteral "" repräsentiert eine leere Zeichenkette.

10.1.2 Stringobjekte

Stringobjekte sind Objekte einer Klasse String, die in Abschnitt 10.1.4 vorgestellt wird. Stringobjekte – häufig auch einfach *Strings* genannt – kapseln Stringliterale und werden wie folgt erzeugt:

```
new String("Lieber Hamster");
new String("Ich laufe nun los!");
```

10.1.3 Stringobjektvariablen

Vom Typ `String` können Objektvariablen definiert und diesen Stringobjekte zugeordnet werden:

```
String str1 = new String("Lieber Hamster");
String str2 = new String("Ich laufe nun los!");
str1 = new String("Mist, eine Mauer");
str1 = str2;
```

`str1` und `str2` sind hier Objektvariablen vom Typ `String`. Da Strings in Java sehr wichtig sind, wird auch folgende abkürzende Schreibweise unterstützt:

```
String str1 = "Lieber Hamster";
String str2 = "Ich laufe nun los!";
str1 = "Mist, eine Mauer";
str1 = str2;
```

10.1.4 Klasse `String`

In Java existiert eine vordefinierte Klasse `String`, die folgende Methoden definiert[1]:

```
public class String {

    // Konstruktor, der einen leeren String erzeugt
    public String();

    // Konstruktor, der eine Kopie des uebergebenen Strings erzeugt
    public String(String str);

    // ueberprueft, ob die beiden Strings die gleichen Zeichenketten
    // repraesentieren
    public boolean equals(String anderer);

    // vergleicht den String mit dem als Parameter
    // uebergebenen String;
    // liefert einen negativen Wert, wenn der String lexikographisch
    // kleiner ist als der als Parameter uebergebene String;
    // liefert einen positiven Wert, wenn der String lexikographisch
    // groesser ist als der als Parameter uebergebene String;
    // liefert 0, wenn die beiden Strings gleich sind
    public int compareTo(String str);

    // ueberprueft, ob der String mit dem uebergebenen Praefix
    // beginnt
    public boolean startsWith(String praefix);

    // ueberprueft, ob der String mit dem uebergebenen Suffix endet
    public boolean endsWith(String suffix);
```

---

[1]Die Klassendefinition wird hier nicht vollständig wiedergegeben. Die Bedeutung des Schlüsselwortes `public` wird in Kapitel 14 erläutert. Sie können es hier einfach ignorieren. Die korrekte Signatur der Methode equals lautet: `public boolean equals(Object obj)`. Sie werden die Klasse `Object` in Kapitel 11.7 kennen lernen.

```
// liefert einen String, bei dem der uebergebene String an den
// aufgerufenen String angehaengt ist
public String concat(String anhang);

// liefert den Teilstring des aufgerufenen Strings zwischen
// den beiden uebergebenen Positionen
public String substring(int beginIndex, int endIndex);

// liefert die Anzahl an Zeichen der repraesentierten
// Zeichenkette
public int length();

// liefert die erste Position (zwischen 0 und length()-1),
// an der der uebergebene String in dem aufgerufenen
// String vorkommt; falls der uebergebene String
// gar nicht vorkommt, wird -1 geliefert
public int indexOf(String substring);

// liefert die letzte Position (zwischen 0 und length()-1),
// an der der uebergebene String in aufgerufenen
// String vorkommt; falls der uebergebene String
// gar nicht vorkommt, wird -1 geliefert
public int lastIndexOf(String substring);

// erzeugt aus dem uebergebenen Wert einen
// String ("false", "true")
public static String valueOf(boolean wert);

// erzeugt aus dem uebergebenen Wert einen String
public static String valueOf(int zahl);
```

Was die einzelnen Methoden bewirken, wird in den folgenden Beispielen verdeutlicht:

```
void main() {
    String str1 = "Hallo Paul!";
    String str2 = "Hallo Willi!";

    boolean b1 = str1.equals(str2); // liefert false

    int vergleich = str1.compareTo(str2); // vergleich < 0

    boolean b2 =
        str1.startsWith(new String("Hallo")); // liefert true
    // oder kurz: boolean b2 = str1.startsWith("Hallo");

    boolean b3 = str2.endsWith("!"); // liefert true

    String str3 = str1.concat(" Wie geht es dir?");
    // str3 repraesentiert "Hallo Paul! Wie geht es dir?"

    String str4 = str1.substring(0, 5);
    // str4 repraesentiert "Hallo"
```

```
    int laenge = str4.length(); // liefert 5
    int indexF = str3.indexOf(" "); // liefert 5
    int indexL = str3.lastIndexOf(" "); // liefert 23

    String str5 = String.valueOf(b1); // repraesentiert "false"
    String str6 =
        String.valueOf(indexF - indexL); // repraesentiert "-18"
}
```

Im folgenden Hamster-Programm untersucht der Standard-Hamster einen vorgegebenen String daraufhin, wie viele Ziffern in ihm vorkommen, und dreht sich jedes Mal, wenn er eine entdeckt hat, einmal linksum; in dem konkreten Beispiel insgesamt viermal (2, 8, 2, 9).

```
void main() {
    Hamster paul = Hamster.getStandardHamster();
    String zeichenkette = "Der Februar hat 28 oder 29 Tage!";
    for (int i = 0; i < zeichenkette.length(); i++) {
        String zeichen = zeichenkette.substring(i, i + 1);
        if (zeichen.compareTo("0") >= 0
                && zeichen.compareTo("9") <= 0) {
            paul.linksUm();
        }
    }
}
```

10.1.5 Operatoren für Objektvariablen vom Typ String

Mit Hilfe des +-Operators können Strings hintereinander gehängt und zu einem String zusammengefasst werden:

```
String s1 = "Hallo";
String s2 = "Hamster";
String s3 = s1 + s2; // repraesentiert "HalloHamster"
String s4 = s1 + " " + s2 + "!"; // repraesentiert "Hallo Hamster!"
```

Der Objektvariablen s3 ist ein Stringobjekt zugeordnet, das das Stringliteral "HalloHamster" repräsentiert. s4 referenziert ein Stringobjekt mit dem Stringliteral "Hallo Hamster!"

Weiterhin gibt es für Objektvariablen vom Typ String die Vergleichsoperatoren == und !=. Mit ihnen kann überprüft werden, ob zwei Objektvariablen vom Typ String dasselbe Stringobjekt (==) oder unterschiedliche Stringobjekte (!=) zugeordnet sind.

```
String s1 = "Hallo";
String s2 = s1;
boolean gleicheObjekte = s1 == s2; // in diesem Fall "true"
```

Ganz wichtig ist hierbei, dass Sie den Unterschied zur Methode equals erkennen. Es gilt: Seien s1 und s2 zwei Objektvariablen vom Typ String, denen jeweils ein Stringobjekt zugeordnet ist. Falls s1 == s2 und s1 != null, dann gilt auch s1.equals(s2). Es gilt aber nicht zwangsläufig: Falls s1.equals(s2), dann gilt auch s1 == s2. Folgendes Gegenbeispiel kann dies beweisen:

```
String s1 = "Hallo";
String s2 = "Hal" + "lo";
boolean b1 = s1.equals(s2); // liefert true
boolean b2 = s1 == s2;      // liefert false
```

Der Ausdruck s1.equals(s2) liefert den Wert true, weil sowohl das Stringobjekt, das s1 referenziert, als auch das Stringobjekt, das s2 referenziert, die Zeichenkette "Hallo" repräsentieren. Der Ausdruck s1==s2 liefert jedoch den Wert false, weil s1 und s2 unterschiedliche Stringobjekte zugeordnet sind: s1 das in Zeile 1 und s2 das in Zeile 2 erzeugte. Merken Sie sich also: Wenn Sie Zeichenketten miteinander vergleichen wollen, benutzen Sie immer die equals-Methode!

Im Zusammenspiel mit dem +-Operator werden int-Werte übrigens automatisch in Zeichenketten umgewandelt. Schauen Sie sich dazu folgendes Programmfragment an:

```
int zahl = 13;
String str = "Der Hamster hat " + zahl + " Koerner im Maul!";

// aequivalent zu:
//   String str = "Der Hamster hat " +
//                String.valueOf(zahl) +
//                " Koerner im Maul!";
```

Was hier passiert, ist, dass vor der Ausführung des +-Operators der Wert, den die Variable zahl aktuell speichert, in ein Stringobjekt umgewandelt wird, so dass im obigen Beispiel str anschließend auf ein Stringobjekt mit dem Stringliteral "Der Hamster hat 13 Koerner im Maul!" verweist.

10.2 Ausgabe

Jetzt, wo wir Zeichenketten kennen, können wir den Hamstern auch das Schreiben beibringen. Dazu verfügt die Klasse Hamster über eine weitere Methode namens schreib, die wie folgt definiert ist:

```
public class Hamster {
    ...
    public void schreib(String zeichenkette) { ... }
    ...
}
```

Wird für einen Hamster der Befehl schreib aufgerufen, dann wird die übergebene Zeichenkette auf den Bildschirm ausgegeben. Daher wird das Konzept auch als *Ausgabe* bezeichnet. Im Hamster-Simulator erfolgt die Ausgabe in einer Dialogbox über dem Hamster-Territorium. Die Dialogbox enthält auf der linken Seite das Symbol 'i' (für „Information") und ist so lange sichtbar, bis der Benutzer mit der Maus auf den OK-Button klickt. Während dieser Zeit pausiert das Programm.

Abbildung 10.1 skizziert die Situation für folgendes Programm:

```
void main() {
    Hamster paul = new Hamster(3, 4, Hamster.OST, 3);
    paul.schreib("Ich habe " + paul.getAnzahlKoerner()
            + " Koerner im Maul!");
}
```

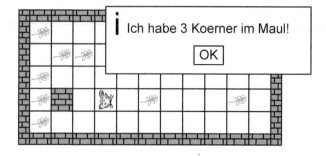

Abbildung 10.1: Auswirkungen des `schreib`-Befehls

Zeilenumbrüche können Sie durch den Einsatz des Sonderzeichens \n in dem auszugebenden String bewirken (siehe auch Abbildung 10.2).

```
void main() {
    Hamster paul = new Hamster(3, 4, Hamster.OST, 3);
    paul.schreib("Hurra!\nIch habe "
            + paul.getAnzahlKoerner() + " Koerner im Maul!");
}
```

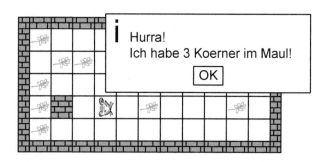

Abbildung 10.2: Zeilenumbrüche

Im folgenden Beispiel soll ein Hamster bis zur nächsten Wand laufen und dabei auf jeder Kachel alle Körner fressen. Nach dem „Abgrasen" jeder Kachel soll er auf dem Bildschirm ausgeben, wie viele Körner er jeweils gesammelt hat. Zum Schluss soll er zusätzlich die gesamte Anzahl an gesammelten Körnern ausgeben.

```
class SammelHamster extends Hamster {
    int gesamtAnzahl;

    SammelHamster(int r, int s, int b, int k) {
        super(r, s, b, k);
        this.gesamtAnzahl = 0;
    }

    void sammle() {
        int anzahl = 0;
        while (this.kornDa()) {
            this.nimm();
```

```
                anzahl = anzahl + 1;
        }
        this.schreib("Ich habe gerade " + anzahl
                + " Koerner gefressen!");
        this.gesamtAnzahl = this.gesamtAnzahl + anzahl;
    }

    void graseReiheAb() {
        this.sammle();
        while (this.vornFrei()) {
            this.vor();
            this.sammle();
        }
        this.schreib("Ich habe insgesamt " + this.gesamtAnzahl
                + " Koerner gefressen!");
    }
}

void main() {
    SammelHamster paul = new SammelHamster(2, 0,
            Hamster.OST, 3);
    paul.graseReiheAb();
}
```

10.3 Eingabe

Wer schreiben kann, muss auch lesen können! Und in der Tat gibt es in der Klasse Hamster auch entsprechende Methoden:

```
public class Hamster {
    ...
    public String liesZeichenkette(String aufforderung) { ... }
    public int    liesZahl(String aufforderung) { ... }
    ...
}
```

Beim Lesen können Sie einem Hamster während der Programmausführung bestimmte Werte mitteilen. Der Hamster liest quasi, was Sie über die Tastatur eingeben. Daher wird das Konzept auch *Eingabe* genannt.

Wird für einen Hamster die Methode liesZeichenkette aufgerufen, wird zunächst wie beim schreib-Befehl die als Parameter übergebene Zeichenkette auf den Bildschirm ausgegeben. Anschließend wartet das Programm darauf, dass der Benutzer über die Tastatur Zeichen eingibt. Die vom Benutzer eingegebene Zeichenfolge wird dann in ein Stringobjekt verpackt. Im Hamster-Simulator erscheint beim Aufruf der Methode liesZeichenkette, ähnlich wie beim schreib-Befehl, über dem Territorium eine Dialogbox, allerdings mit dem Symbol ? auf der linken Seite sowie einem zusätzlichen Texteingabefeld.

Die Methode liesZahl kann analog benutzt werden. Hierbei wird jedoch erwartet, dass ausschließlich Ziffern eingegeben werden. Die eingegebene Ziffernfolge wird dann in einen int-Wert umgewandelt. Drückt der Benutzer bspw. zunächst die '1'-Taste und dann die '3'-Taste, liefert die

Methode liesZahl den Wert 13. Über die '-'-Taste können auch negative Werte eingegeben werden. Enthält die Eingabe ungültige Zeichen (bspw. Buchstaben), liefert die Methode liesZahl den Wert 0. Im Hamster-Simulator unterscheidet sich der Aufruf des liesZahl-Befehls gegenüber dem liesZeichenkette-Befehl dadurch, dass in dem Texteingabefeld der Dialogbox bereits standardmäßig eine '0' steht.

Im folgenden Beispiel wird der Benutzer vom Hamster paul aufgefordert, eine Zahl einzugeben. Der Hamster dreht sich anschließend entsprechend häufig linksum, d.h. gibt der Benutzer den Wert 3 ein, dreht sich der Hamster dreimal linksum; gibt der Benutzer den Wert 15 ein, dreht sich der Hamster 15 mal linksum. Das Ganze wird so lange wiederholt, wie der Benutzer auf die Frage von paul „Noch einmal (ja/nein)?" die Zeichenfolge „ja" eingibt. Abbildung 10.3 skizziert die Situation.

```
void main() {
    Hamster paul = Hamster.getStandardHamster();
    String antwort;
    do {
        int anzahl = paul.liesZahl("Anzahl:");
        while (anzahl > 0) {
            paul.linksUm();
            anzahl = anzahl - 1;
        }
        antwort = paul
                .liesZeichenkette("Noch einmal (ja/nein)?");
    } while (antwort.equals("ja"));
}
```

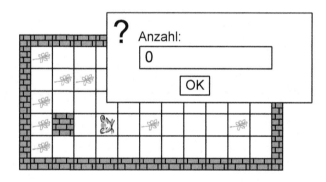

Abbildung 10.3: Eingabe von Werten über die Tastatur

10.4 Beispielprogramme

Da die Hamster nun wie wir Menschen lesen und schreiben können, können wir mit ihnen kommunizieren. Wie wir das ausnutzen können, demonstrieren die folgenden Beispielprogramme.

10.4.1 Beispielprogramm 1

Aufgabe:

Ein Allround-Hamster[2] paul ist im Moment noch durch die neuen Befehle schreib, liesZahl und liesZeichenkette so überfordert, dass er ganz seine Testbefehle vornFrei und kornDa „vergessen" hat. Weiterhin ist ihm die Existenz der Klasse Territorium entfallen. Er hat einen Bärenhunger und möchte daher gerne das mauerlose Territorium, in dem er sich befindet, komplett abgrasen. Aber er hat Angst, dabei gegen eine Mauer zu laufen oder auf einer körnerlosen Kachel ein Korn zu fressen, wodurch er ja elendig krepieren würde.

In seiner Not fragt er Sie als Benutzer des Programms um Rat. Sie müssen ihm die Positionen der Kacheln mitteilen, auf denen sich Körner befinden. Der Hamster eilt dann dort hin und frisst jeweils ein Korn. Wenn es keine Körner mehr im Territorium gibt, geben Sie einfach eine -1 ein. Der Hamster bedankt sich dann artig für Ihre Hilfe und das Programm wird beendet.

Lösung:

```
void main() {
    AllroundHamster paul = new AllroundHamster(0, 0,
            Hamster.OST, 0);
    int reihe = 0;
    int spalte = 0;
    do {
        reihe =
            paul.liesZahl("Bitte teile mir die r-Koordinate einer "
                    + "Kachel mit, auf der ein Korn liegt,\n oder "
                    + "gib -1 ein, wenn es keine Koerner mehr im "
                    + "Territorium gibt!");
        if (reihe == -1) {
            paul.schreib("Jetzt bin ich satt! "
                    + "'Danke fuer Deine Hilfe!");
        } else {
            spalte =
                paul.liesZahl("Bitte teile mir nun die s-Koordinate"
                        + " der Kachel mit!");
            paul.laufeZuKachel(reihe, spalte);
            paul.nimm(); // bitte paul nicht durch falsche
                        // Eingaben
            // enttaeuschen, sonst stirbt er!
            paul.schreib("Schmatz! Das hat gut geschmeckt!");
        }
    } while (reihe != -1);
}
```

10.4.2 Beispielprogramm 2

Aufgabe:

Der Standard-Hamster steht unmittelbar vor einem regelmäßigen Berg beliebiger Höhe (siehe auch

---

[2]siehe Kapitel 7.10

Abbildung 10.4). Er beauftragt einen Vertretungshamster vom Typ BergHamster[3] den Berg zu erklimmen und ihm anschließend zu berichten, wie hoch der Berg ist. Dummerweise ist der Vertretungshamster nicht schwindelfrei und hat Angst. Daher fragt er den Benutzer nach jeder erklom-
menen Stufe, ob er noch weiter klettern muss oder ob ihm der Benutzer verrät, wie hoch der Berg
ist.

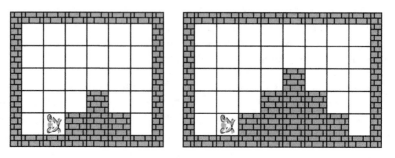

Abbildung 10.4: Typische Hamster-Territorien zu Beispielprogramm 2

Lösung:

```
void main() {
    Hamster willi = Hamster.getStandardHamster();
    BergHamster paul = new BergHamster(willi);

    // zunaechst erklimmt paul den Berg
    do {
        paul.erklimmeStufe();
    } while (!paul.gipfelErreicht() && !paul.hoeheErfahren());

    paul.kehrt();

    // nun klettert er wieder herunter
    while (!paul.talErreicht()) {
        paul.klettereStufeHinab();
    }

    // nun teilt er stolz die Hoehe des Berges mit
    paul.schreib("Der Berg ist " + paul.getBergHoehe()
            + " Stufen hoch!");
}

class BergHamster extends AllroundHamster {

    int bergHoehe;

    int erklommeneStufen;

    BergHamster(Hamster hamster) {
        super(hamster);
        this.bergHoehe = 0;
```

---

[3]Die Klasse BergHamster ist von der Klasse AllroundHamster aus Kapitel 7.10 abgeleitet.

```
            this.erklommeneStufen = 0;
    }

    void erklimmeStufe() {
        this.linksUm();
        this.vor();
        this.rechtsUm();
        this.vor();
        this.erklommeneStufen = this.erklommeneStufen + 1;
    }

    boolean gipfelErreicht() {
        if (this.vornFrei()) {
            // Gifel ist erreicht
            this.bergHoehe = this.erklommeneStufen;
            return true;
        } else {
            return false;
        }
    }

    boolean hoeheErfahren() {
        String antwort = this
                .liesZeichenkette("Ich bin nicht schwindelfrei.\n"
                        + "Kannst du mir die Hoehe des "
                        + "Berges verraten (ja/nein)?");
        if (antwort.equals("ja")) {
            this.bergHoehe = this
                    .liesZahl("Danke. Wie hoch ist der Berg denn?");
            return true;
        }
        return false;
    }

    boolean talErreicht() {
        return this.erklommeneStufen == 0;
    }

    void klettereStufeHinab() {
        this.vor();
        this.linksUm();
        this.vor();
        this.rechtsUm();
        this.erklommeneStufen = this.erklommeneStufen - 1;
    }

    int getBergHoehe() {
        return this.bergHoehe;
    }
}
```

10.4.3 Beispielprogramm 3

Aufgabe:

Sie kennen doch sicher aus Ihrer Kindheit noch das Spiel „Superhirn". Superhirn ist ein Spiel für
zwei Personen. Gespielt wird es mit bunten Knöpfchen. Wir werden es in dieser Aufgabe nicht mit
Knöpfchen, sondern mit Zahlen gegen einen Hamster spielen.

Zunächst denkt sich ein Superhirn-Hamster 4 Zahlen zwischen 0 und 9 aus. Es können durchaus
zwei oder mehr gleiche Zahlen dabei sein. Der Hamster hält die Zahlen vor uns geheim. Wir haben
nun 10 Spielrunden Zeit, diese Zahlen zu erraten, und zwar in der richtigen Reihenfolge. In jeder
Spielrunde teilen wir dem Hamster 4 Zahlen in einer bestimmten Reihenfolge mit. Der Hamster
sagt uns darauf hin, wie viele unserer Zahlen mit seinen geheimen Zahlen an der entsprechenden
Position übereinstimmen (*korrekte Position*) und wie viele unserer Zahlen zwar mit seinen Zahlen
übereinstimmen, allerdings die Position nicht korrekt ist (*korrektes Vorkommen*). Mit diesen Tipps
des Hamsters können wir seinen Zahlen auf die Schliche kommen. Schaffen wir es innerhalb der 10
Spielrunden, haben wir gewonnen. Schaffen wir es nicht, hat der Hamster das Spiel gewonnen.

Als Beispiel nehmen wir mal an, der Hamster habe sich die Zahlen 2 4 3 4 in dieser Reihenfolge aus-
gedacht. Wir wählen in der ersten Spielrunde die Zahlen 5 6 7 9. Dann teilt uns der Hamster mit: 0
korrekte Positionen und 0 korrekte Vorkommen. Daraus können wir schließen, dass die Zahlen 5, 6,
7 und 9 nicht in seiner Zahlenfolge vorkommen und müssen sie in den nächsten Spielrunden erst gar
nicht mehr berücksichtigen. In der zweiten Spielrunde wählen wir die Zahlen 1 1 4 3. Wir erfahren
vom Hamster: 0 korrekte Positionen und 2 korrekte Vorkommen. D.h. zwei der von uns gewähl-
ten Zahlen sind zwar korrekt (die 4 und die 3), stehen aber nicht an der richtigen Position. Leider
erfahren wir vom Hamster nicht, welche der beiden Zahlen korrekt sind. In der dritten Spielrunde
versuchen wir mal die Zahlen 4 2 3 2. Ergebnis: 1 korrekte Position (die 3) und 2 korrekte Vorkommen (die 4 und eine 2). Jetzt sind wir schon sehr nah am Ergebnis dran und teilen dem Hamster in
der vierten Spielrunde die Zahlen 2 4 3 3 mit. Der Hamster ist beeindruckt: 3 korrekte Positionen,
0 korrekte Vorkommen. Und in der fünften Spielrunde haben wir es dann geschafft. Unsere Zahlen
2 4 3 4 ergeben 4 korrekte Positionen und 0 korrekte Vorkommen und damit unseren Sieg über den
Hamster.

Lösungshinweise:

Zunächst denkt sich ein Hamster vom Typ Superhirn[4] 4 Zahlen aus. Dann werden maximal 10
Spielrunden gespielt. Der Benutzer wird jeweils nach seinen 4 Zahlen gefragt. Daraufhin berechnet
der Hamster das Ergebnis und legt zunächst in Form von Körnerhaufen die Zahlen des Benutzers
aus. Dahinter legt er ebenfalls als Körnerhaufen die Anzahl an korrekten Positionen und die Anzahl
an korrekten Vorkommen ab. Abbildung 10.5 skizziert das Territorium nach Beendigung des obigen
Beispiels.

Lösung:

```
void main() {
    Superhirn paul = new Superhirn();
    if (!paul.ueberpruefeSpielfeld()) {
        paul.schreib("Das Territorium ist nicht gross genug!");
    } else {
        paul.spiele();
    }
}
```

---

[4]Die Klasse Superhirn ist von der Klasse AllroundHamster aus Kapitel 7.10 abgeleitet.

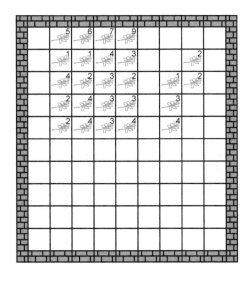

Abbildung 10.5: Superhirn

```
// generiert Zufallszahlen
class Zufall {
    // erzeugt Zufallszahlen zwischen 0 und max
    static int naechsteZahl(int max) {
        return (int) (Math.random() * (max + 1));
    }
}

// ein Superhirn-Hamster
class Superhirn extends AllroundHamster {

    // durch Aendern dieser Konstanten koennen die entsprechenden
    // Spielregeln einfach geaendert werden
    final static int ANZAHL_ZAHLEN = 4; // Anzahl zu erratender
                                        // Zahlen

    final static int RUNDEN = 10; // Anzahl an Spielrunden

    final static int MAX_ZAHL = 9; // Zahlen zwischen 0 und
                                   // MAX_ZAHL

    int[] geheimeZahlen; // hier werden die geheimen Zahlen
                         // gespeichert

    int[] benutzerZahlen; // hier werden vom Benutzer eingegebene
                          // Zahlen gespeichert

    int korrektePosition; // Anzahl an erratenen Zahlen mit
                          // korrekten Positionen
```

```
    int korrektesVorkommen; // Anzahl an erratenen Zahlen mit
                            // korrekten Vorkommen


Superhirn() {
    super(0, 0, Hamster.OST,
            Superhirn.RUNDEN
                  * (Superhirn.ANZAHL_ZAHLEN
                        * Superhirn.MAX_ZAHL + 4));
    // das sind genuegend Koerner
    // der Hamster denkt sich die zu erratenen Zahlen aus
    this.geheimeZahlen = new int[Superhirn.ANZAHL_ZAHLEN];
    for (int z = 0; z < Superhirn.ANZAHL_ZAHLEN; z++) {
        this.geheimeZahlen[z] = Zufall
                .naechsteZahl(Superhirn.MAX_ZAHL);
    }

    this.benutzerZahlen = new int[Superhirn.ANZAHL_ZAHLEN];
}


boolean ueberpruefeSpielfeld() {
    return Territorium.getAnzahlReihen() >= Superhirn.RUNDEN
            && Territorium.getAnzahlSpalten() >=
                    Superhirn.ANZAHL_ZAHLEN + 4;
}


void spiele() {
    boolean beendet = false;
    for (int r = 1; r <= Superhirn.RUNDEN && !beendet; r++) {
        this.schreib("Runde " + r);
        this.zahlenAbfragen();
        this.ergebnisBerechnen();
        beendet = this.ergebnisAuslegen(r);
    }
}


void zahlenAbfragen() {
    for (int z = 0; z < Superhirn.ANZAHL_ZAHLEN; z++) {
        this.benutzerZahlen[z] = this.liesZahl("Zahl "
                + (z + 1) + " zwischen 0 und "
                + Superhirn.MAX_ZAHL + " eingeben !");
        while (this.benutzerZahlen[z] < 0
                || this.benutzerZahlen[z] > Superhirn.MAX_ZAHL) {
            this.benutzerZahlen[z] = this
                    .liesZahl("Fehler!\nZahl " + (z + 1)
                            + " zwischen 0 und "
                            + Superhirn.MAX_ZAHL
                            + " eingeben !");
        }
    }
}


void ergebnisBerechnen() {
```

```java
    // nach richtigen Positionen (korrektePosition) suchen
    boolean[] posErledigt = new boolean[Superhirn.ANZAHL_ZAHLEN];
    this.korrektePosition = 0;
    for (int i = 0; i < Superhirn.ANZAHL_ZAHLEN; i++) {
        if (this.geheimeZahlen[i] == this.benutzerZahlen[i]) {
            this.korrektePosition = this.korrektePosition + 1;
            posErledigt[i] = true;
        }
    }

    // nach richtigen Zahlen (korrektesVorkommen) suchen
    boolean[] vorErledigt = new boolean[Superhirn.ANZAHL_ZAHLEN];
    for (int i = 0; i < Superhirn.ANZAHL_ZAHLEN; i++) {
        vorErledigt[i] = posErledigt[i];
    }
    this.korrektesVorkommen = 0;
    for (int i = 0; i < Superhirn.ANZAHL_ZAHLEN; i++) {
        if (!posErledigt[i]) {
            boolean jErledigt = false;
            for (int j = 0; j < Superhirn.ANZAHL_ZAHLEN
                    && !jErledigt; j++) {
                if (i != j
                        && !vorErledigt[j]
                        && this.benutzerZahlen[i] ==
                            this.geheimeZahlen[j]) {
                    this.korrektesVorkommen =
                        this.korrektesVorkommen + 1;
                    vorErledigt[j] = true;
                    jErledigt = true;
                }
            }
        }
    }
}

boolean ergebnisAuslegen(int runde) {
    this.vor();

    // zunaechst werden die vom Benutzer eingegebenen Zahlen
    // als Koernerhaufen ausgelegt
    for (int z = 0; z < Superhirn.ANZAHL_ZAHLEN; z++) {
        this.gib(this.benutzerZahlen[z]);
        this.vor();
    }
    this.vor();

    // dann werden so viele Koerner ausgelegt, wie
    // Zahlen korrekt sind und an der korrekten Position
    // stehen
    this.gib(this.korrektePosition);
    this.schreib(this.korrektePosition
            + " korrekte Positionen");
```

```
    this.vor();

    // dann werden so viele Koerner ausgelegt, wie
    // Zahlen korrekt sind, aber an der falschen Position
    // stehen
    this.gib(this.korrektesVorkommen);
    this.schreib(this.korrektesVorkommen
            + " korrekte Vorkommen");

    if (this.korrektePosition == Superhirn.ANZAHL_ZAHLEN) {
        this.schreib("Herzlichen Glueckwunsch. "
            + "Du hast gewonnen!");
        return true;
    } else if (runde == Superhirn.RUNDEN) {
        String zahlen = "";
        for (int z = 0; z < Superhirn.ANZAHL_ZAHLEN; z++) {
            zahlen = zahlen + this.geheimeZahlen[z] + " ";
        }
        this.schreib("Aetsch, ich habe gewonnen.\n"
                + "Meine Zahlen lauten " + zahlen + "!");
        return true;
    } else {
        // bereitmachen zur naechsten Runde
        this.rechtsUm();
        this.vor();
        this.rechtsUm();
        this.vor(3 + Superhirn.ANZAHL_ZAHLEN);
        this.kehrt();
        return false;
    }
  }
}
}
```

10.5 Aufgaben

Sicher sind auch Sie jetzt schon ganz gespannt darauf, selbst mit den Hamstern kommunizieren zu können. In den folgenden Aufgaben wird Ihnen dazu Gelegenheit gegeben. Lösen Sie die Aufgaben und denken Sie sich weitere Aufgaben aus. Viel Spaß und Erfolg!

10.5.1 Aufgabe 1

Ändern Sie das Beispielprogramm 1 in Abschnitt 10.4.1 so ab, dass der Allround-Hamster mit so vielen Körnern im Maul erzeugt wird, wie auch der Standard-Hamster besitzt. Der Hamster möchte diesmal nicht fressen, sondern im Gegenteil, er möchte sich „erleichtern" und fragt daher – solange er noch Körner im Maul hat – Sie als Benutzer, auf welcher Kachel er jeweils ein Korn ablegen soll.

10.5.2 Aufgabe 2

Die Aufgabenstellung von Beispielprogramm 2 in Abschnitt 10.4.2 wird leicht geändert. Diesmal steht der Standard-Hamster nicht vor einem Berg, sondern unmittelbar vor einer regelmäßigen Schlucht (siehe Abbildung 10.6).

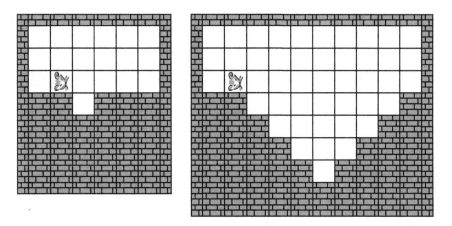

Abbildung 10.6: Typische Hamster-Territorien zu Aufgabe 2

Der Hamster möchte die Tiefe der Schlucht erfahren und schickt wieder einen Vertretungshamster los. Doch dummerweise hat dieser nicht nur Angst vor hohen Bergen, sondern auch vor tiefen Schluchten. Also versucht er wieder bei jeder Stufe, den Benutzer zu überreden, ihm die Tiefe mitzuteilen.

10.5.3 Aufgabe 3

Machen Sie es dem Benutzer mal etwas schwerer, gegen den Hamster das Superhirn-Spiel zu gewinnen. Ändern Sie dazu in Beispielprogramm 3 aus Abschnitt 10.4.3 die Konstanten. Anstelle von 4 sollen 5 Zahlen erraten werden. Diese können zwischen 0 und 20 liegen. Dafür werden dem Benutzer aber auch 30 Spielrunden gewährt.

10.5.4 Aufgabe 4

Der Standard-Hamster möchte Ihnen helfen, Ihren Lottoschein auszufüllen. Entwickeln Sie dazu ein Hamster-Programm, bei dem der Standard-Hamster irgendwo in einem mauerlosen Territorium mit sieben Reihen und sieben Spalten sitzt. Die erste Reihe repräsentiert von links nach rechts die Zahlen 1 bis 7, die zweite die Zahlen 8 bis 14, usw. (siehe Abbildung 10.7 (links)). Der Standard-Hamster fragt vom Benutzer die 6 gewünschten (unterschiedlichen!) Lottozahlen ab und schickt jeweils einen Vertretungshamster mit dem Auftrag los, die entsprechende Kachel mit einem Korn zu markieren. Abbildung 10.7 (rechts) skizziert das Territorium nach Ziehung der Zahlen 4, 9, 13, 32, 40 und 41.

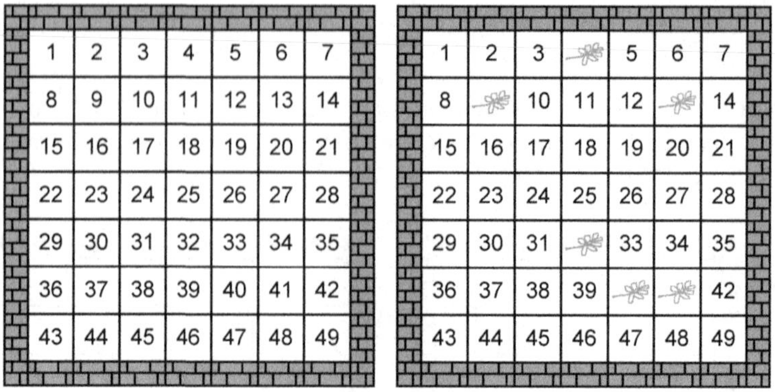

Abbildung 10.7: Lotto-Territorium

10.5.5 Aufgabe 5

Irgendwo in einem beliebigen Territorium liegt ein Korn. Ein Vertretungshamster des Standard-Hamsters, der irgendwo im Territorium steht, möchte das Korn fressen, hat aber die Orientierung verloren. Daher hofft er, dass ihn der Benutzer zum Korn lotst. Der Hamster darf dem Benutzer die zwei Fragen stellen: „Bin ich am Korn angelangt?" und „Muss ich mich nach Norden, Osten, Süden oder Westen bewegen?". Auf die erste Frage kann der Benutzer mit einem „ja" oder „nein" antworten, auf die zweite mit „Nord", „Ost", „Süd" oder „West". Der Hamster vertraut dem Benutzer und reagiert entsprechend, frisst bzw. läuft also.

10.5.6 Aufgabe 6

Bei dieser Aufgabe darf mal der Benutzer und nicht bereits der Programmierer einem Hamster sagen, was dieser tun soll. Dazu fordert ihn der Hamster, der in einem beliebigen Territorium sitzt, jeweils mit „Gib mir einen Befehl!" auf und reagiert auf die Antworten „vor", „linksUm", „nimm" und „gib" durch Ausführung der entsprechenden Hamster-Befehle. Bei der Antwort „stopp" wird das Programm beendet.

10.5.7 Aufgabe 7

Ein Hamster fordert den Benutzer auf, eine Zeichenkette einzugeben. Anschließend analysiert er die Zeichenkette. Er addiert alle Ziffern, die darin vorkommen und dreht sich anschließend entsprechend oft linksum. Bei Eingabe der Zeichenkette „Die 12 ist eine 2-stellige Zahl!" müsste er bspw. 5-mal (1+2+2) den linksUm-Befehl ausführen.

10.5.8 Aufgabe 8

Ein Hamster, der irgendwo in einem mauerlosen Territorium sitzt, fordert den Benutzer auf, eine beliebige Zahl einzugeben. Diese legt er anschließend in Form von durch Körner repräsentierte Ziffernfolgen aus. Abbildung 10.8 skizziert das Resultat, wenn der Benutzer die Zahl -987 eingibt.

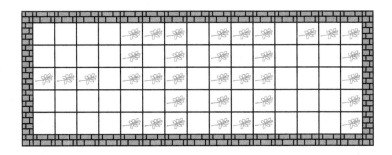

Abbildung 10.8: Hamster-Territorium zu Aufgabe 8

10.5.9 Aufgabe 9

Ein Hamster fordert den Benutzer auf, eine beliebige Zeichenkette einzugeben. Der Hamster analysiert die Zeichenkette und gibt alle darin vorkommenden Vokale (a, e, i, o, u) in der entsprechenden Reihenfolge als durch Körner repräsentierte Zeichenfolgen in einem mauerlosen Territorium aus. Abbildung 10.9 skizziert das Resultat, wenn der Benutzer die Zeichenkette „Ich habe Durst!" eingibt.

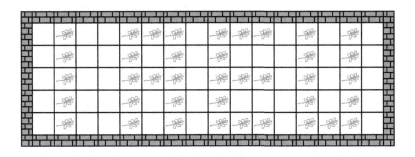

Abbildung 10.9: Hamster-Territorium zu Aufgabe 9

10.5.10 Aufgabe 10

Schauen Sie sich nochmal Beispielprogramm 3 in Kapitel 6.10.3 an. Dort ging es um das Spiel 4-Gewinnt. In dieser Aufgabe sollen Sie das dortige Programm so abändern, dass der Hamster zwei Menschen hilft, gegeneinander das 4-Gewinnt-Spiel zu spielen. Die durchzuführende Änderung sieht so aus, dass der Hamster anstatt die Spalte zufällig auszuwählen, in der die nächste Scheibe abgelegt werden soll, abwechselnd die beiden Spieler fragt, in welcher Spalte er für sie die nächste Scheibe ablegen soll. Bei fehlerhaften Benutzereingaben (Spalte ist bereits voll, ungültige Spaltenzahl) soll er den Benutzer auf seinen Fehler hinweisen und ihn zur Wiederholung der Eingabe auffordern. Am Ende des Spiels soll der Hamster das Ergebnis auf den Bildschirm ausgeben (Unentschieden, Sieger ist Spieler Gelb oder Rot).

10.5.11 Aufgabe 11

Vielleicht kennen Sie das mathematische Knobel- und Geduldsspiel „Die Türme von Hanoi". Es besteht aus 3 nebeneinander liegenden Feldern und N unterschiedlich großen Scheiben. Zu Anfang des Spiels liegen alle N Scheiben auf dem linken Feld übereinander, und zwar der Größe nach geordnet: unten die größte Scheibe, oben die kleinste. Bei jedem Spielzug darf nun die oberste Scheibe eines der drei Felder auf eines der beiden anderen Felder gelegt werden, allerdings nur, wenn dort eine größere Scheibe oben liegt. Ziel des Spiel ist es, unter Einhaltung dieser Regeln alle Scheiben auf das rechte Feld zu versetzen.

Ein Hamster will Ihnen helfen, das Spiel „Die Türme von Hanoi" zu spielen. Anfangs liegen N Scheiben durch Körner repräsentiert links in einem genügend großen Territorium. In jeder Spielrunde fragt Sie der Hamster, von welchem Feld (1/2/3) auf welches Feld (1/2/3) er die oberste Scheibe transportieren soll. Zunächst kontrolliert er, ob der gewünschte Zug den Regeln entspricht. Wenn dies der Fall ist, transportiert er die entsprechenden Körner auf das entsprechende Feld. Wenn ihr gewünschter Zug gegen die Regeln verstößt, warnt Sie der Hamster und fordert Sie zu einer erneuten Eingabe auf. Am Spielende gratuliert Ihnen der Hamster und teilt Ihnen die Anzahl der benötigten Spielzüge mit.

Abbildung 10.10 skizziert oben das Ausgangsterritorium für ein Spiel mit 3 Scheiben. Unten wird ein gültiges Spielfeld während des Spiels angedeutet.

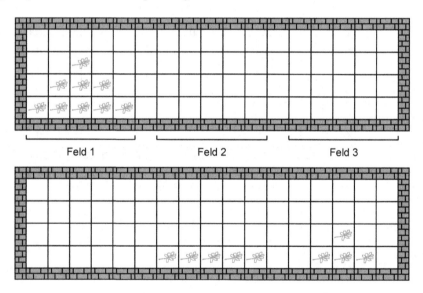

Abbildung 10.10: Körnertürme von Hanoi

10.5.12 Aufgabe 12

Entwickeln Sie ein Hamster-Programm, bei dem Ihnen ein Hamster eine Lösung des Spiels „Die Türme von Hanoi" (siehe Aufgabe 11) für beliebig viele Scheiben demonstriert. Der entsprechende Lösungsalgorithmus ist gar nicht so kompliziert, wie Sie vielleicht zunächst denken.

10.5.13 Aufgabe 13

Irgendwo in einem mauerlosen Territorium steht der Standard-Hamster. Irgendwo im Territorium liegt genau ein Korn. Ein Vertretungshamster des Standard-Hamsters möchte das Korn gerne fressen. Er darf jedoch nicht einfach so loslaufen und nach dem Korn suchen. Vielmehr muss er dem Benutzer ja/nein-Fragen stellen und darf dann entsprechend der Antworten mit dem Aufruf der Befehle `vor`, `linksUm` und `nimm` reagieren. Frage: Wie sehen derartige ja/nein-Fragen aus, damit der Hamster mit möglichst wenigen Fragen das Korn erreicht? Schreiben Sie ein entsprechendes Hamster-Programm.

Kapitel 11
Polymorphie und dynamisches Binden

Die Polymorphie und das dynamische Binden von Methoden sind zwei Konzepte der objektorientierten Programmierung, die es in ihrer Kombination ermöglichen, erweiterbare bzw. wiederverwendbare Programme zu entwickeln. Was unter „erweiterbaren und wiederverwendbaren Programmen" genau zu verstehen ist, werden Sie am Ende des Kapitels erfahren. Polymorphie und dynamisches Binden basieren dabei auf den Konzepten der Vererbung (Kapitel 7) und der Möglichkeit des Überschreibens von (geerbten) Methoden (Kapitel 7.4).

Zunächst wird in Abschnitt 1 dieses Kapitels das Konzept der Polymorphie erläutert. Der Einsatz dieses Konzeptes führt dazu, dass für bestimmte Objekte nicht mehr alle ihre Methoden aufrufbar sind, was als „Einschränkung des Protokolls" bezeichnet wird. Hiermit setzt sich Abschnitt 2 auseinander. Eine große Bedeutung kommt der Polymorphie bei der Parameterübergabe von Objekten zu. Abschnitt 3 demonstriert dies an einem Beispiel. Teilweise ist es notwendig, die Einschränkung des Protokolls eines Objektes wieder rückgängig zu machen. Dies geschieht mittels des Konzeptes der expliziten Typumwandlung, das in Abschnitt 4 vorgestellt wird. Abschnitt 5 behandelt anschließend ausführlich das dynamische Binden von Methoden. Inwiefern die Polymorphie und das dynamische Binden von Methoden genutzt werden können, um erweiterbare Programme zu entwickeln, wird in Abschnitt 6 geschildert. Abschnitt 7 stellt die Klasse `Object` vor, die Oberklasse aller Klassen ist. Anhand der Klasse `Object` wird in Abschnitt 8 gezeigt, wie das Konzept der Polymorphie eingesetzt werden kann, um wiederverwendbare Klassen bzw. Programme zu schreiben. Die Beziehungen zwischen den Standarddatentypen und analogen Klassendatentypen wird in Abschnitt 9 erörtert. Das diesbezügliche Konzept des Autoboxing und Unboxing wurde in Java mit der Version 5 eingeführt. Abschnitt 10 stellt weitere Methoden der Klasse `Territorium` vor. In Abschnitt 11 werden drei größere Beispielprogramme entwickelt, die zeigen sollen, wie die Konzepte der Polymorphie und des dynamischen Bindens von Methoden eingesetzt werden können, und schließlich enthält der letzte Abschnitt 12 dieses Kapitels eine Menge von Aufgaben zum Einüben der in diesem Kapitel erworbenen Kenntnisse.

11.1 Polymorphie

Der Zusammenhang von Objekten und Objektvariablen war bisher immer derart, dass Objektvariablen eines Klassendatentyps X Objekte von der Klasse X zugeordnet werden können. Objektvariablen vom Typ X heißen nun *polymorph*, wenn ihnen auch Objekte anderer Klassen als der Klasse X zugeordnet werden können. Oder anders ausgedrückt: Polymorphie[1] ist die Fähigkeit einer Objektvariablen vom Typ X, auch Objekte anderer Klassen als der Klasse X zugeordnet zu bekommen.

In Java ist die Polymorphie allerdings eingeschränkt: Einer Objektvariable vom Klassendatentyp X können neben Objekten der Klasse X lediglich Objekte von (direkten oder indirekten) Unterklassen

---

[1] In der Literatur wird anstelle von *Polymorphie* auch manchmal von *Polymorphismus* gesprochen.

der Klasse X zugeordnet werden. Oder anders ausgedrückt: Objektvariablen vom Obertyp können Objekte dessen Untertypen zugeordnet werden.

Das folgende Beispiel demonstriert das Konzept der Polymorphie:

```
class KindHamster1 extends Hamster {

    KindHamster1(int r, int s, int b, int k) {
        super(r, s, b, k);
    }

    void kehrt() {
        this.linksUm();
        this.linksUm();
    }
}

class KindHamster2 extends Hamster {

    KindHamster2(int r, int s, int b, int k) {
        super(r, s, b, k);
    }

    void sammle() {
        while (this.kornDa()) {
            this.nimm();
        }
    }
}

class EnkelHamster1 extends KindHamster1 {

    EnkelHamster1(int r, int s, int b, int k) {
        super(r, s, b, k);
    }

    void rechtsUm() {
        this.kehrt();
        this.linksUm();
    }
}

void main() {
    /* 1 */    Hamster karin =
                  new Hamster(0, 0, Hamster.OST, 0);
    /* 2 */    Hamster paul =
                  new KindHamster1(1, 1, Hamster.OST, 0);
    /* 3 */    Hamster willi =
                  new KindHamster2(2, 2, Hamster.OST, 0);
    /* 4 */    Hamster otto =
                  new EnkelHamster1(3, 3, Hamster.OST, 0);
    /* 5 */    KindHamster1 josef =
                  new EnkelHamster1(5, 5, Hamster.OST, 0);
```

```
/* 6 */    KindHamster1 sepp =
              new Hamster(6, 6, Hamster.OST, 0); // Fehler
/* 7 */    KindHamster1 gisela =
              new KindHamster2(7, 7, Hamster.OST, 0); // Fehler
           ...
}
```

Zunächst werden in dem Beispiel zwei Klassen KindHamster1 und KindHamster2 als direkte Unterklassen der Klasse Hamster definiert. Anschließend wird eine Klasse EnkelHamster1 als Unterklasse der Klasse KindHamster1 definiert und ist damit auch eine (indirekte) Unterklasse der Klasse Hamster. Abbildung 11.1 skizziert den entsprechenden Stammbaum.

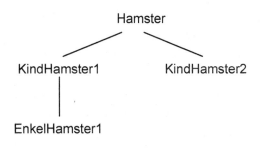

Abbildung 11.1: Stammbaum

In der main-Funktion wird in den ersten vier Anweisungen die Polymorphie korrekt angewendet. Die Objektvariablen sind jeweils vom Typ Hamster und die ihnen zugeordneten Objekte sind Objekte der Klasse Hamster bzw. Objekte von (direkten oder indirekten) Unterklassen der Klasse Hamster. Auch die fünfte Anweisung ist korrekt: EnkelHamster1 ist eine Unterklasse der Klasse KindHamster1. Daher kann der Objektvariablen josef vom Typ KindHamster1 ein Objekt der Klasse EnkelHamster1 zugeordnet werden. Bei der sechsten und siebten Anweisung liefert der Compiler jedoch Fehlermeldungen, da hier versucht wird, Objektvariablen Objekte zuzuordnen, deren Klassen keine Unterklassen des Typs der jeweiligen Objektvariable sind: Hamster ist keine Unterklasse von KindHamster1 und KindHamster2 ist keine Unterklasse von KindHamster1.

11.2 Einschränkung des Protokolls

Die Menge aller Attribute und Methoden einer Klasse X (inklusive der geerbten), die von außerhalb der Klassendefinition zugreifbar sind[2], wird auch als das *Protokoll der Klasse* X bezeichnet. Wird ein Objekt der Klasse X erzeugt und einer Objektvariablen obj vom Typ X zugeordnet, dann kann mittels der Punkt-Notation (obj.) auf die einzelnen Komponenten des Protokolls von X zugegriffen werden.

Präziser ausgedrückt gilt folgendes: Sei obj eine Objektvariable vom Klassendatentyp X, dann kann mittels der Punkt-Notation auf alle Komponenten des Protokolls (und nur die!) der Klasse X zugegriffen werden.

---

[2]Was diese Einschränkung genau bedeutet, wird in Kapitel 14 erläutert.

Was bedeutet das nun für polymorphe Objektvariablen? Falls obj eine Objektvariable vom Typ X ist, der ein Objekt der Klasse Y zugeordnet ist (Y ist eine Unterklasse von X[3]), dann kann mittels der Punkt-Notation über die Objektvariable obj nur auf diejenigen Komponenten des Protokolls der Klasse Y zugegriffen werden, die auch im Protokoll der Klasse X sind (also im Prinzip die geerbten Komponenten). Man sagt auch, „das Protokoll der Klasse Y ist eingeschränkt auf das Protokoll der Klasse X". Das folgende Beispiel demonstriert diesen Sachverhalt:

```
class DrehHamster extends Hamster {
    DrehHamster(int r, int s, int b, int k) {
        super(r, s, b, k);
    }

    void rechtsUm() {
        this.linksUm();
        this.linksUm();
        this.linksUm();
    }
}

void main() {
    /* 1 */ DrehHamster paul = new DrehHamster(2, 4,
                Hamster.WEST, 0);
    /* 2 */ paul.vor();
    /* 3 */ paul.rechtsUm();

    /* 4 */ Hamster willi = new DrehHamster(2, 4,
                Hamster.WEST, 0);
    /* 5 */ willi.vor();
    /* 6 */ willi.rechtsUm(); // Fehler
}
```

Die Klasse DrehHamster wird in dem Beispiel von der Klasse Hamster abgeleitet. Das Protokoll der Klasse besteht also aus allen Attributen und Methoden der Klassen DrehHamster und Hamster. In der main-Funktion wird in Anweisung 1 eine Objektvariable paul vom Typ DrehHamster definiert und ihr ein Objekt der Klasse DrehHamster zugeordnet. Die Methodenaufrufe in den Anweisungen 2 und 3 sind damit korrekt, da die Methoden vor und rechtsUm zum Protokoll der Klasse DrehHamster gehören.

In Anweisung 4 wird nun das Konzept der Polymorphie eingesetzt und der Objektvariablen willi vom Typ Hamster ein Objekt der Klasse DrehHamster zugeordnet. Der Aufruf der Methode vor für das der Objektvariablen willi zugeordnete Objekt ist in Ordnung, weil die Methode vor zum Protokoll der Klasse Hamster gehört. Beim Aufruf der Methode rechtsUm in Anweisung 6 liefert der Compiler jedoch eine Fehlermeldung, weil die Objektvariable willi vom Typ Hamster ist, die Methode rechtsUm jedoch nicht zum Protokoll der Klasse Hamster gehört. Dieser Fehler wird geliefert, obwohl der Objektvariablen willi eigentlich ein Objekt der Klasse DrehHamster zugeordnet ist, für das diese Methode existiert.

Merken Sie sich also: Für den Compiler ist der Typ der Objektvariablen und nicht der Typ des zugeordneten Objektes entscheidend dafür, welche Attribute und Methoden über eine Objektvariable aufgerufen werden können!

---

[3]In Java bildet das Protokoll einer Klasse X, von der eine Klasse Y abgeleitet wird, immer eine Teilmenge des Protokolls der Klasse Y.

Der Grund für diese Einschränkung des Protokolls ist der, dass ein Compiler nicht immer feststellen kann, von welcher Klasse ein Objekt ist, das einer Objektvariablen vom Typ X zugeordnet ist. Also beschränkt er sich beim Zugriff auf Attribute und Methoden auf das Protokoll der Klasse X. Würde er dies nicht tun, könnte es zu Laufzeitfehlern und damit zum Programmabbruch kommen, wenn beispielsweise nicht existierende Methoden aufgerufen würden. Durch die Protokolleinschränkung ist sichergestellt, dass Attribute und Methoden, auf die über Objektvariablen zugegriffen wird, immer existieren, da in Java beim Ableiten einer Klasse das Protokoll der Unterklasse immer das gesamte Protokoll der Oberklasse umfasst.

11.3 Polymorphie und Parameter

Von großer Bedeutung ist die Polymorphie bei Parametern. Denn auch hier gilt: Einem formalen Parameter vom Klassendatentyp X kann als aktueller Parameter ein Objekt der Klasse X oder einer Unterklasse von X zugeordnet werden. Folgendes Beispiel verdeutlicht diesen Sachverhalt:

```java
class DrehHamster extends Hamster {

    DrehHamster(int r, int s, int b, int k) {
        super(r, s, b, k);
    }

    void rechtsUm() {
        this.linksUm();
        this.linksUm();
        this.linksUm();
    }
}

class SammelHamster extends Hamster {

    SammelHamster(int r, int s, int b, int k) {
        super(r, s, b, k);
    }

    void sammle() {
        while (this.kornDa()) {
            this.nimm();
        }
    }
}

class FaulerHamster extends Hamster {

    Hamster knecht;

    FaulerHamster(int r, int s, int b, int k, Hamster hamster) {
        super(r, s, b, k);
        this.knecht = hamster;
    }
}
```

```
    public void vor() {
        this.knecht.vor(); // Delegation
    }
}


void main() {
    /* 1 */ DrehHamster otto = new DrehHamster(2, 4,
                Hamster.NORD, 0);
    /* 2 */ SammelHamster paul = new SammelHamster(3, 5,
                Hamster.OST, 0);
    /* 3 */ FaulerHamster sepp = new FaulerHamster(4, 4,
                Hamster.WEST, 0, otto);
    /* 4 */ FaulerHamster karl = new FaulerHamster(7, 7,
                Hamster.WEST, 0, paul);
    /* 5 */ sepp.vor();
    /* 6 */ karl.vor();
}
```

Es werden drei erweiterte Hamster-Klassen DrehHamster, SammelHamster und FaulerHamster definiert. In der main-Funktion werden zunächst ein Objekt der Klasse DrehHamster und ein Objekt der Klasse SammelHamster erzeugt. Anschließend werden zwei Objekte der Klasse FaulerHamster erzeugt. Der Konstruktor der Klasse FaulerHamster hat als fünften Parameter eine Objektvariable vom Typ Hamster. Sowohl in Anweisung 3 als auch in Anweisung 4 wird diesbezüglich nun das Konzept der Polymorphie ausgenutzt. In Anweisung 3 wird dem formalen Parameter hamster (eine Objektvariable vom Typ Hamster) ein Objekt der Klasse DrehHamster (nämlich der in Anweisung 1 erzeugte Hamster) und in Anweisung 4 ein Objekt der Klasse SammelHamster zugeordnet. Beim Aufruf der Methode vor in Anweisung 5 hüpft damit der in Anweisung 1 erzeugte Hamster ein Feld nach vorne. Beim Aufruf der Methode vor in Anweisung 6 rückt der in Anweisung 2 erzeugte Hamster ein Feld vor.

An diesem Beispiel wird nun auch der Sinn und Zweck der Einschränkung des Protokolls bei der Polymorphie deutlich. Stellen Sie sich vor, für das Subobjekt knecht in der Klasse FaulerHamster würde in der Methode vor zusätzlich die Methode rechtsUm aufgerufen. Dann würde es beim Aufruf der Methode vor in Anweisung 6 der main-Funktion zu einem Laufzeitfehler kommen, da als Knecht von Hamster karl ein Objekt der Klasse SammelHamster fungiert (nämlich der Hamster namens paul, der als aktueller Parameter in Anweisung 4 übergeben wurde), für den aber die Methode rechtsUm gar nicht existiert. Damit es zu solchen häufig schwer zu findenden Laufzeitfehlern erst gar nicht kommen kann, gilt in Java die Regel der Einschränkung des Protokolls auf die Klasse des Typs der Objektvariablen.

11.4 Explizite Typumwandlung

Manchmal ist es notwendig, die bei der Polymorphie implizit durchgeführte Protokolleinschränkung explizit wieder rückgängig zu machen. Hierfür gibt es das Konzept der expliziten Typumwandlung, auch *Typecast* genannt. Es gilt: Sei obj eine Objektvariable vom Klassendatentyp X und Y eine direkte oder indirekte Unterklasse der Klasse X, dann ist (Y)obj ein gültiger Ausdruck, der den Wert der Objektvariable obj als einen Wert vom Typ Y liefert.

Ein Beispiel soll den Einsatz der expliziten Typumwandlung verdeutlichen:

```
class DrehHamster extends Hamster {
    DrehHamster(int r, int s, int b, int k) {
        super(r, s, b, k);
    }

    void rechtsUm() {
        this.linksUm();
        this.linksUm();
        this.linksUm();
    }
}

void main() {
    /* 1 */ Hamster paul = new DrehHamster(0, 0, Hamster.OST,
                0);
    /* 2 */ paul.rechtsUm(); // Fehlermeldung des Compilers

    /* 3 */ DrehHamster willi = (DrehHamster) paul;
    /* 4 */ willi.rechtsUm();

    /* 5 */ ((DrehHamster) paul).rechtsUm();
}
```

Es wird eine erweiterte Hamster-Klasse DrehHamster definiert. In der main-Funktion wird ein Objekt dieser Klasse erzeugt und mittels des Konzeptes der Polymorphie der Objektvariablen paul vom Typ Hamster zugeordnet. In Anweisung 2 meckert der Compiler, weil die Methode rechtsUm nicht zum Protokoll der Klasse Hamster gehört.

Anweisung 3 demonstriert nun eine explizite Typumwandlung: paul ist eine Objektvariable vom Typ Hamster und DrehHamster ist eine Unterklasse der Klasse Hamster. Daher ist der Ausdruck (DrehHamster)paul ein gültiger Ausdruck, der einen Wert vom Typ DrehHamster liefert, der somit der Objektvariablen willi vom Typ DrehHamster zugewiesen werden kann, d.h. die Protokolleinschränkung für das in Anweisung 1 erzeugte Objekt wurde mittels der expliziten Typumwandlung wieder rückgängig gemacht.

Den Objektvariablen willi und paul ist anschließend also dasselbe Objekt zugeordnet. Gegenüber paul kann willi jedoch auf das Protokoll der Klasse DrehHamster zugreifen, so dass der Aufruf der Methode rechtsUm in Anweisung 4 in Ordnung ist.

Anweisung 5 skizziert denselben Effekt in einer einzelnen Anweisung. Das Konstrukt (DrehHamster) paul führt einzig und allein dazu, dass der Typ der Objektvariablen paul geändert wird, so dass anschließend die Methode rechtsUm aufgerufen werden kann.

Die explizite Typumwandlung ist allerdings gefährlich, d.h. sie kann zu Laufzeitfehlern und damit zum Programmabbruch führen, wie das folgende Beispiel zeigt:

```
class DrehHamster extends Hamster {
    DrehHamster(int r, int s, int b, int k) {
        super(r, s, b, k);
    }

    void rechtsUm() {
        this.linksUm();
```

```
            this.linksUm();
            this.linksUm();
        }
}

class SammelHamster extends Hamster {
    SammelHamster(int r, int s, int b, int k) {
        super(r, s, b, k);
    }

    void sammle() {
        while (this.kornDa()) {
            this.nimm();
        }
    }
}

void main() {
    Hamster paul = new DrehHamster(0, 0, Hamster.NORD, 0);
    SammelHamster willi = (SammelHamster) paul; // Laufzeitfehler
    willi.sammle();
}
```

Für den Compiler ist das Programm in Ordnung. Die explizite Typumwandlung in Anweisung 2 der main-Funktion ist korrekt, da ja SammelHamster eine Unterklasse der Klasse Hamster ist. Allerdings kommt es zur Laufzeit bei der Ausführung von Anweisung 2 zu einem Fehler, weil das Laufzeitsystem die Nicht-Typkonformität zwischen der Klasse DrehHamster und der Klasse SammelHamster entdeckt. Würde das Laufzeitsystem den Typumwandlungsfehler ignorieren, käme es spätestens bei der Ausführung von Anweisung 3 zu einem Problem, weil ein Objekt vom Typ DrehHamster ja gar keine Methode sammle kennt.

Seien Sie also vorsichtig beim Einsatz der expliziten Typumwandlung und wenden Sie sie nur an, wenn Sie sicher sind, dass die entsprechenden Typen zueinander konform sind!

11.5 Dynamisches Binden von Methoden

Während die Polymorphie ein Programmierkonzept ist, das zur Compilierzeit Relevanz besitzt, ist das dynamische Binden von Methoden ein zur Laufzeit eines Programmes relevantes Konzept. Dynamisches Binden einer Methode bedeutet, dass beim Aufruf einer Methode erst zur Laufzeit bestimmt wird, welche Methode aus einer Menge gleichartiger Methoden tatsächlich ausgeführt wird.

11.5.1 Instanzmethoden

In Java ist die Möglichkeit des dynamischen Bindens von Methoden eingeschränkt auf überschriebene Instanzmethoden. Zur Wiederholung: Sei X eine Klasse, die eine Methode f definiert. Sei ferner Y eine Unterklasse von X, die ebenfalls eine Methode f definiert. Dann heißt f überschrieben in Y, falls sowohl der Rückgabewert von f als auch die Anzahl und entsprechenden Typen der Parameter gleich sind (siehe auch Kapitel 7.4).

Es gilt nun: Sei X eine Klasse, die eine Instanzmethode f definiert, und Y eine Unterklasse von X, die die Methode f überschreibt, und sei obj eine Objektvariable vom Typ X, der (polymorph) ein Objekt der Klasse Y zugeordnet ist. Wird über obj die Methode f aufgerufen, dann wird tatsächlich die in der Klasse Y überschriebene Methode ausgeführt.

Das hört sich etwas kompliziert an, daher ein Beispiel:

```
class DrehHamster extends Hamster {
    DrehHamster(int r, int s, int b, int k) {
        super(r, s, b, k);
    }

    void rechtsUm() {
        this.linksUm();
        this.linksUm();
        this.linksUm();
    }
}

class DummerHamster extends DrehHamster {
    DummerHamster(int r, int s, int b, int k) {
        super(r, s, b, k);
    }

    void rechtsUm() {
        this.linksUm();
        this.linksUm();
        this.linksUm();
        this.linksUm();
        this.linksUm();
        this.linksUm();
        this.linksUm();
    }
}

void main() {
    /* 1 */ DrehHamster paul = new DrehHamster(0, 0,
                Hamster.OST, 0);
    /* 2 */ paul.rechtsUm();

    /* 3 */ paul = new DummerHamster(1, 1, Hamster.OST, 0);
    /* 4 */ paul.rechtsUm();
}
```

In dem Beispiel wird zunächst eine erweiterte Hamster-Klasse namens DrehHamster definiert, die die Methode rechtsUm implementiert. Von der Klasse DrehHamster wird eine weitere Klasse DummerHamster abgeleitet, die die Methode rechtsUm überschreibt.

In der main-Funktion wird nun eine Objektvariable paul vom Typ DrehHamster definiert und ihr zunächst ein Objekt der Klasse DrehHamster zugeordnet. Der Aufruf der Methode rechtsUm in Anweisung 2 führt dazu, dass die Methode der Klasse DrehHamster aufgerufen wird, der Hamster sich also dreimal linksum dreht. Anschließend wird der Objektvariablen paul polymorph ein Objekt der Klasse DummerHamster zugeordnet. Entsprechend der obigen Regel zum dynamischen Binden von Methoden in Java bedeutet das aber nun, dass beim Aufruf der Methode rechtsUm in Anweisung 4 die Methode rechtsUm der Klasse DummerHamster aufgerufen wird, d.h. der Hamster dreht sich sieben Mal linksum. D.h. obwohl die Anweisungen 2 und 4 identisch sind, bewirken sie zur Laufzeit unterschiedliche Dinge. Die tatsächlich ausgeführte Methode wird erst zur Laufzeit durch die Klasse des Objektes bestimmt, das der Objektvariablen paul zugeordnet ist.

Voraussetzung für das dynamische Binden von Methoden in Java ist also die Polymorphie. Und die Vorteile der Polymorphie zeigen sich so richtig erst in Verbindung mit dem dynamischen Binden.

Von besonderem Interesse ist auch hier wieder der Fall, dass Methodenparameter polymorph genutzt werden, wie das folgende Beispiel zeigt. Dabei sollen mehrere Hamster einen Wettlauf ausführen. Wer als erster die nächste Mauer erreicht, hat gewonnen und darf sich vor lauter Freude einmal im Kreis drehen.

```
class Wettlauf { // realisiert einen Hamster-Wettlauf

    // in jedem Wettlauf-Zyklus darf jeder Hamster einmal ein
    // Feld vorruecken
    static Hamster zyklus(Hamster[] laeufer) {
        for (int i = 0; i < laeufer.length; i++) {
            if (laeufer[i].vornFrei()) {
                laeufer[i].vor();
            }
            if (!laeufer[i].vornFrei()) { // Mauer erreicht, d.h.
                                          // gewonnen!
                return laeufer[i];
                // Wettlauf beendet, der Sieger wird geliefert
            }
        }
        return null; // Wettlauf noch nicht beendet
    }

    // Durchfuehrung des Wettlaufs
    static Hamster durchfuehren(Hamster[] laeufer) {
        Hamster sieger = null;
        do {
            sieger = Wettlauf.zyklus(laeufer);
        } while (sieger == null);
        return sieger;
    }
}

// realisiert gedopte Hamster, die beim Aufruf
// des vor-Befehls gleich 2 Felder vorruecken
class DopingHamster extends Hamster {
    DopingHamster(int r, int s, int b, int k) {
        super(r, s, b, k);
    }

    // ueberschriebene vor-Methode!
    public void vor() {
        super.vor();
        if (this.vornFrei()) {
```

```
            super.vor();
        }
    }
}


void main() {
    Hamster[] hamster = new Hamster[3];
    hamster[0] = new Hamster(0, 0, Hamster.OST, 0);
    hamster[1] = new Hamster(1, 0, Hamster.OST, 0);
    hamster[2] = new Hamster(2, 0, Hamster.OST, 0);
    hamster[2] = new DopingHamster(2, 0, Hamster.OST, 0);
    // hier schmuggelt sich ein DopingHamster in die
    // Laeuferschar

    Hamster sieger = Wettlauf.durchfuehren(hamster);

    // der Sieger darf sich einmal im Kreis drehen!
    sieger.linksUm();
    sieger.linksUm();
    sieger.linksUm();
    sieger.linksUm();
}
```

Der Wettlauf selber wird über die Klasse Wettlauf realisiert. Hierin gibt es eine Klassenmethode durchführen, der ein Array mit Hamstern übergeben wird. Diese Methode ruft so lange eine weitere Klassenmethode zyklus auf, bis der Wettlauf beendet ist. In der Methode zyklus wird für alle Hamster des Arrays jeweils einmal der Befehl vor aufgerufen. Sobald ein Hamster die nächste Wand erreicht hat, wird er als Sieger zurück geliefert. In der main-Funktion wird nun ein Hamster-Array erzeugt, mit Hamstern gefüllt und dann der Wettlauf gestartet. Wenn ein Sieger feststeht, darf dieser sich einmal im Kreis drehen.

Alles wäre gut und schön, wenn sich unter die Hamster nicht ein gedopter Hamster als Objekt der Klasse DopingHamster geschlichen hätte. Er verdrängt den dritten Hamster im Hamster-Array. Die Klasse DopingHamster überschreibt nämlich die Hamster-Methode vor und lässt Objekte dieser Klasse doppelt so schnell wie normale Hamster vorpreschen.

Was passiert nun in der Methode zylus der Klasse Wettlauf? Normalerweise wird beim Aufruf der Methode vor die entsprechende Methode der Klasse Hamster ausgeführt. In der dritten Komponente des Arrays befindet sich jedoch der gedopte Hamster, d.h. der Objektvariablen laeufer[2] ist polymorph ein Objekt der Klasse DopingHamster zugeordnet. Das führt entsprechend der Regeln des dynamischen Bindens dazu, dass beim Aufruf der Anweisung laeufer[i].vor(); für i == 2 die überschriebene Methode vor der Klasse DopingHamster ausgeführt wird, d.h. während alle anderen Hamster in jedem Wettlaufzyklus immer nur eine Kachel vorrücken, springt der gedopte Hamster jeweils zwei Kacheln nach vorne (und verschafft sich damit natürlich illegalerweise einen Vorteil).

11.5.2 Aufruf von Instanzmethoden

Zu beachten ist, dass, wenn bei der Ausführung von Instanzmethoden andere Instanzmethoden aufgerufen werden, auch diese dynamisch gebunden werden. Schauen Sie sich dazu das folgende Beispiel an.

```
class DrehHamster extends Hamster {
    DrehHamster(int r, int s, int b, int k) {
        super(r, s, b, k);
    }

    void rechtsUm() {
        this.kehrt();
        this.linksUm();
    }

    void kehrt() {
        this.linksUm();
        this.linksUm();
    }
}

class NachfrageHamster extends DrehHamster {
    NachfrageHamster(int r, int s, int b, int k) {
        super(r, s, b, k);
    }

    void kehrt() {
        String antwort = this
                .liesZeichenkette("Soll ich mich wirklich "
                    + "umdrehen (ja/nein)?");
        if (antwort.equals("ja")) {
            super.kehrt();
        }
    }
}

void main() {
    DrehHamster paul = new DrehHamster(0, 0, Hamster.OST, 0);
    paul.rechtsUm(); // Hamster dreht sich
    paul = new NachfrageHamster(0, 0, Hamster.OST, 0);
    paul.rechtsUm(); // Hamster fragt nach
}
```

Zunächst wird eine erweiterte Hamster-Klasse DrehHamster mit zwei Methoden rechtsUm und kehrt definiert. Man könnte nun meinen, dass bei der Ausführung der Methode rechtsUm beim Aufruf des Befehls this.kehrt(); immer die Methode kehrt der Klasse DrehHamster aufgerufen wird. Dass das allerdings nicht zwangsläufig der Fall sein muss, demonstriert die Klasse NachfrageHamster. Diese wird von der Klasse DrehHamster abgeleitet, erbt die Methode rechtsUm und überschreibt die Methode kehrt. Wird nun für ein Objekt der Klasse Nachfrage-Hamster die geerbte Methode rechtsUm aufgerufen, kommt beim Aufruf des Befehls this.-kehrt(); in der Methode das dynamische Binden ins Spiel, d.h. nicht die Methode kehrt der Klasse DrehHamster, sondern die überschriebene Methode kehrt der Klasse NachfrageHamster wird ausgeführt.

Demonstriert wird dieser Effekt im Hauptprogramm. In Zeile 2 wird die Methode rechtsUm für einen Hamster der Klasse DrehHamster aufgerufen, der in Zeile 1 erzeugt wird: Der Hamster dreht sich dreimal linksum. In Zeile 4 erfolgt ein identischer Befehl, der dieses Mal jedoch an einen

Hamster der Klasse NachfrageHamster gestellt wird. Resultat ist, dass der Hamster erst nachfragt, ob er sich auch wirklich umdrehen soll.

11.6 Erweiterbarkeit

Das Beispiel mit dem Doping-Hamster aus Abschnitt 11.5.1 demonstriert auch, was in der objektorientierten Programmierung mit Erweiterbarkeit von Programmen gemeint ist. Schauen Sie sich dazu die Klasse Wettlauf nochmal an. Sie kann sowohl für normale als auch für Doping-Hamster genutzt werden, und sie kann sogar genutzt werden – ohne den Sourcecode ändern zu müssen! –, wenn eine weitere erweiterte Hamster-Klasse bspw. namens RennHamster eingeführt wird:

```
// realisiert gut trainierte Hamster, die beim Aufruf
// des vor-Befehls gleich 3 Kacheln vorruecken
class RennHamster extends Hamster {
    RennHamster(int r, int s, int b, int k) {
        super(r, s, b, k);
    }

    // ueberschriebene vor-Methode!
    public void vor() {
        super.vor();
        if (this.vornFrei()) {
            super.vor();
            if (this.vornFrei()) {
                super.vor();
            }
        }
    }
}

void main() {
    Hamster[] hamster = new Hamster[4];
    hamster[0] = new Hamster(0, 0, Hamster.OST, 0);
    hamster[1] = new Hamster(1, 0, Hamster.OST, 0);
    hamster[2] = new DopingHamster(2, 0, Hamster.OST, 0);
    hamster[3] = new RennHamster(3, 0, Hamster.OST, 0);

    Hamster sieger = Wettlauf.durchfuehren(hamster);

    // der Sieger darf sich einmal im Kreis drehen!
    sieger.linksUm();
    sieger.linksUm();
    sieger.linksUm();
    sieger.linksUm();
}
```

In dem Beispiel mischt sich ein RennHamster ins Feld, gegen den auch der DopingHamster keine Chance hat.

Erweiterbarkeit von Programmen bedeutet verallgemeinert, dass bestimmte existierende Programmteile bzw. Klassen in einem erweiterten Problemumfeld wiederholt genutzt werden können, und zwar ohne dass der entsprechende Sourcecode geändert werden muss. Die Grundlage dieser bedeutenden Eigenschaft der objektorientierten Programmierung bildet dabei die Polymorphie in Verbindung mit dem dynamischen Binden von Methoden.

11.7 Die Klasse Object

In Java und auch im Hamster-Modell gibt es eine vordefinierte Klasse, die direkte oder indirekte Oberklasse aller Klassen ist: die Klasse Object. Es gilt nämlich: Definiert man eine Klasse, ohne diese explizit von einer anderen Klasse abzuleiten, ist die Klasse Object automatisch die direkte Oberklasse der neuen Klasse. Man kann eine Klasse natürlich auch explizit von der Klasse Object ableiten, d.h. die beiden folgenden Klassendefinition sind äquivalent zueinander:

```
class X {}

class X extends Object {}
```

Object ist damit natürlich auch eine Oberklasse der Klasse Hamster.

Die Klasse Object definiert einige Methoden, von denen – wie wir in den kommenden Kapiteln noch sehen werden – vier eine gewisse Bedeutung haben und hier kurz vorgestellt werden:[4]

```
public class Object {
  protected Object clone() { ... }
  public boolean equals(Object obj) { ... }
  public int hashCode() { ... }
  public String toString() { ... }
}
```

- Die Methode clone liefert einen Klon des aufgerufenen Objektes, d.h. sie erzeugt und initialisiert ein Objekt, dessen Attributwerte mit den Attributwerten des aufgerufenen Objektes übereinstimmen.

- Die Methode equals überprüft, ob das aufgerufene Objekt und das übergebene Objekt gleich sind. Standardmäßig liefert diese Methode nur dann true, wenn die beiden Objektvariablen auf dasselbe Objekt verweisen.

- Die Methode hashCode liefert einen eindeutigen int-Wert für das aufgerufene Objekt.

- Die Methode toString liefert eine String-Repräsentation des aufgerufenen Objektes.

Normalerweise wird selten von der Klasse Object ein Objekt erzeugt und die vier Methoden werden eher selten direkt aufgerufen. Vielmehr wird empfohlen, bei der Definition neuer Klassen, die vier Methoden klassenspezifisch zu überschreiben, um dann die Polymorphie und das dynamische Binden ausnutzen zu können. Insbesondere sollte die equals-Methode im Allgemeinen derart überschrieben werden, dass sie für zwei zu vergleichende Objekte genau dann true liefert, wenn die Werte aller Attribute der beiden Objekte gleich sind. Im Falle des Überschreibens der equals-Methode muss jedoch auch immer die hashCode-Methode überschrieben werden, weil verlangt wird, das zwei gleiche Objekte auch denselben Hashcode besitzen.

---

[4]Die Bedeutung der Schlüsselwörter public und protected wird in Kapitel 14 erläutert.

Viele Methoden der Java-Collection-Klassen, die in Kapitel 16.2.4 vorgestellt werden, rufen die equals- und hashCode-Methode der in ihnen gespeicherten Objekte auf. Sie funktionieren nur dann korrekt, wenn die beiden Methoden auch korrekt überschrieben worden sind.

Die folgende Klasse `Position` repräsentiert eine Kachel im Hamster-Territorium und überschreibt die vier Methoden clone, equals hashCode und toString:

```java
class Position extends Object {
    int reihe;

    int spalte;

    Position(int r, int s) {
        this.reihe = r;
        this.spalte = s;
    }

    int getReihe() {
        return this.reihe;
    }

    int getSpalte() {
        return this.spalte;
    }

    Position(Position pos) {  // Copy-Konstruktor
        this.reihe = pos.reihe;
        this.spalte = pos.spalte;
    }

    protected Object clone() {
        return new Position(this);
    }

    public boolean equals(Object obj) {
        Position pos = (Position) obj;
        return this.reihe == pos.reihe
                && this.spalte == pos.spalte;
    }

    public int hashCode() {
        return this.reihe + this.spalte;
    }

    public String toString() {
        return "(" + this.reihe + "/" + this.spalte + ")";
    }
}
```

- Zunächst wird ein so genannter *Copy-Konstruktor* definiert. Copy-Konstruktoren sind spezielle Konstruktoren, die einen einzelnen Parameter besitzen, der vom Typ der definierten Klasse ist. Im Copy-Konstruktor werden alle Attribute eines Objektes mit den entsprechenden Attributwerten des übergebenen Objektes initialisiert.

- Zur Implementierung der clone-Methode kann der Copy-Konstruktor genutzt werden. Es wird ein neues Position-Objekt erzeugt und mit den Attributwerten des Position-Objektes initialisiert, für das die Methode clone aufgerufen wird (this).

- In der Methode equals werden die einzelnen Attributwerte der beiden betroffenen Position-Objekte (das aufgerufene und das als Parameter übergebene) verglichen. Ein häufiger Anfängerfehler beim Überschreiben der Methode equals in einer Klasse X ist, dass sie folgendermaßen definiert wird: public equals(X obj)   ... . Damit wird die von der Klasse Object geerbte Methode equals jedoch nicht überschrieben, sondern überladen, da die Typen der Parameter nicht identisch sind (vergleiche auch Kapitel 7.4.4). Achten Sie also unbedingt darauf, dass der Parameter vom Typ Object ist und dann in der Methode zunächst eine explizite Typumwandlung vorgenommen werden muss.

- Die Methode hashCode liefert als Wert die Summe der Reihen- und Spaltenwerte des aufgerufenen Position-Objektes.

- Die Methode toString liefert eine String-Repräsentation des Position-Objektes, für das sie aufgerufen wird.

Die Methode toString wird übrigens implizit aufgerufen, wenn Objekte und Strings mittels des +-Operators miteinander verknüpft werden. Im folgenden Beispielprogramm sind die Anweisungen in den Zeilen 5 und 6/7 äquivalent. Steht der Standard-Hamster im Hamster-Territorium auf der Kachel in Reihe 2 und Spalte 7 lautet die Ausgabe "Ich befinde mich auf Kachel (2/7)!".

```
1  void main() {
2      Hamster paul = Hamster.getStandardHamster();
3      Position pos = new Position(paul.getReihe(), paul
4              .getSpalte());
5      paul.schreib("Ich befinde mich auf Kachel " + pos + "!");
6      paul.schreib("Ich befinde mich auf Kachel "
7              + pos.toString() + "!");
8  }
```

11.8 Wiederverwendbarkeit

Anhand der Klasse Object wird in diesem Abschnitt erläutert, inwieweit die Polymorphie dazu beiträgt, wiederverwendbare Programme bzw. Klassen entwickeln zu können. Schauen Sie sich dazu nochmal die Klassen Speicher und Stapel in den Kapiteln 9.3.2 und 9.3.3 an. Die Klasse Speicher diente zum Speichern von int-Werten, die Klasse Stapel zum Speichern von Position-Objekten. Ein Problem dieser Klassen ist, dass, wenn Werte anderer Typen gespeichert werden sollen, diese Klassen nicht genutzt werden können. Vielmehr müssen komplett neue Klassen definiert werden, die sich lediglich in dem entsprechenden Typ unterscheiden (vergleiche auch Aufgabe 3 in Kapitel 9.4.3).

Letzteres kann nun durch den Einsatz der Klasse Object vermieden werden, wie im Folgenden am Beispiel der Klasse Stapel demonstriert wird.

```
class Stapel {

    Object[] speicher; // Speicher
```

```
    int oberstesElement; // Index auf oberstes Element

    Stapel(int maxGroesse) {
        this.speicher = new Object[maxGroesse];
        this.oberstesElement = -1;
    }

    // legt pos oben auf dem Stapel ab
    void drauflegen(Object obj) {
        if (!this.istVoll()) {
            this.oberstesElement = this.oberstesElement + 1;
            this.speicher[this.oberstesElement] = obj;
        }
    }

    // entfernt das oberste Element des Stapels und liefert es
    // als Wert zurueck
    Object herunternehmen() {
        if (!this.istLeer()) {
            Object ergebnis = this.speicher[this.oberstesElement];
            this.oberstesElement = this.oberstesElement - 1;
            return ergebnis;
        } else {
            return null;
        }
    }

    // ueberprueft, ob der Stapel voll ist
    boolean istVoll() {
        return this.oberstesElement == this.speicher.length - 1;
    }

    // ueberprueft, ob der Stapel leer ist
    boolean istLeer() {
        return this.oberstesElement == -1;
    }
}
```

Anstelle des Typs Position wird bei der obigen Realisierung der Klasse Stapel der Typ Object genutzt. Und da Object Oberklasse aller Klassen ist, können nun unter Ausnutzung der Polymorphie Objekte beliebiger Klassen in einem Stapel gespeichert werden.

Im folgenden Beispiel wird die Klasse Stapel wie im Hauptprogramm in Kapitel 9.3.3 zum Speichern von Position-Objekten genutzt. Der einzige Unterschied ist, dass nach Aufruf der Methode herunternehmen eine explizite Typumwandlung erforderlich ist.

```
class Position extends Object {
    int reihe;

    int spalte;

    Position(int r, int s) {
```

```
            this.reihe = r;
            this.spalte = s;
    }

    int getReihe() {
        return this.reihe;
    }

    int getSpalte() {
        return this.spalte;
    }
}

void main() {
    AllroundHamster willi = new AllroundHamster(Hamster
            .getStandardHamster());
    Stapel haufen = new Stapel(willi.getAnzahlKoerner());

    // zunaechst irrt Willi durchs Territorium
    while (!willi.maulLeer() && !haufen.istVoll()) {
        int reihe = Zufall.naechsteZahl(Territorium
                .getAnzahlReihen() - 1);
        int spalte = Zufall.naechsteZahl(Territorium
                .getAnzahlSpalten() - 1);
        willi.laufeZuKachel(reihe, spalte);
        willi.gib();
        haufen.drauflegen(new Position(reihe, spalte));
    }

    AllroundHamster james = new AllroundHamster(willi);

    // James laeuft zurueck und sammelt die Koerner wieder
    // ein
    while (!haufen.istLeer()) {
        Object objekt = haufen.herunternehmen();
        Position naechsteKachel = (Position) objekt;
        // Typumwandlung erforderlich!
        james.laufeZuKachel(naechsteKachel.getReihe(),
                naechsteKachel.getSpalte());
        james.nimm();
    }
}
```

Im zweiten Beispielprogramm werden Hamster in einem Stapel gespeichert.

```
class SammelHamster extends Hamster {
    int anzahl;

    SammelHamster(int s) {
        super(0, s, Hamster.SUED, 0);
        this.anzahl = 0;
    }
```

```
    void sammle() {
        while (this.kornDa()) {
            this.nimm();
            this.anzahl = this.anzahl + 1;
        }
    }

    void legAb() {
        while (this.anzahl > 0) {
            this.gib();
            this.anzahl = this.anzahl - 1;
        }
    }
}

void main() {
    Stapel haufen = new Stapel(Territorium
            .getAnzahlSpalten());
    SammelHamster paul = null;
    int spalte = 0;

    // zuerst wird die oberste Reihe nach Osten hin
    // abgegrast; jede Kachel uebernimmt ein neuer Hamster
    do {
        paul = new SammelHamster(spalte);
        paul.sammle();
        haufen.drauflegen(paul);
        spalte = spalte + 1;
    } while (spalte < Territorium.getAnzahlSpalten());

    // anschliessend legen alle Hamster in umgekehrter
    // Reihenfolge die gefressenen Koerner wieder auf den
    // entsprechenden Kacheln ab
    while (!haufen.istLeer()) {
        Object objekt = haufen.herunternehmen();
        paul = (SammelHamster) objekt; // Typumwandlung
                                       // erforderlich!
        paul.legAb();
    }
}
```

In diesem Programm wird zunächst die oberste Reihe eines mauerlosen Territoriums von links nach rechts von Sammel-Hamstern abgegrast. Auf jeder Kachel wird dabei ein neuer Sammel-Hamster erzeugt, der die darauf liegenden Körner frisst. Nach dem Sammeln wird der Sammel-Hamster auf einen Stapel gelegt. Ist das Ende der Reihe erreicht, werden die auf dem Stapel liegenden Sammel-Hamster wieder der Reihe nach, d.h. von oben nach unten, aktiviert. Das führt dazu, dass nun alle Sammel-Hamster – dieses Mal von rechts nach links – die von ihnen aufgesammelten Körner wieder auf ihrer Kachel ablegen.

11.9 Autoboxing und Unboxing

Eine Frage, die sich nun stellt, ist: Kann die Klasse Stapel aus dem vorherigen Abschnitt auch zum Speichern von int-Werten genutzt werden? int ist ja ein Standard- und kein Klassendatentyp und damit nicht von der Klasse Object abgeleitet!

Zur Lösung dieses Problems stellt Java für alle Standarddatentypen so genannte *Wrapper-Klassen* zur Verfügung, die die entsprechenden Werte vom Standarddatentyp intern speichern:

```java
public class Integer {
    public Integer(int zahl) { ... }
    public int intValue() { ... }
    ...
}

public class Boolean {
    public Boolean(boolean wert) { ... }
    public boolean booleanValue() { ... }
    ...
}

...
```

Über entsprechende Konstruktoren kann der jeweilige Wert vom Standarddatentyp übergeben und über entsprechende Value-Methoden wieder abgefragt werden.

Über den Umweg der Wrapper-Klasse Integer ist es nun auch möglich, die Klasse Stapel zum Speichern von int-Werten zu verwenden. Im folgenden Beispiel läuft der Standard-Hamster bis zur nächsten Mauer und sammelt dabei alle Körner ein. An der Wand angelangt, dreht er sich um, läuft zurück und legt auf jeder Kachel so viele Körner, wie vorher dort gelegen haben, wieder ab. Die jeweilige Körneranzahl merkt er sich dabei in einem Stapel.

```java
class Mathematik {
    static int max(int zahl1, int zahl2) {
        if (zahl1 > zahl2) {
            return zahl1;
        } else {
            return zahl2;
        }
    }
}

void main() {
    Hamster paul = Hamster.getStandardHamster();
    Stapel haufen = new Stapel(Mathematik.max(Territorium
            .getAnzahlReihen(), Territorium
            .getAnzahlSpalten()));
    // damit ist der Stapel gross genug, egal in welche
    // Blickrichtung der Hamster schaut

    // Paul rennt bis zur naechsten Mauer
    while (paul.vornFrei()) {
        paul.vor();
```

```
        int anzahl = 0;
        while (paul.kornDa()) {
            paul.nimm();
            anzahl = anzahl + 1;
        }
        haufen.drauflegen(new Integer(anzahl)); // wrapping
    }

    // Paul dreht sich um
    paul.linksUm();
    paul.linksUm();

    // Paul rennt zurueck
    while (!haufen.istLeer()) {
        Integer intObjekt =
            (Integer) haufen.herunternehmen();
        int anzahl = intObjekt.intValue(); // unwrapping
        while (anzahl > 0) {
            paul.gib();
            anzahl = anzahl - 1;
        }
        paul.vor();
    }
}
```

Seit der Java-Version 5 kann die Klasse `Stapel` des vorherigen Abschnitts übrigens auch direkt zum Speichern von Werten eines Standarddatentyps (`int`, `boolean`, ...) genutzt werden. Werte vom Standarddatentyp werden ab dieser Java-Version automatisch in entsprechende Objekte der Wrapper-Klassen verpackt bzw. wieder entpackt, wenn entsprechende Typkonflikte auftreten. Ersteres wird als *Autoboxing* und letzteres als *Unboxing* bezeichnet.

Das gerade vorgestellte Programm lässt sich damit wie folgt vereinfachen:

```
void main() {
    Hamster paul = Hamster.getStandardHamster();
    Stapel haufen = new Stapel(Mathematik.max(Territorium
            .getAnzahlReihen(), Territorium
            .getAnzahlSpalten()));
    // damit ist der Stapel gross genug, egal in welche
    // Blickrichtung der Hamster schaut

    // Paul rennt bis zur naechsten Mauer
    while (paul.vornFrei()) {
        paul.vor();
        int anzahl = 0;
        while (paul.kornDa()) {
            paul.nimm();
            anzahl = anzahl + 1;
        }
        haufen.drauflegen(anzahl); // Autoboxing
    }

    // Paul dreht sich um
```

```
    paul.linksUm();
    paul.linksUm();

    // Paul rennt zurueck
    while (!haufen.istLeer()) {
        int anzahl = (Integer)haufen.herunternehmen(); // Unboxing
        while (anzahl > 0) {
            paul.gib();
            anzahl = anzahl - 1;
        }
        paul.vor();
    }
}
```

11.10 Weitere Methoden der Klasse `Territorium`

In Kapitel 6.6 wurde die Klasse `Territorium` vorgestellt. Neben den dort beschriebenen Methoden stellt sie noch zwei weitere Methoden zur Verfügung.

```
public class Territorium {
    ...
    // liefert alle erzeugten und initialisierten Hamster im
    // Territorium (inkl. dem Standard-Hamster)
    public static Hamster[] getHamster() { ... }

    // liefert alle erzeugten und initialisierten Hamster, die
    // aktuell auf der Kachel (reihe/spalte) stehen (inkl. dem
    // Standard-Hamster)
    public static Hamster[] getHamster(int reihe, int spalte) { ... }
    ...
}
```

- Die Klassenmethode `Hamster[] getHamster()` liefert ein Array, das alle erzeugten und initialisierten Hamster des Territoriums enthält, inklusive dem Standard-Hamster.

- Die Klassenmethode `Hamster[] getHamster(int reihe, int spalte)` liefert ein Array, das alle erzeugten und initialisierten Hamster enthält (inklusive dem Standard-Hamster), die sich aktuell auf der Kachel (reihe/spalte) befinden. In den Fällen, dass sich kein Hamster auf der Kachel befindet, die Kachel nicht existiert oder durch eine Mauer blockiert ist, wird ein Array der Länge 0 geliefert.

Im folgenden Beispiel wird die parameterlose Methode getHamster genutzt. Alle Hamster, die sich aktuell im Territorium befinden, sollen – insofern sie nicht vor einer Mauer stehen – einen Schritt nach vorne springen.

```
void alleVor() {
    Hamster[] alleHamster = Territorium.getHamster();
    for (int h = 0; h < alleHamster.length; h++) {
        if (alleHamster[h].vornFrei()) {
            alleHamster[h].vor();
```

```
            }
        }
}

void main() {
    ...
    alleVor();
    ...
}
```

Die beiden Methoden getHamster liefern jeweils ein Array mit Objektvariablen vom Typ Hamster.
Allerdings können diesen Objektvariablen nicht nur Objekte der Klasse Hamster zugeordnet sein,
sondern auch Objekte von erweiterten Hamster-Klassen (Polymorphie!). Das ist genau dann der
Fall, wenn Sie vor dem Aufruf der Methoden Hamster von erweiterten Hamster-Klassen erzeugt
und initialisiert haben.

Um den Typ dieser Hamster zu überprüfen, kann der Operator instanceof genutzt werden. Es
ist ein binärer boolescher Operator, dem eine Objektvariable vorangestellt und ein Klassenname
nachgestellt wird und der genau dann den Wert *true* liefert, wenn das Objekt, das der Objektvariable
zugeordnet ist, von der angegebenen Klasse oder einer Unterklasse dieser Klasse erzeugt worden ist.

Das folgende Beispiel demonstriert den Einsatz dieses Operators. Die Klasse Sammeln stellt eine
Methode sammeln zur Verfügung, deren Ausführung dazu führt, dass sich alle Allround-Hamster[5]
des Territoriums auf der als Parameter angegebenen Kachel sammeln.

```
class Sammeln {
    static void sammeln(int reihe, int spalte) {
        Hamster[] alleHamster = Territorium.getHamster();
        for (int h = 0; h < alleHamster.length; h++) {
            if (alleHamster[h] instanceof AllroundHamster) { // Z. 3
                // jetzt ist eine Typumwandlung ungefaehrlich
                AllroundHamster alleskoenner =
                    (AllroundHamster) alleHamster[h];
                alleskoenner.laufeZuKachel(reihe, spalte);
            }
        }
    }
}
```

In Zeile 3 der Methode sammeln wird der instanceof-Operator eingesetzt. Wenn festgestellt wird,
dass ein Hamster ein Allround-Hamster ist, kann eine explizite Typumwandlung erfolgen, wodurch
ein Aufruf der Methode laufeZuKachel möglich und ungefährlich ist.

Die Klasse Sammeln wird im folgenden Programm genutzt:

```
class MeinHamster extends Hamster {

    MeinHamster(int r, int s, int b, int k) {
        super(r, s, b, k);
    }
```

---

[5]Hamster der in Kapitel 7.10 eingeführten Klasse AllroundHamster sowie Hamster von Unterklassen dieser Klasse

```
        void rechtsUm() {
            this.linksUm();
            this.linksUm();
            this.linksUm();
        }
}


class EinsamerHamster extends AllroundHamster {
    EinsamerHamster(int r, int s, int b, int k) {
        super(r, s, b, k);
    }

    void suchen() {
        this.schreib("Ich suche eine Frau!");
    }
}

void main() {
    AllroundHamster julia = new AllroundHamster(5, 2,
            Hamster.SUED, 0);
    MeinHamster paul = new MeinHamster(2, 6, Hamster.NORD, 0);
    EinsamerHamster romeo = new EinsamerHamster(3, 4,
            Hamster.OST, 0);
    Sammeln.sammeln(0, 0);
}
```

Nach Anweisung 3 der main-Funktion leben vier Hamster im Territorium, die Hamster mit den Namen julia, paul und romeo sowie der Standard-Hamster. Der Aufruf der Methode sammeln führt dazu, dass sich die beiden existierenden Allround-Hamster romeo und julia in die linke obere Ecke des Territoriums begeben. paul und der Standard-Hamster bleiben jedoch dort, wo sie sind.

11.11 Beispielprogramme

Die drei Beispielprogramme dieses Abschnitts demonstrieren den Einsatz sowie die Vorteile der Konzepte der Polymorphie und des dynamischen Bindens von Methoden.

11.11.1 Beispielprogramm 1

Die Hamster „spielen Bundeswehr". Sie als Benutzer haben dabei die Möglichkeit, über den Standard-Hamster einer Menge von Soldaten-Hamstern die Befehle linksUm, rechtsUm, vor oder kehrt zu erteilen. Die Soldaten-Hamster gehorchen Ihnen natürlich. Alles wäre gut und schön, wenn sich nicht ein Verweigerer-Hamster unter die Soldaten-Hamster geschlichen hätte. Dieser boykottiert Ihre Befehle.

```
class SoldatenHamster extends Hamster {

    SoldatenHamster(int r, int s, int b, int k) {
```

```
                super(r, s, b, k);
    }

    public void vor() {
        if (this.vornFrei()) {
            super.vor();
        }
    }

    void kehrt() {
        this.linksUm();
        this.linksUm();
    }

    void rechtsUm() {
        this.kehrt();
        this.linksUm();
    }
}

class VerweigererHamster extends SoldatenHamster {
    VerweigererHamster(int r, int s, int b, int k) {
        super(r, s, b, k);
    }

    // VerweigererHamster tut gar nichts; Überschreiben der
    // Methoden

    public void linksUm() {
    }

    public void vor() {
    }

    void kehrt() {
    }

    void rechtsUm() {
    }
}

class Bundeswehr {
    static SoldatenHamster[] erzeugeSoldaten(int anzahl) {
        SoldatenHamster[] soldaten = new SoldatenHamster[anzahl];
        for (int i = 0; i < anzahl; i++) {
            soldaten[i] = new SoldatenHamster(0, i,
                    Hamster.SUED, 0);
        }
        // ein Verweigerer schleicht sich unter die Soldaten
        // (Polymorphie)
        soldaten[anzahl - 1] = new VerweigererHamster(0,
                anzahl - 1, Hamster.SUED, 0);
```

```
            return soldaten;
    }
}


void main() {
    SoldatenHamster[] soldaten = Bundeswehr
            .erzeugeSoldaten(Territorium.getAnzahlSpalten());
    Hamster general = Hamster.getStandardHamster();
    String antwort = null;
    do {
        antwort = general
                .liesZeichenkette("Welchen Befehl soll ich den "
                    + "Soldaten erteilen:\n"
                    + "linksUm, rechtsUm, vor oder kehrt?");

        if (antwort.equals("linksUm")) {
            for (int s = 0; s < soldaten.length; s++) {
                soldaten[s].linksUm();
            }
        } else if (antwort.equals("rechtsUm")) {
            for (int s = 0; s < soldaten.length; s++) {
                soldaten[s].rechtsUm();
            }
        } else if (antwort.equals("vor")) {
            for (int s = 0; s < soldaten.length; s++) {
                soldaten[s].vor();
            }
        } else if (antwort.equals("kehrt")) {
            for (int s = 0; s < soldaten.length; s++) {
                soldaten[s].kehrt();
            }
        }
    } while (!antwort.equals("ende"));
}
```

11.11.2 Beispielprogramm 2

Zwei Hamster, die am Anfang der zweiten und dritten Reihe in Blickrichtung Osten eines mauerlosen Territoriums stehen, wollen gegeneinander in einem Würfelspiel antreten. Jeder der beiden
würfelt. Wer die höhere Zahl würfelt, darf die entsprechende Zahl an Kacheln vorrücken. Wer als
erster das Ende der Spalte erreicht hat, hat gewonnen.

Der erste Hamster traut jedoch dem zweiten nicht, weil dieser beim Spielen schon häufiger gemogelt
hat. Er beauftragt daher einen Schiedsrichter-Hamster, das Spiel zu kontrollieren. Der Schiedsrichter-Hamster gibt vor Beginn des Spiels beiden Spiel-Hamstern jeweils einen vorher von ihm kontrollierten Würfel. Weiterhin dürfen die Hamster nicht selbst würfeln, sondern übergeben ihren Würfel
jeweils dem Schiedsrichter-Hamster, der dann für sie würfelt. Diese Kontrollmaßnahmen beruhigen
den ersten Hamster. Eigentlich hat der zweite Hamster nun keine Chance mehr zu mogeln.

Da kennt er allerdings den zweiten Hamster schlecht, denn dieser hat in diesem Kapitel gut aufge-
passt und nutzt die Konzepte der Polymorphie und des dynamischen Bindens rigoros aus. In einem

unbeobachteten Moment tauscht er den Würfel, den ihm der Schiedsrichter-Hamster gegeben hat, gegen einen manipulierten Würfel aus, der immer die Höchstzahl 6 würfelt. Damit ist der erste Hamster quasi chancenlos gegen ihn, denn dummerweise kontrolliert der Schiedsrichter vor jedem Würfeln nicht noch einmal die Korrektheit der ihm übergebenen Würfel.

```
class Wuerfel {
    int wuerfeln() {
        return (int) (Math.random() * 7);
    }
}


class SchiedsrichterHamster extends Hamster {

    SchiedsrichterHamster(int r, int s) {
        super(r, s, Hamster.OST, 0);
    }

    Wuerfel liefereWuerfel() {
        // erzeugt und liefert einen neuen Wuerfel
        return new Wuerfel();
    }

    int wuerfeln(Wuerfel wuerfel) {
        // wuerfelt mit dem ihm uebergebenen Wuerfel
        return wuerfel.wuerfeln();
    }
}

class SpielHamster extends Hamster {
    Wuerfel wuerfel;

    SpielHamster(int r, int s, Wuerfel w) {
        super(r, s, Hamster.OST, 0);
        this.wuerfel = w;
    }

    Wuerfel gibWuerfel() {
        return this.wuerfel;
    }

    boolean vor(int anzahl) {
        while (anzahl > 0 && this.vornFrei()) {
            this.vor();
            anzahl = anzahl - 1;
        }
        return !this.vornFrei();
        // liefert true, wenn der Hamster vor einer Mauer steht,
        // also gewonnen hat
    }

    void freuen() {
        this.linksUm();
```

```
            this.linksUm();
            this.linksUm();
            this.linksUm();
    }
}

class ManipulierterWuerfel extends Wuerfel {
    // Ueberschreiben der geerbten Methode
    int wuerfeln() {
        // liefert immer die Hoechstzahl 6
        return 6;
    }
}

class MogelHamster extends SpielHamster {
    MogelHamster(int r, int s, Wuerfel w) {
        super(r, s, w);
        // tauscht heimlich den korrekten gegen einen
        // manipulierten Wuerfel aus
        this.wuerfel = new ManipulierterWuerfel();
    }
}

void main() {
    SchiedsrichterHamster markus = new SchiedsrichterHamster(
            0, 0);

    // der Schiedsrichter erzeugt zwei kontrollierte Wuerfel
    Wuerfel wuerfel1 = markus.liefereWuerfel();
    Wuerfel wuerfel2 = markus.liefereWuerfel();

    // die SpielHamster werden erzeugt und ihnen die
    // kontrollierten Wuerfel uebergeben
    SpielHamster paul = new SpielHamster(1, 0, wuerfel1);
    SpielHamster willi = new MogelHamster(2, 0, wuerfel2);

    boolean siegerPaul = false;
    boolean siegerWilli = false;
    Wuerfel spielWuerfel;
    while (!siegerPaul && !siegerWilli) {
        // Die SpielHamster uebergeben dem Schiedsrichter die
        // Wuerfel. Dieser wuerfelt fuer sie, damit ja nicht
        // gemogelt werden kann
        spielWuerfel = paul.gibWuerfel();
        int zahlPaul = markus.wuerfeln(spielWuerfel);
        spielWuerfel = willi.gibWuerfel();
        int zahlWilli = markus.wuerfeln(spielWuerfel);

        // der SpielHamster mit dem hoeheren Wurf darf
        // vorruecken
        if (zahlPaul > zahlWilli) {
            siegerPaul = paul.vor(zahlPaul);
```

```
        } else if (zahlWilli > zahlPaul) {
            siegerWilli = willi.vor(zahlWilli);
        }
    }
    if (siegerPaul) {
        paul.freuen();
    }
    if (siegerWilli) {
        willi.freuen();
    }
}
```

11.11.3 Beispielprogramm 3

Zwei Hamster wollen das so genannte *Nimm-Spiel* spielen. Sie sitzen mit derselben Blickrichtung auf derselben Kachel. Vor ihnen liegt eine Reihe mit Körnern, auf jeder Kachel jeweils ein Korn (vergleiche Abbildung 11.11.3). Die beiden Hamster müssen laufen und abwechselnd jeweils entweder ein oder zwei Körner nehmen. Sie wissen dabei, wie lang die Körnerreihe ist. Wer das letzte Korn der Reihe nimmt, gewinnt das Spiel.

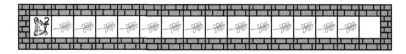

Abbildung 11.2: Typisches Ausgangsterritorium beim Nimm-Spiel

Zunächst einmal realisieren wir das Spiel mit zwei „dummen" Hamstern. Sie werden von einer Klasse `SpielHamster` erzeugt, die von der Klasse `AllroundHamster` aus Kapitel 7.10 abgeleitet ist. Die beiden Hamster kennen keine Gewinnstrategie und nehmen daher abwechselnd ein und zwei Körner.

```
class SpielHamster extends AllroundHamster {
    int koernerAnzahl; // speichert die Laenge der Koernerreihe

    int genommen; // speichert die Anzahl der genommen Koerner

    SpielHamster(int r, int s, int b, int k, int anzahl) {
        super(r, s, b, k);
        this.koernerAnzahl = anzahl;
        this.genommen = 1;
    }

    // die Methode zum Fressen;
    // uebergeben wird, wie viele Koerner der Gegner gefressen
    // hat;
    // geliefert wird, wie viele Koerner der Hamster gefressen
    // hat
    int friss(int gegnerAnzahl) {
        this.koernerAnzahl = this.koernerAnzahl - gegnerAnzahl;
        // laufe wieder bis zum Anfang der Koernerreihe
```

```
        for (int i = 0; i < gegnerAnzahl; i++) {
            this.vor();
        }

        if (this.genommen == 1) {
            this.genommen = 2;
            this.vor();
            this.nimm();
            if (this.vornFrei()) {
                this.vor();
                this.nimm();
                this.koernerAnzahl = this.koernerAnzahl - 2;
                return 2;
            } else {
                this.koernerAnzahl = this.koernerAnzahl - 1;
                return 1;
            }
        } else {
            this.genommen = 1;
            this.vor();
            this.nimm();
            this.koernerAnzahl = this.koernerAnzahl - 1;
            return 1;
        }
    }

    // laufe eine Ehrenrunde
    void laufeEhrenrunde() {
        this.kehrt();
        while (this.vornFrei()) {
            this.vor();
        }
    }
}

class NimmSpiel {
    SpielHamster[] spieler; // speichert die spielenden Hamster

    int koernerAnzahl; // speichert die Laenge der Koernerreihe

    NimmSpiel(SpielHamster hamster1, SpielHamster hamster2,
            int anzahl) {
        // die spielenden Hamster werden ins Array gepackt
        this.spieler = new SpielHamster[2];
        this.spieler[0] = hamster1;
        this.spieler[1] = hamster2;
        this.koernerAnzahl = anzahl;
    }

    // spielen des Nimm-Spiels; geliefert wird der siegreiche
    // Hamster
    SpielHamster spielen() {
```

```
        int aktuellerIndex = 0;
        int gefressen = 0;
        while (this.koernerAnzahl > 0) {
            gefressen = this.spieler[aktuellerIndex]
                    .friss(gefressen);
            this.koernerAnzahl = this.koernerAnzahl - gefressen;
            if (this.koernerAnzahl > 0) {
                // bewirkt, dass die beiden Hamster abwechselnd
                // einen
                // Spielzug ausfuehren
                aktuellerIndex = (aktuellerIndex + 1) % 2;
            }
        }
        return this.spieler[aktuellerIndex];
    }
}

void main() {
    Hamster karl = Hamster.getStandardHamster();
    int anzahl = karl.liesZahl("Laenge der Koernerreihe?");
    SpielHamster paul = new SpielHamster(0, 0, Hamster.OST,
            0, anzahl);
    SpielHamster willi = new SpielHamster(0, 0, Hamster.OST,
            0, anzahl);

    NimmSpiel spiel = new NimmSpiel(paul, willi, anzahl);
    SpielHamster sieger = spiel.spielen();

    // der Sieger darf eine Ehrenrunde laufen
    sieger.laufeEhrenrunde();
}
```

Ein Hamster hat sich die Sache aber doch etwas gründlicher angeschaut. Er erkennt: Wenn ein Hamster es schafft, einmal einen Zustand zu erreichen, bei dem eine durch 3 teilbare Anzahl an Körnern übrig bleibt, hat er gewonnen. Er muss dann nämlich bei jedem Zug immer nur noch dafür sorgen, dass nach seinem Zug wieder eine durch 3 teilbare Anzahl übrig bleibt. Sind nach einem seiner Züge letztendlich nämlich nur noch drei Körner übrig, kann der Gegner entweder ein oder zwei Körner nehmen. Er nimmt dann den Rest und hat gewonnen. Folgende Klasse StrategieHamster setzt diese Strategie um:

```
class StrategieHamster extends SpielHamster {
    StrategieHamster(int r, int s, int b, int k, int anzahl) {
        super(r, s, b, k, anzahl);
    }

    // ueberschreiben der Methode friss
    int friss(int gegnerAnzahl) {
        this.koernerAnzahl = this.koernerAnzahl - gegnerAnzahl;
        // laufe wieder bis zum Anfang der Koernerreihe
        for (int i = 0; i < gegnerAnzahl; i++) {
            this.vor();
        }
```

```
            if (this.koernerAnzahl % 3 == 2) {
                this.vor();
                this.nimm();
                this.vor();
                this.nimm();
                this.koernerAnzahl = this.koernerAnzahl - 2;
                return 2;
            } else {
                this.vor();
                this.nimm();
                this.koernerAnzahl = this.koernerAnzahl - 1;
                return 1;
            }
        }
    }
}
```

Die Klasse StrategieHamster wird von der Klasse SpielHamster abgeleitet und überschreibt die Methode friss. Damit kann nun die Klasse NimmSpiel unverändert auch benutzt werden, wenn neben SpielHamstern auch StrategieHamster mitspielen. Bei der Übergabe der tatsächlich spielenden Hamster im Konstruktor der Klasse wird die Polymorphie ausgenutzt und die Methode friss wird in der Methode spielen dynamisch gebunden.

In der main-Funktion wird als erster Hamster nun anstelle eines normalen SpielHamsters ein StrategieHamster erzeugt, der dann gegen einen normalen SpielHamster spielt (und meistens gewinnt).

```
void main() {
    Hamster karl = Hamster.getStandardHamster();
    int anzahl = karl.liesZahl("Laenge der Koernerreihe?");
    SpielHamster paul = new StrategieHamster(0, 0,
            Hamster.OST, 0, anzahl);
    SpielHamster willi = new SpielHamster(0, 0, Hamster.OST,
            0, anzahl);

    NimmSpiel spiel = new NimmSpiel(paul, willi, anzahl);
    SpielHamster sieger = spiel.spielen();

    // der Sieger darf eine Ehrenrunde laufen
    sieger.laufeEhrenrunde();
}
```

11.12 Aufgaben

Haben Sie die Konzepte der Polymorphie und des dynamischen Bindens von Methoden verstanden? Wenn ja, dann sollte das Lösen der folgenden Aufgaben kein Problem für Sie darstellen. Denken Sie sich darüber hinaus selbst weitere Aufgaben aus. Viel Spaß und Erfolg!

11.12.1 Aufgabe 1

Ärgern Sie den General in Beispielprogramm 1 in Abschnitt 11.11.1 ein wenig. Ändern Sie die Klasse Bundeswehr so ab, dass deren Methode erzeugeSoldaten nur Verweigerer-Hamster liefert.

11.12.2 Aufgabe 2

Durch den Einsatz von welchem Konzept der objektorientierten Programmierung könnte das Mogeln beim Würfelspiel in Beispielprogramm 2 in Abschnitt 11.11.2 verhindert werden?[6]

11.12.3 Aufgabe 3

Leiten Sie von der Klasse SpielHamster in Beispielprogramm 3 in Abschnitt 11.11.3 eine Klasse MenschGesteuerterSpielHamster ab, die die Methode friss wie folgt überschreibt: Der Hamster soll den Benutzer fragen, wie viele Körner er fressen soll. Schreiben Sie ein Hauptprogramm, in dem ein Hamster der Klasse SpielHamster gegen einen Hamster der Klasse MenschGesteuerterHamster das Nimm-Spiel spielt. Die Klasse NimmSpiel muss nicht und darf auch nicht geändert werden.

11.12.4 Aufgabe 4

Ändern Sie in Analogie zur Klasse Stapel in Abschnitt 11.8 die Klasse Speicher aus Kapitel 9.3.2 so ab, dass sie anstelle von int-Werten beliebige Objekte speichern kann. Aufgrund des Autoboxing- und Unboxing-Konzepts brauchen Sie am Hauptprogramm aus Kapitel 9.3.2 nichts ändern.

11.12.5 Aufgabe 5

Ergänzen Sie die Klasse Stapel in Abschnitt 11.8 durch einen Copy-Konstruktor sowie geeignete Methoden clone, equals, hashCode und toString, die die Methoden der Klasse Object überschreiben. Beim Klonen soll ein Stapel entstehen, der dieselben Objekte in derselben Reihenfolge speichert. Zwei Stapel sollen gleich sein, wenn sie dieselben Objekte in derselben Reihenfolge speichern. Als Hash-Code soll die maximale Größe des Stapels geliefert werden. Die Methode toString soll jeweils die Methode toString der auf dem Stapel gespeicherten Objekte aufrufen, und zwar von oben nach unten.

11.12.6 Aufgabe 6

Schauen Sie sich das folgende Hamster-Programm an:

---

[6]Denken Sie an das Schlüsselwort final!

```
class Dreh1Hamster extends Hamster {

    Dreh1Hamster() {
        super(0, 0, Hamster.OST, 0);
        this.drehen();
    }

    void drehen() {
        this.drehDich();
        this.linksUm();
    }

    void drehDich() {
        this.linksUm();
        this.linksUm();
    }
}

class Dreh2Hamster extends Dreh1Hamster {

    Dreh2Hamster() {
        super();
        this.drehen();
    }

    void drehDich() {
        this.linksUm();
        this.linksUm();
        this.linksUm();
    }
}

void main() {
    Dreh1Hamster paul = new Dreh1Hamster();
    paul.drehen();
    paul = new Dreh2Hamster();
    paul.drehen();
}
```

Frage: Wie oft drehen sich die beiden Hamster jeweils linksum?

11.12.7 Aufgabe 7

Es ist Weihnachten. Schreiben Sie ein Hamster-Programm, bei dem ein Weihnachtsmann-Hamster als Vertretungshamster des Standard-Hamsters allen anderen Hamstern, die sich in einem mauerlosen Territorium befinden, solange er noch Körner im Maul hat, ein „Schokoladenkorn" vorbeibringt, das diese jeweils fressen. Nutzen Sie dabei die parameterlose Methode getHamster der Klasse Territorium sowie die Hamster-Methoden getReihe und getSpalte, um herauszufinden, wie viele Hamster es im Territorium gibt und wo sie sich befinden.

11.12.8 Aufgabe 8

Es ist Ostern. Ein Eltern-Hamster hat daher in einem mauerlosen Territorium „Osterkörner" versteckt, die seine Kind-Hamster suchen sollen. Damit alles mit rechten Dingen zugeht und sich die Kinder nicht streiten, werden die Kind-Hamster von ihm der Reihe nach auf die Suche nach je einem Osterkorn geschickt, bis alle Körner aufgesammelt sind. Die Klasse `ElternHamster` und die main-Funktion haben folgende Gestalt:

```
class ElternHamster extends Hamster {

    ElternHamster(int r, int s, int b, int k) {
        super(r, s, b, k);
    }

    void osterKoernerVerstecken() { ... }

    boolean nochOsterKoernerVersteckt() { ... }

    void osterKoernerSuche(KindHamster[] kinder) {
        while (this.nochOsterKoernerVersteckt()) {
            for (int k = 0; k < kinder.length; k++) {
                kinder[k].einKornSuchenUndFressen();
            }
        }
    }
}

void main() {
    ElternHamster karl = new ElternHamster(0, 0,
            Hamster.OST, 20);

    KindHamster[] kinder = new KindHamster[5];
    kinder[0] = new KindHamster(0, 0, Hamster.OST, 0);
    kinder[1] = new KindHamster(0, 0, Hamster.OST, 0);
    kinder[2] = new KindHamster(0, 0, Hamster.OST, 0);
    kinder[3] = new KindHamster(0, 0, Hamster.OST, 0);
    kinder[4] = new KindHamster(0, 0, Hamster.OST, 0);
    karl.osterKoernerVerstecken();
    karl.osterKoernerSuche(kinder);
}
```

Ihre Aufgaben lauten nun:

1. Implementieren Sie die fehlenden Methoden der Klasse `ElternHamster`!

2. Implementieren Sie eine Klasse `KindHamster`. Kind-Hamster sollen dem Eltern-Hamster immer gehorchen, also bei Aufruf ihrer Methode `einKornSuchenUndFressen` auch nur ein Korn suchen und es fressen.

3. Leiten Sie von der Klasse `KindHamster` eine Klasse `UngehorsamerKindHamster` ab, die die Methode `einKornSuchenUndFressen` überschreibt. Objekte dieser Klasse sollen bei Aufruf ihrer Methode `einKornSuchenUndFressen` zwei Körner suchen und – falls sie noch welche finden – fressen.

4. Ändern Sie die main-Funktion so ab, dass sich ein Objekt der Klasse UngehorsamerKind-Hamster in der Kinderschar versteckt.

11.12.9 Aufgabe 9

Kuckucke sind dafür bekannt, dass sie anderen Vögeln ihre Eier ins Nest legen und von ihnen groß ziehen lassen. Die Kuckuckskinder sind dabei so dreist, dass sie meistens die komplette herbeigebrachte Nahrung vertilgen und so die anderen jungen Vögel elendig verhungern. Dasselbe gilt auch für die Kuckucks-Hamster in dieser Aufgabe. Auf Kachel (0/0) befindet sich das „Hamster-Nest" mit einigen Kind-Hamstern. Weiterhin gibt es einen Mutter-Hamster, der immer so viele Körner in einem mauerlosen Territorium einsammelt, wie es Kind-Hamster im Nest gibt, und diese zum Nest bringt. Dort dürfen alle Kinder der Reihe nach je ein Korn fressen. Die Klasse MutterHamster und die main-Funktionen haben folgende Gestalt:

```
class MutterHamster extends Hamster {

    MutterHamster(int r, int s, int b, int k) {
        super(r, s, b, k);
    }

    boolean nochKoernerImTerritorium() {
        // Implementierung
    }

    void sammleKoerner(int anzahl) {
        // Implementierung
    }

    void kinderFuetterung(KindHamster[] kinder) {
        while (this.nochKoernerImTerritorium()) {
            this.sammleKoerner(kinder.length);
            for (int k = 0; k < kinder.length; k++) {
                if (kinder[k].kornDa()) {
                    kinder[k].nimm();
                }
            }
        }
    }
}

void main() {
    MutterHamster maria = new MutterHamster(0, 0,
            Hamster.OST, 20);

    KindHamster[] kinder = new KindHamster[4];
    kinder[0] = new KindHamster(0, 0, Hamster.OST, 0);
    kinder[1] = new KindHamster(0, 0, Hamster.OST, 0);
    kinder[2] = new KindHamster(0, 0, Hamster.OST, 0);
    kinder[3] = new KindHamster(0, 0, Hamster.OST, 0);
    maria.kinderFuetterung(kinder);
}
```

Ihre Aufgaben lauten nun:

1. Implementieren Sie die fehlenden Methoden der Klasse `MutterHamster`!

2. Implementieren Sie eine Klasse `KindHamster`.

3. Leiten Sie von der Klasse `KindHamster` eine Klasse `KuckucksHamster` ab, die die Hamster-Methode `nimm` überschreibt. Kuckucks-Hamster sollen bei Aufruf der Methode `nimm` nicht nur ein Korn, sondern alle Körner auf der aktuellen Kachel fressen.

4. Ändern Sie die `main`-Funktion so ab, dass ein Objekt der Klasse `KuckucksHamster` das erste Kind in der Kinderschar verdrängt.

11.12.10 Aufgabe 10

Zwei Hamster wollen das Spiel *37* spielen. Bei diesem Spiel besteht das Hamster-Territorium aus nur einer Reihe mit 6 Spalten. Keine Kachel ist durch eine Mauer blockiert (vergleiche Abbildung 11.3). Die beiden Hamster, die beide 37 Körner im Maul haben und nach Osten schauen, stehen auf der Kachel (0/0). Auf dieser Kachel liegt weiterhin genau ein Korn – das *Spielkorn*.

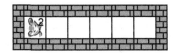

Abbildung 11.3: Hamster-Territorium beim Spiel *37*

Ein Hamster beginnt das Spiel. Er nimmt das Spielkorn und legt es auf einer Kachel der Spalten mit den s-Koordinaten 1 bis 5 ab. Er merkt sich diese s-Koordinate. Anschließend begibt er sich zur Kachel (0/0) zurück und legt dort so viele Körner ab, wie es der s-Koordinate entspricht. Hat er bspw. das Spielkorn auf der Kachel (0/4) abgelegt, legt er auf der Kachel (0/0) 4 Körner ab.

Nun ist der andere Hamster an der Reihe. Er muss das vom ersten Hamster abgelegte Spielkorn auf eine der vier anderen freien Kacheln versetzen, dann zur Kachel (0/0) zurücklaufen und dort so viele Körner ablegen, wie es der s-Koordinate der Kachel entspricht. Versetzt er das Spielkorn bspw. auf die Kachel (0/5), muss er auf der Kachel (0/0) 5 Körner ablegen.

Danach ist wieder der erste Hamster an der Reihe, usw. Derjenige Hamster, der beim Ablegen von Körnern auf der Kachel (0/0) die 37 überschreitet, verliert das Spiel.

Teilaufgabe (a): Schreiben Sie zunächst analog zu Beispielprogramm 3 in Abschnitt 11.11.3 ein Programm, bei dem zwei Hamster ohne eine Gewinnstrategie gegeneinander das Spiel *37* spielen.

Teilaufgabe (b): Versuchen Sie dann, eine Gewinnstrategie zu entwickeln und schreiben Sie ebenfalls analog zu Beispielprogramm 3 eine erweiterte Hamster-Klasse, die diese Strategie umsetzt. Lassen Sie dann einen strategielosen Hamster gegen einen strategisch vorgehenden Hamster das Spiel *37* spielen.

Teilaufgabe (c): Gehen Sie anschließend analog zu Aufgabe 3 vor und schreiben Sie eine erweiterte Hamster-Klasse, bei der ein Mensch einem Hamster vorgibt, auf welche Kachel er das Korn verlegen soll. Ändern Sie das Hauptprogramm so ab, dass ein normaler Hamster gegen einen menschgesteuerten Hamster das Spiel *37* spielt.

Kapitel 12
Abstrakte Klassen und Interfaces

In diesem Kapitel werden mit so genannten *abstrakten Klassen* und *Interfaces* zwei Konstrukte eingeführt, die sehr stark mit den Konzepten der Polymorphie und dem dynamischen Binden von Methoden zusammenhängen. Die beiden Konstrukte werden in Abschnitt 1 und Abschnitt 2 dieses Kapitels jeweils zunächst eingeführt. Anschließend wird dann jeweils gezeigt, wie sie bei der Entwicklung von Programmen genutzt werden können. Abschnitt 3 enthält einen Vergleich von abstrakten Klassen und Interfaces. In Abschnitt 4 wird anhand dreier Beispielprogramme der Einsatz und Nutzen von abstrakten Klassen und Interfaces demonstriert und Abschnitt 5 stellt Ihnen eine Reihe von Aufgaben zum selbstständigen Einüben der Konstrukte zur Verfügung.

12.1 Abstrakte Klassen

Abstrakte Klassen dienen insbesondere dazu, zwischen konkreten Klassen, die gewisse Ähnlichkeiten besitzen, durch die Einführung einer gemeinsamen (künstlichen) Oberklasse eine Beziehung herzustellen, um damit die Konzepte der Polymorphie und des dynamischen Bindens von Methoden nutzen zu können.

12.1.1 Definition abstrakter Klassen

Abstrakte Klassen sind bewusst unvollständige Klassen. Sie enthalten eine oder mehrere unvollständige Instanzmethoden, die zwar definiert nicht aber implementiert sind.

Im folgenden Beispiel wird eine abstrakte Klasse definiert:

```
abstract class ZeichneZifferHamster // abstrakte Klasse
        extends Hamster {

    ZeichneZifferHamster(int r, int s, int b, int k) {
        super(r, s, b, k);
    }

    // zeichnet eine Ziffer mit Koernern ins Territorium
    abstract void zeichne(); // abstrakte Methode

    void kehrt() {
        this.linksUm();
        this.linksUm();
    }

    void rechtsUm() {
```

```
            this.kehrt();
            this.linksUm();
    }

    void vor(int anzahl) {
        while (anzahl > 0) {
            this.vor();
            anzahl = anzahl - 1;
        }
    }

    void vorUndGib() {
        this.vor();
        this.gib();
    }

    void vorUndGib(int anzahl) {
        while (anzahl > 0) {
            this.vorUndGib();
            anzahl = anzahl - 1;
        }
    }
}
```

Für die Definition abstrakter Klassen existiert das Schlüsselwort `abstract`. Es wird an zwei Stellen eingesetzt:

- Es wird einer definierten aber nicht implementierten Methode vorangestellt (*abstrakte Methode*).

- Es wird der Definition einer Klasse vorangestellt, die abstrakte Methoden enthält.

Abstrakte Methoden unterscheiden sich von normalen Methoden dadurch, dass anstelle des Methodenrumpfes, in dem bei normalen Methoden die Implementierung beschrieben wird, ein einzelnes Semikolon steht. Ausschließlich Instanzmethoden, nicht Klassenmethoden, können als `abstract` deklariert werden. In der Beispielklasse ist die Methode `zeichne` als `abstract` deklariert.

12.1.2 Objektvariablen und Objekte

Von abstrakten Klassen können keine Objekte erzeugt werden. Es können wohl aber Objektvariablen vom Typ einer abstrakten Klasse definiert und mittels der Punkt-Notation auf Methoden der Klasse zugegriffen werden, wie das folgende Beispiel skizziert:

```
void main() {
    ZeichneZifferHamster paul = null;  // ok
    paul =
        new ZeichneZifferHamster(0, 0, Hamster.NORD, 1000); // Fehler
    paul.vor();  // ok
    paul.zeichne();   // ok
}
```

12.1.3 Ableiten von abstrakten Klassen

Sie werden sich jetzt sicher fragen: Was macht das alles denn für einen Sinn? Sinn machen abstrakte Klassen in der Tat erst, wenn von einer abstrakten Klasse weitere Klassen abgeleitet werden, die die abstrakten Methoden überschreiben und implementieren:

```
class ZeichneNullHamster extends ZeichneZifferHamster {
    ZeichneNullHamster(int r, int s, int b, int k) {
        super(r, s, b, k);
    }

    // zeichnet die Ziffer 0 mit Koernern ins Territorium
    void zeichne() { // ueberschriebene und implementierte
                     // Methode
        this.vorUndGib(3);
        this.rechtsUm();
        this.vorUndGib(4);
        this.rechtsUm();
        this.vorUndGib(2);
        this.rechtsUm();
        this.vorUndGib(3);
        this.vor();
        this.linksUm();
        this.vor();
        this.kehrt();
    }
}

class ZeichneEinsHamster extends ZeichneZifferHamster {
    ZeichneEinsHamster(int r, int s, int b, int k) {
        super(r, s, b, k);
    }

    // zeichnet die Ziffer 1 mit Koernern ins Territorium
    void zeichne() { // ueberschriebene und implementierte
                     // Methode
        this.vor();
        this.rechtsUm();
        this.vor(2);
        this.linksUm();
        this.gib();
        this.linksUm();
        this.vor();
        this.rechtsUm();
        this.vor();
        this.gib();
        this.linksUm();
        this.vor();
        this.rechtsUm();
        this.vor();
        this.gib();
        this.rechtsUm();
```

```
            this.vorUndGib(4);
            this.rechtsUm();
            this.vor(2);
            this.rechtsUm();
            this.vor(4);
            this.linksUm();
            this.vor();
            this.kehrt();
        }
}

...

class ZeichneNeunHamster extends ZeichneZifferHamster {
    ZeichneNeunHamster(int r, int s, int b, int k) {
        super(r, s, b, k);
    }

    // zeichnet die Ziffer 9 mit Koernern ins Territorium
    void zeichne() { // ueberschriebene und implementierte
                     // Methode
        this.vorUndGib(3);
        this.kehrt();
        this.vor(2);
        this.linksUm();
        this.vorUndGib(2);
        this.linksUm();
        this.vorUndGib();
        this.vor();
        this.linksUm();
        this.vor(2);
        this.kehrt();
        this.vorUndGib(4);
        this.rechtsUm();
        this.vorUndGib(2);
        this.rechtsUm();
        this.vor(4);
        this.linksUm();
        this.vor();
        this.kehrt();
    }
}
```

Die Klassen ZeichneNullHamster bis ZeichneNeunHamster werden von der abstrakten erweiterten Hamster-Klasse ZeichneZifferHamster abgeleitet, erben also wie üblich alle Attribute und Methoden der Klasse Hamster und alle Attribute und (implementierten) Methoden der Klasse ZeichneZifferHamster. Weiterhin überschreiben und implementieren sie die abstrakte Methode zeichne.

Die Klassen ZeichneNullHamster bis ZeichneNeunHamster nennt man auch *konkrete Klassen*. Sie sind nicht mehr abstrakt, da sie alle abstrakten Methoden ihrer Oberklasse überschreiben und implementieren, d.h. es können Objekte von ihnen erzeugt werden:

```
void main() {
  /* 1 */  ZeichneZifferHamster paul = null;
  /* 2 */  paul =            // ok, Polymorphie
                 new ZeichneNullHamster(0, 0, Hamster.NORD, 1000);
  /* 3 */  paul.vor();
  /* 4 */  paul.zeichne(); // dnymisches Binden
}
```

In der main-Funktion wird in Anweisung 2 die Polymorphie eingesetzt und in Anweisung 4 wird die Methode zeichne dynamisch gebunden, d.h. hier wird über die Objektvariable paul vom Typ ZeichneZifferHamster für das in Anweisung 2 erzeugte und paul zugeordnete Objekt der Klasse ZeichneNullHamster die Methode zeichne aufgerufen, die in der Klasse ZeichneNullHamster implementiert ist, d.h. der Hamster zeichnet mit seinen Körnern die Ziffer 0 ins Territorium.

Werden von abstrakten Klassen weitere Klassen abgeleitet, die nicht alle abstrakten Methoden ihrer Oberklasse überschreiben und implementieren, so müssen diese Klassen auch als abstract deklariert werden. Bei der folgenden Klassendefinition würde der Compiler einen Fehler liefern, da die Klasse ZeichneNullFlexibelHamster von der abstrakten Klasse ZeichneZifferHamster abgeleitet ist, deren abstrakte Methode zeichne jedoch nicht überschreibt, sondern nur überlädt[1].

```
class ZeichneNullFlexibelHamster  // Fehler; Klasse ist abstrakt
        extends ZeichneZifferHamster {
  ZeichneNullFlexibelHamster(int r, int s, int b, int k) {
      super(r, s, b, k);
  }

  // ueberlaedt die abstrakte Methode zeichne
  void zeichne(int breite, int hoehe) {
      this.vorUndGib(breite);
      this.rechtsUm();
      this.vorUndGib(hoehe - 1);
      this.rechtsUm();
      this.vorUndGib(breite - 1);
      this.rechtsUm();
      this.vorUndGib(hoehe - 2);
      this.vor();
      this.linksUm();
      this.vor();
      this.kehrt();
  }
}
```

12.1.4 Nutzen von abstrakten Klassen

Dass von der Klasse ZeichneZifferHamster keine Objekte erzeugt werden können, ist nicht weiter tragisch. Welche Ziffer hätten Objekte der Klasse denn überhaupt zeichnen sollen? Ziffer ist ja ein (abstrakter) Oberbegriff für die konkreten Ziffern 0 bis 9, und für letztere gibt es ja die konkreten Klassen ZeichneNullHamster bis ZeichneNeunHamster.

---

[1] zum Unterschied zwischen Überladen und Überschreiben von Methoden vergleiche auch Kapitel 7.4.4

Neben der Vererbung ihrer Attribute und Methoden an Unterklassen ist der Hauptzweck der abstrakten Klasse ZeichneZifferHamster, eine Beziehung zwischen den konkreten Klassen ZeichneNullHamster bis ZeichneNeunHamster herzustellen. Diese besitzen nämlich nun eine gemeinsame Oberklasse, die für den Einsatz der Konzepte der Polymorphie und des dynamischen Bindens von Methoden genutzt werden kann.

12.1.4.1 Beispiel 1

Das folgende Beispiel demonstriert diesen Nutzen. Ein Hamster soll eine ihm vom Benutzer mitgeteilte natürliche Zahl mit Körnern ins Territorium zeichnen. Er bedient sich dazu der Hilfe der konkreten ZeichneZiffer-Hamster. Wird ihm der Befehl zeichne gegeben, erzeugt er zunächst ein Array mit 10 Objektvariablen vom Typ ZeichneZifferHamster und je einen Hamster der zehn konkreten Klassen ZeichneNullHamster bis ZeichneNeunHamster. Danach ordnet er den einzelnen Array-Elementen durch Ausnutzung der Polymorphie diese Hamster zu: dem Array-Element mit dem Index 0 den ZeichneNull-Hamster, dem Array-Element mit dem Index 1 den ZeichneEinsHamster, usw. Anschließend ermittelt er die einzelnen Ziffern der Zahl und ruft über die Array-Elemente mit dem entsprechenden Index jeweils die Methode zeichne der zugeordneten ZeichneZiffer-Hamster auf. Diese Methode wird dabei dynamisch gebunden.

```
void main() {
    ZeichneZahlHamster paul = new ZeichneZahlHamster(0, 0,
            Hamster.OST, 1000);
    int zahl = paul
            .liesZahl("Welche Zahl soll ich zeichnen?");
    paul.zeichne(zahl);
}

class ZeichneZahlHamster extends Hamster {

    int abstand = 0; // Hilfsattribut

    ZeichneZahlHamster(int r, int s, int b, int k) {
        super(r, s, b, k);
    }


    // zeichnet die uebergebene Zahl mit Koernern ins Territorium
    void zeichne(int zahl) {
        if (zahl < 0)
            return;
        ZeichneZifferHamster[] ziffernHamster =
            erzeugeZifferHamster();
        this.abstand = 0;
        this.zeichne(zahl, ziffernHamster);
    }

    // rekursive Hilfsmethode
    void zeichne(int zahl, ZeichneZifferHamster[] ziffernHamster) {
        if (zahl > 9) {
            this.zeichne(zahl / 10, ziffernHamster);
        }
```

```
            int ziffer = zahl % 10;
            ziffernHamster[ziffer].vor(this.abstand);
            ziffernHamster[ziffer].zeichne(); // dynamisch gebunden!
            ziffernHamster[ziffer].kehrt();
            ziffernHamster[ziffer].vor(this.abstand);
            ziffernHamster[ziffer].kehrt();
            this.abstand = this.abstand + 4;
    }


    // erzeugt Array mit konkreten Hamstern
    ZeichneZifferHamster[] erzeugeZifferHamster() {
        int r = this.getReihe();
        int s = this.getSpalte();
        ZeichneZifferHamster[] ziffernHamster =
            new ZeichneZifferHamster[10];
        // Einsatz der Polymorphie!
        ziffernHamster[0] = new ZeichneNullHamster(r, s,
                Hamster.OST, this.getAnzahlKoerner());
        ziffernHamster[1] = new ZeichneEinsHamster(r, s,
                Hamster.OST, this.getAnzahlKoerner());
        ziffernHamster[2] = new ZeichneZweiHamster(r, s,
                Hamster.OST, this.getAnzahlKoerner());
        ziffernHamster[3] = new ZeichneDreiHamster(r, s,
                Hamster.OST, this.getAnzahlKoerner());
        ziffernHamster[4] = new ZeichneVierHamster(r, s,
                Hamster.OST, this.getAnzahlKoerner());
        ziffernHamster[5] = new ZeichneFuenfHamster(r, s,
                Hamster.OST, this.getAnzahlKoerner());
        ziffernHamster[6] = new ZeichneSechsHamster(r, s,
                Hamster.OST, this.getAnzahlKoerner());
        ziffernHamster[7] = new ZeichneSiebenHamster(r, s,
                Hamster.OST, this.getAnzahlKoerner());
        ziffernHamster[8] = new ZeichneAchtHamster(r, s,
                Hamster.OST, this.getAnzahlKoerner());
        ziffernHamster[9] = new ZeichneNeunHamster(r, s,
                Hamster.OST, this.getAnzahlKoerner());
        return ziffernHamster;
    }
}
```

12.1.4.2 Beispiel 2

Ein weiteres Einsatzbeispiel für abstrakte Klassen soll anhand von Beispielprogramm 3 aus Kapitel 11.11.3 gegeben werden. Dort wurde das Nimm-Spiel mit Hamstern implementiert. Von besonderem Interesse ist dabei die Klasse NimmSpiel. Sie greift intern auf eine Klasse SpielHamster zu, die eine Methode friss definiert und mit einer einfachen, aber schlechten Gewinnstrategie implementiert. Im Prinzip interessiert dabei die Klasse NimmSpiel aber nicht die Implementierung der Methode friss. Sie muss nur wissen, dass zur Laufzeit eine solche Methode existiert und dynamisch gebunden werden kann. Daher ist es aus Gründen eines besseren Abstrahierungsgrades sinnvoller, eine abstrakte Klasse FrissHamster zu benutzen, die die Implementierung der Methode friss offen lässt:

```
abstract class FrissHamster extends Hamster {
    int koernerAnzahl; // speichert die Laenge der Koernerreihe

    FrissHamster(int r, int s, int b, int k, int anzahl) {
        super(r, s, b, k);
        this.koernerAnzahl = anzahl;
    }

    // die Methode zum Fressen; uebergeben wird, wie viele
    // Koerner der Gegner gefressen hat; geliefert wird, wie
    // viele Koerner der Hamster gefressen hat
    abstract int friss(int gegnerAnzahl);

    // laufe eine Ehrenrunde
    void laufeEhrenrunde() {
        this.linksUm();
        this.linksUm();
        while (this.vornFrei()) {
            this.vor();
        }
    }
}

class NimmSpiel {
    FrissHamster[] spieler; // speichert die spielenden Hamster

    int koernerAnzahl; // speichert die Laenge der Koernerreihe

    NimmSpiel(FrissHamster hamster1, FrissHamster hamster2,
            int anzahl) {
        // die spielenden Hamster werden ins Array gepackt
        this.spieler = new FrissHamster[2];
        this.spieler[0] = hamster1;
        this.spieler[1] = hamster2;
        this.koernerAnzahl = anzahl;
    }

    // spielen des Nimm-Spiels; geliefert wird der siegreiche
    // Hamster
    FrissHamster spielen() {
        int aktuellerIndex = 0;
        int gefressen = 0;
        while (this.koernerAnzahl > 0) {
            gefressen = this.spieler[aktuellerIndex]
                    .friss(gefressen);
            // friss wird dynamisch gebunden
            this.koernerAnzahl = this.koernerAnzahl - gefressen;
            if (this.koernerAnzahl > 0) {
                // bewirkt, dass die beiden Hamster abwechselnd
```

```
                    // einen Spielzug ausfuehren
                    aktuellerIndex = (aktuellerIndex + 1) % 2;
            }
        }
        return this.spieler[aktuellerIndex];
    }
}
```

Diese beiden Klassen könnten nun anderen Programmierern zur Verfügung gestellt werden, die von der Klasse FrissHamster konkrete Klassen ableiten, die die Methode friss mit einer gewissen Strategie implementieren:

```
class DummerFrissHamster extends FrissHamster {
    int genommen; // speichert die Anzahl der genommen Koerner

    DummerFrissHamster(int r, int s, int b, int k, int anzahl) {
        super(r, s, b, k, anzahl);
        this.genommen = 1;
    }


    // implementieren der abstrakten Methode
    int friss(int gegnerAnzahl) {
        this.koernerAnzahl = this.koernerAnzahl - gegnerAnzahl;
        // laufe wieder bis zum Anfang der Koernerreihe
        for (int i = 0; i < gegnerAnzahl; i++) {
            this.vor();
        }

        if (this.genommen == 1) {
            this.genommen = 2;
            this.vor();
            this.nimm();
            if (this.vornFrei()) {
                this.vor();
                this.nimm();
                this.koernerAnzahl = this.koernerAnzahl - 2;
                return 2;
            } else {
                this.koernerAnzahl = this.koernerAnzahl - 1;
                return 1;
            }
        } else {
            this.genommen = 1;
            this.vor();
            this.nimm();
            this.koernerAnzahl = this.koernerAnzahl - 1;
            return 1;
        }
    }
}

class SchlauerFrissHamster extends FrissHamster {
```

```
    SchlauerFrissHamster(int r, int s, int b, int k, int anzahl) {
        super(r, s, b, k, anzahl);
    }

    // implementieren der abstrakten Methode
    int friss(int gegnerAnzahl) {
        this.koernerAnzahl = this.koernerAnzahl - gegnerAnzahl;
        // laufe wieder bis zum Anfang der Koernerreihe
        for (int i = 0; i < gegnerAnzahl; i++) {
            this.vor();
        }

        if (this.koernerAnzahl % 3 == 2) {
            this.vor();
            this.nimm();
            this.vor();
            this.nimm();
            this.koernerAnzahl = this.koernerAnzahl - 2;
            return 2;
        } else {
            this.vor();
            this.nimm();
            this.koernerAnzahl = this.koernerAnzahl - 1;
            return 1;
        }
    }
}
```

Die Klasse DummerFrissHamster implementiert die Methode friss auf eine sehr einfache Weise:
Ein Hamster frisst immer abwechselnd ein oder zwei Körner. Die Klasse SchlauerFrissHamster
implementiert die Methode mit der in Kapitel 11.11.3 beschriebenen Gewinnstrategie.

Im Hauptprogramm werden letztendlich je ein Objekt der beiden Klassen DummerFrissHamster
und SchlauerFrissHamster erzeugt, die gegeneinander das Nimm-Spiel spielen. Bei den Kon-
struktorparametern der Klasse NimmSpiel wird die Polymorphie ausgenutzt und in der Methode
spielen der Klasse NimmSpiel wird die Methode friss dynamisch gebunden.

```
void main() {
    Hamster karl = Hamster.getStandardHamster();
    int anzahl = karl.liesZahl("Laenge der Koernerreihe?");

    SchlauerFrissHamster paul = new SchlauerFrissHamster(0,
            0, Hamster.OST, 0, anzahl);
    DummerFrissHamster willi = new DummerFrissHamster(0, 0,
            Hamster.OST, 0, anzahl);

    NimmSpiel spiel = new NimmSpiel(paul, willi, anzahl);
    FrissHamster sieger = spiel.spielen();

    // der Sieger darf eine Ehrenrunde laufen
    sieger.laufeEhrenrunde();
}
```

Was dieses Beispiel wieder zeigt, ist die einfache Erweiterbarkeit von Programmen durch Ausnutzung der Konzepte der Polymorphie und des dynamischen Bindens von Methoden. Die beiden Klassen FrissHamster und NimmSpiel werden vorgegeben und bilden quasi ein Rahmenwerk – im Englischen auch *Framework* genannt – zum Spielen des Nimm-Spiels. Sie funktionieren, ohne Änderungen am Sourcecode vornehmen zu müssen, für beliebige nachträglich (!) von der Klasse FrissHamster abgeleitete Klassen, die bestimmte Spielstrategien innerhalb der Methode friss implementieren.

In Kapitel 14 werden Sie lernen, wie Sie eigene Klassen anderen Programmierern zur Verfügung stellen können. Vielleicht ahnen Sie jetzt schon, wie sinnvoll dann die Konzepte der Polymorphie und des dynamischen Bindens von Methoden eingesetzt werden können. Sie als Programmierer schreiben für die Lösung bestimmter Problemfelder ähnliche abstrakte Rahmenwerke, wie in diesem Beispiel für das Nimm-Spiel. Andere Programmierer können diese Rahmenwerke dann nutzen, um ihre konkreten Probleme damit zu lösen. Die anderen Programmierer müssen dazu weder Ihren Sourcecode ändern, noch überhaupt im Detail anschauen. Es reicht im Allgemeinen aus, bestimmte Klassen von Klassen Ihres Rahmenwerkes abzuleiten und vom Rahmenwerk aufgerufene und dynamisch gebundene Methoden so zu überschreiben und zu implementieren, wie es zur Lösung des konkreten Problems notwendig ist.

12.2 Interfaces

Im Prinzip sind die so genannten *Interfaces* – auf deutsch auch *Schnittstellen* genannt – nichts anderes als abstrakte Klassen, die ausschließlich abstrakte Instanzmethoden definieren[2].

12.2.1 Definition von Interfaces

Die Definition von Interfaces erfolgt syntaktisch ähnlich zur Definition von Klassen. Anstelle des Schlüsselwortes class wird für Interfaces jedoch das Schlüsselwort interface verwendet. Durch die Definition eines Interfaces wird ein neuer Typ mit dem Namen des Interfaces eingeführt.

Im folgenden Beispiel wird ein Interface namens VorsichtigerHamster definiert:

```
interface VorsichtigerHamster {
    public abstract boolean vornFrei();

    public abstract boolean hintenFrei();

    public abstract boolean linksFrei();

    public abstract boolean rechtsFrei();
}
```

Im Rumpf des Interfaces werden die vier booleschen Methoden vornFrei, hintenFrei, links-Frei und rechtsFrei definiert, aber nicht implementiert. Anstelle des Methodenrumpfes (der Implementierung einer Methode) steht auch hier hinter dem Methodenkopf jeweils ein einzelnes Semikolon. Den Methoden wird das Schlüsselwort public vorangestellt, dessen Bedeutung in Kapitel

---

[2]Neben der Definition abstrakter Instanzmethoden ist auch noch die Definition von Konstanten erlaubt.

14 erläutert wird. Bei der Definition von Methoden in Interfaces darf das Schlüsselwort `abstract` übrigens auch weggelassen werden, da in Interfaces alle definierten Methoden immer abstrakt sind.

Wenn Sie versuchen, Interfaces von Klassen abzuleiten oder umgekehrt, in Interfaces Methoden oder Konstruktoren zu implementieren oder Attribute zu definieren, liefert der Compiler jeweils eine Fehlermeldung:

```
interface DrehHamster
    extends Hamster         // Fehler
{

    int drehungen;          // Fehler

    DrehHamster(int d) {    // Fehler
        this.drehungen = d;
    }

    public abstract void kehrt(); // ok

    void drehDich() {       // Fehler
        this.kehrt();
        this.kehrt();
    }
}
```

12.2.2 Objektvariablen und Objekte

Analog zu abstrakten Klassen können auch von Interfaces keine Objekte erzeugt werden. Es können wohl aber Objektvariablen vom Typ eines Interfaces definiert werden und mittels der Punkt-Notation kann auf die Methoden des Interfaces zugegriffen werden.

```
void main() {
    VorsichtigerHamster paul = null;  // ok
    paul = new VorsichtigerHamster(0, 0, Hamster.NORD, 0); // Fehler
    if (paul.hintenFrei() && paul.linksFrei()) { // ok
        ...
    }
}
```

12.2.3 Implementierung von Interfaces

Anders als bei abstrakten Klassen können von Interfaces keine weiteren Klassen abgeleitet werden.[3] Es existiert jedoch ein dem `extends`-Konstrukt ähnliches Konstrukt: das `implements`-Konstrukt. Es besteht aus dem Schlüsselwort `implements` gefolgt von dem Namen eines Interfaces und kann bei der Definition einer Klasse im Klassenkopf anstelle des `extends`-Konstruktes oder zusätzlich zum `extends`-Konstrukt eingesetzt werden. Man spricht beim Einsatz dieses Konstruktes davon, dass eine Klasse definiert wird, die ein bestimmtes Interface *implementiert*:

---

[3]Das würde ja auch nichts bringen, weil von Interfaces nichts geerbt werden kann.

```
class MeinHamster extends Hamster implements VorsichtigerHamster {

    MeinHamster(int r, int s, int b, int k) {
        super(r, s, b, k);
    }

    public boolean linksFrei() {
        this.linksUm();
        boolean frei = this.vornFrei();
        this.rechtsUm();
        return frei;
    }

    public boolean rechtsFrei() {
        this.rechtsUm();
        boolean frei = this.vornFrei();
        this.linksUm();
        return frei;
    }

    public boolean hintenFrei() {
        this.kehrt();
        boolean frei = this.vornFrei();
        this.kehrt();
        return frei;
    }

    void kehrt() {
        this.linksUm();
        this.linksUm();
    }

    void rechtsUm() {
        this.kehrt();
        this.linksUm();
    }
}
```

In diesem Beispiel wird eine erweiterte Hamster-Klasse definiert, die das oben definierte Interface VorsichtigerHamster implementiert. Ausgedrückt wird das durch das Schlüsselwort implements gefolgt von dem Namen des zu implementierenden Interfaces im Klassenkopf.

Dabei gilt: Wenn bei einer Klassendefinition im Klassenkopf angegeben wird, dass die Klasse ein Interface implementiert, muss diese Klasse alle Methoden des Interfaces erben oder sie definieren und implementieren. Schauen wir uns das am obigen Beispiel an. Die drei Methoden linksFrei, rechtsFrei und hintenFrei werden im Rumpf der Klasse MeinHamster definiert und implementiert. Die vierte im Interface VorsichtigerHamster definierte Methode vornFrei wird von der Klasse Hamster geerbt. Achten Sie bitte darauf, dass Sie den in der Klasse implementierten Methoden des Interfaces auch das Schlüsselwort public voranstellen müssen.

12.2.4 Polymorphie und Interfaces

Über Interfaces wird nun das Konzept der Polymorphie in Java erweitert. Es gilt nämlich: Einer
Objektvariablen vom Typ eines Interfaces X können Objekte von Klassen zugeordnet werden, die
das Interface X implementieren. X ist ein Obertyp dieser Klassen. Das Protokoll der Klassen wird
dabei eingeschränkt auf die Methoden des Interfaces, d.h. über eine Objektvariable vom Interface-
Typ X können mittels der Punkt-Notation ausschließlich die im Interface X definierten Methoden
aufgerufen werden. Diese werden dann zur Laufzeit dynamisch gebunden.

```
1  void main() {
2      VorsichtigerHamster paul = // ok; Polymorphie
3          new MeinHamster(0, 0, Hamster.NORD, 0);
4      if (paul.hintenFrei() && paul.vornFrei()) { // ok;
5                                                  // dyn. Binden
6          paul.vor(); // Fehler
7          ((MeinHamster) paul).vor(); // ok
8      }
9  }
```

In diesem Beispiel wird in Zeile 2-3 ein Objekt der Klasse MeinHamster erzeugt und polymorph
der Objektvariablen paul vom Typ des Interfaces VorsichtigerHamster zugeordnet. Das ist in
Ordnung, da die Klasse MeinHamster das Interface VorsichtigerHamster implementiert. Das
Protokoll des Hamsters ist eingeschränkt auf das Protokoll des Interfaces VorsichtigerHamster,
also die im Interface definierten Methoden. Daher sind die Methodenaufrufe in Zeile 4 korrekt. In
Zeile 6 meckert der Compiler jedoch, da die Methode vor kein Bestandteil des Protokolls der Objektvariablen paul ist. Zeile 7 demonstriert, wie mit einem Typecast diese Einschränkung theoretisch
wieder aufgehoben werden kann.

Typecasts sind mit Interfaces genauso möglich, wie mit Klassen. Es gilt: Implementiert eine Klasse
K ein Interface I und existiert eine Objektvariable obj vom Typ I, dann liefert der Typecast (K)obj
einen Referenzwert vom Typ K.

Bei den Methodenaufrufen in Zeile 4 kommt übrigens wieder das Konzept des dynamischen Bindens
von Methoden ins Spiel. Zur Laufzeit des Programms werden hier die in der Klasse MeinHamster
implementierten bzw. geerbten Methoden hintenFrei und vornFrei aufgerufen und ausgeführt.

12.2.5 Implementierung mehrerer Interfaces

Sie haben in Kapitel 7.2 gelernt, dass es in Java keine Mehrfachvererbung gibt, d.h. dass jede Klasse
maximal eine direkte Oberklasse besitzen darf oder anders ausgedrückt: Jede Klasse darf mittels
extends nur von einer Klasse abgeleitet werden.

Bei der Implementierung von Interfaces sieht das anders aus. Eine Klasse darf mehrere Interfaces
gleichzeitig implementieren. Wenn sie dies tut, muss sie jedoch auch alle Methoden aller dieser
Interfaces implementieren.

Die Implementierung mehrerer Interfaces wird im folgenden Beispiel demonstriert:

```
interface CheckHamster {
    public abstract boolean vornFrei();
```

```
    public abstract boolean hintenFrei();

    public abstract boolean linksFrei();

    public abstract boolean rechtsFrei();
}

interface SammelHamster {
    public abstract void sammle();
}

class CheckUndSammelHamster
        extends Hamster
        implements CheckHamster, SammelHamster {

    CheckUndSammelHamster(int r, int s, int b, int k) {
        super(r, s, b, k);
    }

    public boolean linksFrei() {
        this.linksUm();
        boolean frei = this.vornFrei();
        this.rechtsUm();
        return frei;
    }

    public boolean rechtsFrei() {
        this.rechtsUm();
        boolean frei = this.vornFrei();
        this.linksUm();
        return frei;
    }

    public boolean hintenFrei() {
        this.kehrt();
        boolean frei = this.vornFrei();
        this.kehrt();
        return frei;
    }

    public void sammle() {
        while (this.kornDa()) {
            this.nimm();
        }
    }

    void kehrt() {
        this.linksUm();
        this.linksUm();
    }

    void rechtsUm() {
```

```
            this.kehrt();
            this.linksUm();
        }
    }
}
```

Implementiert eine Klasse mehrere Interfaces, werden diese im Klassenkopf durch Kommata voneinander getrennt. Die Handhabung der Klasse CheckUndSammelHamster wird im Folgenden verdeutlicht:

```
 1  void main() {
 2      CheckUndSammelHamster paul = new CheckUndSammelHamster(
 3          0, 0, Hamster.OST, 9);
 4      if (paul.hintenFrei()) {
 5          paul.kehrt();
 6          paul.vor();
 7          paul.sammle();
 8      }
 9      CheckHamster willi = paul;
10      if (willi.hintenFrei()) {
11          willi.kehrt(); // Fehler
12      }
13      SammelHamster karin = paul;
14      karin.sammle();
15      karin.vor(); // Fehler
16  }
```

In den Zeilen 1 bis 8 wird die Klasse CheckUndSammelHamster wie üblich genutzt. In Zeile 9 wird für den in Zeile 2-3 erzeugten Hamster ein zusätzlicher Name willi eingeführt, gleichzeitig aber das über den Namen willi aufrufbare Protokoll auf die Methoden des Interfaces CheckHamster eingeschränkt. Der Aufruf der Methode hintenFrei in Zeile 10 ist daher gültig, nicht jedoch der Aufruf der Methode kehrt in Zeile 11, da kehrt nicht zum Protokoll von CheckHamster gehört. Analoges gilt für die Zeilen 13 bis 15, in denen für den Hamster paul ein dritter Name karin eingeführt wird, dieser jedoch auf das Protokoll des Interfaces SammelHamster eingeschränkt ist.

12.2.6 Erweiterung von Interfaces

Interfaces lassen sich durch Einsatz des Schlüsselwortes extends auch erweitern, wie das folgende Beispiel demonstriert.

```
interface VornKornHamster {
    public abstract boolean vornKorn();
}

interface VornUndHintenKornHamster extends VornKornHamster {
    public abstract boolean hintenKorn();
}
```

Das Interface VornUndHintenKornHamster erweitert („extends") das Interface VornKornHamster. Klassen, die das Interface VornKornHamster implementieren, müssen nur die Methode vornKorn implementieren. Klassen, die jedoch das Interface VornUndHintenKornHamster implementieren, müssen sowohl die Methode hintenKorn als auch die (in einem gewissen Sinn „geerbte") Methode) vornKorn implementieren. Die folgende Klasse KornHamster tut das.

```
class KornHamster extends Hamster implements
        VornUndHintenKornHamster {
    KornHamster(int r, int s, int b, int k) {
        super(r, s, b, k);
    }

    public boolean vornKorn() {
        if (!vornFrei()) {
            return false;
        }
        vor();
        boolean da = kornDa();
        kehrt();
        vor();
        kehrt();
        return da;
    }

    public boolean hintenKorn() {
        kehrt();
        boolean da = vornKorn();
        kehrt();
        return da;
    }

    void kehrt() {
        linksUm();
        linksUm();
    }
}
```

12.2.7 Nutzen von Interfaces

Anders als Klassen implementieren Interfaces nichts. Sie liefern lediglich eine Vorschrift dafür, was von Klassen erwartet wird, die sie implementieren. Wenn eine Klasse ein Interface implementiert, wissen der Compiler und auch Sie als Programmierer, dass sie die entsprechenden Methoden des Interfaces auch besitzt. Das kann dann nutzbringend mit den Konzepten der Polymorphie und des dynamischen Bindens von Methoden eingesetzt werden.

Schauen Sie sich nochmal das Beispiel des Nimm-Spiels aus Kapitel 11.11.3 an, das in Abschnitt 12.1.4 an abstrakte Klassen angepasst wurde. Mit Hilfe von Interfaces lässt sich das Rahmenwerk des Nimm-Spiels folgendermaßen realisieren:

```
interface FrissHamster {

    // die Methode zum Fressen; uebergeben wird, wie viele
    // Koerner der Gegner gefressen hat; geliefert wird, wie
    // viele Koerner der Hamster gefressen hat
    public abstract int friss(int gegnerAnzahl);
}
```

```
class NimmSpiel {
    FrissHamster[] spieler; // speichert die spielenden Hamster

    int koernerAnzahl; // speichert die Laenge der Koernerreihe

    NimmSpiel(FrissHamster hamster1, FrissHamster hamster2,
            int anzahl) {
        // die spielenden Hamster werden ins Array gepackt
        this.spieler = new FrissHamster[2];
        this.spieler[0] = hamster1;
        this.spieler[1] = hamster2;
        this.koernerAnzahl = anzahl;
    }

    // spielen des Nimm-Spiels; geliefert wird der siegreiche
    // Hamster
    FrissHamster spielen() {
        int aktuellerIndex = 0;
        int gefressen = 0;
        while (this.koernerAnzahl > 0) {
            gefressen = this.spieler[aktuellerIndex]
                    .friss(gefressen);
            // die Methode friss wird dynamisch gebunden
            this.koernerAnzahl = this.koernerAnzahl - gefressen;
            if (this.koernerAnzahl > 0) {
                // bewirkt, dass die beiden Hamster abwechselnd
                // einen Spielzug ausfuehren
                aktuellerIndex = (aktuellerIndex + 1) % 2;
            }
        }
        return this.spieler[aktuellerIndex];
    }
}
```

Alles, was die Klasse NimmSpiel von FrissHamster erwartet, ist, dass eine Methode friss existiert. Daher reicht es hier aus, FrissHamster als Interface mit der Methode friss zu definieren.

In Kapitel 12.1.4.2 wurde FrissHamster als abstrakte Klasse definiert, die von der Klasse Hamster abgeleitet wurde. D.h. zusätzlich zur Definition der abstrakten Methode friss besitzt hier die Klasse FrissHamster noch die geerbten Komponenten der Klasse Hamster, die von der Klasse NimmSpiel aber gar nicht benutzt werden. Die Ableitung der abstrakten Klasse FrissHamster von der Klasse Hamster war in Kapitel 12.1.4.2 zwingend erforderlich, weil es ansonsten nicht möglich gewesen wäre, die Klassen DummerFrissHamster und SchlauerFrissHamster zu definieren. Sie hätten dann ja sowohl von der Klasse Hamster als auch gleichzeitig von der Klasse FrissHamster abgeleitet sein müssen; ersteres, um die Hamster-Befehle nutzen zu können; letzteres, um die Polymorphiebeziehung beim Aufruf des Konstruktors der Klasse NimmSpiel zu erfüllen. In Java ist es jedoch nicht möglich, dass eine Klasse gleichzeitig von mehreren Klassen abgeleitet wird.

Hier helfen nun Interfaces. Die Klassen SchlauerFrissHamster und DummerFrissHamster werden von der Klasse Hamster abgeleitet, erben also die entsprechenden Methoden. Sie implementieren gleichzeitig das Interface FrissHamster, so dass die Polymorphiebeziehung beim Aufruf des Konstruktors der Klasse NimmSpiel erfüllt wird.

```java
class DummerFrissHamster extends Hamster implements FrissHamster {
    int koernerAnzahl;

    int genommen; // speichert die Anzahl der genommen Koerner

    DummerFrissHamster(int r, int s, int b, int k, int anzahl) {
        super(r, s, b, k);
        this.koernerAnzahl = anzahl;
        this.genommen = 1;
    }

    public int friss(int gegnerAnzahl) {
        this.koernerAnzahl = this.koernerAnzahl - gegnerAnzahl;
        // laufe wieder bis zum Anfang der Koernerreihe
        for (int i = 0; i < gegnerAnzahl; i++) {
            this.vor();
        }

        if (this.genommen == 1) {
            this.genommen = 2;
            this.vor();
            this.nimm();
            if (this.vornFrei()) {
                this.vor();
                this.nimm();
                this.koernerAnzahl = this.koernerAnzahl - 2;
                return 2;
            } else {
                this.koernerAnzahl = this.koernerAnzahl - 1;
                return 1;
            }
        } else {
            this.genommen = 1;
            this.vor();
            this.nimm();
            this.koernerAnzahl = this.koernerAnzahl - 1;
            return 1;
        }
    }
}

class SchlauerFrissHamster extends Hamster implements
        FrissHamster {
    int koernerAnzahl;

    SchlauerFrissHamster(int r, int s, int b, int k, int anzahl) {
        super(r, s, b, k);
        this.koernerAnzahl = anzahl;
    }

    public int friss(int gegnerAnzahl) {
        this.koernerAnzahl = this.koernerAnzahl - gegnerAnzahl;
```

```
        // laufe wieder bis zum Anfang der Koernerreihe
        for (int i = 0; i < gegnerAnzahl; i++) {
            this.vor();
        }

        if (this.koernerAnzahl % 3 == 2) {
            this.vor();
            this.nimm();
            this.vor();
            this.nimm();
            this.koernerAnzahl = this.koernerAnzahl - 2;
            return 2;
        } else {
            this.vor();
            this.nimm();
            this.koernerAnzahl = this.koernerAnzahl - 1;
            return 1;
        }
    }
}

void main() {
    Hamster karl = Hamster.getStandardHamster();
    int anzahl = karl.liesZahl("Laenge der Koernerreihe?");

    SchlauerFrissHamster paul = new SchlauerFrissHamster(0,
            0, Hamster.OST, 0, anzahl);
    DummerFrissHamster willi = new DummerFrissHamster(0, 0,
            Hamster.OST, 0, anzahl);

    NimmSpiel spiel = new NimmSpiel(paul, willi, anzahl);
    FrissHamster sieger = spiel.spielen();
}
```

Nachteil der Realisierung dieses Beispiels mit Interfaces ist zum einen, dass das Attribut koerner-
Anzahl, das sowohl die Klasse SchlauerFrissHamster als auch die Klasse DummerFrissHamster benötigen, nicht geerbt wird, also in jeder der beiden Klassen definiert werden muss. Außerdem existiert keine Methode laufeEhrenrunde, die vom Sieger ausgeführt werden kann. Diese
Probleme lassen sich durch die Einführung einer erweiterten Hamster-Klasse JubelnderHamster
lösen, die das Attribut definiert und die Methode implementiert und von der die beiden Klassen
DummerFrissHamster und SchlauerFrissHamster abgeleitet werden. Eine entsprechende Umsetzung sieht folgendermaßen aus:

```
class JubelnderHamster extends Hamster {
    int koernerAnzahl;

    JubelnderHamster(int r, int s, int b, int k, int anzahl) {
        super(r, s, b, k);
        this.koernerAnzahl = anzahl;
    }

    void laufeEhrenrunde() {
```

```
            this.linksUm();
            this.linksUm();
            while (this.vornFrei()) {
                this.vor();
            }
        }
    }
}

class DummerFrissHamster extends JubelnderHamster implements
        FrissHamster {
    int genommen; // speichert die Anzahl der genommen Koerner

    DummerFrissHamster(int r, int s, int b, int k, int anzahl) {
        super(r, s, b, k, anzahl);
        this.genommen = 1;
    }

    public int friss(int gegnerAnzahl) {
        this.koernerAnzahl = this.koernerAnzahl - gegnerAnzahl;
        // laufe wieder bis zum Anfang der Koernerreihe
        for (int i = 0; i < gegnerAnzahl; i++) {
            this.vor();
        }

        if (this.genommen == 1) {
            this.genommen = 2;
            this.vor();
            this.nimm();
            if (this.vornFrei()) {
                this.vor();
                this.nimm();
                this.koernerAnzahl = this.koernerAnzahl - 2;
                return 2;
            } else {
                this.koernerAnzahl = this.koernerAnzahl - 1;
                return 1;
            }
        } else {
            this.genommen = 1;
            this.vor();
            this.nimm();
            this.koernerAnzahl = this.koernerAnzahl - 1;
            return 1;
        }
    }
}

class SchlauerFrissHamster extends JubelnderHamster implements
        FrissHamster {
    SchlauerFrissHamster(int r, int s, int b, int k, int anzahl) {
        super(r, s, b, k, anzahl);
    }
```

```
    public int friss(int gegnerAnzahl) {
        this.koernerAnzahl = this.koernerAnzahl - gegnerAnzahl;
        // laufe wieder bis zum Anfang der Koernerreihe
        for (int i = 0; i < gegnerAnzahl; i++) {
            this.vor();
        }

        if (this.koernerAnzahl % 3 == 2) {
            this.vor();
            this.nimm();
            this.vor();
            this.nimm();
            this.koernerAnzahl = this.koernerAnzahl - 2;
            return 2;
        } else {
            this.vor();
            this.nimm();
            this.koernerAnzahl = this.koernerAnzahl - 1;
            return 1;
        }
    }
}

void main() {
    Hamster karl = Hamster.getStandardHamster();
    int anzahl = karl.liesZahl("Laenge der Koernerreihe?");

    SchlauerFrissHamster paul = new SchlauerFrissHamster(0,
            0, Hamster.OST, 0, anzahl);
    DummerFrissHamster willi = new DummerFrissHamster(0, 0,
            Hamster.OST, 0, anzahl);

    NimmSpiel spiel = new NimmSpiel(paul, willi, anzahl);
    FrissHamster sieger = spiel.spielen();

    ((JubelnderHamster) sieger).laufeEhrenrunde();
    // Typecast notwendig!
}
```

12.3 Vergleich von abstrakten Klassen und Interfaces

Wie das Beispiel mit dem Nimm-Spiel zeigt, sind sich abstrakte Klassen und Interfaces sehr ähnlich. Häufig stellt sich für Programmierer die Frage: Soll ich für einen bestimmten Zweck eine abstrakte Klasse oder ein Interface definieren?

Beherzigen Sie dazu folgende Faustregel: Definieren Sie abstrakte Klassen nur dann, wenn Sie auch wirklich etwas vererben wollen. Ansonsten definieren Sie lieber ein Interface!

Der Grund hierfür ist der, dass sich Interfaces flexibler einsetzen lassen als abstrakte Klassen. Während eine Klasse maximal von einer (abstrakten) Klasse abgeleitet werden kann, kann sie beliebig viele Interfaces implementieren. Damit ergeben sich mit Interfaces vielfältigere Möglichkeiten der Ausnutzung der Polymorphie und des dynamischen Bindens von Methoden.

12.4 Beispielprogramme

Am besten versteht man abstrakte Klassen und Interfaces, wenn man sieht, wie die beiden Konstrukte eingesetzt werden. Genau das sollen die folgenden drei Beispielprogramme leisten.

12.4.1 Beispielprogramm 1

In diesem Beispielprogramm werden wir den Hamstern beibringen, Funktionsgraphen mathematischer Funktionen mit Körnern ins Territorium zu zeichnen. Bei den Funktionen handelt es sich dabei um beliebige Funktionen, die ganze Zahlen (also int-Werte) auf ganze Zahlen abbilden. Der Darstellungsbereich ist durch die Größe des Territoriums begrenzt. Die mathematische x-Koordinate entspricht dabei der s-Koordinate des Territoriums, die mathematische y-Koordinate der umgekehrten r-Koordinate des Territoriums. Abbildung 12.1 skizziert bspw. links den gezeichneten Graphen der Funktion mit der Funktionsvorschrift $f(x) = x^2$ und rechts den Graphen der Funktion mit der Vorschrift $f(x) = -x^3 + 10x^2 - 27x + 18$.

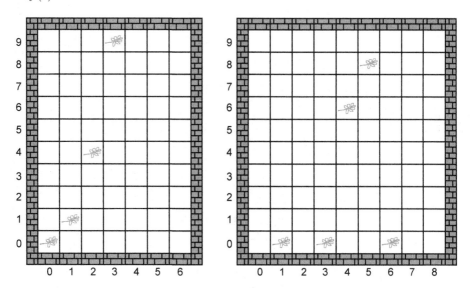

Abbildung 12.1: Funktionsgraphen

Realisiert werden die „mathematisch begabten Hamster" mit Hilfe eines Interfaces Funktion. Dieses definiert eine Methode int f(int x) mit der Semantik: Liefere den Funktionswert an der Stelle x.

Die Klasse FunktionenHamster[4] implementiert eine Methode mit der Signatur void zeichneGraph (Funktion funktion), die den Graphen einer übergebenen Funktion ins Territorium

---

[4]abgeleitet von der Klasse AllroundHamster aus Kapitel 7.10

zeichnet. Eine solche Funktion wird dabei durch ein Objekt einer Klasse repräsentiert, die das Interface Funktion implementiert. In der Methode zeichneGraph wird mittels der implementierten Methode f dieses Objektes, die zur Laufzeit dynamisch gebunden wird, der Funktionswert y der entsprechenden Funktion für bestimmte x-Werte ermittelt.

```
interface Funktion {
    // liefert den Funktionswert der Funktion an der Stelle x
    public abstract int f(int x);
}


class FunktionenHamster extends AllroundHamster {
    FunktionenHamster(Hamster hamster) {
        super(hamster);
    }

    // zeichnet den Funktionsgraph mit Koernern ins Territorium
    void zeichneGraph(Funktion funktion) {
        // Definitionsbereich: 0 .. Spaltenanzahl-1
        for (int x = 0; x < Territorium.getAnzahlSpalten(); x++) {
            int y = funktion.f(x); // dynamisch gebunden
            // Wertebereich: 0 .. Reihenanzahl-1
            if (y >= 0 && y < Territorium.getAnzahlReihen()
                    && !this.maulLeer()) {
                // r-Koordinate ermitteln
                int r = Territorium.getAnzahlReihen() - y - 1;
                this.laufeZuKachel(r, x);
                this.gib();
            }
        }
    }

    // frisst alle Koerner, die im Territorium liegen
    void loeschen() {
        for (int r = 0; r < Territorium.getAnzahlReihen(); r++) {
            for (int s = 0; s < Territorium.getAnzahlSpalten(); s++) {
                int koerner = Territorium.getAnzahlKoerner(r, s);
                if (koerner > 0) {
                    this.laufeZuKachel(r, s);
                    this.nimm(koerner);
                }
            }
        }
    }
}
```

Im folgenden Programm wird die Klasse FunktionenHamster zum Zeichnen der zwei Funktionsgraphen aus Abbildung 12.1 genutzt. Es werden zwei Klassen definiert, die das Interface Funktion implementieren. Die Klasse QuadratFunktion repräsentiert dabei die Funktion mit der Vorschrift $f(x) = x^2$. Die Klasse Polynom repräsentiert die Funktion mit der Vorschrift $f(x) = -x^3 + 10x^2 - 27x + 18$.

In der main-Funktion wird zunächst ein Objekt der Klasse QuadratFunktion erzeugt und einer Objektvariablen funk vom Typ Funktion polymorph zugeordnet. Der Wert dieser Variablen wird dann der Methode `zeichneGraph` übergeben, so dass innerhalb der Methode bei der Anweisung `int y = funktion.f(x);` jeweils die Methode `f` der Klasse `QuadratFunktion` ausgeführt wird. Analoges erfolgt anschließend durch Instanziierung der Klasse `Polynom` zum Zeichnen des Funktionsgraphen der zweiten Funktion.

```
class QuadratFunktion implements Funktion {
    public int f(int x) {
        return x * x;
    }
}

class Polynom implements Funktion {
    public int f(int x) {
        return -1 * x * x * x + 10 * x * x - 27 * x + 18;
    }
}

void main() {
    FunktionenHamster paul = new FunktionenHamster(Hamster
            .getStandardHamster());
    Funktion funk = new QuadratFunktion();
    paul.loeschen();
    paul.zeichneGraph(funk);
    paul.loeschen();
    funk = new Polynom();
    paul.zeichneGraph(funk);
}
```

12.4.2 Beispielprogramm 2

Beim zweiten Beispielprogramm geht es mal wieder um Spiele. Zunächst wird ein Rahmenwerk vorgestellt, das den generellen Ablauf von (einfachen) Mehrpersonen-Spielen implementiert. Unterstützt werden solche Spiele, bei denen mehrere Spieler der Reihe nach jeweils einen Spielzug ausführen, bis einer der Spieler gewonnen hat. Anschließend wird dann ein einfaches Spiel mit diesem Rahmenwerk realisiert.

Das Rahmenwerk besteht aus dem Interface `Spieler` und der Klasse `Spiel`. Das Interface `Spieler` definiert eine Methode `spielzug`. Klassen, die das Interface implementieren, müssen in dieser Methode den entsprechenden Spielzug implementieren. Die Klasse `Spieler` stellt zwei Konstruktoren zur Verfügung: einen zum Spielen eines Spiels mit zwei und einen zweiten zum Spielen eines Spiels mit mehreren Spielern, also Objekten von Klassen, die das Interface `Spieler` implementieren. Der Spielablauf wird in einer Methode `spielen` implementiert. Für alle Spieler wird der Reihe nach die Methode `spielzug` aufgerufen, bis einer der Spieler gewonnen hat. Dieser wird dann als Sieger zurück geliefert.

```
interface Spieler {
    // Ausfuehren eines Spielzuges; es wird genau dann true
    // geliefert, wenn der Spieler nach dem Spielzug gewonnen hat
    public abstract boolean spielzug();
}
```

```
class Spiel {

    Spieler[] spieler;

    // Spiel mit mehreren Spielern
    Spiel(Spieler[] spieler) {
        this.spieler = spieler;
    }

    // Spiel mit zwei Spielern
    Spiel(Spieler spieler1, Spieler spieler2) {
        this.spieler = new Spieler[2];
        this.spieler[0] = spieler1;
        this.spieler[1] = spieler2;
    }

    // ein Spiel durchfuehren; geliefert wird der Sieger
    Spieler spielen() {
        while (true) {
            for (int s = 0; s < this.spieler.length; s++) {
                boolean gewonnen = this.spieler[s].spielzug();
                // die Methode spielzug wird dynamisch gebunden
                if (gewonnen) {
                    return this.spieler[s];
                }
            }
        }
    }
}
```

Das Rahmenwerk wird im Folgenden genutzt, um ein Räuber-Beute-Spiel zu realisieren. Hierbei versuchen Beute-Hamster Räuber-Hamstern zu entfliehen. Räuber-Hamster haben das Ziel, einen Beute-Hamster zu fangen, d.h. auf eine Kachel zu gelangen, auf der ein Beute-Hamster steht. Dann haben sie gewonnen. Beute-Hamster werden vom Benutzer gesteuert und haben das Ziel, eine gewisse Anzahl von Spielrunden zu überstehen, d.h. nicht gefangen zu werden. Dann gehen sie als Sieger aus dem Spiel hervor. Damit die Räuber-Hamster überhaupt eine Chance haben, sind sie doppelt so schnell, wie die Beute-Hamster.

Realisiert wird das Räuber-Beute-Spiel dadurch, dass zwei erweiterte Hamster-Klassen Beute-Hamster und RaeuberHamster definiert werden, die das Interface Spieler implementieren. Die Klassen werden dabei von der erweiterten Hamster-Klasse AllroundHamster aus Kapitel 7.10 abgeleitet. Im Hauptprogramm werden dann ein Beute-Hamster und ein Räuber-Hamster erzeugt und an eine Instanz der Klasse Spiel übergeben.

```
class BeuteHamster extends AllroundHamster implements Spieler {
    int spielrunde;

    BeuteHamster(Hamster hamster, int runden) {
        super(hamster);
        this.spielrunde = runden;
    }
```

```
    public boolean spielzug() {
        if (this.spielrunde <= 0) {
            // hat gewonnen, wenn die letzte Spielrunde vorbei
            // ist
            return true;
        }
        this.fluechten();
        this.spielrunde = this.spielrunde - 1;
        return false;
    }

    void fluechten() {
        String antwort = this
                .liesZeichenkette("Wohin (links, rechts, "
                    + "vorne, hinten)?");
        if (antwort.equals("links")) {
            this.linksUm();
            this.vor();
        } else if (antwort.equals("rechts")) {
            this.rechtsUm();
            this.vor();
        } else if (antwort.equals("vorne")) {
            this.vor();
        } else if (antwort.equals("hinten")) {
            this.kehrt();
            this.vor();
        }
    }
}

class RaeuberHamster extends AllroundHamster implements Spieler {
    BeuteHamster beute;

    RaeuberHamster(int r, int s, int b, int k) {
        super(r, s, b, k);
        // der RaeuberHamster haelt Ausschau nach einer
        // Beute im Territorium
        Hamster[] hamster = Territorium.getHamster();
        for (int i = 0; i < hamster.length; i++) {
            if (hamster[i] instanceof BeuteHamster) {
                this.beute = (BeuteHamster) hamster[i];
                return;
            }
        }
        this.beute = null;
    }

    public boolean spielzug() {
        if (this.beute != null) {
            // der RaeuberHamster darf bei jedem Spielzug zweimal
            // ziehen
```

```java
            if (this.beuteGefasst()) {
                // kann vorkommen, wenn der BeuteHamster
                // (dummerweise) auf die Kachel des Raeubers
                // gesprungen ist
                return true;
            }

            this.angreifen();
            if (this.beuteGefasst()) {
                return true;
            }

            this.angreifen();
            if (this.beuteGefasst()) {
                return true;
            }
        }
        return false;
    }

    void angreifen() {
        if (this.getReihe() < this.beute.getReihe()) {
            if (this.getSpalte() < this.beute.getSpalte()) {
                this.laufeZuKachel(this.getReihe() + 1, this
                        .getSpalte() + 1);
            } else if (this.getSpalte() > this.beute.getSpalte()) {
                this.laufeZuKachel(this.getReihe() + 1, this
                        .getSpalte() - 1);
            } else {
                this.laufeZuKachel(this.getReihe() + 1, this
                        .getSpalte());
            }
        } else if (this.getReihe() > this.beute.getReihe()) {
            if (this.getSpalte() < this.beute.getSpalte()) {
                this.laufeZuKachel(this.getReihe() - 1, this
                        .getSpalte() + 1);
            } else if (this.getSpalte() > this.beute.getSpalte()) {
                this.laufeZuKachel(this.getReihe() - 1, this
                        .getSpalte() - 1);
            } else {
                this.laufeZuKachel(this.getReihe() - 1, this
                        .getSpalte());
            }
        } else {
            if (this.getSpalte() < this.beute.getSpalte()) {
                this.laufeZuKachel(this.getReihe(), this
                        .getSpalte() + 1);
            } else if (this.getSpalte() > this.beute.getSpalte()) {
                this.laufeZuKachel(this.getReihe(), this
                        .getSpalte() - 1);
            } else {
                // Raeuber und Beute stehen auf derselben Kachel
```

```
            }
        }
    }

    boolean beuteGefasst() {
        return this.getReihe() == this.beute.getReihe()
                && this.getSpalte() == this.beute.getSpalte();
    }
}

void main() {
    Hamster paul = Hamster.getStandardHamster();
    int spielrunden = paul
            .liesZahl("Wie viele Spielrunden?");
    BeuteHamster hase = new BeuteHamster(Hamster
            .getStandardHamster(), spielrunden);
    RaeuberHamster fuchs = new RaeuberHamster(0, 0,
            Hamster.OST, 0);
    Spiel spiel = new Spiel(hase, fuchs);
    Spieler sieger = spiel.spielen();
    if (sieger == hase) {
        hase.schreib("Beute hat gewonnen!");
    } else {
        fuchs.schreib("Raeuber hat gewonnen!");
    }
}
```

12.4.3 Beispielprogramm 3

In Kapitel 8.12 haben Sie die beiden Sortieralgorithmen *Bubblesort* und *Quicksort* kennen gelernt. Sie wurden dort zum Sortieren von Arrays mit int-Werten eingesetzt. Ein großes Problem einer derartigen Implementierung der beiden Algorithmen ist das geringe Maß an Wiederverwendbarkeit. Man kann die entsprechenden Methoden ausschließlich zum Sortieren von int-Werten benutzen. Wenn Werte anderer Typen oder sogar Objekte sortiert werden sollen, muss der Sourcecode der Methoden dupliziert und entsprechend angepasst werden.

Zum Lösen dieses Problem können Interfaces eingesetzt werden. Zunächst wird ein Interface Vergleichbar mit den Methoden gleich, kleiner und groesser definiert. Klassen, die dieses Interface implementieren, sollten die drei Methoden derart realisieren, dass sich Objekte der Klassen bezüglich einer bestimmten Metrik vergleichen lassen.

Das Interface Vergleichbar wird von einer Klasse Sortieren genutzt. Diese definiert zwei Klassenmethoden bubbleSort und quickSort zum Sortieren von Arrays. Die Arrays können dabei Objekte von beliebigen Klassen enthalten, die das Interface Vergleichbar implementieren.

```
interface Vergleichbar {
    // ueberprueft, ob das aufgerufene Objekt und das als
    // Parameter uebergebene Objekt bezueglich einer bestimmten
    // Metrik gleich sind
    public abstract boolean gleich(Vergleichbar obj);
```

```
    // ueberprueft, ob das aufgerufene Objekt bezueglich einer
    // bestimmten Metrik kleiner als das als Parameter
    // uebergebene Objekt ist
    public abstract boolean kleiner(Vergleichbar obj);

    // ueberprueft, ob das aufgerufene Objekt bezueglich einer
    // bestimmten Metrik groesser als das als Parameter
    // uebergebene Objekt ist
    public abstract boolean groesser(Vergleichbar obj);
}

class Sortieren {

    // Sortieren mit Bubblesort-Algorithmus
    static void bubbleSort(Vergleichbar[] objekte) {
        boolean getauscht = false;
        do {
            getauscht = false;
            for (int i = 1; i < objekte.length; i++) {
                if (objekte[i - 1].groesser(objekte[i])) {
                                            // dyn. gebunden
                    Vergleichbar ablage = objekte[i - 1];
                    objekte[i - 1] = objekte[i];
                    objekte[i] = ablage;
                    getauscht = true;
                }
            }
        } while (getauscht);
    }

    // Sortieren mit Quicksort-Algorithmus
    static void quickSort(Vergleichbar[] objekte) {
        Sortieren.quickSort(objekte, 0, objekte.length - 1);
    }

    // Hilfsmethode
    static void quickSort(Vergleichbar[] objekte, int vonIndex,
            int bisIndex) {
        int i = vonIndex;
        int j = bisIndex;
        Vergleichbar mittlererWert =
            objekte[(vonIndex + bisIndex) / 2];

        // Aufteilung
        while (i <= j) {
            while (objekte[i].kleiner(mittlererWert)) {
                                    // dyn. gebunden
                i++;
            }
            while (objekte[j].groesser(mittlererWert)) {
                                    // dyn. gebunden
                j--;
```

```
        }
        if (i <= j) { // tauschen
            Vergleichbar ablage = objekte[i];
            objekte[i] = objekte[j];
            objekte[j] = ablage;
            i++;
            j--;
        }
    }

    // rekursiver Aufruf
    if (vonIndex < j)
        Sortieren.quickSort(objekte, vonIndex, j);
    if (i < bisIndex)
        Sortieren.quickSort(objekte, i, bisIndex);
    }
}
```

Eine derartige Implementierung der Sortieralgorithmen *Bubblesort* und *Quicksort* ist quasi uneingeschränkt wiederverwendbar.

Im ersten Beispiel wird die Methode bubbleSort der Klasse Sortieren zum Sortieren von Hamstern eingesetzt. Hamster werden dabei bezüglich der Anzahl an Körnern in ihrem Maul miteinander verglichen. Realisiert wird dies über eine erweiterte Hamster-Klasse VergleichbarHamster, die von der Klasse AllroundHamster aus Kapitel 7.10 abgeleitet ist und das Interface Vergleichbar implementiert.

Im Hauptprogramm wird zunächst in jeder Spalte der obersten Reihe eines mauerlosen Territoriums, auf dessen Kacheln jeweils entweder kein oder ein Korn liegt, ein Vergleichbar-Hamster erzeugt. Die Hamster werden in einem Array abgespeichert. Die Zuordnung der Hamster zu den Array-Komponenten erfolgt dabei von links nach rechts, d.h. der ersten Array-Komponente ist der Hamster ganz links und der letzten Array-Komponente der Hamster ganz rechts zugeordnet. Danach grast entsprechend der Anordnung im Array jeder Hamster seine Spalte ab. Anschließend wird das Hamster-Array sortiert. Entsprechend der geänderten Array-Anordnung legt nun jeder Hamster die gesammelten Körner wieder ab. Durch die in der Klasse VergleichbarHamster implementierte Vergleichbar-Metrik beginnt dabei der Hamster mit den wenigsten Körner im Maul. Es folgt der Hamster mit den zweit wenigsten Körnern und erst ganz zum Schluss ist der Hamster mit den meisten Körnern an der Reihe.

```
// repraesentiert "vergleichbare" Hamster; die Hamster werden
// bezueglich der Anzahl an Koernern im Maul miteinander
// verglichen
class VergleichbarHamster extends AllroundHamster implements
        Vergleichbar {
    VergleichbarHamster(int r, int s, int b, int k) {
        super(r, s, b, k);
    }

    public boolean gleich(Vergleichbar hamster) {
        return this.getAnzahlKoerner() == ((Hamster) hamster)
            .getAnzahlKoerner();
    }
```

```java
    public boolean kleiner(Vergleichbar hamster) {
        return this.getAnzahlKoerner() < ((Hamster) hamster)
                .getAnzahlKoerner();
    }

    public boolean groesser(Vergleichbar hamster) {
        return this.getAnzahlKoerner() > ((Hamster) hamster)
                .getAnzahlKoerner();
    }
}

void main() {
    // in der obersten Reihe wird in jeder Spalte ein Hamster
    // erzeugt
    VergleichbarHamster[] hamster =
        new VergleichbarHamster[Territorium.getAnzahlSpalten()];
    for (int i = 0; i < hamster.length; i++) {
        hamster[i] = new VergleichbarHamster(0, i,
                Hamster.SUED, 0);
    }

    // jeder Hamster grast seine Spalte ab
    for (int i = 0; i < hamster.length; i++) {
        if (hamster[i].kornDa()) {
            hamster[i].nimm();
        }
        while (hamster[i].vornFrei()) {
            hamster[i].vor();
            if (hamster[i].kornDa()) {
                hamster[i].nimm();
            }
        }
        hamster[i].kehrt();
        while (hamster[i].vornFrei()) {
            hamster[i].vor();
        }
        hamster[i].kehrt();
    }

    // Die Hamster werden sortiert. Ganz vorne im Array steht
    // nach der Sortierung der Hamster mit den wenigsten
    // Koernern im Maul; ganz hinten steht der Hamster mit
    // den meisten Koernern im Maul
    Sortieren.bubbleSort(hamster);

    /*
     * Alternative: Sortieren.quickSort(hamster);
     */

    // Die Hamster legen die gesammelten Koerner wieder ab.
    // Es beginnt derjenige Hamster, der die wenigsten
```

```
        // Koerner im Maul hat. Dann folgt der Hamster mit den
        // zweit wenigsten, usw.
        for (int i = 0; i < hamster.length; i++) {
            if (!hamster[i].maulLeer()) {
                hamster[i].gib();
            }
            while (!hamster[i].maulLeer()
                    && hamster[i].vornFrei()) {
                hamster[i].vor();
                hamster[i].gib();
            }
            hamster[i].kehrt();
            while (hamster[i].vornFrei()) {
                hamster[i].vor();
            }
            hamster[i].kehrt();
        }
}
```

Im zweiten Beispiel fordert ein Hamster den Benutzer auf, eine Menge an Zahlen einzugeben. Der Hamster sortiert die Zahlen entsprechend ihrer Größe und gibt sie in aufsteigender Reihenfolge wieder aus. Die Zahlenwerte werden dabei von einer Klasse Int repräsentiert, die int-Werte kapselt und das Interface Vergleichbar implementiert. Zum Sortieren der Zahlenwerte kann damit wiederum die Methode bubbleSort der Klasse Sortieren genutzt werden.

```
class Int implements Vergleichbar {

    int wert;

    Int(int w) {
        this.wert = w;
    }

    Int(Int obj) {
        this.wert = obj.wert;
    }

    protected Object clone() {
        return new Int(this);
    }

    public boolean equals(Object obj) {
        return this.wert == ((Int) obj).wert;
    }

    public int hashCode() {
        return this.wert;
    }

    public String toString() {
        return String.valueOf(this.wert);
    }
```

```java
    int getWert() {
        return this.wert;
    }

    public boolean gleich(Vergleichbar zahl) {
        return this.wert == ((Int) zahl).wert;
    }

    public boolean kleiner(Vergleichbar zahl) {
        return this.wert < ((Int) zahl).wert;
    }

    public boolean groesser(Vergleichbar zahl) {
        return this.wert > ((Int) zahl).wert;
    }
}

void main() {
    Hamster paul = Hamster.getStandardHamster();

    // Zahlen eingeben
    int anzahl = paul
            .liesZahl("Wie viele Zahlen moechten Sie eingeben?");
    while (anzahl < 0) {
        anzahl =
            paul.liesZahl("Fehler! Die Anzahl darf nicht negativ"
                + " sein!\n"
                + " Wie viele Zahlen moechten Sie eingeben?");
    }
    Int[] zahlen = new Int[anzahl];
    for (int i = 0; i < anzahl; i++) {
        int zahl = paul.liesZahl("Zahl " + i + " eingeben!");
        zahlen[i] = new Int(zahl);
    }

    // Zahlen sortieren
    Sortieren.bubbleSort(zahlen);

    // Zahlen in aufsteigender Reihenfolge wieder ausgeben
    paul.schreib("Ich habe die Zahlen fuer Sie sortiert!");
    for (int i = 0; i < anzahl; i++) {
        paul.schreib("Zahl " + i + " = "
                + zahlen[i].toString());
    }
}
```

12.5 Aufgaben

Nach den Beispielprogrammen aus dem vorherigen Abschnitt sollten Sie Interfaces und abstrakte Klassen eigentlich verstanden haben. Ob das wirklich der Fall ist, können Sie durch das Lösen der folgenden Aufgaben beweisen.

12.5.1 Aufgabe 1

Schreiben Sie mit Hilfe der Klasse FunktionenHamster aus Beispielprogramm 1 aus Abschnitt 12.4.1 ein Programm, bei dem ein Hamster der Klasse die Graphen folgender Funktionen ins Hamster-Territorium zeichnet:

- $f(x) = -x^2 + 4x + 5$
- $f(x) = -2x^2 + 5x + 4$
- $f(x) = x^3 - 10x^2 + 24x$
- $f(x) = x^3 - 10x^2 + 31x - 22$

12.5.2 Aufgabe 2

Erweitern Sie die Klasse FunktionenHamster aus Beispielprogramm 1 aus Abschnitt 12.4.1 um eine Methode mit der Signatur void zeichneGraph(Funktion funk, int minX, int minY). Die Funktion zeichnet den Funktionsgraphen der Funktion funktion in einem Koordinatensystem, bei dem die Kachel in der linken unteren Ecke des Territoriums den Punkt (minX/minY) repräsentiert. Außerdem sollen auch die Koordinatenachsen gezeichnet werden. Abbildung 12.2 skizziert den Funktionsgraphen der Funktion $f(x) = -x^2 + 4x + 2$ bei minX = -2 und minY = -3

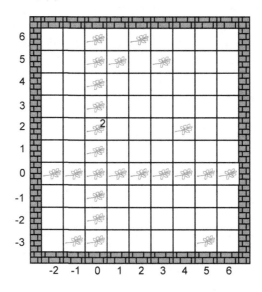

Abbildung 12.2: Funktionsgraph zu Aufgabe 2

Schreiben Sie ein Programm, bei dem ein Hamster der Klasse die Graphen folgender Funktionen mit Hilfe der neuen Methode ins Hamster-Territorium zeichnet:

- $f(x) = -x^2 + 4x + 2$, minX = -2, minY = -3
- $f(x) = -x^2 + 4x + 2$, minX = -4, minY = -11
- $f(x) = x^3 - 10x^2 + 31x - 22$, minX = -2, minY = -2
- $f(x) = x^3 - 10x^2 + 31x - 22$, minX = -10, minY = -20

12.5.3 Aufgabe 3

Schreiben Sie mit Hilfe des Spiel-Rahmenwerks aus Beispielprogramm 2 in Abschnitt 12.4.2 ein Programm, das das folgende Spiel realisiert: In jeder der vier Ecken eines mauerlosen Territoriums sitzt ein Hamster. Auf einzelnen Kacheln des Territoriums liegen Körner. Ziel der vier Hamster ist es, möglichst schnell 5 Körner einzusammeln. Der Hamster, der das als erster schafft, hat das Spiel gewonnen. Die Hamster ziehen der Reihe nach. In einem Spielzug darf dabei jeder Hamster maximal einen der vier Hamster-Befehle vor, linksUm, nimm und gib ausführen.

12.5.4 Aufgabe 4

Definieren Sie eine Klasse VergleichbarString, die das Interface Vergleichbar aus Beispiel-programm 3 in Abschnitt 12.4.3 implementiert. Strings lassen sich mittels der Methode compareTo vergleichen (siehe Kapitel 10.1.4).

Schreiben Sie anschließend ein Programm, bei dem der Standard-Hamster den Benutzer auffordert, eine Menge an Zeichenketten einzugeben. Der Hamster sortiert die Zeichenketten entsprechend ihrer lexikographischen Größe und gibt sie in aufsteigender Reihenfolge wieder aus. Nutzen Sie zum Sortieren der Zeichenketten die Methode bubbleSort der Klasse Sortieren aus Abschnitt 12.4.3.

12.5.5 Aufgabe 5

Die Hamster wollen das Nimm-Spiel auch mal gegen Menschen spielen, um ihnen zu beweisen, wie schlau sie sind.

Teilaufgabe (a): Leiten Sie von der abstrakten Klasse FrissHamster in Abschnitt 12.1.4.2 eine Klasse MenschGesteuerterFrissHamster ab, die die Methode friss wie folgt implementiert: Der Hamster soll den Benutzer fragen, wie viele Körner er fressen soll.

Teilaufgabe (b): Definieren Sie eine Klasse MenschGesteuerterFrissHamster, die das Inter-face FrissHamster aus Abschnitt 12.2.7 implementiert, und zwar soll in der Methode friss der Hamster den Benutzer fragen, wie viele Körner er fressen soll.

Schreiben Sie jeweils ein Hauptprogramm, in dem ein Hamster der Klasse DummerFrissHamster gegen einen Hamster der Klasse MenschGesteuerterFrissHamster das Nimm-Spiel spielt.

12.5.6 Aufgabe 6

Gegeben ist folgendes Interface:

```
interface InformationHamster {
    // liefert die Anzahl an Kacheln im Territorium
    public abstract int kachelnImTerritorium();

    // liefert die Anzahl an Kacheln mit Mauern im Territorium
    public abstract int mauernImTerritorium();

    // liefert die Anzahl an Koernern im Territorium
    public abstract int koernerImTerritorium();
}
```

Schreiben Sie eine Klasse `AuskunftsHamster`, die das Interface `InformationHamster` implementiert.

12.5.7 Aufgabe 7

Definieren Sie in Analogie zur abstrakten Klasse `ZeichneZifferHamster` aus Abschnitt 12.1.1 eine abstrakte Klasse `ZeichneBuchstabenHamster`. Die Klasse soll eine abstrakte Methode void zeichne (`String buchstabe`) definieren, die Buchstaben anstelle von Ziffern mit Körnern ins Territorium zeichnet. Leiten Sie von der Klasse `ZeichneBuchstabenHamster` konkrete Klassen `ZeichneAHamster` bis `ZeichneZHamster` ab, die die abstrakte Methode zeichne entsprechend implementieren.

Implementieren Sie anschließend in Analogie zu der Klasse `ZeichneZahlHamster` aus Abschnitt 12.1.4.1 eine erweiterte Hamster-Klasse `ZeichneStringHamster`, die eine Methode void zeichne (`String zeichenkette`) definiert, mittels der die übergebene Zeichenkette ins Territorium gezeichnet werden soll.

Schreiben Sie zum Schluss ein Hauptprogramm, bei dem ein ZeichneString-Hamster den Benutzer auffordert, ihm eine Zeichenkette mitzuteilen, die er dann mit Körnern ins Territorium zeichnet.

12.5.8 Aufgabe 8

Gegeben sei das folgende Interface, das verlangt, dass Klassen, die dieses Interface implementieren, eine Methode `berechnen` implementieren, die die Summe der Zahlen von 1 bis zu einem als Parameter übergebenen Wert berechnet.

```
interface Summe {
    // berechnen der Summe aller Zahlen von 1 bis "bis"
    public abstract int berechnen(int bis);
}
```

Nehmen wir nun an, ein Hamster solle zur Lösung eines bestimmten Problems die Summe der Zahlen von 1 bis n berechnen können. Ein normaler Hamster könnte dann von folgender Klasse erzeugt werden, die das Interface implementiert.

```
class SchleifenHamster extends Hamster implements Summe {
    SchleifenHamster(int r, int s, int b, int k) {
        super(r, s, b, k);
    }

    public int berechnen(int bis) {
        int ergebnis = 0;
        for (int i = 1; i <= bis; i++) {
            ergebnis = ergebnis + i;
        }
        return ergebnis;
    }
}
```

Für große Parameterwerte ist das gewählte Vorgehen der Summenberechnung nicht besonders effizient, da entsprechend oft die Schleife durchlaufen werden muss. Das hat der bekannte Mathematiker C. F. Gauß (1777 - 1855) bereits als Schüler erkannt und eine einfache Formel entwickelt, die ebenfalls die Summe der Zahlen von 1 bis n berechnet: n * (n + 1) / 2. Ein schlauer Hamster nutzt natürlich diese Formel aus:

```
class GaussHamster extends Hamster implements Summe {
    GaussHamster(int r, int s, int b, int k) {
        super(r, s, b, k);
    }

    public int berechnen(int bis) {
        return bis * (bis + 1) / 2;
    }
}
```

Lösen Sie mit Hilfe einer dieser beiden Klassen folgendes Hamster-Problem: Ein Vertretungshamster des Standard-Hamster soll in einem mauerlosen Territorium bis zur nächsten Wand laufen und dabei auf der ersten Kachel ein Korn, auf der zweiten Kachel zwei Körner, auf der dritten Kachel drei Körner, usw. ablegen. Er soll aber nur dann überhaupt loslaufen, wenn er genügend Körner im Maul hat, um die Mauer zu erreichen.

12.5.9 Aufgabe 9

Als *Speicherklassen* werden Klassen bezeichnet, die es ermöglichen, eine Menge von Werten bzw. Objekten zu speichern und auf eine bestimmte Art und Weise zu verwalten. Sie haben in Kapitel 11.8 mit der Klasse `Stapel` und in Kapitel 9.3.2 mit der Klasse `Speicher` zwei solche Speicherklassen kennen gelernt.

Nun ist es so, dass man in bestimmten Programmen für alle aktuell in einem Speicher abgelegten Objekte eine bestimmte Methode aufrufen möchte. Um die gespeicherten Objekte zu ermitteln, bedient man sich in Java hierzu eines so genannten *Iterators*. Ein solcher Iterator ist dabei durch folgendes Interface definiert:

```
interface Iterator {
    // liefert ein Element eines Speichers
    public abstract Object liefereNaechstesElement();
```

```
// liefert genau dann true, wenn noch nicht alle Elemente des
// Speicherobjektes geliefert worden sind
public abstract boolean hatWeitereElemente();
}
```

Speicherklassen selbst definieren eine Methode Iterator liefereElemente(), in dem für den aufgerufenen Speicher ein entsprechender Iterator erzeugt und geliefert wird. Mit Iteratoren gearbeitet werden kann dann auf folgende Art und Weise:

```
Stapel haufen = new Stapel();
... // drauflegen von Objekten auf den Stapel
Iterator iterator = haufen.liefereElemente();
while (iterator.hatWeitereElemente()) {
    Object obj = iterator.liefereNaechstesElement();
    ... // Typecast und Methodenaufruf
}
```

Implementieren Sie analog zu Kapitel 11.8 und Kapitel 9.3.2 eine Klasse Stapel und eine Klasse Speicher, die beliebige Objekte speichern können (Klasse Object). Implementieren Sie weiterhin für jede der beiden Klassen eine Iterator-Klasse, die das Interface Iterator implementiert. Ergänzen Sie die Klassen Stapel und Speicher jeweils um eine Methode Iterator liefere-Elemente(), die ein Objekt der zugehörigen Iterator-Klasse erzeugt und liefert. Denken Sie sich darüber hinaus selbst Beispielprogramme aus, um die Iterator-Klassen zu testen.

Das Iterator-Konzept ist in Java übrigens fest in die Sprache integriert. Wir werden uns damit noch genauer in Kapitel 16.2.4.5 beschäftigen.

12.5.10 Aufgabe 10

Dem so genannten *Beobachter-Muster*[5] kommt in der Softwareentwicklung eine große Bedeutung zu, bspw. bei der Programmierung graphischer Benutzungsoberflächen. Sie sollen dieses Prinzip in dieser Aufgabe gemeinsam mit den Hamstern einüben. Das Prinzip basiert auf den folgenden Interfaces:

```
interface Beobachter {
    public abstract void benachrichtigen(Beobachteter obj);
}

interface Beobachteter {
    public abstract void hinzufuegen(Beobachter obj);
}
```

Ein Beobachter-Objekt kann ein Beobachteter-Objekt beobachten. „Beobachten" bedeutet dabei, dass das Beobachter-Objekt über eine bestimmte Aktion des Beobachteten-Objektes informiert wird. Um ein Beobachteter-Objekt zu beobachten, muss sich das Beobachter-Objekt bei diesem registrieren. Dies erfolgt durch Aufruf der Methode hinzufuegen. Immer wenn das Beobachter-Objekt die entsprechende Aktion durchführt, werden alle registrierten Beobachter-Objekte darüber informiert,

---

[5]im Englischen *Observer-Pattern* genannt

und zwar durch den Aufruf deren Methode benachrichtigen, der als Parameter das entsprechende Beobachteter-Objekt übergeben wird.

Realisieren Sie eine erweiterte Hamster-Klasse BeobachteterHamster, die das Interface Beobachteter implementiert. Immer, wenn ein beobachteter Hamster ein Korn ablegt, sollen seine Beobachter darüber informiert werden.

Realisieren Sie weiterhin eine erweiterte Hamster-Klasse BeobachterHamster, die das Interface Beobachter implementiert. Wenn ein Beobachter-Hamster von einem Beobachteter-Hamster benachrichtigt wird, soll er zu diesem laufen und – falls noch vorhanden – das abgelegte Korn fressen.

Schreiben Sie ein kleines Testprogramm, bei dem bestimmte Hamster andere Hamster beobachten. Dem Beobachter-Muster werden wir uns auch nochmal in Kapitel 16.2.3 widmen.

12.5.11 Aufgabe 11

Hamster sind neugierige Tiere. Sie sind immer am neuesten Tratsch interessiert. Deshalb existiert ein Interface NachrichtenEmpfaenger, das eine erweiterte Hamster-Klasse implementieren kann:

```
interface NachrichtenEmpfaenger {
    // Uebergabe einer neuen Nachricht
    public abstract void empfangeNachricht(String nachricht);
}
```

Nachrichten können aus verschiedenen Quellen stammen, wie Radio, Fernseher oder Zeitung. Die Fähigkeit, Nachrichten zu versenden, lässt sich in einem Interface NachrichtenQuelle beschreiben:

```
interface NachrichtenQuelle {
    // Interessierte koennen sich bei der Quelle anmelden
    public abstract void anmelden(NachrichtenEmpfaenger empf);

    // neue Nachricht wird an alle angemeldeten
    // Interessenten verschickt
    public abstract void sendeNachricht(String nachricht);
}
```

Etwas umständlich an dieser Struktur ist, dass sich ein Nachrichten-Empfänger bei jeder Nachrichten-Quelle anmelden muss, von der er neue Nachrichten zugeschickt bekommen möchte. Günstiger wäre ein Vermittler, der sich bei mehreren Nachrichten-Quellen anmeldet und alle Nachrichten, die er von den Quellen bekommt, direkt an Nachrichten-Empfänger weiterleitet, die sich bei ihm angemeldet haben. Ein Vermittler ist damit sowohl Nachrichten-Empfänger als auch Nachrichten-Quelle.

Schreiben Sie eine solche Klasse Vermittler, die die beiden Interfaces NachrichtenEmpfaenger und NachrichtenQuelle implementiert.

Kapitel 13
Fehlerbehandlung mit Exceptions

Fehler machen und Fehler eingestehen, das sind zwei Dinge, über die Programmierer nicht gerne reden. Aber leider gehören Fehler nun mal zum Programmieren dazu und kosten uns Programmierern viel Zeit und Nerven. Wir müssen uns daher mit ihnen auseinandersetzen.

Prinzipiell kennen Sie bereits drei verschiedene Typen von Fehlern:

- Syntaxfehler: Entspricht Ihr Sourcecode nicht der vorgegebenen Syntax der Hamster-Sprache bzw. der Sprache Java, nennt man das einen *Syntaxfehler*. Syntaxfehler werden bereits durch den Compiler erkannt.

- Laufzeitfehler: Bestimmte Arten von Fehlern kann ein Compiler nicht erkennen. Sie treten erst zur Laufzeit eines Programms auf und heißen daher *Laufzeitfehler*. Der Aufruf der Methode vor für einen Hamster, der direkt vor einer Mauer steht, produziert einen typischen Laufzeitfehler.

- Logische Fehler: Tut Ihr Programm nicht das, was es soll, d.h. löst es das gegebene Problem nicht vollständig und korrekt, enthält es so genannte *logische Fehler*. In der Testphase der Programmentwicklung wird überprüft, ob ein (anscheinend) fertiges Programm noch logische Fehler enthält (vergleiche auch Band 1 der Java-Hamster-Bücher, Kapitel 12).

In diesem Kapitel kümmern wir uns um die Laufzeitfehler. Die Programmiersprache Java integriert mit den so genannten *Exceptions* ein mächtiges Konzept für den Umgang mit potentiellen Laufzeitfehlern. Abschnitt 1 dieses Kapitels gibt zunächst einen einführenden Überblick über die einzelnen Aspekte des Exception-Konzeptes. Exceptions sind Objekte von so genannten *Fehlerklassen*, die den Fehlertyp repräsentieren. Mit Fehlerklassen setzt sich Abschnitt 2 auseinander, mit Fehlerobjekten Abschnitt 3. Methoden, bei deren Ausführung Fehler auftreten können, müssen entsprechende Fehlertypen in ihrer Signatur deklarieren. Abschnitt 4 erläutert dieses Konzept. Der Aufruf von Methoden mit potentiellen Laufzeitfehlern und eine entsprechende Behandlung dieser Fehler ist Thema von Abschnitt 5. Einen besonderen Typ von Exceptions stellen die so genannten *Unchecked-Exceptions* dar. Inwiefern sie anders als normale Exceptions sind, verrät Abschnitt 6. Hinweise zur korrekten Verwendung von Exceptions gibt Abschnitt 7. Abschnitt 8 enthält drei Beispielprogramme, in denen das Exception-Konzept eingesetzt wird, und Abschnitt 9 stellt eine Reihe von Aufgaben zur Verfügung, mit denen Sie die Fehlerbehandlung mit Exceptions selbstständig einüben können.

13.1 Überblick

Dass der Aufruf der Grundbefehle für einen Hamster zu Laufzeitfehlern führen kann, ist Ihnen schon lange bekannt:

- Ein Hamster steht vor einer Mauer und Sie erteilen ihm den Befehl vor.

- Ein Hamster steht auf einer leeren Kachel und Sie erteilen ihm den Befehl nimm.

- Ein Hamster hat keine Körner im Maul und Sie erteilen ihm den Befehl gib.

Eine Lösung, diese Laufzeitfehler zu umgehen, ist die Definition einer erweiterten Hamster-Klasse VorsichtigerHamster:

```
class VorsichtigerHamster extends Hamster {
    VorsichtigerHamster(int r, int s, int b, int k) {
        super(r, s, b, k);
    }

    VorsichtigerHamster(Hamster hamster) {
        super(hamster);
    }

    void vorsichtigesVor() {
        if (this.vornFrei()) {
            this.vor();
        }
    }

    void vorsichtigesNimm() {
        if (this.kornDa()) {
            this.nimm();
        }
    }

    void vorsichtigesGib() {
        if (!this.maulLeer()) {
            this.gib();
        }
    }
}
```

Erteilt man einem Objekt der Klasse VorsichtigerHamster anstelle der drei Grundbefehle vor, nimm und gib immer die neu definierten Ersatzbefehle vorsichtigesVor, vorsichtigesNimm und vorsichtigesGib können die entsprechenden Laufzeitfehler nicht mehr auftreten.

Unter bestimmten Umständen kann die Klasse VorsichtigerHamster jedoch einen Nachteil haben. Ein Programm, das sie nutzt, kann nämlich nicht ohne zusätzlichen Aufwand[1] feststellen, ob bspw. beim Aufruf der Methode vorsichtigesVor der entsprechende Hamster nun eine Kachel nach vorne gesprungen ist oder nicht. Während ersteres eigentlich als Standardsituation angesehen werden kann, kann letzteres auch als Ausnahmesituation gedeutet werden.

Genau zu diesem Zweck können nun so genannte *Exceptions*[2] eingesetzt werden. Sie signalisieren dem aufrufenden Programm, dass eine bestimmte (Ausnahme-)Situation eingetreten bzw. ein bestimmter Fehler aufgetreten ist.

Exceptions sind dabei Objekte einer vordefinierten Klasse Exception bzw. Objekte von Unterklassen der Klasse Exception. Im obigen Beispiel können drei Typen von Fehlern bzw. Ausnahmen

---

[1] Aufruf der Methoden getReihe und getSpalte
[2] auf Deutsch *Ausnahmen*

auftreten. Daher leiten wir von der Klasse `Exception` zunächst drei Klassen – so genannte *Fehler-klassen* – ab, deren Namen auf den Typ des Fehlers hinweisen:

```
class MauerIstDaException extends Exception {
}

class KachelIstLeerException extends Exception {
}

class MaulIstLeerException extends Exception {
}
```

Bei der Definition der `vorsichtiges`-Methoden der Klasse `VorsichtigerHamster` geben wir nun mittels des `throws`-Konstruktes an, dass diese Fehlertypen auftreten können und falls sie tatsächlich auftreten, „werfen" (`throw`) wir ein entsprechend erzeugtes Fehlerobjekt, wie man in Java sagt. Das Werfen von Fehlerobjekten führt genauso wie die Ausführung einer `return`-Anweisung zum unmittelbaren Verlassen der Methode.

```
class VorsichtigerHamster extends Hamster {
    VorsichtigerHamster(int r, int s, int b, int k) {
        super(r, s, b, k);
    }

    VorsichtigerHamster(Hamster hamster) {
        super(hamster);
    }

    void vorsichtigesVor() throws MauerIstDaException {
        if (this.vornFrei()) {
            this.vor();
        } else {
            throw new MauerIstDaException();
        }
    }

    void vorsichtigesNimm() throws KachelIstLeerException {
        if (this.kornDa()) {
            this.nimm();
        } else {
            throw new KachelIstLeerException();
        }
    }

    void vorsichtigesGib() throws MaulIstLeerException {
        if (!this.maulLeer()) {
            this.gib();
        } else {
            throw new MaulIstLeerException();
        }
    }
}
```

Wir bekommen nun folgende Aufgabe gestellt: Ein Hamster der Klasse VorsichtigerHamster soll als Vertretungshamster des Standard-Hamsters die vor ihm liegenden Kacheln ablaufen und auf jeder Kachel ein Korn fressen. Sobald er eine Mauer erreicht, soll er zum Ausgangspunkt zurücklaufen und dort alle Körner, die er im Maul hat, ablegen. Als eine Ausnahmesituation soll dabei angesehen werden, dass auf einer Kachel gar kein Korn liegt. In diesem Fall soll der Hamster in einen Streik treten, d.h. „Ich streike!" ausgeben und seine Arbeit unmittelbar beenden.

Das folgende Programm löst diese Hamster-Aufgabe:

```
void main() {
    VorsichtigerHamster paul = new VorsichtigerHamster(
            Hamster.getStandardHamster());
    try {
        int anzahl = 0;
        paul.vorsichtigesNimm(); // Exception moeglich
        while (paul.vornFrei()) {
            paul.vor();
            anzahl++;
            paul.vorsichtigesNimm(); // Exception moeglich
        }

        paul.linksUm();
        paul.linksUm();

        while (anzahl > 0) {
            paul.vor();
            anzahl--;
        }

        while (!paul.maulLeer()) {
            paul.gib();
        }
    } catch (KachelIstLeerException fehlerObjekt) {
        paul.schreib("Ich streike!");
    }
}
```

Was fällt Ihnen an diesem Programm auf? Es wird eine so genannte try-Anweisung verwendet, die aus dem Schlüsselwort try und einer Blockanweisung, dem try-Block, besteht. Der try-Block enthält das Lösungsprogramm, ohne sich zunächst um die Ausnahmesituation, die beim Aufruf der Methode vorsichtigesNimm auftreten kann, zu kümmern. Hinter der try-Anweisung folgt ein so genannter catch-Handler. In diesem wird die Ausnahmesituation behandelt.

Wird das Programm ausgeführt, werden nach dem Erzeugen des Hamsters wie üblich die Anweisungen des try-Blocks ausgeführt. Tritt keine Ausnahmesituation auf, endet das Programm mit der letzten Anweisung des try-Blocks. Tritt irgendwann beim Ausführen des try-Blocks jedoch die Ausnahmesituation auf, d.h. wird innerhalb der Methode vorsichtigesNimm ein Fehlerobjekt geworfen, wird der try-Block sofort verlassen. Es wird in den catch-Handler gesprungen (man sagt: Das Fehlerobjekt wird „gefangen") und die dortigen Anweisungen werden ausgeführt.

Sie werden nun eventuell sagen: Das Problem hätte ich auch ohne das Exception-Konzept lösen können. In der Tat, sie haben Recht. Aber schauen Sie sich zum Vergleich eine solche Lösung mal an:

```
void main() {
    Hamster paul = new Hamster(Hamster.getStandardHamster());

    if (!paul.kornDa()) {
        paul.schreib("Ich streike!");
    } else {
        paul.nimm();
        int anzahl = 0;
        boolean ausnahme = false;
        while (paul.vornFrei() && !ausnahme) {
            paul.vor();
            anzahl++;
            if (!paul.kornDa()) {
                paul.schreib("Ich streike!");
                ausnahme = true;
            } else {
                paul.nimm();
            }
        }

        if (!ausnahme) {
            paul.linksUm();
            paul.linksUm();

            while (anzahl > 0) {
                paul.vor();
                anzahl--;
            }

            while (!paul.maulLeer()) {
                paul.gib();
            }
        }
    }
}
```

In diesem Programm wird die Behandlung der Ausnahmesituation in die Standardlösung integriert. Dadurch leidet die Verständlichkeit des Lösungsalgorithmusses in hohem Maße.

Genau das sind nun die Eigenschaften und Vorteile des Exception-Konzeptes in Java:

- Methoden können in ihrer Signatur signalisieren (throws), dass bei ihrer Ausführung bestimmte Fehler bzw. Ausnahmesituationen auftreten können (Fehlerklassen) und sie können zur Laufzeit entsprechende Fehlerobjekte werfen (throw).

- Programme bzw. Klassen, die derartige Methoden aufrufen, können im Sourcecode die Behandlung der Standardsituation (try) und der Ausnahmesituation (catch) trennen. Zur Laufzeit wird dann zunächst versucht (try), die Standardsituation auszuführen. Wenn dabei allerdings eine Ausnahmesituation eintritt und ein entsprechendes Fehlerobjekt geworfen wird, wird dieses gefangen (catch) und die Ausnahmesituation adäquat bearbeitet.

Was gilt es damit bei der Klassen- bzw. Methodendefinition zu beachten? Sie müssen

- jeweils genau überlegen, was für Fehler bzw. Ausnahmesituationen auftreten können,

- dementsprechend aussagekräftige Fehlertypen deklarieren, d.h. geeignete Fehlerklassen definieren und implementieren,

- die Signatur aller betroffenen Methoden um die Angabe möglicher Fehlertypen erweitern (throws)

- und im Falle des Auftreten eines Fehlers innerhalb der Methode ein entsprechendes Fehlerobjekt erzeugen und werfen (throw).

Wenn Sie die entsprechenden Klassen bzw. Methoden dann nutzen, müssen Sie

- beim Aufruf der Methode ermitteln, welche Fehler prinzipiell auftreten können (das erkennen Sie am throws-Konstrukt der Methode),

- zunächst versuchen (try), die Methode normal auszuführen,

- falls kein Fehler auftritt, normal weitermachen,

- und falls ein Fehler auftritt, das Fehlerobjekt abfangen (catch) und eine geeignete Fehlerbehandlung einleiten.

Alle diese Aspekte werden nun in den folgenden Abschnitten im Detail vorgestellt.

13.2 Fehlerklassen

Fehlerklassen sind Klassen, die bestimmte Typen von Fehlern bzw. Ausnahmesituationen repräsentieren. Sie müssen in Java direkt oder indirekt von der vordefinierten Klasse Exception abgeleitet werden.[3] Diese ist folgendermaßen definiert:

```
public class Exception {
    public Exception() { ... }

    public Exception(String nachricht) { ... }

    // liefert die Zeichenkette, die dem Konstruktor uebergeben
    // wird
    public String getMessage() { ... }

    // liefert eine kurze Beschreibung des Fehlers
    public String toString() { ... }
}
```

Im einfachsten Fall hat damit eine Fehlerklasse die folgende Gestalt:

```
    class MauerIstDaException extends Exception { }
```

Der Name, den Sie einer Fehlerklasse geben, sollte möglichst aussagekräftig sein und den Typ des entsprechenden Fehlers kennzeichnen.

Fehlerklassen können, wie normale Klassen auch, zusätzliche Attribute und Methoden definieren. Die folgende Fehlerklasse signalisiert bspw. den Fehler, dass auf einer Kachel kein Korn vorhanden ist, und speichert in entsprechenden Attributen die Koordinaten der Kachel:

---

[3]Eigentlich von der Klasse Throwable. Sie werden hier aber nur eine Teilmenge der Ausnahmebehandlung in Java kennen lernen, die allerdings für fast alle Fälle ausreicht.

```
class KachelIstLeerException extends Exception {
    int reihe, spalte;

    KachelIstLeerException(int r, int s) {
        super("Die Kachel an der Position " + r + "/" + s
                + " ist leer!");
        this.reihe = r;
        this.spalte = s;
    }

    int getReihe() {
        return this.reihe;
    }

    int getSpalte() {
        return this.spalte;
    }
}
```

13.3 Erzeugen und Werfen von Fehlerobjekten

Fehlerobjekte sind Objekte, die von Fehlerklassen erzeugt werden. Die Erzeugung und Initialisierung von Fehlerobjekten erfolgt wie üblich mit Hilfe des new-Operators und eines entsprechenden Konstruktors der Fehlerklasse:

```
new MauerIstDaException()
new KachelIstLeerException(3, 4)
```

Es ist auch möglich, Objektvariablen vom Typ einer Fehlerklasse zu definieren:

```
MauerIstDaException mauerFehler = new MauerIstDaException();
KachelIstLeerException kachelFehler =
    new KachelIstLeerException(4, 6);
```

Zum Werfen von Fehlerobjekten dient die throw-Anweisung. Dem Schlüsselwort throw folgt als Wert die Referenz auf das zu werfende Fehlerobjekt:

```
KachelIstLeerException kachelFehler =
    new KachelIstLeerException(4, 6);
throw kachelFehler;

// oder k"urzer:
throw new KachelIstLeerException(4, 6);
```

Die throw-Anweisung ähnelt der return-Anweisung. Wird zur Laufzeit innerhalb einer Methode eine throw-Anweisung ausgeführt, wird die entsprechende Methode unmittelbar verlassen und das angegebene Fehlerobjekt geworfen.[4]

---

[4] Ausnahme: Die Methode fängt das geworfene Fehlerobjekt selber ab, siehe Abschnitt 13.5.

13.4 Fehlertypdeklaration

Können bei der Abarbeitung einer Methode Fehlerobjekte geworfen werden, müssen die entsprechenden Fehlertypen im Methodenkopf deklariert werden[5]. Das geschieht im Anschluss an die Parameterliste mit Hilfe des Schlüsselwortes throws gefolgt von den durch Kommata getrennten Namen der entsprechenden Fehlerklassen.

Schauen Sie sich folgende Beispielklasse an:

```
class MeinHamster extends Hamster {

    MeinHamster(int r, int s, int b, int k) {
        super(r, s, b, k);
    }

    void vorsichtigesVor() throws MauerIstDaException {
        if (!this.vornFrei()) {
            throw new MauerIstDaException();
        }
        this.vor();
    }

    void sammle() throws KachelIstLeerException {
        if (!this.kornDa()) {
            throw new KachelIstLeerException(this.getReihe(),
                    this.getSpalte());
        }
        while (this.kornDa()) {
            this.nimm();
        }
    }

    void graseReiheAb() throws MauerIstDaException,
            KachelIstLeerException {
        if (!this.vornFrei()) {
            throw new MauerIstDaException();
        }
        this.sammle();
        while (this.vornFrei()) {
            this.vor();
            this.sammle();
        }
    }
}
```

In der Methode vorsichtigesVor wird unter Umständen ein MauerIstDaException-Objekt geworfen, also muss dieser Fehlertyp im Methodenkopf deklariert werden (throws MauerIstDaException). Analoges gilt für die Methode sammle, die eine KachelIstLeerException wirft, falls die Kachel leer ist, wenn der Hamster zu sammeln beginnt. Die Methode graseReiheAb muss sogar zwei mögliche Fehlertypen deklarieren: MauerIstDaException und KachelIstLeerException.

[5]oder die Methode muss die Objekte selber fangen, siehe Abschnitt 13.5.

Ein Objekt der Fehlerklasse `MauerIstDaException` wird geworfen, falls der Hamster unmittelbar vor einer Mauer steht. Weiterhin wird in der Methode die Methode `sammle` aufgerufen, die ja unter Umständen ein `KachelIstLeerException`-Objekt wirft.

Letzteres vergessen Programmierer häufig, deshalb prägen Sie es sich ein: Ruft eine Methode f eine Methode g auf, die einen Fehler vom Typ X deklariert, dann muss auch die Methode f den Fehlertyp X deklarieren[6]. Weiter gilt: Wird zur Laufzeit beim Ausführen der Methode g während der Ausführung der Methode f tatsächlich ein Fehlerobjekt vom Typ X geworfen, so wird nicht nur g sofort verlassen, sondern auch f. Das Fehlerobjekt wird in diesem Fall an die Methode weitergereicht (man sagt auch „propagiert"), die die Methode f aufgerufen hat.

In Bezug auf die Methode `graseReiheAb` heißt letzteres, dass, falls bei ihrer Ausführung während der Ausführung der Methode `sammle` ein Fehlerobjekt vom Typ `KachelIstLeerException` geworfen wird, nicht nur die Methode `sammle`, sondern auch die Methode `graseReiheAb` unmittelbar verlassen wird. D.h. wenn ein `MeinHamster`-Objekt beim Aufruf seiner Methode `graseReiheAb` auf einer leeren Kachel sitzt, tut er nichts, da in diesem Fall bereits die zuerst aufgerufene Methode `sammle` ein Fehlerobjekt wirft.

Die Deklaration von Fehlertypen ist Bestandteil der Signatur einer Methode. Das ist wichtig bezüglich des Überschreibens von Methoden in abgeleiteten Klassen, denn es gilt: Eine Methode überschreibt nur dann eine Methode der Oberklasse, wenn die Signaturen der Methoden übereinstimmen.

Diese Regel wird beim Überschreiben von Methoden mit Fehlertypen etwas „aufgeweicht". Bei der überschreibenden Methode kann anstelle einer Fehlerklasse der überschriebenen Methode auch eine Unterklasse dieser Fehlerklasse deklariert werden oder die Fehlerklasse kann ganz weggelassen werden. Schauen Sie sich dazu das folgende Beispiel an:

```
class HamsterBefehlException extends Exception {
}

class MauerIstDaException extends HamsterBefehlException {
}

class KachelIstLeerException extends HamsterBefehlException {
}

class MaulIstLeerException extends HamsterBefehlException {
}

class VorsichtigerHamster extends Hamster {

    VorsichtigerHamster(int r, int s, int b, int k) {
        super(r, s, b, k);
    }

    void vorsichtigesNimm() throws HamsterBefehlException {
        if (!this.kornDa()) {
            throw new HamsterBefehlException();
        }
        this.nimm();
    }
```

---

[6]oder f muss das Fehlerobjekt selber fangen, siehe Abschnitt 13.5.

```
    void vorsichtigesVor() throws HamsterBefehlException {
        if (!this.vornFrei()) {
            throw new HamsterBefehlException();
        }
        this.vor();
    }

    void vorsichtigesGib() throws HamsterBefehlException {
        if (this.maulLeer()) {
            throw new HamsterBefehlException();
        }
        this.gib();
    }

}

class SehrVorsichtigerHamster extends VorsichtigerHamster {

    SehrVorsichtigerHamster(int r, int s, int b, int k) {
        super(r, s, b, k);
    }

    // ueberschrieben
    void vorsichtigesNimm() throws HamsterBefehlException {
        if (!this.kornDa()) {
            throw new HamsterBefehlException();
        }
        String antwort =
            this.liesZeichenkette("Darf ich wirklich nehmen"
                + " (ja/nein)?");
        if (antwort.equals("ja")) {
            this.nimm();
        }
    }

    // ueberschrieben
    void vorsichtigesVor() throws MauerIstDaException {
        if (!this.vornFrei()) {
            throw new MauerIstDaException();
        }
        String antwort = this
                .liesZeichenkette("Darf ich wirklich nach "
                        + "vorn (ja/nein)?");
        if (antwort.equals("ja")) {
            this.vor();
        }
    }

    void vorsichtigesGib() { // ueberschrieben
        String antwort = this
                .liesZeichenkette("Darf ich wirklich ein "
```

```
                                + "Korn ablegen (ja/nein)?");
            if (antwort.equals("ja")) {
                this.gib();
            }
        }


    public void gib() throws HamsterBefehlException { // Fehler
        if (this.maulLeer()) {
            throw new HamsterBefehlException();
        }
        super.gib();
    }
}
```

Die Signaturen der Methoden vorsichtigesNimm der beiden Klassen sind identisch. Also überschreibt die Methode vorsichtigesNimm der Klasse SehrVorsichtigerHamster die entsprechende Methode ihrer Oberklasse VorsichtigerHamster.

Die Methode vorsichtigesVor der Klasse SehrVorsichtigerHamster überschreibt die Methode vorsichtigesVor ihrer Oberklasse VorsichtigerHamster, obwohl die Signaturen der Methoden nicht vollständig übereinstimmen, aber MauerIstDaException ist eine Unterklasse der
Fehlerklasse HamsterBefehlException.

Ebenfalls überschrieben wird in der Klasse SehrVorsichtigerHamster die Methode vorsichtigesGib, denn die Fehlerklasse darf auch weggelassen werden.

Nicht erlaubt ist es allerdings, überschreibende Methoden mit anderen oder zusätzlichen Fehlertypen zu versehen, wie es die Klasse SehrVorsichtigerHamster mit der Methode gib der Klasse
Hamster versucht.

13.5 Abfangen von Fehlerobjekten

Methoden, bei deren Abarbeitung Fehlerobjekte geworfen werden können, können diese entweder
weiterleiten oder sie müssen sie abfangen und eine entsprechende Fehlerbehandlung einleiten. Den
Fall der Weiterleitung haben Sie schon im vorherigen Abschnitt kennen gelernt. Hierbei muss der
entsprechende Fehlertyp im Methodenkopf deklariert werden. In diesem Abschnitt kümmern wir
uns nun um den etwas komplexeren Fall des Abfangens von Fehlerobjekten und die anschließende
Fehlerbehandlung.

13.5.1 Fehlerbehandlung

Wird innerhalb der Implementierung einer Methode f eine Methode g aufgerufen, die einen Fehlertyp X deklariert, und soll ein entsprechendes Fehlerobjekt nicht weitergeleitet werden, so muss
der entsprechende Methodenaufruf der Methode g innerhalb einer so genannten try-Anweisung erfolgen. Der try-Anweisung muss ein so genannter catch-Handler folgen, in dem eine geeignete
Fehlerbehandlung für den Fehlertyp X implementiert wird. Man sagt auch, der catch-Handler ist
vom Typ X.

Schauen wir uns das zunächst mal an einem einfachen Beispiel an.

```java
class KachelIstLeerException extends Exception {

    int reihe, spalte;

    KachelIstLeerException(int r, int s) {
        super("Die Kachel an der Position " + r + "/" + s
                + " ist leer!");
        this.reihe = r;
        this.spalte = s;
    }

    int getReihe() {
        return this.reihe;
    }

    int getSpalte() {
        return this.spalte;
    }
}

class MeinHamster extends Hamster {

    MeinHamster(int r, int s, int b, int k) {
        super(r, s, b, k);
    }

    void kehrt() {
        this.linksUm();
        this.linksUm();
    }

    void sammle() throws KachelIstLeerException {
        if (!this.kornDa()) {
            throw new KachelIstLeerException(this.getReihe(),
                    this.getSpalte());
        }
        while (this.kornDa()) {
            this.nimm();
        }
    }

    void graseReiheAb() {
        this.schreib("Ich starte!");

        try { // Standardsituation
            this.sammle();
            while (this.vornFrei()) {
                this.vor();
                this.sammle();
            }
        } catch (KachelIstLeerException exc) { // Fehlerbehandlung
            this.schreib("Ich bin sauer, denn die Kachel "
```

```
                       + exc.getReihe() + "/" + exc.getSpalte()
                       + " ist leer!");
            while (this.vornFrei()) {
                this.vor();
            }
        }

        this.schreib("Ich bin fertig!");
    }
}

void main() {
    MeinHamster paul = new MeinHamster(3, 4, Hamster.NORD, 4);
    paul.graseReiheAb();
}
```

In dem Beispiel wird eine Fehlerklasse `KachelIstLeerException` definiert. Die Methode `sammle` der Klasse `MeinHamster` wirft ein entsprechendes Fehlerobjekt, falls der Hamster, für den die Methode aufgerufen wird, auf einer leeren Kachel steht. Interessant ist nun die Methode `graseReiheAb`, in der die Methode `sammle` aufgerufen wird.

Schauen wir uns die Methode einmal genauer an. Intern wird die Methode `sammle` zweimal aufgerufen. Da `sammle` einen Fehlertyp deklariert, `graseReiheAb` aber nicht, muss der Aufruf der `sammle`-Methode in einer `try`-Anweisung erfolgen. Eine `try`-Anweisung ist dabei eine Anweisung, die mit dem Schlüsselwort `try` beginnt, dem eine Blockanweisung – der so genannte `try`-Block – folgt.

Der Fehlertyp, den die Methode `sammle` deklariert, ist `KachelIstLeerException`. Daher muss nach dem `try`-Block ein `catch`-Handler definiert werden, der diesen Fehlertyp behandelt. Ein `catch`-Handler ist ein Konstrukt, das mit dem Schlüsselwort `catch` beginnt. Anschließend folgt wie bei einer Methodendefinition in runden Klammern genau ein formaler Parameter vom Typ der entsprechenden Fehlerklasse. Daran schließt sich eine Blockanweisung an, in der die Fehlerbehandlung erfolgt. Der formale Parameter ist innerhalb dieser Blockanweisung gültig. `catch`-Händler dürfen nur nach `try`-Blöcken oder anderen `catch`-Blöcken auftreten. Ein `catch`-Handler für einen bestimmten Fehlertyp darf auch nur dann definiert werden, wenn in dem vorangehenden `try`-Block dieser Fehlertyp auftreten kann.

Was passiert nun bei der Ausführung der Methode `graseReiheAb`? Zunächst wird auf jeden Fall die Meldung „Ich starte!" ausgegeben. Wenn auf jeder Kachel, auf die der Hamster bei seinem Weg zur nächsten Mauer gelangt, mindestens ein Korn liegt, werden die Anweisungen des `try`-Blocks wie üblich sequentiell abgearbeitet. Der `catch`-Handler wird in diesem Fall übersprungen. Danach wird noch die Meldung „Ich bin fertig!" ausgegeben.

Wenn jedoch auf einer Kachel bis zur Wand kein Korn liegt, wird während der Ausführung der Methode `sammle` ein `KachelIstLeerException`-Objekt erzeugt und geworfen. Die Methode `sammle` wird danach unmittelbar verlassen. Ebenfalls unmittelbar verlassen wird der `try`-Block. Stattdessen wird in den `catch`-Handler gesprungen und die dortigen Anweisungen werden ausgeführt. Der formale Parameter des `catch`-Handlers wird zuvor mit dem geworfenen Fehlerobjekt initialisiert. Für das Beispiel bedeutet das, dass eine Fehlermeldung mit den Koordinaten der leeren Kachel ausgegeben wird und der Hamster anschließend, ohne weiter zu fressen, zur nächsten Wand läuft. Nach dem `catch`-Handler ist das gesamte `try`-`catch`-Konstrukt abgearbeitet und der Hamster gibt noch aus: „Ich bin fertig!"

13.5.2 Mehrere `catch`-Handler

Können während der Abarbeitung eines `try`-Blocks Fehlerobjekte unterschiedlicher Fehlerklassen geworfen werden und werden diese nicht weitergeleitet, so muss für jede dieser Fehlerklassen ein entsprechender `catch`-Handler definiert werden.[7]

Im folgenden Beispielprogramm soll ein Hamster `paul` zunächst zur nächsten Wand laufen und dabei auf jeder Kachel ein Korn fressen. Anschließend schickt er einen Hamster `willi` auf den Rückweg und lässt diesen dafür sorgen, dass auf jeder Kachel mindestens ein Korn liegt. Fehler können auftreten, wenn beim Hinweg auf einer Kachel kein Korn liegt oder beim Rückweg `willi` nicht genug Körner im Maul hat. Im Fehlerfall sollen die Hamster ihre Arbeit direkt beenden und eine entsprechende Fehlermeldung ausgeben.

```
class KachelIstLeerException extends Exception {
}

class MaulIstLeerException extends Exception {
}

class MeinHamster extends Hamster {

    MeinHamster(int r, int s, int b, int k) {
        super(r, s, b, k);
    }

    MeinHamster(Hamster hamster) {
        super(hamster);
    }

    void kehrt() {
        this.linksUm();
        this.linksUm();
    }

    void vorsichtigesNimm() throws KachelIstLeerException {
        if (!this.kornDa()) {
            throw new KachelIstLeerException();
        }
        this.nimm();
    }

    void vorsichtigesGib() throws MaulIstLeerException {
        if (this.maulLeer()) {
            throw new MaulIstLeerException();
        }
        this.gib();
    }
}

void main() {
    MeinHamster paul = null, willi = null;
```

---

[7]Ausnahme: Einsatz der Polymorphie, siehe Abschnitt 13.5.3

```
try {
    paul = new MeinHamster(7, 6, Hamster.NORD, 0);
    paul.vorsichtigesNimm();
    while (paul.vornFrei()) {
        paul.vor();
        paul.vorsichtigesNimm();
    }
    paul.kehrt();
    willi = new MeinHamster(paul);
    if (!willi.kornDa()) {
        willi.vorsichtigesGib();
    }
    while (willi.vornFrei()) {
        willi.vor();
        if (!willi.kornDa()) {
            willi.vorsichtigesGib();
        }
    }
} catch (KachelIstLeerException exc) {
    paul.schreib("Fehler auf dem Hinweg!");
} catch (MaulIstLeerException exc) {
    willi.schreib("Fehler auf dem Rueckweg!");
}
}
```

Während der Abarbeitung des try-Blocks können zwei unterschiedliche Fehler auftreten: Beim Aufruf der Methode vorsichtigesNimm wird unter Umständen ein KachelIstLeerException-Objekt geworfen, beim Aufruf der Methode vorsichtigesGib ein MaulIstLeerException-Objekt. Aus diesem Grund müssen nach dem try-Block zwei entsprechende catch-Handler definiert werden, einer vom Typ KachelIstLeerException und ein zweiter vom Typ MaulIstLeerException.

Wird während der Ausführung der Anweisungen des try-Blocks tatsächlich ein KachelIstLeer-Exception-Objekt geworfen, wird die Abarbeitung des try-Blocks unmittelbar beendet und es wird in den catch-Handler vom Typ KachelIstLeerException gesprungen. Die Parameter-Objektvariable wird mit dem geworfenen Objekt initialisiert und die Anweisungen der folgenden Blockanweisung werden ausgeführt, d.h. Hamster paul gibt die Meldung „Fehler auf dem Hinweg!" aus. Anschließend ist das try-catch-Konstrukt beendet. Insbesondere wird in diesem Fall nicht mehr die Blockanweisung des zweiten catch-Handlers ausgeführt.

Wird während der Ausführung der Anweisungen des try-Blocks ein MaulIstLeerException-Objekt geworfen, wird die Abarbeitung des try-Blocks ebenfalls unmittelbar beendet. In diesem Fall wird in den catch-Handler mit dem Typ MaulIstLeerException gesprungen. Die Parameter-Objektvariable wird mit dem geworfenen Objekt initialisiert und die Anweisungen der folgenden Blockanweisung werden ausgeführt, d.h. Hamster willi gibt die Meldung „Fehler auf dem Rückweg!" aus.

Achten Sie darauf, dass die beiden Hamstervariablen paul und willi bereits vor der try-Anweisung definiert werden. Der Grund hierfür ist ihr Gültigkeitsbereich. Würde ihre Definition innerhalb des try-Blockes erfolgen, würde ihr Gültigkeitsbereich am Ende des try-Blockes enden und innerhalb der Blockanweisungen der beiden catch-Handler wäre kein Zugriff auf die beiden Hamster möglich.

13.5.3 Polymorphie

Im Allgemeinen werden, wenn innerhalb eines try-Blockes n unterschiedliche Fehlertypen auftreten können und diese abgefangen und nicht weitergeleitet werden sollen, nach dem try-Block n entsprechende catch-Handler definiert. Das muss aber nicht unbedingt sein. An dieser Stelle kann auch wieder die Polymorphie ins Spiel kommen.

Tatsächlich ist es nämlich so, dass, wenn während der Abarbeitung eines try-Blockes ein Fehlerobjekt geworfen wird, die einzelnen dem try-Block folgenden catch-Handler in der Reihenfolge, in der sie definiert sind, untersucht werden, ob sie zum Fehlerobjekt „passen". Ist dies der Fall, wird das geworfene Fehlerobjekt der formalen Parameter-Objektvariablen des catch-Handlers zugeordnet und die Anweisungen der Blockanweisung des catch-Handlers werden ausgeführt. Anschließend wird das gesamte try-catch-Konstrukt direkt verlassen, auch wenn unter Umständen noch andere „passende" catch-Handler existieren.

Was bedeutet es nun aber, dass ein Fehlerobjekt zu einem catch-Handler „passt"? Man sagt, ein Fehlerobjekt *passt* zu einem catch-Handler, wenn sein Typ gleich dem Typ des catch-Handlers ist oder wenn es eine polymorphe Beziehung zwischen dem Typ des catch-Handlers und der Klasse des Fehlerobjektes gibt, d.h. wenn der Typ des Fehlerobjekts ein Untertyp des Typs des catch-Handlers ist.

Das klingt zunächst kompliziert, ist es aber nicht, wenn Sie das Prinzip der Polymorphie verstanden haben. Schauen Sie sich dazu das folgende Beispiel an.

```
abstract class HamsterBefehlException extends Exception {
    abstract String getFehlermeldung();
}

class KachelIstLeerException extends HamsterBefehlException {
    String getFehlermeldung() {
        return "Leere Kachel!";
    }
}

class MaulIstLeerException extends HamsterBefehlException {
    String getFehlermeldung() {
        return "Leeres Maul!";
    }
}

class MeinHamster extends Hamster {

    MeinHamster(int r, int s, int b, int k) {
        super(r, s, b, k);
    }

    void vorsichtigesNimm() throws KachelIstLeerException {
        if (!this.kornDa()) {
```

```
                    throw new KachelIstLeerException();
        }
        this.nimm();
    }

    void vorsichtigesGib() throws MaulIstLeerException {
        if (this.maulLeer()) {
            throw new MaulIstLeerException();
        }
        this.gib();
    }
}

void main() {
    MeinHamster paul = new MeinHamster(3, 5, Hamster.OST, 5);
    try {
        boolean gerade = true;
        while (paul.vornFrei()) {
            if (gerade) {
                paul.vorsichtigesNimm();
            } else {
                paul.vorsichtigesGib();
                paul.vorsichtigesGib();
            }
            gerade = !gerade;
            paul.vor();
        }
    } catch (HamsterBefehlException hamsterFehler) {
        paul.schreib(hamsterFehler.getFehlermeldung());
    }
}
```

In dem Beispiel werden die Fehlerklassen KachelIstLeerException und MaulIstLeerException als konkrete Unterklassen der abstrakten Fehlerklasse HamsterBefehlException definiert. Im Hauptprogramm versucht ein Hamster durch Aufruf der Methoden vorsichtigesNimm und vorsichtigesGib auf dem Weg zur nächsten Mauer jeweils abwechselnd ein Korn zu fressen und zwei Körner abzulegen. Dabei können Fehlerobjekte der beiden Fehlerklassen KachelIstLeerException und MaulIstLeerException geworfen werden. Trotzdem reicht es nach dem try-Block im Hauptprogramm aus, einen einzelnen catch-Handler vom Typ HamsterBefehlException zu definieren, da KachelIstLeerException und MaulIstLeerException Unterklassen der Klasse HamsterBefehlException sind. Sowohl wenn ein KachelIstLeerException-Fehlerobjekt, als auch wenn ein MaulIstLeerException-Fehlerobjekt geworfen wird, wird in den catch-Handler vom Typ HamsterBefehlException gesprungen und die Fehlerobjekte werden polymorph der formalen Parameter-Objektvariablen hamsterFehler zugeordnet. Die in der Blockanweisung aufgerufene Methode getFehlermeldung wird anschließend dynamisch gebunden, d.h. bei einem KachelIstLeerException-Fehler erfolgt die Ausgabe „Leere Kachel!" und bei einem MaulIstLeerException-Fehler gibt paul die Meldung „Leeres Maul!" auf den Bildschirm aus.

13.5.4 Der finally-Block

Im Anschluss an die catch-Handler eines try-catch-Konstruktes (oder unmittelbar nach dem try-Block, falls kein catch-Handler definiert wird), kann eine so genannte finally-Anweisung definiert werden. Sie besteht aus dem Schlüsselwort finally, gefolgt von einer Blockanweisung, der so genannte finally-Block.

Dabei gilt: Die Anweisungen des finally-Blockes werden immer ausgeführt. Konkret heisst das:

- Wird während der Abarbeitung des try-Blockes innerhalb einer Methode ein Fehlerobjekt geworfen und an die aufrufende Methode weitergeleitet, so wird vor dem Verlassen der Methode noch der finally-Block ausgeführt.

- Wird während der Abarbeitung des try-Blockes ein Fehlerobjekt geworfen und abgefangen, so wird nach der Abarbeitung des entsprechenden catch-Handlers noch der finally-Block ausgeführt. Das gilt auch, wenn im catch-Block eine return-Anweisung ausgeführt wird.

- Wird während der Abarbeitung des try-Blockes kein Fehlerobjekt geworfen, so wird im Anschluss daran noch der finally-Block ausgeführt. Selbst wenn im try-Block eine return-Anweisung ausgeführt wird, wird nach der Berechung eines eventuellen Rückgabewertes noch der finally-Block ausgeführt.

Sinn und Zweck der finally-Anweisung ist damit der, in allen möglichen Fällen unbedingt auszuführende Anweisungen an einem Ort zusammenzufassen. Das verdeutlicht das folgende Beispiel:

```
class MaulIstLeerException extends Exception {
}

class KachelIstLeerException extends Exception {
}


class MeinHamster extends Hamster {

    MeinHamster(int r, int s, int b, int k) {
        super(r, s, b, k);
    }

    void kehrt() {
        this.linksUm();
        this.linksUm();
    }

    void nimm(int anzahl) throws KachelIstLeerException {
        while (anzahl > 0) {
            if (!this.kornDa()) {
                throw new KachelIstLeerException();
            }
            this.nimm();
            anzahl = anzahl - 1;
        }
    }
}
```

```
    void gib(int anzahl) throws MaulIstLeerException {
        while (anzahl > 0) {
            if (this.maulLeer()) {
                throw new MaulIstLeerException();
            }
            this.gib();
            anzahl = anzahl - 1;
        }
    }

    void laufeTuWasUndZurueck(int anzahl)
            throws MaulIstLeerException {
        int schritte = 0;
        try {
            boolean gerade = true;
            while (this.vornFrei()) {
                if (gerade) {
                    this.nimm(anzahl);
                } else {
                    this.gib(2 * anzahl);
                }
                gerade = !gerade;
                this.vor();
                schritte = schritte + 1;
            }
        } catch (KachelIstLeerException exc) {
            this.kehrt();
            this.kehrt();
            return;
        } finally {
            this.kehrt();
            while (schritte > 0) {
                this.vor();
                schritte = schritte - 1;
            }
            this.kehrt();
        }
        this.schreib("Aufgabe vollstaendig erledigt!");
    }
}

void main() {
    MeinHamster paul = new MeinHamster(3, 5, Hamster.OST, 5);
    try {
        int anzahl = paul.liesZahl("Koerner: ");
        paul.laufeTuWasUndZurueck(anzahl);
    } catch (MaulIstLeerException exc) {
        // egal
    }
}
```

Schauen Sie sich die Methode `laufeTuWasUndZurueck` an. Der Hamster versucht, bis zur nächsten Wand zu laufen und dabei abwechselnd auf jeder Kachel eine gewisse Anzahl an Körnern zu fressen oder abzulegen. Die beiden überladenen Methoden `nimm` und `gib` werfen dabei Fehlerobjekte, wenn nicht genügend Körner auf der Kachel liegen bzw. wenn der Hamster nicht genügend Körner im Maul hat. Bei einem `MaulIstLeerException`-Fehler soll der Hamster sofort mit dem Ablaufen der Reihe aufhören, der Fehler soll aber nicht von der Methode selbst behandelt werden. Daher wird dieser Fehler weitergeleitet. Auch bei einem `KachelIstLeerException`-Fehler soll der Hamster sofort das Ablaufen der Reihe beenden. Er soll sich jedoch auf der entsprechenden Kachel einmal im Kreis drehen. Egal, was passiert, in allen Fällen soll der Hamster vor Beendigung der Methode in seine Ausgangsstellung zurückkehren. Im Erfolgsfall soll er zudem danach die Meldung „Aufgabe vollständig erledigt!" ausgeben.

Realisiert wird dieses Szenario durch den Einsatz einer `finally`-Anweisung:

- Im Erfolgsfall steht der Hamster nach der Abarbeitung des `try`-Blocks vor der Mauer. Anschließend wird der `finally`-Block ausgeführt, wodurch der Hamster zurückläuft. Danach ist das `try-catch-finally`-Konstrukt vollständig abgearbeitet und der `schreib`-Befehl wird ausgeführt.

- Liegen auf einer Kachel nicht genügend Körner, so wird ein `KachelIstLeerException`-Fehlerobjekt geworfen und der `try`-Block wird verlassen. Es existiert ein `catch`-Handler dieses Typs, dessen Block nun ausgeführt wird. Der Hamster dreht sich einmal im Kreis. Anschließend folgt eine `return`-Anweisung. Bevor diese nun aber tatsächlich ausgeführt wird, wird zunächst noch der `finally`-Block abgearbeitet, d.h. der Hamster kehrt zu seinem Ausgangsfeld zurück. Die `return`-Anweisung ist hier wichtig, denn wenn sie fehlen würde, würde der Hamster noch die Ausgabe „Aufgabe vollständig erledigt!" produzieren.

- Hat der Hamster zu einem Zeitpunkt, wo für ihn der überladene `gib`-Befehl aufgerufen wird, nicht genügend Körner im Maul, so wird ein `MaulIstLeerException`-Fehlerobjekt geworfen. Es existiert kein passender `catch`-Handler, stattdessen wird das Fehlerobjekt an die aufrufende Methode (im obigen Beispiel die `main`-Funktion) weitergeleitet. Vor der Weiterleitung wird jedoch noch der `finally`-Block abgearbeitet, d.h. auch in diesem Fall kehrt der Hamster in seine Ausgangsposition zurück.

13.6 Unchecked-Exceptions

Exceptions, mit denen wir bisher gearbeitet haben, werden auch *Checked-Exceptions* genannt. Wie wir gelernt haben, gilt für den Umgang mit ihnen:

- Kann eine Methode eine Checked-Exception werfen, muss der entsprechende Fehlertyp in der Methodensignatur angegeben werden.

- Ruft eine Methode eine andere Methode mit einem deklarierten Fehlertyp auf, so muss die Methode entsprechende Fehlerobjekte abfangen oder weiterleiten. Im letzteren Fall muss sie dies in ihrer eigenen Signatur angeben.

Neben den Checked-Exceptions gibt es in Java noch einen zweiten Typ von Exceptions, so genannte *Unchecked-Exceptions*. Unchecked-Exceptions sind Instanzen der vordefinierten Fehlerklasse `RuntimeException` oder Instanzen von Fehlerklassen, die von `RuntimeException` abgeleitet sind. Diese ist eine direkte Unterklasse der Klasse `Exception` und ist wie folgt definiert:

```
public class RuntimeException extends Exception {
    public RuntimeException() {
        super();
    }

    public RuntimeException(String nachricht) {
        super(nachricht);
    }
}
```

Im Unterschied zu Checked-Exceptions müssen Unchecked-Exceptions weder abgefangen noch in Methodensignaturen deklariert werden. Unchecked-Exceptions repräsentieren schwere Fehler, die quasi überall auftreten können.

In Java existieren einige vordefinierte, von der Klasse RuntimeException abgeleitete Fehlerklassen, wie bspw.:

```
public class NullPointerException extends RuntimeException {
    public NullPointerException() {
        super();
    }

    public NullPointerException(String nachricht) {
        super(nachricht);
    }
}

public class ArrayIndexOutOfBoundsException extends
        RuntimeException {
    public ArrayIndexOutOfBoundsException() {
        super();
    }

    public ArrayIndexOutOfBoundsException(String nachricht) {
        super(nachricht);
    }
}

public class ClassCastException extends RuntimeException {
    public ClassCastException() {
        super();
    }

    public ClassCastException(String nachricht) {
        super(nachricht);
    }
}
```

Eine NullPointer-Exception wird vom Laufzeitsystem geworfen, wenn versucht wird, über eine Objektvariable eine Methode aufzurufen, die Objektvariable jedoch den Wert null speichert:

```
Hamster paul = null;
paul.vor(); // wirft NullPointerException
```

Eine ArrayIndexOutOfBounds-Exception wird geworfen, wenn auf ein nicht existierendes Array-Element zugegriffen wird:

```
int[] zahlen = new int[10];
zahlen[12] = 4711; // wirft ArrayIndexOutOfBoundsException
```

Eine ClassCast-Exception wird bei einem fehlerhaft durchgeführten Typecast geworfen:

```
Object obj = new Hamster(0, 0, Hamster.OST, 0);
String str = (String)obj; // wirft ClassCastException
```

Es wäre kaum praktikabel, wenn sich Programmierer ständig mit derartigen Exceptions auseinander setzen müssten. Daher müssen Unchecked-Exceptions weder abgefangen noch in Methodensignaturen aufgenommen werden. Wenn man will, kann man mit ihnen jedoch genauso wie mit Checked-Exceptions arbeiten. Startet man bspw. das folgende Programm, gibt Hamster paul immer eine nette Meldung aus, da bei der Ausführung der vor-Methode eine NullPointer-Exception geworfen wird.

```
void main() {
    Hamster paul = Hamster.getStandardHamster();
    try {
        Hamster willi = null;
        willi.vor();
    } catch (NullPointerException exc) {
        paul.schreib("Der Programmierer ist eine Flasche!");
    }
}
```

Auch im Hamster-Modell existieren einige von der Klasse RuntimeException abgeleitete Fehler-klassen, also Unchecked-Exceptions:[8]

```
public class HamsterException extends RuntimeException {

    private Hamster hamster; // Hamster, der die Exception
                             // verursacht hat

    public HamsterException(Hamster ham) {
        this.hamster = ham;
    }

    public Hamster getHamster() {
        return this.hamster;
    }
}

public class HamsterInitialisierungsException extends
        HamsterException {
    public HamsterInitialisierungsException(Hamster h) {
        super(h);
    }
}

public class HamsterNichtInitialisiertException extends
```

---

[8]Eine vollständige Beschreibung der Fehlerklassen des Java-Hamster-Modells befindet sich in Anhang A.1

```
        HamsterException {
    public HamsterNichtInitialisiertException(Hamster h) {
        super(h);
    }
}

public class MauerDaException extends HamsterException {
    private int reihe, spalte; // Position der Mauer

    public MauerDaException(Hamster h, int r, int s) {
        super(h);
        this.reihe = r;
        this.spalte = s;
    }

    public int getReihe() {
        return this.reihe;
    }

    public int getSpalte() {
        return this.spalte;
    }
}

public class KachelLeerException extends HamsterException {
    private int reihe, spalte; // Position der leeren Kachel

    public KachelLeerException(Hamster h, int r, int s) {
        super(h);
        this.reihe = r;
        this.spalte = s;
    }

    public int getReihe() {
        return this.reihe;
    }

    public int getSpalte() {
        return this.spalte;
    }
}

public class MaulLeerException extends HamsterException {
    public MaulLeerException(Hamster h) {
        super(h);
    }
}
```

Objekte dieser Fehlerklassen werden in den Methoden der Klasse Hamster geworfen, wie der folgende Ausschnitt der entsprechenden Klassendefinition skizziert.[9]

---

[9]Eine vollständige Beschreibung der Klasse Hamster finden Sie in Anhang A.2.

```java
class Hamster extends util.Hamster {

    public Hamster() {
        // ...
    }

    public Hamster(int reihe, int spalte, int blickrichtung,
            int anzahlKoerner)
            throws HamsterInitialisierungsException {
        // ...
    }

    public void init(int reihe, int spalte, int blickrichtung,
            int koerner) throws HamsterInitialisierungsException {
        if (Territorium.mauerDa(reihe, spalte)
                || blickrichtung < 0 || blickrichtung > 3
                || koerner < 0) {
            throw new HamsterInitialisierungsException(this);
        }
        // nun kann die Initialisierung beginnen
        ...
    }

    public void nimm()
            throws HamsterNichtInitialisiertException,
            KachelLeerException {
        if (!this.initialisiert) {
            throw new HamsterNichtInitialisiertException(this);
        }
        if (Territorium
                .getAnzahlKoerner(this.reihe, this.spalte) == 0) {
            throw new KachelLeerException(this, this.reihe,
                    this.spalte);
        }
        // nun kann der Hamster beruhigt ein Korn fressen
        ...
    }

    public synchronized void gib()
            throws HamsterNichtInitialisiertException,
            MaulLeerException {
        ...
    }

    public synchronized void vor()
            throws HamsterNichtInitialisiertException,
            MauerDaException {
        ...
    }

    public synchronized void linksUm()
            throws HamsterNichtInitialisiertException {
```

```
        ...
    }

    public synchronized boolean vornFrei()
            throws HamsterNichtInitialisiertException {
        ...
    }

    public synchronized boolean maulLeer()
            throws HamsterNichtInitialisiertException {
        ...
    }

    public synchronized boolean kornDa()
            throws HamsterNichtInitialisiertException {
        ...
    }

    ...
}
```

Die entsprechenden Unchecked-Exceptions müssen nicht, können aber abgefangen werden, wie die folgenden Implementierungen der Methoden sammle1 und sammle2 demonstrieren:

```
class SammelHamster extends Hamster {
    SammelHamster(int r, int s, int b, int k) {
        super(r, s, b, k);
    }

    void sammle1() {
        while (this.kornDa()) {
            this.nimm(); // Unchecked-Exception wird nicht
                         // abgefangen
        }
    }

    void sammle2() {
        try {
            while (true) {
                this.nimm();
            }
        } catch (KachelLeerException exc) {
            // die Kachel enthaelt keine Koerner mehr
        }
    }
}
```

Die Methode sammle1 wird – wie Sie es gewohnt sind – implementiert, ohne sich um potentielle Unchecked-Exceptions zu kümmern. In der Methode sammle2 wird in einer Quasi-Endlosschleife (while (true)) der nimm-Befehl aufgerufen. Sobald auf der Kachel keine Körner mehr liegen, wird von der nimm-Methode eine Unchecked-Exception vom Typ KachelLeerException geworfen. Damit wird die Schleife abgebrochen und in den zugehörigen catch-Handler gesprungen. Da er keine Anweisungen enthält und dem `try-catch`-Konstrukt keine weiteren Anweisungen folgen, ist die Methode damit beendet.

13.7 Verwendung von Exceptions

Das Konzept der Exceptions ist ein mächtiges Konzept zum Umgang mit Laufzeitfehlern. Und genau dazu und zu nichts anderem sollte es auch eingesetzt werden: Methoden, in denen Fehler passieren können, mit denen sich nicht die Methoden selbst auseinandersetzen können oder wollen, sollen entsprechende Fehlerobjekte werfen. Mit den Fehlern auseinandersetzen müssen sich dann diese Methode aufrufende Methoden. Insbesondere in dem Fall, dass Programmierer über Klassenbibliotheken anderen Programmierern bestimmte Klassen zur Verfügung stellen wollen, ist das Exception-Konzept sehr nützlich, wie wir noch im folgenden Kapitel (Zugriffsrechte und Pakete) sehen werden.

Prinzipiell können Exceptions auch zur Ablaufsteuerung des Programms eingesetzt werden, wie bspw. die Methode `sammle2` im letzten Beispiel des vorherigen Abschnitts zeigt. Das ist allerdings kein guter Programmierstil. Vermeiden Sie daher den Einsatz von Exceptions zur Programmsteuerung.[10]

Weiterhin ist es prinzipiell möglich, Exceptions als Alternative zum Funktionstyp zu „missbrauchen", wie das folgende Beispiel demonstriert. Es soll eine Methode implementiert werden, die die Anzahl an Mauern einer bestimmten Reihe liefert.

```
class AnzahlMauern extends Exception {
    int anzahlMauern = 0;
}

class Unsauber {

    static void liefereAnzahlMauern(int reihe)
            throws AnzahlMauern {
        AnzahlMauern ergebnis = new AnzahlMauern();

        for (int spalte = 0; spalte < Territorium
                .getAnzahlSpalten(); spalte++) {
            if (Territorium.mauerDa(reihe, spalte)) {
                ergebnis.anzahlMauern++;
            }
        }
        throw ergebnis;
    }
}

void main() {
    ...
    int anzahlMauern = 0;
    try {
        Unsauber.liefereAnzahlMauern(2);
```

---

[10]Die in diesem Kapitel enthaltenen Beispiele, die Exceptions zur Steuerung des Programmablaufs einsetzen, dienen nur dazu, die Funktionsweise des Exception-Konzeptes zu demonstrieren!

```
    } catch (AnzahlMauern obj) {
        anzahlMauern = obj.anzahlMauern;
    }
    ...
}
```

Anstelle über den Funktionswert wird in diesem Beispiel der berechnete Wert über eine Exception zurückgeliefert. Auch dies ist kein guter Programmierstil und sollte vermieden werden.

13.8 Beispielprogramme

Mit Hilfe des Exception-Konzeptes ist es möglich, im Sourcecode die Lösung von Standardsituationen von der Behandlung potentieller Fehler zu trennen. Dadurch werden Programme besser verständlich. Das sollen Ihnen die folgenden drei Beispielprogramme verdeutlichen.

13.8.1 Beispielprogramm 1

Schauen Sie sich nochmal Kapitel 11.8 an. Dort wurde eine Klasse Stapel definiert, die zum Simulieren von Objekt-Haufen dient. Objekte können immer nur oben auf einen Haufen draufgelegt werden und nur das jeweils oberste Objekt kann wieder vom Haufen entfernt werden. Zum Umgang mit solchen Haufen definiert die Klasse die Methoden drauflegen, herunternehmen, istVoll und istLeer. Die beiden letzten Methoden dienen dabei eigentlich nur zum Vermeiden von Fehlern. Wir werden sie daher nun durch den Einsatz von Exceptions ersetzen.

Zunächst werden zwei Fehlerklassen StapelVollException und StapelLeerException definiert, die zum Signalisieren der beiden Fehlertypen dienen. Die Klasse StapelVollException stellt zusätzlich noch eine Methode getMaxGroesse zur Verfügung, über die die maximale Größe des betroffenen Stapels abgefragt werden kann.

```
class StapelVollException extends Exception {
    int maxGroesse;

    StapelVollException(int max) {
        this.maxGroesse = max;
    }

    int getMaxGroesse() {
        return this.maxGroesse;
    }
}

class StapelLeerException extends Exception {
}
```

Die beiden Fehlerklassen werden nun bei der Definition der Klasse Stapel genutzt, und zwar wirft die Methode drauflegen ein Fehlerobjekt der Klasse StapelVollException, wenn der Stapel voll ist. Die Methode herunternehmen wirft ein Fehlerobjekt der Klasse StapelLeerException, wenn der Stapel leer ist. Die Fehlertypen werden entsprechend in die Signatur der Methoden aufgenommen. Die beiden Testmethoden istVoll und istLeer fallen weg.

```
class Stapel {

    Object[] speicher; // Speicher

    int oberstesElement; // Index auf oberstes Element

    Stapel(int maxGroesse) {
        this.speicher = new Object[maxGroesse];
        this.oberstesElement = -1;
    }

    // legt obj oben auf dem Stapel ab
    void drauflegen(Object obj) throws StapelVollException {
        if (this.oberstesElement < this.speicher.length - 1) {
            this.oberstesElement = this.oberstesElement + 1;
            this.speicher[this.oberstesElement] = obj;
        } else {
            throw new StapelVollException(this.speicher.length);
        }
    }

    // entfernt das oberste Element des Stapels und liefert es
    // als Wert zurueck
    Object herunternehmen() throws StapelLeerException {
        if (this.oberstesElement >= 0) {
            Object ergebnis = this.speicher[this.oberstesElement];
            this.oberstesElement = this.oberstesElement - 1;
            return ergebnis;
        } else {
            throw new StapelLeerException();
        }
    }
}
```

Die neue Klasse Stapel wollen wir nun zur Lösung derselben Aufgabe wie in Kapitel 11.8 nutzen. Die Aufgabe lautete: Ein Hamster willi irrt ziellos durch ein mauerloses Territorium und verliert dabei Körner. Zum Glück speichert er sich die Positionen der besuchten Kacheln in einem Objekt vom Typ Stapel. Als er merkt, dass sein Maul leer ist, schickt er einen Hamster james auf die Suche nach den verlorenen Körnern. james ist nicht dumm und nutzt dazu die auf dem Stapel abgelegten Informationen. Damit kann er den Weg zurücklaufen und die Körner einsammeln. Die gewünschte Größe des Stapels erfragt willi beim Benutzer.

Dadurch, dass die Methoden drauflegen und herunternehmen der Klasse Stapel Exceptions werfen können, müssen sie innerhalb eines try-Blocks aufgerufen werden. Der try-Block im folgenden Programm umschließt dabei den kompletten Lösungsalgorithmus, d.h. eigentlich wird davon ausgegangen, dass gar keine Fehler auftreten können.

Ein Fehler tritt jedoch genau dann auf, wenn der Benutzer eine zu kleine Größe für den Stapel angegeben hat; genauer gesagt, wenn Hamster willi mehr Körner im Maul hat, als auf den Stapel Position-Objekte gelegt werden können. Sobald willi versucht, ein Position-Objekt auf den bereits vollen Stapel zu legen, wird in den entsprechenden catch-Handler gesprungen und das Programm mit einer Fehlermeldung beendet.

Beim Zurücklaufen kann james nicht mehr unmittelbar testen, ob der Stapel noch Objekte enthält, da die Methode istLeer fehlt. Der Aufruf der Methode herunternehmen erfolgt daher in einer while-true-Schleife. Obwohl diese stark nach einer Endlosschleife aussieht, ist sie es dennoch nicht. Denn sobald james seine Aufgabe erledigt hat, d.h. die verlorenen Körner eingesammelt hat, ist der Stapel leer, ein Fehlerobjekt vom Typ StapelLeerException wird geworfen und es erfolgt ein Sprung aus der Schleife heraus in den entsprechenden catch-Handler. Eine Fehlerbehandlung ist in diesem Fall nicht notwendig, denn hiermit ist die gestellte Aufgabe ja komplett gelöst.

In dem Programm wird die Klasse AllroundHamster aus Kapitel 7.10 genutzt.

```
class Zufall {
    // erzeugt Zufallszahlen zwischen 0 und max
    static int naechsteZahl(int max) {
        return (int) (Math.random() * (max + 1));
    }
}

class Position {
    int reihe;

    int spalte;

    Position(int r, int s) {
        this.reihe = r;
        this.spalte = s;
    }

    int getReihe() {
        return this.reihe;
    }

    int getSpalte() {
        return this.spalte;
    }
}

void main() {
    AllroundHamster willi = new AllroundHamster(Hamster
            .getStandardHamster());

    try {
        int groesse = willi.liesZahl("Groesse des Stapels?");
        Stapel haufen = new Stapel(groesse);

        // zunaechst irrt Willi durchs Territorium
        while (!willi.maulLeer()) {
            int reihe = Zufall.naechsteZahl(Territorium
                    .getAnzahlReihen() - 1);
            int spalte = Zufall.naechsteZahl(Territorium
                    .getAnzahlSpalten() - 1);
            willi.laufeZuKachel(reihe, spalte);
            willi.gib();
            haufen.drauflegen(new Position(reihe, spalte));
```

```
        }

        AllroundHamster james = new AllroundHamster(willi);

        // James laeuft zurueck und sammelt die Koerner
        // wieder ein
        while (true) {
            Object objekt = haufen.herunternehmen();
            Position naechsteKachel = (Position) objekt;
            james.laufeZuKachel(naechsteKachel.getReihe(),
                    naechsteKachel.getSpalte());
            james.nimm();
        }
    } catch (StapelVollException vollExc) {
        willi.schreib("Fehler: Auf den Stapel passen nur "
                + vollExc.getMaxGroesse() + " Werte!");
    } catch (StapelLeerException leerExc) {
        // kein Fehler; dient nur zum Abbrechen der
        // while-true-Schleife
    }
}
```

13.8.2 Beispielprogramm 2

Ein skeptischer Programmierer will testen, ob die Hamster das Exception-Konzept verstanden haben. Er definiert daher eine erweiterte Hamster-Klasse ExceptionHamster, die die drei Hamster-Testbefehle vornFrei, kornDa und maulLeer so überschreibt, dass sie unbrauchbar sind.

```
class ExceptionHamster extends Hamster {

    ExceptionHamster(int r, int s, int b, int k) {
        super(r, s, b, k);
    }

    // ueberschriebene Hamster-Testbefehle
    final public boolean vornFrei() {
        return true;
    }

    final public boolean kornDa() {
        return true;
    }

    final public boolean maulLeer() {
        return false;
    }
}
```

Der Programmierer stellt einem Hamster des Typs ExceptionHamster, der auf der Kachel (0/0) eines mauerlosen Territoriums erzeugt wird, nun die eigentlich recht einfache Aufgabe, das Territorium abzugrasen, d.h. alle Körner einzusammeln und dann anzuhalten.

Wie können wir dem Hamster helfen, dieses Problem zu lösen? Klar, wir nutzen einfach die Unchecked-Exceptions, die die Methoden der Klasse Hamster werfen.

Dazu leiten wir eine Klasse AbgrasExceptionHamster von der Klasse ExceptionHamster ab. Diese definiert einige Hilfsmethoden. Interessant ist insbesondere die Methode linksFrei, die ohne Seiteneffekte testen soll, ob sich links von dem Hamster eine Mauer befindet. Sie muss allerdings ohne den Einsatz der Hamster-Testbefehle implementiert werden. Der Hamster dreht sich nach links und springt einfach mal mittels seiner Methode vor nach vorne. Wenn das geklappt hat, weiss er, dass dort keine Mauer steht. Er kehrt in seine Ausgangssituation zurück und liefert den Wert true. Wenn sich jedoch links von dem Hamster eine Mauer befindet, wirft die Methode vor, ohne dass sich der Hamster bewegt, eine Exception. Der Hamster muss sich dann nur noch wieder nach rechts drehen und anschließend den Wert false liefern.

Ebenfalls interessant ist die Methode sammle, mittels der alle Körner einer Kachel gefressen werden sollen. Die Methode ruft in einer Quasi-Endlosschleife (while (true)) die Methode nimm auf. Solange Körner vorhanden sind, werden sie tatsächlich aufgenommen. Ist die Kachel jedoch (irgendwann) leer, wirft die Methode nimm eine Exception. Dadurch wird in den entsprechenden catch-Handler gesprungen, womit die Schleife beendet ist.

Insgesamt grast also der Hamster das Territorium ab und löst damit die ihm gestellte Aufgabe, ohne auch nur einen einzigen Testbefehl aufgerufen zu haben.

```
void main() {
    AbgrasExceptionHamster paul = new AbgrasExceptionHamster(
            0, 0, Hamster.OST, 0);
    paul.ernteEineReihe();
    while (paul.weitereReiheExistiert()) {
        paul.begibDichInNaechsteReihe();
        paul.ernteEineReihe();
    }
}

class AbgrasExceptionHamster extends ExceptionHamster {

    AbgrasExceptionHamster(int r, int s, int b, int k) {
        super(r, s, b, k);
    }

    void kehrt() {
        this.linksUm();
        this.linksUm();
    }

    void rechtsUm() {
        this.kehrt();
        this.linksUm();
    }

    boolean linksFrei() {
        try {
            this.linksUm();
            this.vor();
            // geklappt; jetzt noch wieder zurueck
```

```
            this.kehrt();
            this.vor(); // hier kann nichts schiefgehen
            this.linksUm();
            return true;
        } catch (MauerDaException exc) {
            // vor hat nicht geklappt
            this.rechtsUm();
            return false;
        }
    }

    boolean rechtsFrei() {
        try {
            this.rechtsUm();
            this.vor();
            // geklappt; jetzt noch wieder zurueck
            this.kehrt();
            this.vor(); // hier kann nichts schiefgehen
            this.rechtsUm();
            return true;
        } catch (MauerDaException exc) {
            // vor hat nicht geklappt
            this.linksUm();
            return false;
        }
    }

    boolean weitereReiheExistiert() {
        if (this.getBlickrichtung() == Hamster.OST) {
            return this.rechtsFrei();
        } else {
            return this.linksFrei();
        }
    }

    void sammle() {
        try {
            while (true) {
                this.nimm();
            }
        } catch (KachelLeerException exc) {
            // auf der Kachel liegen keine Koerner mehr; also
            // kann die Methode beendet werden
        }
    }

    void begibDichInNaechsteReihe() {
        try {
            if (this.getBlickrichtung() == Hamster.OST) {
                this.rechtsUm();
                this.vor();
                this.rechtsUm();
```

```
            } else {
                this.linksUm();
                this.vor();
                this.linksUm();
            }
        } catch (MauerDaException exc) {
        }
    }

    void ernteEineReihe() {
        try {
            this.sammle();
            while (true) {
                this.vor();
                this.sammle();
            }
        } catch (MauerDaException exc) {
            // am Ende der Reihe angelangt; also kann die
            // Methode beendet werden
        }
    }
}
```

13.8.3 Beispielprogramm 3

Im dritten Beispielprogramm kann ein Benutzer einem Vertretungshamster des Standard-Hamsters Rechenaufgaben stellen, die dieser löst.

```
void main() {
    RechnenHamster paul = new RechnenHamster(Hamster
            .getStandardHamster());
    paul.bearbeiteRechenaufgaben();
}
```

Die Rechenaufgaben haben dabei die Form <Zahl1><Operator><Zahl2>, mit zwei positiven Zahlen und einem der vier Operatoren +, -, * oder /, die den gleichnamigen Operatoren der Sprache Java entsprechen. Gültige Beispiele sind 4711+567, 4-67, 3*0 und 99/33. Gibt der Benutzer ungültige Rechenaufgaben ein, so soll ihn der Hamster darauf hinweisen.

Zunächst wird analysiert, welche Fehler auftreten können:

- Im Eingabe-String des Benutzers fehlt ein gültiger Operator.
- Der Benutzer gibt keine oder keine gültigen Ziffern bzw. Zahlen ein.
- Der Benutzer fordert den Hamster auf, durch 0 zu dividieren, was ja nicht erlaubt ist.

Für diese Fehlertypen werden geeignete Fehlerklassen definiert.

```
// Fehlertyp: ein String repraesentiert keine Zahl
class KeineZahlException extends Exception {

    String eingabe;
```

```
    KeineZahlException() {
        super();
        this.eingabe = null;
    }

    KeineZahlException(String str) {
        super(str);
        this.eingabe = str;
    }

    String getEingabe() {
        return this.eingabe;
    }
}

// Fehlertyp: ein String repraesentiert keine Ziffer
class KeineZifferException extends Exception {

    String str;

    KeineZifferException(String str) {
        super(str);
        this.str = str;
    }

    String getString() {
        return this.str;
    }
}

// Fehlertyp: es wurde kein oder ein ungueltiger Operator
// angegeben
class OperatorFehltException extends Exception {
}

// Fehlertyp: es wurde versucht, durch 0 zu dividieren
class DivisionDurchNullException extends Exception {
}
```

Nun wird eine erweiterte Hamster-Klasse definiert, deren Instanzen in der Lage sind, Rechenaufgaben zu lösen.[11] In der Methode bearbeiteRechenaufgabe wird innerhalb des try-Blockes so getan, als wenn keine Fehler auftreten können. Ausschließlich für den Fall, dass der Benutzer eine gültige Rechenaufgabe eingegeben hat, wird das Ergebnis berechnet und ausgegeben. Für die einzelnen Fehlerfälle wird ein entsprechender catch-Handler installiert, der eine adäquate Fehlermeldung ausgibt.

Die Methode berechne stellt den Fehler der Division durch 0 fest und wirft ein DivisionDurchNullException-Fehlerobjekt. Die weiteren Methoden analysieren die vom Benutzer eingegebene Zeichenkette und werfen, wenn sie Fehler entdecken, entsprechende Fehlerobjekte.

---

[11]Die Klasse ist von der Klasse AllroundHamster aus Kapitel 7.10 abgeleitet.

```
// erweiterte Hamster-Klasse: repraesentiert rechnende Hamster
class RechnenHamster extends AllroundHamster {

    RechnenHamster(Hamster hamster) {
        super(hamster);
    }

    void bearbeiteRechenaufgaben() {
        String antwort;
        do {
            this.bearbeiteRechenaufgabe();
            antwort = this
                    .liesZeichenkette("Weitere Aufgabe (ja/nein)?");
        } while (antwort.equals("ja"));
    }

    void bearbeiteRechenaufgabe() {
        try { // Standardsituation
            String aufgabe =
                this.liesZeichenkette("Bitte Rechenaufgabe"
                    + " eingeben!");

            String operator = this.ermittleOperator(aufgabe);
            int zahl1 = this
                    .ermittleErsteZahl(aufgabe, operator);
            int zahl2 = this.ermittleZweiteZahl(aufgabe,
                    operator);
            int ergebnis = this.berechne(zahl1, zahl2, operator);

            // Ausgabe des Ergebnisses erfolgt nur, wenn keine
            // Fehler aufgetreten sind
            this.schreib(aufgabe + " = " + ergebnis);
        } catch (KeineZahlException exc) {
            String str = exc.getEingabe();
            if (str == null) {
                this.schreib("Sie haben keine zwei Zahlen"
                    + " eingegeben!");
            } else {
                this.schreib(exc.getEingabe()
                        + " ist keine Zahl!");
            }
        } catch (OperatorFehltException exc) {
            this.schreib("Ein gueltiger Operator fehlt!");
        } catch (DivisionDurchNullException exc) {
            this.schreib("Eine Division durch 0 ist"
                + " nicht moeglich!");
        }
    }

    int berechne(int zahl1, int zahl2, String operator)
            throws DivisionDurchNullException {
        int ergebnis = 0;
```

```java
        if (operator.equals("+")) {
            ergebnis = zahl1 + zahl2;
        } else if (operator.equals("-")) {
            ergebnis = zahl1 - zahl2;
        } else if (operator.equals("*")) {
            ergebnis = zahl1 * zahl2;
        } else if (operator.equals("/")) {
            if (zahl2 == 0) {
                throw new DivisionDurchNullException();
            }
            ergebnis = zahl1 / zahl2;
        }
        return ergebnis;
}

String ermittleOperator(String aufgabe)
        throws OperatorFehltException {
    int index = aufgabe.indexOf("+");
    if (index >= 0) { // + ist enthalten
        return aufgabe.substring(index, index + 1);
    }
    index = aufgabe.indexOf("-");
    if (index >= 0) { // - ist enthalten
        return aufgabe.substring(index, index + 1);
    }
    index = aufgabe.indexOf("*");
    if (index >= 0) { // * ist enthalten
        return aufgabe.substring(index, index + 1);
    }
    index = aufgabe.indexOf("/");
    if (index >= 0) { // / ist enthalten
        return aufgabe.substring(index, index + 1);
    }
    // kein gueltiger Operator
    throw new OperatorFehltException();
}

int ermittleErsteZahl(String aufgabe, String operator)
        throws KeineZahlException {
    int opIndex = aufgabe.indexOf(operator);
    String zahlString = aufgabe.substring(0, opIndex);
    return this.stringToInt(zahlString);
    // ein evtl. geworfenes Exception-Objekt wird
    // weitergeleitet
}

int ermittleZweiteZahl(String aufgabe, String operator)
        throws KeineZahlException {
    int opIndex = aufgabe.indexOf(operator);
    String zahlString = aufgabe.substring(opIndex + 1,
            aufgabe.length());
    return this.stringToInt(zahlString);
```

```
            // ein evtl. geworfenes Exception-Objekt wird
            // weitergeleitet
    }

    int stringToInt(String zahlString) throws KeineZahlException {
        try {
            if (zahlString == null || zahlString.length() == 0) {
                // leerer oder nicht vorhandener String
                throw new KeineZahlException();
            }
            int zahl = 0;
            for (int i = 0; i < zahlString.length(); i++) {
                String ziffernString = zahlString.substring(i,
                        i + 1);
                int ziffer = this.stringToZiffer(ziffernString);
                zahl = zahl * 10 + ziffer;
            }
            return zahl;
        } catch (KeineZifferException exc) {
            // die KeineZifferException wird in eine
            // KeineZahlException "umgewandelt"
            throw new KeineZahlException(zahlString);
        }
    }

    int stringToZiffer(String ziffernString)
            throws KeineZifferException {
        if (ziffernString.equals("0"))
            return 0;
        if (ziffernString.equals("1"))
            return 1;
        if (ziffernString.equals("2"))
            return 2;
        if (ziffernString.equals("3"))
            return 3;
        if (ziffernString.equals("4"))
            return 4;
        if (ziffernString.equals("5"))
            return 5;
        if (ziffernString.equals("6"))
            return 6;
        if (ziffernString.equals("7"))
            return 7;
        if (ziffernString.equals("8"))
            return 8;
        if (ziffernString.equals("9"))
            return 9;
        // der String repraesentiert keine Ziffer
        throw new KeineZifferException(ziffernString);
    }
}
```

13.9 Aufgaben

Der Umgang mit Exceptions ist gar nicht so schwierig, wie es auf den ersten Blick scheint. Ob Sie das Exception-Konzept nicht nur verstanden haben, sondern auch selbstständig in Ihren Programmen einsetzen können, das können Sie durch das Lösen der folgenden Aufgaben feststellen.

13.9.1 Aufgabe 1

Erweitern Sie das Hauptprogramm aus Beispielprogramm 1 in Abschnitt 13.8.1 derart, dass der Hamster james nicht nur die Körner wieder einsammelt, sondern zu Hamster willi zurückbringt und diesem übergibt.

13.9.2 Aufgabe 2

Leiten Sie von der Klasse Stapel aus Beispielprogramm 1 in Abschnitt 13.8.1 eine Klasse Tausch-Stapel ab, die eine zusätzliche Methode tauschen zur Verfügung stellt, mit der die beiden obersten Objekte des Stapels vertauscht werden. Die Methode soll eine Exception werfen, wenn auf dem Stapel gar keine zwei Objekte liegen.

Teilaufgabe (a): Implementieren Sie die Methode tauschen, indem Sie auf die geerbten Attribute zugreifen.

Teilaufgabe (b): Implementieren Sie die Methode tauschen, ohne auf die geerbten Attribute zuzugreifen. Nutzen Sie stattdessen die geerbten Methoden zum Herunternehmen der beiden obersten Objekte und zum Drauflegen der beiden Objekte in umgekehrter Reihenfolge.

Denken Sie sich selbst eine Aufgabe aus, um die neue Methode zu testen.

13.9.3 Aufgabe 3

Der Standard-Hamster befindet sich in einem geschlossenen, körnerlosen Raum unbekannter Größe. Rechts von ihm befindet sich eine Wand (siehe auch Abbildung 13.1). Ein Vertretungshamster des Standard-Hamsters, der von einer von der Klasse ExceptionHamster aus Beispielprogramm 2 in Abschnitt 13.8.2 abgeleiteten Klasse erzeugt wird, soll so lange an der Wand entlang laufen, bis er irgendwann wieder seine Ausgangskachel erreicht hat. Der Vertretungshamster darf nicht die Klasse Territorium benutzen.

13.9.4 Aufgabe 4

Eine Alternative zum Lösen des Problems aus Beispielprogramm 2 in Abschnitt 13.8.2 wäre gewesen, die drei unbrauchbaren Testbefehle vornFrei, kornDa und maulLeer einfach durch die Implementierung dreier Ersatztestbefehle vornFreiErsatz, kornDaErsatz und maulLeerErsatz zu ersetzen und damit wie gewohnt zu arbeiten. Denn auch die drei Testbefehle können prinzipiell mit Hilfe der Unchecked-Exceptions, die die Methoden der Klasse Hamster werfen, implementiert werden. Das zu tun, ist Ihre Aufgabe.

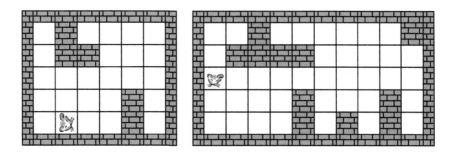

Abbildung 13.1: Typische Hamster-Territorien zu Aufgabe 3

13.9.5 Aufgabe 5

Passen Sie Beispielprogramm 3 aus Abschnitt 13.8.3 so an, dass auch Rechenaufgaben mit dem Modulo-Operator (%) gelöst werden können.

13.9.6 Aufgabe 6

Passen Sie Beispielprogramm 3 aus Abschnitt 13.8.3 so an, dass ausschließlich mit natürlichen Zahlen gearbeitet werden soll. Konkret bedeutet das, dass analog zum Division-Durch-0-Fehler die Subtraktion einer größeren von einer kleineren Zahl, was ja eine negative Zahl ergeben würde, ein Fehler ist.

13.9.7 Aufgabe 7

Erweitern Sie Beispielprogramm 3 aus Abschnitt 13.8.3 so, dass auch mit negativen Zahlen gerechnet werden kann. Gültige Beispiele sind dann -4711+567, 4-67, 4-67 und -7*-3.

13.9.8 Aufgabe 8

Stellen Sie sich vor, das folgende Programm würde in einem beliebigen Territorium ohne Körner auf irgendwelchen Kacheln ausgeführt. Wie viele Körner liegen dann nach Ende des Programms auf der Kachel, auf der der Standard-Hamster steht, wenn er anfangs 0, 1, 2, 3, 4, 5, 6 oder 7 Körner im Maul hat:

```
class Exception1 extends Exception {
}

class Exception2 extends Exception {
}

class AusnahmeHamster extends Hamster {

    AusnahmeHamster(Hamster hamster) {
        super(hamster);
```

```
        }

    void werfeExceptions(int zahl) throws Exception1, Exception2 {
        if (zahl == 1)
            throw new Exception1();
        if (zahl == 2)
            throw new Exception2();
        this.gib();
    }

    void gibWas() throws Exception2 {
        this.gib();
        try {
            this.werfeExceptions(this.getAnzahlKoerner());
            this.gib();
        } catch (Exception1 exc) {
            this.gib();
            return;
        } finally {
            this.gib();
        }
        this.gib();
    }
}

void main() {
    AusnahmeHamster paul = new AusnahmeHamster(Hamster
            .getStandardHamster());
    try {
        paul.gibWas();
        paul.gib();
    } catch (Exception exc) {
        while (paul.kornDa()) {
            paul.nimm();
        }
    }
}
```

13.9.9 Aufgabe 9

Schauen Sie sich folgendes Programm an:

```
class Exception1 extends Exception {
}

class Exception2 extends Exception1 {
}

class Exception3 extends Exception {
}
```

```
class AusnahmeHamster extends Hamster {

    AusnahmeHamster(Hamster ham) {
        super(ham);
    }

    void werfeExceptions(int zahl) throws Exception1,
            Exception2, Exception3 {
        if (zahl == 1)
            throw new Exception1();
        if (zahl == 2)
            throw new Exception2();
        if (zahl < 3)
            throw new Exception3();
        this.linksUm();
    }

    void machWas(int zahl) throws Exception3 {
        this.linksUm();
        try {
            this.werfeExceptions(zahl);
            this.linksUm();
            this.werfeExceptions(zahl - 1);
            this.linksUm();
        } catch (Exception2 exc) {
            this.linksUm();
            this.linksUm();
        } catch (Exception1 exc) {
            this.linksUm();
            return;
        } finally {
            this.linksUm();
            this.linksUm();
            this.linksUm();
        }
        this.linksUm();
    }
}

void main() {
    AusnahmeHamster paul = new AusnahmeHamster(Hamster
            .getStandardHamster());
    int zahl = paul.liesZahl("Zahl eingeben!");
    try {
        paul.machWas(zahl);
    } catch (Exception exc) {
        paul.linksUm();
    }
}
```

Wie oft dreht sich der Hamster jeweils bei den Benutzereingaben 0, 1, 2, 3 oder 4 linksum?

13.9.10 Aufgabe 10

In Beispielprogramm 3 in Kapitel 12.4.3 wurde der Bubblesort-Sortieralgorithmus für Vergleichbar-Objekte vorgestellt. Implementieren Sie die dortige Methode static void bubbleSort (Vergleichbar[] objekte), ohne das Attribut length des Parameter-Arrays zu nutzen. Arbeiten Sie stattdessen mit der ArrayIndexOutOfBoundsException.

13.9.11 Aufgabe 11

In Aufgabe 9 in Kapitel 12.5.9 wurde erläutert, was Iteratoren sind. Lösen Sie die dort gestellte Aufgabe mit folgendem leicht geänderten Interface:

```
class KeineWeiterenElementeException extends Exception {
}

interface Iterator {
    /*
     * liefert ein Element eines Speichers
     *
     * KeineWeiterenElementeException: wird geworfen, wenn
     * bereits alle Elemente des Speicherobjektes geliefert
     * worden sind
     */
    public abstract Object liefereNaechstesElement()
            throws KeineWeiterenElementeException;
}
```

Kapitel 14
Zugriffsrechte und Pakete

Wenn Sie mit dem Hamster-Simulator Hamster-Programme entwickelt haben, haben Sie bisher sicher häufig ein Hamster-Hauptprogramm und alle Klassen, die es benutzt, in einer einzelnen Datei gespeichert. In Kapitel 5.9 haben Sie gelernt, dass das nicht zwingend notwendig ist: Das Hauptprogramm und die benutzten Klassen können auch in verschiedenen Dateien gespeichert werden; allerdings mit der Einschränkung, dass sich alle Dateien im selben Ordner befinden müssen.

In diesem Kapitel wird nun das Konzept der „Pakete" (englisch „package") eingeführt, mit dem diese Einschränkung wegfällt. Mit Hilfe der package-Anweisung können Sie spezifizieren, dass mehrere miteinander in Beziehung stehende Klassen zu einem bestimmten Paket gehören. Sie werden quasi zu einem „Paket verschnürt". Ein solches Paket kann in einem anderen Ordner untergebracht werden, als ein Hauptprogramm oder eine andere Klasse, welche die Klassen des Paketes benutzen. Im Prinzip haben Sie sogar bereits mit Paketen gearbeitet, nämlich mit so genannten *anonymen Paketen*. Alle Klassen eines Ordners, die nicht explizit mittels der package-Anweisung einem Paket zugeordnet werden, bilden ein solches anonymes Paket.

Bevor das Paketkonzept in Abschnitt 2 dieses Kapitels im Detail vorgestellt wird, werden wir uns zunächst in Abschnitt 1 mit so genannten *Zugriffsrechten* auseinandersetzen. Über Zugriffsrechte kann nämlich reguliert werden, wer auf in Pakete gepackte Klassen sowie deren Attribute und Methoden überhaupt zugreifen darf. Das hört sich zunächst einmal wieder wie eine neue Einschränkung an, ist aber tatsächlich ein wichtiges Konzept der objektorientierten Programmierung, um Fehler zu verhindern, die durch unbefugte Zugriffe auf Klassen entstehen könnten. Denn eine Eigenschaft und ein Vorteil von Paketen ist, dass diese von mehreren Programmen unter Umständen unterschiedlicher Programmierer genutzt werden können. Und um letzteren ganz deutlich zu zeigen, was sie mit den Klassen eines Paketes machen dürfen und was nicht, werden Zugriffsrechte eingesetzt.

In den folgenden Abschnitten 1 und 2 werden zunächst die Konzepte der Zugriffsrechte bzw. Pakete eingeführt. Abschnitt 3 verdeutlicht anschließend das Zusammenspiel und den Sinn und Nutzen dieser Konzepte. Abschnitt 4 enthält drei größere Beispielprogramme und Abschnitt 5 eine Menge an Aufgaben.

14.1 Zugriffsrechte

Zugriffsrechte dienen dazu, festlegen zu können, wer auf Klassen bzw. die im Klassenrumpf definierten Attribute, Methoden und Konstanten zugreifen darf. Insgesamt gibt es in Java vier Typen von Zugriffsrechten, die mit Hilfe dreier Schlüsselwörter spezifiziert werden: public, protected und private. Um den vierten Zugriffsrechttyp auszudrücken, wird das Zugriffsrecht-Schlüsselwort einfach weggelassen. Dieser Zugriffsrechttyp ohne Schlüsselwort wird auch <ohne>-Zugriffsrecht genannt.

14.1.1 Zugriffsrechte auf Klassen und Interfaces

Für die Regulierung des Zugriffs auf gesamte Klassen werden lediglich zwei der vier Zugriffsrecht-typen eingesetzt: public und <ohne>.

- public: Wird vor die Definition einer Klasse das Schlüsselwort public gesetzt, ist ein Zugriff auf die Klasse von überall her möglich, insbesondere auch von fremden Paketen. Ausnahme: Auf Klassen eines anonymen Paketes haben generell nur Klassen und Programme desselben anonymen Paketes Zugriff, auch wenn die Klassen als public deklariert sind.

- <ohne>: Wird eine Klasse ohne Zugriffsrecht definiert, können nur Programme und Klassen desselben Paketes diese Klasse benutzen.

Bezüglich des Klassenzugriffsrechts public ist folgendes zu beachten:

- Wird eine Klasse X als public deklariert, muss sie in einer Datei mit dem Namen X.ham[1] gespeichert werden.

- Letzteres impliziert, dass in jeder Datei höchstens eine public-Klasse definiert werden kann.

- Im Hamster-Simulator gibt es die Einschränkung, dass auf Klassen, die in einer Datei mit einer main-Funktion gespeichert werden, nicht von anderen Klassen außerhalb der Datei zugegriffen werden kann, auch wenn sie als public deklariert sind.

Bisher haben Sie immer mit <ohne>-Klassen gearbeitet. Da das Paket-Konzept erst in Abschnitt 2 dieses Kapitels eingeführt wird, macht es auch im Moment noch wenig Sinn, public-Klassen zu definieren. Das Prinzip soll an dieser Stelle daher nur kurz illustriert werden. Im folgenden Beispiel wird die Klasse DrehHamster als public-Klasse definiert und muss daher in einer Datei namens DrehHamster.ham abgespeichert werden. Ansonsten meckert der Compiler.

```
public class DrehHamster extends Hamster {
    DrehHamster(int r, int s, int b, int k) {
        super(r, s, b, k);
    }

    void kehrt() {
        this.linksUm();
        this.linksUm();
    }

    void rechtsUm() {
        this.kehrt();
        this.linksUm();
    }
}
```

Ein objektorientiertes Hamster-Programm, das in einer anderen Datei im selben Ordner abgespeichert wird, kann diese Klasse nun (wie gewohnt) nutzen:

```
void main() {
    DrehHamster paul = new DrehHamster(2, 3, Hamster.NORD, 4);
    while (paul.vornFrei()) {
        paul.vor();
```

---

[1] in Java: X.java

```
    }
    paul.rechtsUm();
    while (paul.vornFrei()) {
        paul.vor();
    }
    paul.kehrt();
}
```

Die Nutzung von Zugriffsrechten für Interfaces und Enums erfolgt analog zur Nutzung von Zugriffsrechten für Klassen. Auch Interfaces und Enums können als `public`-Interfaces bzw. `public`-Enums oder <ohne>-Interfaces bzw. <ohne>-Enums deklariert werden.

14.1.2 Zugriffsrechte auf Attribute, Methoden und Konstanten

Für die Regulierung des Zugriffs auf Attribute, Methoden (auch Konstruktoren) und Konstanten einer Klasse (im Folgenden zusammengefasst als *Klassenelemente* bezeichnet) werden alle vier Zugriffsrechttypen eingesetzt[2]:

- `public`: Wird vor die Definition eines Elementes einer Klasse das Schlüsselwort `public` gesetzt, ist ein Zugriff auf das Element von überall her möglich, insbesondere auch von fremden Paketen. Im letzten Fall muss die Klasse allerdings auch `public` sein.

- `protected`: Wird vor die Definition eines Elementes einer Klasse das Schlüsselwort `protected` gesetzt, wird der Zugriff auf das Element eingeschränkt auf alle Klassen bzw. Programme desselben Paketes sowie Klassen, die von der Klasse abgeleitet sind. Im letzten Fall muss die Klasse allerdings auch `public` sein.

- <ohne>: Wird ein Element einer Klasse ohne Zugriffsrecht definiert, wird der Zugriff auf das Element eingeschränkt auf alle Klassen bzw. Programme desselben Paketes.

- `private`: Wird der Definition eines Elementes einer Klasse das Schlüsselwort `private` vorangestellt, wird der Zugriff auf das Element auf diese eine Klasse eingeschränkt.

Wie Sie sicher gemerkt haben, wird der Zugriff auf Klassenelemente über `public`, `protected`, <ohne> und `private` immer weiter eingeschränkt bzw. umgekehrt über `private`, <ohne>, `protected` und `public` immer weiter erweitert. Während Elemente einer Klasse, die für alle zugreifbar sein sollen, als `public` deklariert werden müssen, können Elemente, die nur für den Klasseninternen Gebrauch bestimmt sind, als `private` deklariert werden.

Ein Beispiel soll Ihnen die Verwendung und die Auswirkungen von Zugriffsrechten für Klassenelemente demonstrieren. Zunächst wird eine `public`-Klasse `DrehHamster` definiert und in einer Datei `DrehHamster.ham` gespeichert.

```
public class DrehHamster extends Hamster {

    public final static int MAX_RECHTSDREHUNGEN = 100;

    private int anzahlRechtsDrehungen;
```

---

[2]Zugriff bedeutet in diesem Fall: Der Name des Elementes kann genutzt werden, bspw. beim Aufruf einer Methode für ein Objekt der Klasse.

```
    public DrehHamster(int r, int s, int b, int k) {
        super(r, s, b, k);
        this.anzahlRechtsDrehungen = 0;
    }

    public void rechtsUm() {
        if (this.rechtsDrehungenMoeglich()) {
            this.linksUm();
            this.linksUm();
            this.linksUm();
            this.anzahlRechtsDrehungen++;
        }
    }

    public boolean rechtsDrehungenMoeglich() {
        return this.anzahlRechtsDrehungen <=
            DrehHamster.MAX_RECHTSDREHUNGEN;
    }
}
```

Damit einem DrehHamster bei zu vielen Rechtsdrehungen nicht schwindelig wird, wird innerhalb der Klasse eine maximal mögliche Anzahl an Drehungen definiert und überprüft. Beachten Sie, dass das Attribut anzahlRechtsDrehungen der Klasse DrehHamster als private deklariert wurde. Daher kann nur innerhalb der Klasse DrehHamster darauf zugegriffen werden. Dieses verhindert, dass in anderen Klassen bzw. Programmen diese Einschränkung durch Rücksetzung des Attributes einfach umgangen wird. Im folgenden Hauptprogramm, das die Klasse DrehHamster nutzt, wird dieses skizziert:

```
void main() {
    DrehHamster paul = new DrehHamster(2, 4, Hamster.NORD, 4);
    while (paul.rechtsDrehungenMoeglich()) {
        paul.rechtsUm();
    }
    paul.anzahlRechtsDrehungen = 0; // Fehler (Zeile 6)
    while (paul.rechtsDrehungenMoeglich()) {
        paul.rechtsUm();
    }
}
```

Der Programmierer versucht hier, in Zeile 6 das Attribut anzahlRechtsDrehungen des Hamsters paul wieder auf 0 zu setzen, damit sich der Hamster weiter drehen kann. Dieses Vorhaben unterbindet der Compiler jedoch. Er erlaubt keinen Zugriff auf das private-Attribut außerhalb der Klassendefinition der Klasse DrehHamster.

Vielleicht können Sie sich an dieser Stelle schon vorstellen, dass das Konzept der Zugriffsrechte sehr nützlich ist, um bestimmte Fehler zu vermeiden, die leicht auftreten können, wenn Sie als Programmierer anderen Programmierern ihre Klassen zur Verfügung stellen wollen. Dazu aber mehr in Abschnitt 14.3.2 dieses Kapitels.

14.1.3 Überschreiben von Methoden

Wenn Sie eine Klasse von einer anderen Klasse ableiten und eine vererbte Methode überschreiben, gelten folgende Einschränkungen:

- Als private deklarierte Methoden können zwar überschrieben werden, werden allerdings nicht dynamisch gebunden.

- Sie können zwar der überschreibenden Methode ein anderes Zugriffsrecht zuordnen, als es die überschriebene Methode hat, das Zugriffsrecht muss in diesem Fall aber erweitert werden (<ohne> -> protected -> public).

Das folgende Beispiel demonstriert die erste Einschränkung:

```
class DrehHamster extends Hamster {
    DrehHamster(int r, int s, int b, int k) {
        super(r, s, b, k);
    }

    public void umdrehen() {
        this.kehrt();
    }

    private void kehrt() {
        this.linksUm();
        this.linksUm();
    }
}

class Dreh2Hamster extends DrehHamster {
    Dreh2Hamster(int r, int s, int b, int k) {
        super(r, s, b, k);
    }

    private void kehrt() {
        this.linksUm();
        this.linksUm();
        this.linksUm();
        this.linksUm();
        this.linksUm();
        this.linksUm();
    }
}

void main() {
    DrehHamster paul = new DrehHamster(0, 3, Hamster.OST, 4);
    paul.umdrehen();
    DrehHamster willi = new Dreh2Hamster(1, 3, Hamster.OST,
            4);
    willi.umdrehen();
}
```

Die Klasse Dreh2Hamster überschreibt die Methode kehrt. Da die Methode jedoch als private deklariert ist, wird sie in der Methode umdrehen nicht dynamisch gebunden, d.h. sowohl paul als auch willi drehen sich beim Aufruf der Methode umdrehen nur zweimal linksum. Würden die beiden kehrt-Methoden nicht als private deklariert, würde willi sich sechsmal linksum drehen.

Das folgende Beispiel demonstriert die zweite Einschränkung:

```
class DrehHamster extends Hamster {

    DrehHamster(int r, int s, int b, int k) {
        super(r, s, b, k);
    }

    void rechtsUm() {
        this.drehDich(7);
    }

    void kehrt() {
        this.drehDich(6);
    }

    void drehDich(int anzahl) {
        while (anzahl > 0) {
            this.linksUm();
            anzahl = anzahl - 1;
        }
    }
}

class DrehDichHamster extends DrehHamster {

    DrehDichHamster(int r, int s, int b, int k) {
        super(r, s, b, k);
    }

    public void rechtsUm() { // ok
        this.drehDich(3);
    }

    private void kehrt() { // Fehler
        this.drehDich(2);
    }

    void vor() { // Fehler
        if (this.vornFrei()) {
            super.vor();
        }
    }
}
```

In der Klasse DrehHamster sind sowohl die Methode rechtsUm als auch die Methode kehrt mit dem Zugriffsrecht <ohne> deklariert. Die Definition der überschreibenden Methode rechtsUm in der Klasse DrehDichHamster ist in Ordnung, da das Zugriffsrecht public weiter ist als das Zugriffsrecht <ohne>. Bei der Definition der überschreibenden Methode kehrt meckert der Compiler jedoch, da private das Zugriffsrecht einschränken würde, was nicht erlaubt ist.

Nun verstehen Sie sicher auch, warum Sie ab Kapitel 7.4.3 immer das Schlüsselwort `public` nutzen mussten, um bei der Definition einer erweiterten Hamster-Klasse die Hamster-Befehle überschreiben zu können (vergleiche auch den Versuch im obigen Beispiel, die Methode `vor` zu überschreiben). Die Klasse `Hamster` ist in einem anderen Paket definiert und deklariert die Hamster-Befehle als `public`-Methoden, damit Sie diese überhaupt nutzen können. Da `public` bereits das weiteste Zugriffsrecht definiert, müssen Sie Methoden, die die Hamster-Befehle überschreiben, ebenfalls als `public` deklarieren.

14.1.4 Zugriffsrechte von Methoden von Interfaces

In Kapitel 12.2.1 wurde angemerkt, dass bei der Definition eines Interfaces alle Methoden als `public` deklariert werden müssen. Das ist nicht ganz korrekt. Das Schlüsselwort `public` kann auch weggelassen werden. Allerdings besitzen Methoden, die in Interfaces definiert werden, immer das Zugriffsrecht `public`, auch wenn Sie das entsprechende Schlüsselwort nicht vor die Methodendefinition setzen. Daher müssen Sie, wenn Sie eine Klasse definieren, die ein bestimmtes Interface implementiert, die Methoden der Klasse, die die Interface-Methoden implementieren, als `public` deklarieren.

```
public interface SammelHamster {
    void sammle();
    void ablegen();
    protected void suchen(); // Fehler
}

public class FleissigerHamster implements SammelHamster {
    public void sammle() { ... } // ok
    void ablegen() { ... } // Fehler
}
```

Während in diesem Beispiel die Definition der Methode `sammle` in der Klasse `FleissigerHamster` in Ordnung ist, gibt der Compiler bei der Definition der Methode `ablegen` eine Fehlermeldung aus, da `ablegen` als `public` deklariert werden muss.

Die Definition von `protected`- und `private`-Methoden in Interfaces ist nicht erlaubt. Bei der Definition der Methode `suchen` im Interface `SammelHamster` produziert der Compiler eine entsprechende Fehlermeldung.

14.2 Pakete

Pakete erlauben es, mehrere miteinander in Beziehung stehende Klassen zu einer übergeordneten Einheit zusammenzufassen. Dadurch wird es ermöglicht, Programme, die aus vielen Klassen bestehen, übersichtlich zu strukturieren.

Bisher haben Sie immer nur Programme mit maximal 3-5 Klassen erstellt und können sich vielleicht gar nicht vorstellen, wozu das nützlich sein kann. Aber stellen Sie sich einmal vor, Sie hätten den Hamstern das Spielen beigebracht und Sie könnten sie herausfordern, gegen Sie Spiele wie Schach, Reversi oder 4-Gewinnt zu spielen. Jedes dieser Spiele bedingt Klassen, die die Spielregeln, die Spielbretter, die Spielzüge, die Spielfiguren und die jeweiligen Spielstrategien repräsentieren. Mit dem bisher Gelernten müssten alle diese Klassen in demselben Ordner gespeichert werden, in dem auch das Hauptprogramm, die main-Funktion, liegt. Wesentlich übersichtlicher wäre es doch, hier Möglichkeiten auszunutzen, die schon das Dateisystems des zugrunde liegenden Betriebssystems bietet, nämlich Ordner – auch Verzeichnisse genannt. Alle Klassen zur Umsetzung des Schachspiels kommen in einen Unterordner namens schach, alle Klassen für das Reversi-Spiel in einen Unter-ordner namens reversi und alle Klassen für das 4-Gewinnt-Spiel in einen Unterordner namens viergewinnt. Und wenn Sie dann das Spielrepertoire der Hamster irgendwann nochmal um das Spiel Go erweitern möchten, erzeugen Sie einfach einen weiteren Unterordner namens go und legen die entsprechenden Klassen bzw. Dateien darin ab. Genau das erlauben Pakete.

14.2.1 Definition von Paketen

Soll eine Klasse einem Paket zugeordnet werden, muss dies mittels der package-Anweisung ge-schehen. Dem Schlüsselwort package folgt der Name des Paketes – ein Bezeichner – und dann ein Semikolon. Die package-Anweisung muss dabei die erste Anweisung in der Datei sein, in der die Klasse definiert wird. Im Hamster-Simulator gibt es die Einschränkung, dass package-Anweisungen in Dateien, die eine main-Funktion enthalten, nicht erlaubt sind, d.h. die main-Funktion kann kei-nem Paket zugeordnet werden.

Im folgenden Beispiel wird eine Klasse ReversiHamster definiert und dem Paket reversi zuge-ordnet:

```
package reversi;

public class ReversiHamster extends Hamster {
    public ReversiHamster() { ... }
    public Spielzug liefereSpielzug() { ... }
    ...
}
```

Der Name eines Paketes darf dabei nicht beliebig sein. Vielmehr steht er in Beziehung zu dem Ordner, in dem die Datei gespeichert wird. Es gilt: Klassen eines Paketes mit dem Namen x müssen in einem Ordner mit dem Namen x abgespeichert werden[3]. Für das obige Beispiel bedeutet das, dass die Klasse ReversiHamster in einer Datei namens ReversiHamster.ham in einem Ordner namens reversi gespeichert werden muss.

Für weitere zur Realisierung des Reversi-Spiels notwendige Klassen muss entsprechend verfahren werden. Die Klasse Spielzug, die Spielzüge beim Reversi-Spiel repräsentiert, ist abzuspeichern in einer Datei Spielzug.ham im Ordner reversi:

```
package reversi;

public class Spielzug {
    public int getZeile() { ... }
    public int getSpalte() { ... }
    ...
}
```

Die Klasse Regeln, die die Regeln des Reversi-Spiels implementiert, ist abzuspeichern in einer Datei Regeln.ham im Ordner reversi:

---

[3] wird in Abschnitt 14.2.3 noch erweitert

```
package reversi;

public class Regeln {
    public static boolean spielzugOk(Spielzug zug) { ... }
    public static boolean spielEnde() { ... }
    ...
}
```

Analoges gilt für andere notwendige Klassen wie Spielbrett oder Spielfigur. Die package-Anweisung bündelt also quasi zusammengehörende Klassen zu einem Paket, nutzt dazu das Dateisystem aus und ermöglicht damit eine übersichtliche Strukturierung von Klassen.

Für die Implementierung des Schach-Spiels müssten Sie einen Ordner schach anlegen und die entsprechenden Klassen – versehen mit der Anweisung package schach; – dort hinein abspeichern. Für die Realisierung weiterer Spiele gilt analoges.

14.2.2 Nutzung von Paketen

Nehmen wir an, Sie hätten nun – wie im vorherigen Abschnitt beschrieben – Klassen implementiert, die Hamstern das Spielen von Reversi oder Schach ermöglichen. Nun möchten Sie ein Hauptprogramm schreiben, das diese Klassen nutzt. Wie kann ein Zugriff auf in Pakete verpackte Klassen erfolgen? Schauen Sie sich zunächst einmal den folgenden Versuch an:

```
1  void main() {
2      ReversiHamster paul = new ReversiHamster();
3      Spielbrett brett = new Spielbrett();
4      ...
5  }
```

In Zeile 3 dieses Programms stellt sich dem Compiler die Frage: Welche Klasse Spielbrett ist denn hier gemeint: die des Paketes reversi oder die des Paketes schach?

14.2.2.1 Vollständige Klassennamen

Zur Lösung des Problems müssen Sie den so genannten *vollständigen Klassennamen* benutzen. Es gilt: Wird eine Klasse Y in einem Paket x definiert, so lautet der vollständige Klassennamen der Klasse x.Y. Das heisst mit reversi.Spielbrett ist die Klasse Spielbrett des Paketes reversi gemeint und mit schach.Spielbrett die Klasse Spielbrett des Paketes schach.

Immer wenn Sie in irgendeiner Form den Namen einer Klasse benötigen, die in einem Paket definiert ist, müssen Sie den vollständigen Klassennamen benutzen. Das gilt insbesondere bei der Definition von Objektvariablen der Klasse, beim Aufruf von Konstruktoren, beim Aufruf von Klassenmethoden und beim Ableiten einer Klasse. Das obige Beispiel muss also folgendermaßen umgesetzt werden:

```
void main() {
    reversi.ReversiHamster paul = new reversi.ReversiHamster();
    reversi.Spielbrett brett = new reversi.Spielbrett();
    reversi.Spielzug zug = paul.liefereSpielzug();
    if (reversi.Regeln.spielzugOk(zug)) {
        ...
```

```
        }
        ...
}
```

Es gibt eine Ausnahme bezüglich der Nutzung des vollständigen Klassennamens: Wird der Klassenname in einer anderen Klasse desselben Paketes benötigt, kann auch der einfache Klassenname benutzt werden.

14.2.2.2 Import von Klassen

Immer den vollständigen Klassennamen benutzen zu müssen, kann auf Dauer ganz schön lästig werden. Daher gibt es eine Abkürzungsmöglichkeit: die import-Anweisung. Die import-Anweisung besteht aus dem Schlüsselwort import gefolgt von einem vollständigen Klassennamen und einem abschließenden Semikolon, z.B. import reversi.Spielbrett;. import-Anweisungen müssen ganz am Anfang einer Datei nach der package-Anweisung stehen, falls eine solche vorhanden ist. Wird eine Klasse importiert, kann im Folgenden der einfache Klassennamen benutzt werden. Durch Verwendung von import-Anweisungen kann damit das obige Beispiel folgendermaßen angepasst werden:

```
import reversi.ReversiHamster;
import reversi.Spielbrett;
import reversi.Spielzug;
import reversi.Regeln;

void main() {
    ReversiHamster paul = new ReversiHamster();
    Spielbrett brett = new Spielbrett();
    Spielzug zug = paul.liefereSpielzug();
    if (Regeln.spielzugOk(zug)) {
        ...
    }
    ...
}
```

Wenn Sie jedoch ein Programm schreiben, das sowohl die Klasse Spielbrett des Paketes reversi als auch die Klasse Spielbrett des Paketes schach benötigt, nutzt Ihnen die import-Anweisung nichts, weil dann der Name Spielbrett wieder zweideutig wäre. In diesem Fall müssen Sie den vollständigen Klassennamen benutzen.

14.2.2.3 Import aller Klassen eines Paketes

Wenn Sie in einem Paket sehr viele Klassen definiert haben, die alle in einer anderen Klasse bzw. einem Programm benötigt werden, kann die Liste der import-Anweisungen sehr lang werden. Für diesen Fall gibt es eine weitere Abkürzungsvariante. Sei x ein Paket. Mit der Anweisung import x.*; werden automatisch alle Klassen des Paketes X importiert. Damit lässt sich das obige Programm folgendermaßen gestalten:

```
import reversi.*;
```

```
void main() {
    ReversiHamster paul = new ReversiHamster();
    Spielbrett brett = new Spielbrett();
    Spielzug zug = paul.liefereSpielzug();
    if (Regeln.spielzugOk(zug)) {
        ...
    }
    ...
}
```

14.2.2.4 Statischer Import

Die gerade vorgestellte import-Anweisung ermöglicht es, bei der Nutzung von Klassen auf die Angabe des vollständigen Klassennamens verzichten zu können. Analog dazu erlaubt die import-static-Anweisung das Weglassen des Klassennamens beim Zugriff auf als static deklarierte Attribute und Methoden einer Klasse (vergleiche Kapitel 6.4 und 6.5).[4]

Im obigen Beispiel sind beispielweise die Methoden spielzugOk und spielEnde der Klasse Regeln als static deklariert, also Klassenmethoden. Das Hauptprogramm kann durch Einsatz der import-static-Anweisung folgendermaßen abgeändert werden:

```
import reversi.ReversiHamster;
import reversi.Spielbrett;
import reversi.Spielzug;
import reversi.Regeln;
import static reversi.Regeln.spielzugOk; // static import

void main() {
    ReversiHamster paul = new ReversiHamster();
    Spielbrett brett = new Spielbrett();
    Spielzug zug = paul.liefereSpielzug();
    if (spielzugOk(zug)) {  // Weglassen des Klassenamens
        ...
    }
    ...
}
```

Auch bei der import-static-Anweisung kann das Sternchen (*) eingesetzt werden, um alle statischen Elemente einer Klasse zu importieren, wie das folgende Beispiel demonstriert:

```
import reversi.*;
import static reversi.Regeln.*;

void main() {
    ReversiHamster paul = new ReversiHamster();
    Spielbrett brett = new Spielbrett();
    Spielzug zug = paul.liefereSpielzug();
    if (spielzugOk(zug)) { // statische Methode der Klasse
                           // reversi.Regeln
        ...
```

---

[4]Hinweis: Die import-static-Anweisung gibt es erst seit der Version 5 von Java.

```
    }
    if (spielEnde()) {   // statische Methode der Klasse
                          // reversi.Regeln
        ...
    }
    ...
}
```

14.2.3 Strukturierte Pakete

Mit den bisher beschriebenen Mitteln lassen sich Pakete auf einer einzelnen Stufe strukturieren, nämlich in einzelnen Ordnern. Die Strukturierung lässt sich prinzipiell jedoch auf weitere Stufen ausdehnen. Das soll am obigen Beispiel verdeutlicht werden.

Bisher gab es keine Beziehungen zwischen dem Paket reversi und dem Paket schach. Beides sind jedoch Spiele. Deshalb könnte man sie einem übergeordneten Paket spiele zuordnen. Auszudrücken wäre dies durch Anpassung der package-Anweisungen. Die package-Anweisung der Klassen des bisherigen Paketes reversi wird wie folgt geändert: package spiele.reversi;. Für die Klassen des bisherigen Paketes schach ist folgende Anpassung notwendig: package spiele.schach;. spiele ist der Name eines übergeordneten Paketes, der im Paketnamen dem bisherigen Paketnamen vorangestellt und durch einen Punkt (.) abgetrennt wird.

Der vollständige Klassennamen der Klasse ReversiHamster ist nun spiele.reversi.ReversiHamster. Das bereits bekannte Beispielprogramm sieht dann ohne import-Anweisungen folgendermaßen aus:

```
void main() {
    spiele.reversi.ReversiHamster paul =
        new spiele.reversi.ReversiHamster();
    spiele.reversi.Spielbrett brett =
        new spiele.reversi.Spielbrett();
    spiele.reversi.Spielzug zug = paul.liefereSpielzug();
    if (spiele.reversi.Regeln.spielzugOk(zug)) {
        ...
    }
    ...
}
```

Bei Nutzung von import-Anweisungen für die einzelnen Klassen ergibt sich folgende Gestalt:

```
import spiele.reversi.ReversiHamster;
import spiele.reversi.Spielbrett;
import spiele.reversi.Spielzug;
import spiele.reversi.Regeln;

void main() {
    ReversiHamster paul = new ReversiHamster();
    Spielbrett brett = new Spielbrett();
    Spielzug zug = paul.liefereSpielzug();
    if (Regeln.spielzugOk(zug)) {
        ...
```

```
        }
    ...
}
```

Auch der Import aller Klassen des Paketes `spiele.reversi` ist möglich:

```
import spiele.reversi.*;

void main() {
    ReversiHamster paul = new ReversiHamster();
    Spielbrett brett = new Spielbrett();
    Spielzug zug = paul.liefereSpielzug();
    if (Regeln.spielzugOk(zug)) {
        ...
    }
    ...
}
```

Die Änderung des Paketnamens bedingt eine weitere Anpassung auf der Ebene des Dateisystems, und zwar müssen die beiden Ordner `reversi` und `schach` zu Unterordnern eines Ordners namens `spiele` gemacht werden. Abbildung 14.1 skizziert die entsprechende Anordnung der Ordner und Dateien dieses Beispiels.

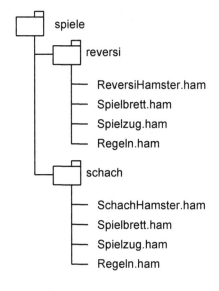

Abbildung 14.1: Anordnung von Ordnern und Dateien

Generell gilt: Wird ein Paket namens x.y definiert, so muss y ein Unterordner eines Ordners x sein und alle Klassen des Paketes müssen im Ordner y abgespeichert werden.

Diese Strukturierung kann prinzipiell beliebig fortgesetzt werden. Ein Paket namens x.y.z bedingt die Abspeicherung aller Klassen des Paketes (`package x.y.z;`) in einem Unterordner z eines Ordners y, der wiederum Unterordner eines Ordners x ist.

14.2.4 Anonyme Pakete

Alle Klassen eines Ordners, die keine package-Anweisung enthalten, bilden ein so genanntes *anonymes Paket*. Klassen von anonymen Paketen können nur von anderen Klassen desselben anonymen Paketes genutzt werden, und zwar über den einfachen Klassennamen. Klassen anonymer Pakete lassen sich insbesondere nicht importieren. Speichern Sie Klassen anonymer Pakete nicht in einem Ordner ab, der bereits ein benanntes Paket beinhaltet, insbesondere wenn die Klassen des anonymen Paketes Klassen des benannten Paketes nutzen.

14.2.5 Vordefinierte Klassen

Auch die im Hamster-Modell vordefinierten Klassen Hamster und Territorium sowie die Exception-Klassen HamsterException, HamsterNichtInitialisiertException, HamsterInitialisierungsException, MauerDaException, KachelLeerException und MaulLeerException, sind einem Paket zugeordnet. Im Unterschied zu von Ihnen selbst definierten Klassen müssen diese Klassen jedoch nicht explizit importiert werden. Das erledigt der Compiler automatisch für Sie.

Die in den vorangegangenen Kapiteln vorgestellten Java-Klassen Object, String, Exception, RuntimeException, NullPointerException, ClassCastException und ArrayIndexOutOf-BoundsException gehören zu einem Paket namens java.lang. Auch diese Klassen können ohne entsprechende import-Anweisung in anderen Paketen genutzt werden.

14.2.6 Die Umgebungsvariable CLASSPATH

Mit Hilfe von Paketen ist es nun möglich, Klassen auf prinzipiell beliebige Ordner Ihres Rechners zu verteilen. Es stellt sich jedoch die Frage: Wie findet der Compiler bzw. der Interpreter diese Klassen? Hierzu gibt es eine so genannte *Umgebungsvariable* namens CLASSPATH. Über diese Umgebungsvariable (die in Java dem Betriebssystem zuzurechnen ist) können Sie sowohl dem Compiler beim Übersetzen als auch dem Interpreter beim Ausführen eines Programms mitteilen, wo sie nach bestimmten Klassen suchen sollen. Im Hamster-Simulator können Sie der CLASSPATH-Variable über ein spezielles Menü einen Wert zuweisen.

14.2.6.1 Setzen des CLASSPATH bei einzelnen Paketen

Um in einer Klasse bzw. einem Programm auf Klassen fremder Pakete zugreifen zu können, müssen Sie der Variablen CLASSPATH einen Wert zuweisen, man sagt auch „den CLASSPATH setzen". Und zwar muss dort der Name des Ordners eingetragen werden, in dem sich der Unterordner mit dem definierten Paket befindet, das Sie benutzen wollen.

Im Hamster-Simulator hat der oberste Ordner des Ordnerbaumes den Namen Programme. Alle Dateien liegen in diesem Ordner oder in Unterordnern dieses Ordners. Nehmen wir nun als Beispiel wiederum das bereits in Abschnitt 14.2.1 definierte Paket reversi. Nehmen wir weiter an, der entsprechende Ordner reversi ist ein direkter Unterordner von Programme. Dann müssen Sie den CLASSPATH folgendermaßen setzen: Programme.

Nehmen wir nun aber an, es gäbe im Ordner `Programme` einen Unterordner `spiele` mit einem Unterordner `reversi`, in dem das Paket `reversi` definiert ist. In diesem Fall müssen Sie der Variablen `CLASSPATH` folgenden Wert zuweisen: `Programme\spiele`.

Wie Ordnernamen im `CLASSPATH` getrennt werden, ist leider von Betriebssystem zu Betriebssystem verschieden. Das gerade verwendete Backslash-Zeichen (\) ist das Trennzeichen bei Windows-Betriebssystemen. Wenn Sie mit dem Betriebssystem Unix oder Linux arbeiten, müssen Sie stattdessen ein Slash-Zeichen (/) verwenden, also bspw. `Programme/spiele`.

Nach dem Setzen der `CLASSPATH`-Variablen können Sie nun eine andere Klasse bzw. ein Programm, das das Paket `reversi` nutzt, in einem beliebigen Ordner abspeichern. Stoßen der Compiler oder Interpreter auf eine `import`-Anweisung oder einen vollständigen Klassennamen, schauen sie sich den Wert der `CLASSPATH`-Variablen an und können darüber ermitteln, wo sich die Klassen befinden, die benutzt werden sollen.

14.2.6.2 Setzen des `CLASSPATH` bei mehreren Paketen

Greifen Sie in einer Klasse bzw. einem Programm auf Klassen mehrerer Pakete zu, müssen Sie die entsprechenden Ordner aller dieser Pakete in den `CLASSPATH` aufnehmen. Auch das Trennzeichen bei einer Eintragung mehrerer Ordner in den `CLASSPATH` ist betriebssystemabhängig. Unter Windows werden die Ordner durch ein Semikolon (;) getrennt, unter Unix und Linux durch einen Doppelpunkt (:).

Nehmen wir als Beispiel folgendes Programm:

```
import mathematik.Zufall;
import reversi.*;

void main() {
    ReversiHamster paul = new ReversiHamster();
    int zahl = Zufall.getZufallsZahl();
    ...
}
```

Das Programm nutzt die beiden Pakete `reversi` und `mathematik`. Das Paket `mathematik` möge in einem gleichnamigen Unterordner von `Programme` untergebracht sein und das Paket `reversi` in einem gleichnamigen Unterordner des Ordners `spiele`, der wiederum Unterordner von `Programme` ist. Dann muss der `CLASSPATH` unter Windows folgendermaßen gesetzt sein: `Programme;Programme\spiele` bzw. unter Unix oder Linux: `Programme:Programme/spiele`. Die Reihenfolge der beiden Ordnernamen im `CLASSPATH` ist insofern von Bedeutung, als dass der Compiler und Interpreter die Ordner in der angegebenen Reihenfolge nach passenden Klassen durchsuchen.

14.2.6.3 Anonyme Pakete

Anonyme Pakete brauchen im Hamster-Simulator beim Setzen des `CLASSPATH` nicht berücksichtigt werden. Das entsprechende Verzeichnis wird automatisch hinzugefügt. In Java sieht das anders aus. Hier werden anonyme Pakete im `CLASSPATH` durch einen Punkt (.) repräsentiert.

14.2.6.4 Auswahl einer Klasse zur Laufzeit

Mit Hilfe des CLASSPATH kann zur Laufzeit bestimmt werden, welche Klassen tatsächlich benutzt werden. Definieren wir als Beispiel einmal folgende Klasse:

```
package meinhamster;

public class MeinHamster extends Hamster {

    public MeinHamster(int r, int s, int b, int k) {
        super(r, s, b, k);
    }

    public void rechtsUm() {
        this.linksUm();
        this.linksUm();
        this.linksUm();
    }
}
```

Wir speichern die Klasse in einer Datei MeinHamster.ham in einem Ordner meinhamster ab, der wiederum in einem Unterordner x von Programme liegt.

Definieren wir dann eine fast identische Klasse:

```
package meinhamster;

public class MeinHamster extends Hamster {

    public MeinHamster(int r, int s, int b, int k) {
        super(r, s, b, k);
    }

    public void rechtsUm() {
        this.schreib("Aetsch!");
    }
}
```

und speichern diese in einer Datei MeinHamster.ham in einem Ordner meinhamster, der in diesem Fall in einem Unterordner y von Programme liegt. Insgesamt ergibt sich die in Abbildung 14.2 skizzierte Ordnerstruktur.

Wir kompilieren diese beiden Klassen und schreiben ein Hauptprogramm:

```
import meinhamster.MeinHamster;

void main() {
    MeinHamster paul = new MeinHamster(2, 3, Hamster.NORD, 4);
    paul.rechtsUm();
}
```

Wenn wir nun vor dem Ausführen des Programms den CLASSPATH unter Windows auf Programme\x setzen, wird zur Laufzeit die Klasse MeinHamster des Ordners Programme\x\meinhamster genutzt. Der Hamster dreht sich nach rechts. Wenn wir jedoch vor dem Ausführen des Programms den

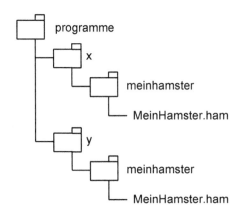

Abbildung 14.2: Ordnerstruktur

CLASSPATH auf Programme\y setzen, wird zur Laufzeit die Klasse MeinHamster des Ordners Programme\y\meinhamster genutzt. Der Hamster weigert sich, sich umzudrehen, und gibt stattdessen „Aetsch!" aus.

An dem Beispiel sehen Sie, wie man durch Setzen des CLASSPATH beeinflussen kann, welche Klassen zur Laufzeit eines Programms tatsächlich benutzt werden. In Java werden die tatsächlich genutzten Klassen nicht bereits zur Compilierzeit festgelegt, sondern sie werden erst zur Laufzeit dynamisch geladen, und zwar in dem Moment, in dem sie auch zum ersten Mal genutzt werden.

14.2.7 Vorteile von Paketen

Das Konzept der Pakete bietet eine Reihe von Vorteilen:

- Insbesondere große Programme, die aus einer Vielzahl von Klassen bestehen, lassen sich übersichtlich strukturieren. Die Klassen müssen nicht alle im selben Ordner abgespeichert werden, sondern lassen sich auf mehrere Ordner aufteilen.

- Es ist möglich, mehrere Klassen mit demselben Namen zu definieren, indem man sie verschiedenen Paketen zuordnet. Der Zugriff erfolgt letztendlich eindeutig über den vollständigen Klassennamen in Verbindung mit der Umgebungsvariablen CLASSPATH.

- In Java lassen sich komplette Pakete in so genannten jar-Dateien zusammenpacken. Diese jar-Dateien, die zudem komprimiert sind, können dann an andere Programmierer weitergegeben und von diesen direkt benutzt werden.

- Auf Rechnersystemen, auf denen mehrere Nutzer (gleichzeitig) arbeiten können, können bestimmte Pakete, auf die mehrere Java-Programmierer zugreifen wollen, in einem zentralen Ordner abgelegt werden. Jeder, der die Pakete nutzen will, muss lediglich seinen CLASSPATH entsprechend setzen. Damit ist es leicht möglich, ein komplexes Programmsystem mit einem ganzen Team von Programmierern zu entwickeln.

14.3 Zusammenspiel von Zugriffsrechten und Paketen

In den letzten beiden Abschnitten haben Sie die Konzepte der Zugriffsrechte und Pakete kennen gelernt. Pakete erlauben es, mehrere Klassen zu einer übergeordneten Einheit zusammenzufassen und gegebenenfalls anderen Programmierern zur Verfügung zu stellen. Zugriffsrechte ermöglichen es festzulegen, wie auf eine Klasse bzw. ihre Elemente zugegriffen werden darf. In diesem Abschnitt werden nun die beiden Konzepte miteinander in Beziehung gesetzt. Eine solche Beziehung haben Sie ja bereits kennen gelernt: Die beiden Zugriffsrechte public und protected haben erst bei der Benutzung von Paketen überhaupt eine Bedeutung.

14.3.1 Prinzip der minimalen Schnittstellen

Ein wichtiges Prinzip der Programmierung ist das *Prinzip der minimalen Schnittstellen*. Für die objektorientierte Programmierung bedeutet es konkret: Eine Klasse soll anderen Klassen bzw. Programmen nur diejenigen Elemente zur Verfügung stellen, die unbedingt notwendig sind.

Schauen Sie sich dazu folgendes Beispiel an. Aufgabe ist es, eine erweiterte Hamster-Klasse zu entwickeln, die den Befehlsvorrat eines Hamsters um die beiden Befehle (und nur die!) kehrt und rechtsUm erweitert. Ein Programmierer definiert dazu die folgende Klasse:

```java
package erweitertehamster;

public class DrehHamster extends Hamster {
    public DrehHamster(int r, int s, int b, int k) {
        super(r, s, b, k);
    }

    public void rechtsUm() {
        this.drehDich(3);
    }

    public void kehrt() {
        this.drehDich(2);
    }

    public void drehDich(int anzahl) {
        for (int i = 0; i < anzahl; i++) {
            this.linksUm();
        }
    }
}
```

Diese Klasse sieht auf den ersten Blick korrekt aus, ist sie aber nicht, denn sie stellt neben den beiden Methoden kehrt und rechtsUm noch eine dritte Methode drehDich zur Verfügung, die der Programmierer eigentlich nur als Hilfsmethode definiert hat. Korrekt im Sinne der Aufgabenstellung wird die Klasse erst, wenn die Methode drehDich als private deklariert wird, denn dann ist sie nicht mehr von außerhalb der Klasse zugreifbar. Sie ist dann lediglich eine Hilfsmethode der Klasse.

Sie dürfen die Zugriffsrechte aber auch nicht zu einschränkend vergeben. Schauen Sie sich nochmal dasselbe leicht veränderte Beispiel an:

```
package erweitertehamster;

public class DrehHamster extends Hamster {
    DrehHamster(int r, int s, int b, int k) {
        super(r, s, b, k);
    }

    public void rechtsUm() {
        this.drehDich(3);
    }

    public void kehrt() {
        this.drehDich(2);
    }

    private void drehDich(int anzahl) {
        for (int i = 0; i < anzahl; i++) {
            this.linksUm();
        }
    }
}
```

Der Konstruktor besitzt hier das Zugriffsrecht <ohne>. Das führt dazu, dass außerhalb des Paketes erweitertehamster gar keine Objekte der Klasse DrehHamster erzeugt werden können.

Überlegen Sie sich also genau, welche Klassenelemente

- von außerhalb des Paketes benötigt werden und deklarieren Sie nur diese als public,

- lediglich von abgeleiteten Klassen auch außerhalb des Paketes benötigt werden und deklarieren Sie diese als protected,

- lediglich von anderen Klassen desselben Paketes benötigt werden und deklarieren Sie diese als <ohne>,

- lediglich die Klasse selbst benötigt und deklarieren Sie diese als private.

14.3.2 Prinzip der Datenkapselung

Ein weiteres wichtiges Prinzip der Programmierung ist das *Prinzip der Datenkapselung*. Für die objektorientierte Programmierung bedeutet es konkret: Attribute einer Klasse sollten immer als private deklariert werden. Dadurch können Fehler bei der Benutzung einer Klasse vermieden werden, die bereits in Abschnitt 14.1.2 angedeutet wurden.

Soll der Wert eines Attributes nach außen geliefert werden, sollte stattdessen eine entsprechende den Wert liefernde Methode definiert und als public deklariert werden. Als Konvention gilt bei Java-Programmierern, dass sich der Bezeichner einer solchen Methode aus dem Wort get und dem Namen des Attributes zusammensetzt, wobei der erste Buchstabe des Namens groß geschrieben wird. Derartige Methoden werden daher auch get-Methoden oder Getter-Methoden genannt. Sie kennen Sie bereits von der Klasse Hamster: getReihe, getSpalte, getStandardHamster, usw. In der Klasse Hamster existieren dazu entsprechende private-Attribute:

```
public class Hamster {
    // Attribute
    private int reihe, spalte;

    private static Hamster standardHamster;

    // get-Methoden
    public int getReihe() {
        return this.reihe;
    }

    public int getSpalte() {
        return this.spalte;
    }

    public static Hamster getStandardHamster() {
        return Hamster.standardHamster;
    }

    ...
}
```

Nur für den Fall, dass – aus welchem Grund auch immer – der Wert eines Attributes von außerhalb der Klasse geändert werden können soll bzw. muss, sollte eine analoge so genannte set-Methode oder Setter-Methode implementiert und als public deklariert werden.

Die folgende Beispielklasse realisiert „faule" Hamster, die ihre Befehle an andere Hamster – ihre Knechte – delegieren. Sein Knecht wird einem faulen Hamster dabei bei der Initialisierung zugeordnet. Ein Knecht kann jedoch auch nachträglich ausgetauscht werden, wenn der aktuelle Knecht bspw. „nichts taugt":

```
public class FaulerHamster extends Hamster {
    private Hamster knecht;

    public FaulerHamster(int r, int s, int b, int k,
            Hamster knecht) {
        super(r, s, b, k);
        this.knecht = knecht;
    }

    public void vor() {
        this.knecht.vor();
    }

    public void linksUm() {
        this.knecht.linksUm();
    }

    public void nimm() {
        this.knecht.nimm();
    }

    public void gib() {
```

```
                this.knecht.gib();
        }

        // Knecht austauschen
        public void setKnecht(Hamster neuerKnecht) {
                this.knecht = neuerKnecht;
        }
}
```

Mit Hilfe der setKnecht-Methode kann in dem Beispiel dem private-Attribut knecht auch von außerhalb der Klasse ein neuer Wert zugewiesen werden.

Die Klasse Hamster deklariert bewusst alle Attribute als private und stellt keine solchen set-Methoden zur Verfügung, bspw. zum Setzen der r- und s-Koordinaten eines Hamsters. Hamster sollen ausschließlich mittels der vordefinierten Befehle vor und linksUm durch ein Hamster-Territorium navigiert werden können.

14.4 Beispielprogramme

Die folgenden Beispielprogramme sollen die Konzepte der Pakete und Zugriffsrechte sowie deren Sinn und Nutzen verdeutlichen.

14.4.1 Beispielprogramm 1

In diesem Beispiel werden die Auswirkungen der Vergabe von Zugriffsrechten demonstriert. Gegeben sei dazu die folgende Beispielklasse mit dem vollständigen Klassennamen beispiel.Beispiel:

```
package beispiel;

public class Beispiel {
    private int iPrivate;

    int iOhne;

    protected int iProtected;

    public int iPublic;

    public Beispiel() {
        this.iPrivate = 0;
        this.iOhne = 1;
        this.iProtected = 2;
        this.iPublic = 3;
    }

    public Beispiel(Beispiel obj) {
        this.iPrivate = obj.iPrivate;
        this.iOhne = obj.iOhne;
```

```
            this.iProtected = obj.iProtected;
            this.iPublic = obj.iPublic;
    }
}
```

Die Klasse definiert vier Attribute, jedes mit einem anderen Zugriffsrechttyp deklariert. Innerhalb der Klassendefinition kann auf alle vier Attribute beliebig zugegriffen werden.

Nun definieren wir in demselben Paket eine weitere Klasse beispiel.Beispiel2, bei deren Definition auf die Attribute der Klasse beispiel.Beispiel zugegriffen wird.

```
package beispiel;

public class Beispiel2 {
    public Beispiel2() {
        Beispiel bsp = new Beispiel();
        bsp.iPrivate = 8; // Fehler
        bsp.iOhne = 9;
        bsp.iProtected = 7;
        bsp.iPublic = 5;
    }
}
```

Beim Zugriff auf das private-Attribut liefert der Compiler eine Fehlermeldung, da auf private-Attribute nur innerhalb der Klassen zugegriffen werden darf, in der sie definiert werden.

Die folgende Klassendefinition unterscheidet sich nur dadurch von der Klasse beispiel.Beispiel2, dass die Definition in einem anderen Paket erfolgt. Es wird eine Klasse nutzung.Beispiel2 definiert.

```
package nutzung;

import beispiel.Beispiel;

public class Beispiel2 {
    public Beispiel2() {
        Beispiel bsp = new Beispiel();
        bsp.iPrivate = 8;    // Fehler
        bsp.iOhne = 9;       // Fehler
        bsp.iProtected = 7;  // Fehler
        bsp.iPublic = 5;
    }
}
```

Diesmal meldet der Compiler drei Fehler. Da die Klasse zu einem anderen Pakete gehört, ist außer dem Zugriff auf das private-Attribut auch der Zugriff auf das <ohne>- und das protected-Attribut verboten.

Der letzte Fehler tritt bei der folgenden Klassendefinition nicht auf, da die Klasse nutzung.Beispiel3 von der Klasse beispiel.Beispiel abgeleitet ist:

```
package nutzung;

import beispiel.Beispiel;
```

```
public class Beispiel3 extends Beispiel {
    public Beispiel3() {
        this.iPrivate = 1; // Fehler
        this.iOhne = 2;    // Fehler
        this.iProtected = 3;
        this.iPublic = 4;
    }
}
```

Allerdings ist beim Zugriffsrecht protected der Zugriff etwas differenzierter zu betrachten. Es gilt nämlich: Definiert eine Klasse X ein protected Element e und wird von der Klasse X in einem anderen Paket eine Klasse Y abgeleitet, dann darf in der Klasse Y lediglich auf das geerbte Element e, nicht aber auf das Element e von anderen Objekten der Klasse X zugegriffen werden. In der folgenden Beispielklasse ist daher der Zugriff auf das geerbte protected-Attribut in Ordnung, nicht aber der Zugriff auf das protected-Attribut des erzeugten Objektes bsp.

```
package nutzung;

import beispiel.Beispiel;

public class Beispiel4 extends Beispiel {
    public Beispiel4() {
        this.iPrivate = 6;   // Fehler
        this.iOhne = 2;      // Fehler
        this.iProtected = 9; // ok
        this.iPublic = 1;

        Beispiel bsp = new Beispiel();
        bsp.iPrivate = 5;    // Fehler
        bsp.iOhne = 6;       // Fehler
        bsp.iProtected = 7;  // Fehler
        bsp.iPublic = 8;
    }
}
```

14.4.2 Beispielprogramm 2

Es gibt Fälle, in denen es sinnvoll ist, das Erzeugen von Objekten einer Klasse zu verhindern. Die vordefinierte Klasse Territorium des Hamster-Modells ist ein solches Beispiel. Da es eh nur ein einzelnes Territorium gibt, in dem die Hamster leben, sind alle Methoden der Klasse als static definiert. Ihr Aufruf bezieht sich immer auf das eine Territorium.

Die Klasse Territorium enthält einen einzelnen als private deklarierten Konstruktor:

```
public class Territorium {

    private Territorium() {}

    ...
}
```

Damit wird das Erzeugen von Objekten der Klasse unterbunden. Bei einer Anweisung der Form

```
Territorium landschaft = new Territorium();
```

liefert der Compiler eine entsprechende Fehlermeldung. Aufgrund des private-Konstruktors ist auch das Ableiten einer neuen Klasse von der Klasse Territorium nicht möglich.

14.4.2.1 Das Singleton-Muster

Eine Alternative zu dieser Form der Implementierung der Klasse Territorium wäre gewesen, das so genannte *Singleton-Muster* zu verwenden. Die Anwendung dieses Musters stellt sicher, dass von einer Klasse immer nur genau ein Objekt existiert. Das Muster hat folgende Form:

```
public class Singleton {

    private static Singleton singleton = new Singleton();
    // es existiert immer genau ein Objekt der Klasse

    private Singleton() {...}   // kein externes Objekt moeglich!

    public static Singleton getSingleton() {
        return Singleton.singleton;
    }

    // public Methoden

    public void f() {...}
    public void g() {...}
}
```

Zunächst wird wieder über einen als private deklarierten Konstruktor das Erzeugen von Objekten von außerhalb der Klassendefinition unterbunden. Innerhalb der Klassendefinition wird jedoch ein Objekt erzeugt, das über eine get-Klassenmethode von außen abgefragt werden kann. Das folgende Programm demonstriert den Umgang mit dieser Klasse:

```
void main() {
    Singleton obj = Singleton.getSingleton();
    obj.f();
    obj.g();
    SingleTon obj2 = new Singleton(); // Fehler
    ...
}
```

14.4.2.2 Einzelne Hamster

Durch Einsatz des Singleton-Musters lassen sich damit erweiterte Hamster-Klassen definieren, von denen immer nur genau ein Hamster existiert:

```
public class DrehHamster extends Hamster {
```

```
        private static DrehHamster drehHamster = new DrehHamster();
        // erzeugt wird der Hamster genau dann, wenn in einem
        // Programm die Klasse DrehHamster geladen wird

        private DrehHamster() {
            super(0, 0, Hamster.OST, 0);
        }

        public static DrehHamster getDrehHamster() {
            return DrehHamster.drehHamster;
        }

        // public Methoden

        public void drehDich(int anzahl) {
            while (anzahl > 0) {
                this.linksUm();
                anzahl = anzahl - 1;
            }
        }
}

// Beispielprogramm
void main() {
    DrehHamster paul = DrehHamster.getDrehHamster();
    while (paul.vornFrei()) {
        paul.vor();
    }
    paul.drehDich(8);
    DrehHamster willi = new DrehHamster(); // Fehler
}
```

14.4.2.3 Eine Alternative zur Klasse `Territorium`

Wenn Sie anstelle des Aufrufs der Klassenmethoden der Klasse Territorium lieber mit einem Objekt einer analogen Klasse Landschaft arbeiten möchten, können Sie einfach ein Paket landschaft mit einer Klasse Landschaft definieren, die wiederum das Singleton-Muster implementiert:

```
package landschaft;

public class Landschaft {

    private static Landschaft landschaft = new Landschaft();

    private Landschaft() {
    }

    public static Landschaft getLandschaft() {
        return Landschaft.landschaft;
    }
```

```java
    public int getAnzahlReihen() {
        return Territorium.getAnzahlReihen();
    }

    public int getAnzahlSpalten() {
        return Territorium.getAnzahlSpalten();
    }

    public boolean mauerDa(int reihe, int spalte) {
        return Territorium.mauerDa(reihe, spalte);
    }

    public int getAnzahlKoerner() {
        return Territorium.getAnzahlKoerner();
    }

    public int getAnzahlKoerner(int reihe, int spalte) {
        return Territorium.getAnzahlKoerner(reihe, spalte);
    }

    public int getAnzahlHamster() {
        return Territorium.getAnzahlHamster();
    }

    public Hamster[] getHamster() {
        return Territorium.getHamster();
    }

    public int getAnzahlHamster(int reihe, int spalte) {
        return Territorium.getAnzahlHamster(reihe, spalte);
    }

    public Hamster[] getHamster(int reihe, int spalte) {
        return Territorium.getHamster(reihe, spalte);
    }
}
```

Ein Programm, bei dem ein Allround-Hamster (siehe Kapitel 7.10) ein mauerloses Territorium komplett abgrast, d.h. alle Körner einsammelt, kann dann mit Hilfe der Klasse Landschaft folgendermaßen realisiert werden:

```java
import landschaft.Landschaft;

void main() {
    AllroundHamster paul = new AllroundHamster(0, 0,
            Hamster.OST, 0);
    Landschaft gebiet = Landschaft.getLandschaft();
    for (int r = 0; r < gebiet.getAnzahlReihen(); r++) {
        for (int s = 0; s < gebiet.getAnzahlSpalten(); s++) {
            paul.laufeZuKachel(r, s);
            paul.nimmAlle();
```

```
            }
        }
}
```

14.4.3 Beispielprogramm 3

Wir haben in Beispielprogramm 2 in Kapitel 12.4.2 ein Spiele-Rahmenwerk kennen gelernt, das den generellen Ablauf von (einfachen) Mehrpersonen-Spielen implementiert. Unterstützt werden solche Spiele, bei denen mehrere Spieler der Reihe nach jeweils einen Spielzug ausführen, bis einer der Spieler gewonnen hat.

Dieses Rahmenwerk möchten wir nun auch anderen Programmierern zur Verfügung stellen. Daher packen wir alle zum Rahmenwerk gehörenden Klassen und Interfaces in ein Paket spiel. Im konkreten Fall sind das das Interface Spieler und die Klasse Spiel.

Wir erzeugen zunächst in einem Ordner namens spiel eine Datei Spieler.ham und speichern dort das Interface Spieler ab. In die erste Zeile schreiben wir die notwendige package-Anweisung. Außerdem muss das Interface als public deklariert werden, um es auch außerhalb des Paketes nutzen zu können.

```
package spiel;

public interface Spieler {
    // Ausfuehren eines Spielzuges; es wird genau dann true
    // geliefert, wenn der Spieler nach dem Spielzug gewonnen
    // hat
    public abstract boolean spielzug();
}
```

Anschließend speichern wir die Klasse Spiel in einer Datei Spiel.ham im selben Ordner spiel ab. Auch hier dürfen wir nicht die package-Anweisung vergessen. Um die Klasse Spiel sowie deren Konstruktoren und die spielen-Methoden auch außerhalb des Paketes nutzen zu können, versehen wir diese mit dem Zugriffsrecht public. Auf das Attribut spieler soll niemand direkt zugreifen können. Daher wird dem Attribut das Zugriffsrecht private zugeordnet.

```
package spiel;

public class Spiel {

    private Spieler[] spieler;

    // Spiel mit mehreren Spielern
    public Spiel(Spieler[] spieler) {
        this.spieler = spieler;
    }

    // Spiel mit zwei Spielern
    public Spiel(Spieler spieler1, Spieler spieler2) {
        this.spieler = new Spieler[2];
        this.spieler[0] = spieler1;
        this.spieler[1] = spieler2;
```

```
    }

    // ein Spiel durchfuehren; geliefert wird der Sieger
    public Spieler spielen() {
        while (true) {
            for (int s = 0; s < this.spieler.length; s++) {
                boolean gewonnen = this.spieler[s].spielzug();
                // die Methode spielzug wird dynamisch gebunden
                if (gewonnen) {
                    return this.spieler[s];
                }
            }
        }
    }
}
```

Damit ist das Rahmenwerk fertig und kann jetzt zum Implementieren konkreter Spiele genutzt werden.

Wir nutzen es zum Implementieren des Räuber-Beute-Spiels aus Beispielprogramm 2 in Kapitel 12.4.2. Wir erzeugen dazu in einem beliebigen Ordner eine Datei RaeuberBeuteSpiel.ham und speichern in dieser Datei die Klassen BeuteHamster und RaeuberHamster sowie die main-Funktion ab. Weiterhin muss in demselben Ordner die Klasse AllroundHamster aus Kapitel 7.10 definiert sein. Um das Interface Spieler und die Klasse Spiel nutzen zu können, importieren wir sie mittels der import-Anweisung. Bevor wir die Datei RaeuberBeuteSpiel compilieren und das Räuber-Beute-Spiel ausführen können, ist es noch notwendig, den CLASSPATH so zu setzen, dass das Paket spiel gefunden wird.

```
import spiel.Spieler;
import spiel.Spiel;

class BeuteHamster extends AllroundHamster implements Spieler {

    int spielrunde;

    BeuteHamster(Hamster hamster, int runden) {
        super(hamster);
        this.spielrunde = runden;
    }

    public boolean spielzug() {
        if (this.spielrunde <= 0) {
            // hat gewonnen, wenn die letzte Spielrunde vorbei
            // ist
            return true;
        }
        this.fluechten();
        this.spielrunde = this.spielrunde - 1;
        return false;
    }

    void fluechten() {
```

```
            String antwort = this
                    .liesZeichenkette("Wohin (links, rechts, "
                        + "vorne, hinten)?");
        if (antwort.equals("links")) {
            this.linksUm();
            this.vor();
        } else if (antwort.equals("rechts")) {
            this.rechtsUm();
            this.vor();
        } else if (antwort.equals("vorne")) {
            this.vor();
        } else if (antwort.equals("hinten")) {
            this.kehrt();
            this.vor();
        }
    }
}

class RaeuberHamster extends AllroundHamster implements Spieler {

    BeuteHamster beute;

    RaeuberHamster(int r, int s, int b, int k) {
        super(r, s, b, k);
        // der RaeuberHamster haelt Ausschau nach einer
        // Beute im Territorium
        Hamster[] hamster = Territorium.getHamster();
        for (int i = 0; i < hamster.length; i++) {
            if (hamster[i] instanceof BeuteHamster) {
                this.beute = (BeuteHamster) hamster[i];
                return;
            }
        }
        this.beute = null;
    }

    public boolean spielzug() {
        if (this.beute != null) {
            // der RaeuberHamster darf bei jedem Spielzug zweimal
            // ziehen
            if (this.beuteGefasst()) {
                // kann vorkommen, wenn der BeuteHamster
                // (dummerweise) auf die Kachel des Raeubers
                // gesprungen ist
                return true;
            }

            this.angreifen();
            if (this.beuteGefasst()) {
                return true;
            }
```

```java
                this.angreifen();
                if (this.beuteGefasst()) {
                    return true;
                }
            }
            return false;
        }

        void angreifen() {
            if (this.getReihe() < this.beute.getReihe()) {
                if (this.getSpalte() < this.beute.getSpalte()) {
                    this.laufeZuKachel(this.getReihe() + 1, this
                            .getSpalte() + 1);
                } else if (this.getSpalte() > this.beute.getSpalte()) {
                    this.laufeZuKachel(this.getReihe() + 1, this
                            .getSpalte() - 1);
                } else {
                    this.laufeZuKachel(this.getReihe() + 1, this
                            .getSpalte());
                }
            } else if (this.getReihe() > this.beute.getReihe()) {
                if (this.getSpalte() < this.beute.getSpalte()) {
                    this.laufeZuKachel(this.getReihe() - 1, this
                            .getSpalte() + 1);
                } else if (this.getSpalte() > this.beute.getSpalte()) {
                    this.laufeZuKachel(this.getReihe() - 1, this
                            .getSpalte() - 1);
                } else {
                    this.laufeZuKachel(this.getReihe() - 1, this
                            .getSpalte());
                }
            } else {
                if (this.getSpalte() < this.beute.getSpalte()) {
                    this.laufeZuKachel(this.getReihe(), this
                            .getSpalte() + 1);
                } else if (this.getSpalte() > this.beute.getSpalte()) {
                    this.laufeZuKachel(this.getReihe(), this
                            .getSpalte() - 1);
                } else {
                    // Raeuber und Beute stehen auf derselben Kachel
                }
            }
        }

        boolean beuteGefasst() {
            return this.getReihe() == this.beute.getReihe()
                    && this.getSpalte() == this.beute.getSpalte();
        }
}

void main() {
    Hamster paul = Hamster.getStandardHamster();
```

```
    int spielrunden = paul
            .liesZahl("Wie viele Spielrunden?");
    BeuteHamster hase = new BeuteHamster(Hamster
            .getStandardHamster(), spielrunden);
    RaeuberHamster fuchs = new RaeuberHamster(0, 0,
            Hamster.OST, 0);
    Spiel spiel = new Spiel(hase, fuchs);
    Spieler sieger = spiel.spielen();
    if (sieger == hase) {
        hase.schreib("Beute hat gewonnen!");
    } else {
        fuchs.schreib("Raeuber hat gewonnen!");
    }
}
```

14.5 Aufgaben

Beim Lösen der folgenden Aufgaben sollen Sie zeigen, dass Sie die Konzepte der Pakete und Zugriffsrechte verstanden haben und praktisch einsetzen können. Zusätzlich zu den gestellten Aufgaben
sollten Sie sich jedoch einfach mal Programme aus den vorangegangenen Kapiteln hernehmen, diese
in Pakete packen und mit adäquaten Zugriffsrechten versehen. Zum Einüben des Umgangs mit der
CLASSPATH-Umgebungsvariablen nutzen Sie bitte den Hamster-Simulator.

14.5.1 Aufgabe 1

Analog zur Demonstration der Auswirkungen von Zugriffsrechten in Abschnitt 14.4.1 sollen Sie in
dieser Aufgabe selbst mal ein wenig mit Zugriffsrechten experimentieren. Ausgangsbasis dazu ist
die folgende Klasse:

```
package ea;

public class Ausgabe {

    private Hamster hamster;

    public Ausgabe(Hamster ham) {
        this.hamster = ham;
    }

    private Ausgabe() {
        this.hamster = Hamster.getStandardHamster();
    }

    private void ausgebenPrivate(String mitteilung) {
        this.hamster.schreib("Private Nachricht: " + mitteilung);
    }

    void ausgebenOhne(String mitteilung) {
```

```
            this.hamster.schreib("<ohne> Nachricht: " + mitteilung);
    }

    protected void ausgebenProtected(String mitteilung) {
        this.hamster.schreib("Protected Nachricht: "
                + mitteilung);
    }

    public void ausgebenPublic(String mitteilung) {
        this.hamster.schreib("Public Nachricht: " + mitteilung);
    }
}
```

Definieren Sie Klassen im selben Paket oder in anderen Paketen, die die Klasse ea.Ausgabe und ihre Methoden benutzen. Wo liefert der Compiler Fehlermeldungen und warum?

14.5.2 Aufgabe 2

Ein Hamster sitzt, wie in Abbildung 14.3 skizziert, an der Wand eines beliebigen Territoriums. Er soll im Uhrzeigersinn entlang der Wand laufen, bis er wieder zum Ausgangspunkt angelangt ist. Er darf jedoch nicht den Testbefehl vornFrei benutzen. Stattdessen soll er von der Methode mauerDa der Klasse Landschaft, die in Beispielprogramm 2 in Abschnitt 14.4.2.3 definiert wurde, Gebrauch machen.

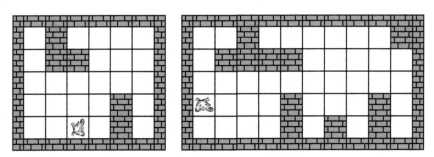

Abbildung 14.3: Typische Hamster-Territorien zu Aufgabe 2

14.5.3 Aufgabe 3

In Kapitel 12.5.3 wurde die Aufgabe gestellt, das Spiel-Rahmenwerk aus Abschnitt 12.4.2 zur Realisierung des folgenden Spiels zu nutzen: In jeder der vier Ecken eines mauerlosen Territoriums sitzt ein Hamster. Auf einzelnen Kacheln des Territoriums liegen Körner. Ziel der vier Hamster ist es, möglichst schnell 5 Körner einzusammeln. Der Hamster, der das als erster schafft, hat das Spiel gewonnen. Die Hamster ziehen der Reihe nach. In einem Spielzug darf dabei jeder Hamster maximal einen der vier Hamster-Befehle vor, linksUm, nimm und gib ausführen.

Schreiben Sie Ihr Lösungsprogramm nun so um, dass es das Paket spiel benutzt, das in Beispielprogramm 3 in Abschnitt 14.4.3 definiert wurde.

14.5.4 Aufgabe 4

Sie haben in den vorangehenden Kapiteln häufig die Klasse `AllroundHamster` aus Kapitel 7.10 genutzt. Um die Klasse nutzen zu können, mussten Sie sie jeweils in Ihren aktuellen Arbeitsordner kopieren. Das hat nun ein Ende. Ordnen Sie die Klasse `AllroundHamster` einem Paket `hamster` zu und versehen Sie die Elemente der Klasse mit geeigneten Zugriffsrechten. Suchen Sie sich dann einige Programme dieses Buches heraus, die die Klasse `AllroundHamster` benutzen, und passen Sie diese Programme an die geänderte Situation an; bspw. das Räuber-Beute-Spielprogramm aus Beispielprogramm 3 in Abschnitt 14.4.3.

Kapitel 15
Generics

In Kapitel 11.8 wurde gezeigt, wie durch Verwendung der Klasse Object in Verbindung mit Polymorphie die Wiederverwendbarkeit von Klassen unterstützt wird.

```
class Stapel {
    void drauflegen(Object obj) { ... }
    Object herunternehmen() { ... }
}
```

Dadurch dass Object in Java Oberklasse aller Klassen ist, können wir die Klasse Stapel bspw. zum Speichern von Strings, int-Werten (in Verbindung mit Auto- und Unboxing) und beliebigen selbst definierten Klassen benutzen.

```
void main() {
    Stapel haufen = new Stapel();
    haufen.drauflegen("hallo");
    haufen.drauflegen(567);
    haufen.drauflegen(Hamster.getStandardHamster());

    Hamster paul = (Hamster)haufen.herunternehmen();
    int wert = (Integer)haufen.herunternehmen();
    int zahl = (Integer)haufen.herunternehmen(); // Laufzeitfehler
}
```

Ein Problem gibt es jedoch in Zusammenhang mit der Methode herunternehmen. Da sie ein Objekt vom Typ Object liefert, ist in der Regel ein Typecast notwendig. Dabei können jedoch Laufzeitfehler (ClassCastException) auftreten, wenn in einen falschen Typ umgewandelt wird.

Derartige Laufzeitfehler möchte man in typsicheren Programmiersprachen wie Java möglichst vermeiden. Der Compiler soll bereits Unstimmigkeiten entdecken und Fehler melden. Und genau hierzu dient das Konzept der Generics, das in Java seit der Version 5 existiert und in diesem Kapitel vorgestellt wird. Die Klasse Stapel wird dabei mit einem Typ-Parameter versehen. Möchte ein Programmierer die Klasse nutzen, muss er sich entscheiden und angeben, von welchem konkreten Typ die Objekte sind, die im Stapel gespeichert werden sollen. Damit können fehlerträchtige Typecasts weitgehend vermieden werden.

Im ersten Abschnitt dieses Kapitels wird zunächst ein motivierendes Beispiel aus der Hamster-Welt vorgestellt, das bestimmte Probleme in sich birgt: Hamster und ihre Frauen. In den folgenden Abschnitten wird dieses Beispiel durchgängig genutzt und die Probleme der Hamster werden nach und nach durch Einsatz des Generics-Konzeptes aus der Welt geräumt. In Abschnitt 2 wird das Konzept der generischen Klassen eingeführt, durch das sichergestellt werden kann, dass Hamster-Frauen nur Geschöpfe einer bestimmten Art heiraten können. Bounds, die in Abschnitt 3 erläutert werden, dienen zur Eingrenzung von Typen und gewährleisten, dass Hamster-Frauen auch nur Hamster und keine anderen Wesen heiraten dürfen. Für Kaffeekränzchen mit beliebigen Hamster-Frauen aber ohne Hamster-Männer werden Wildcards verwendet. Hiermit setzt sich Abschnitt 4 auseinander. In Abschnitt 5 wird für von ihren Männern enttäuschte Hamster-Frauen ein Männertausch durch den Einsatz von generischen Methoden angeboten. Abschnitt 6 setzt sich schließlich mit bestimmten Einschränkungen des Generics-Konzeptes auseinander und stellt Lösungsansätze für problematische Einschränkungen vor, um bspw. Kaffeekränzchen bestimmter Hamster-Arten gänzlich zu untersagen. In Abschnitt 7 lassen wir dann das Hamster-Männer-Frauen-Beispiel hinter uns und zeigen anhand dreier Beispielprogramme, wo in der realen Welt der Programmierung Generics sinnvoll eingesetzt werden können. Das Kapitel schließt in Abschnitt 8 wie gewohnt mit einer Reihe von Aufgaben, die Sie selbstständig zu bearbeiten haben.

15.1 Hamster und ihre Frauen

Stellen Sie sich einmal vor, im Hamster-Territorium leben viele Hamster-Männer und zwar unterschiedlicher Art: Sammel-Hamster, Lauf-Hamster, Kletter-Hamster, usw. Dazu könnte folgende Klassenhierarchie definiert sein:

```
class SammelHamster extends Hamster {
}

class LaufHamster extends Hamster {
}

class KletterHamster extends Hamster {
}
```

Wo Hamster-Männer sind, da dürfen Hamster-Frauen natürlich nicht fehlen. Diese können die Hamster-Männer heiraten oder sich auch wieder von ihnen scheiden lassen. Dabei soll es nur möglich sein, dass jeweils Hamster derselben Art eine Partnerschaft eingehen können. Also ließen sich folgende Klassen definieren:

```
class SammelHamsterFrau extends Hamster {
    private SammelHamster ehePartner = null;

    boolean istVerheiratet() {
        return this.ehePartner != null;
    }

    void heiraten(SammelHamster partner) {
        this.ehePartner = partner;
    }

    SammelHamster scheiden() {
        SammelHamster partner = this.ehePartner;
        this.ehePartner = null;
        return partner;
    }
}

class LaufHamsterFrau extends Hamster {
```

```
    private LaufHamster ehePartner = null;

    boolean istVerheiratet() {
        return this.ehePartner != null;
    }

    void heiraten(LaufHamster partner) {
        this.ehePartner = partner;
    }

    LaufHamster scheiden() {
        LaufHamster partner = this.ehePartner;
        this.ehePartner = null;
        return partner;
    }
}

class KletterHamsterFrau extends Hamster {
    private KletterHamster ehePartner = null;

    boolean istVerheiratet() {
        return this.ehePartner != null;
    }

    void heiraten(KletterHamster partner) {
        this.ehePartner = partner;
    }

    KletterHamster scheiden() {
        KletterHamster partner = this.ehePartner;
        this.ehePartner = null;
        return partner;
    }
}
```

Für jede Hamster-Art muss eine neue HamsterFrau-Klasse definiert werden. Das hat allerdings wenig mit Wiederverwendbarkeit, einem wichtigen Prinzip der objektorientierten Programmierung, zu tun, insbesondere wenn man sich die HamsterFrau-Klassen mal anschaut. Sie unterscheiden sich lediglich in dem Typ des jeweiligen Attributs ehepartner, dem Typ des Parameters der Methode heiraten und dem Rückgabetyp der Methode scheiden.

Ein erster Versuch, dieses Problem zu lösen, besteht darin, Polymorphie-Eigenschaften auszunutzen. Da alle Hamster-Klassen von der Klasse Hamster abgeleitet sind, definieren wir eine allgemeingültige Klasse HamsterFrau, in der an den angesprochenen Stellen der entsprechende Typ durch den Typ Hamster ersetzt wird.

```
class HamsterFrau extends Hamster {
    private Hamster ehePartner = null;

    boolean istVerheiratet() {
        return this.ehePartner != null;
    }
```

```
    void heiraten(Hamster partner) {
        this.ehePartner = partner;
    }

    Hamster scheiden() {
        Hamster partner = this.ehePartner;
        this.ehePartner = null;
        return partner;
    }
}
```

Allerdings ist diese Lösung nicht korrekt im Sinne der Hamster (und der Aufgabenstellung), denn nun können die Arten der Hamster-Frauen nicht mehr unterschieden werden und Hamster-Frauen können Hamster unterschiedlicher Hamster-Art heiraten. Außerdem muss bei einer Scheidung ein expliziter Typecast erfolgen, der zur Laufzeit zu Fehlern führen kann.

```
void main() {
    HamsterFrau laufHamsterFrau = new HamsterFrau();
    laufHamsterFrau.heiraten(new LaufHamsterHamster());
    laufHamsterFrau.heiraten(new SammelHamster());
    LaufHamster laufHamster = (LaufHamster) laufHamsterFrau
            .scheiden(); // ClassCastException!
}
```

15.2 Generische Klassen

Wie wir bereits festgestellt haben, unterscheiden sich die HamsterFrau-Klassen im vorherigen Abschnitt nur dadurch, dass an bestimmten Stellen unterschiedliche Typen bzw. Klassennamen verwendet werden. Genau hier setzt nun das Konzept der *Generics* an. Dieses erlaubt, Klassen mit Typ-Parametern bzw. Typ-Variablen zu versehen.

15.2.1 Formale Typ-Parameter

Im Kopf einer Klassendefinition können hinter dem Klassennamen in spitzen Klammern formale *Typ-Parameter* definiert und bei der weiteren Klassendefinition als „Platzhalter" für konkrete Typen verwendet werden. Die konkreten Typen, die dann die Platzhalter ersetzen, müssen erst bei der Nutzung der Klasse festgelegt werden. Schauen wir uns mal eine generische Klasse HamsterFrau an:

```
class HamsterFrau<M> extends Hamster {
    private M ehePartner = null;

    boolean istVerheiratet() {
        return this.ehePartner != null;
    }

    void heiraten(M partner) {
```

```
                this.ehePartner = partner;
        }

        M scheiden() {
                M partner = this.ehePartner;
                this.ehePartner = null;
                return partner;
        }
}
```

Der formale Typ-Parameter der Klasse `HamsterFrau` trägt den Namen M. Prinzipiell handelt es sich bei Typ-Parametern um beliebige Java-Bezeichner. Es ist aber üblich, einzelne große Buchstaben zu verwenden. An allen Stellen, an denen sich die HamsterFrau-Klassen aus dem vorherigen Abschnitt unterscheiden, wird nun der Typ-Parameter M eingesetzt. M ist ein Platzhalter für einen beliebigen Klassennamen bzw. -typ.

15.2.2 Konkrete Typ-Parameter

Bei der Verwendung der generischen Klasse `HamsterFrau` muss nun jeweils ein konkreter Typ angegeben werden, zum Beispiel:

```
HamsterFrau<LaufHamster> maria = new HamsterFrau<LaufHamster>();
HamsterFrau<SammelHamster> paula = new HamsterFrau<SammelHamster>();
HamsterFrau<KletterHamster> karla = new HamsterFrau<KletterHamster>();
```

Stellen Sie sich einfach vor, in der Klassendefinition wird dann jeweils an allen Stellen der Platzhalter M durch den konkreten Klassennamen ersetzt: bezüglich der ersten Anweisung durch `LaufHamster`, bezüglich der zweiten Anweisung durch `SammelHamster` und bezüglich der dritten Anweisung durch `KletterHamster`. `maria` ist also als Frau eines Lauf-Hamsters deklariert, `paula` als Frau eines Sammel-Hamsters und `karla` als Frau eines Kletter-Hamsters.

Nun nutzen wir die definierten Objektvariablen bzw. die erzeugten Objekte:

```
void main() {
    HamsterFrau<LaufHamster> maria =
        new HamsterFrau<LaufHamster>();
    HamsterFrau<SammelHamster> paula =
        new HamsterFrau<SammelHamster>();
    HamsterFrau<KletterHamster> karla =
        new HamsterFrau<KletterHamster>();

    maria.heiraten(new LaufHamster());
    paula.heiraten(new SammelHamster());
    karla.heiraten(new SammelHamster()); // Fehler

    LaufHamster willi = maria.scheiden(); // kein Typecast notwendig
}
```

`maria` verheiraten wir mit einem Lauf-Hamster und `paula` verheiraten wir mit einem Sammel-Hamster. Der Versuch, `karla` mit einem Sammel-Hamster zu verheiraten, schlägt jedoch fehl, denn karla ist als Frau eines Kletter-Hamsters deklariert, so dass die Methode heiraten einen Parameter vom Typ KletterHamster verlangt.

Die letzte Anweisung des Beispiels demonstriert, dass bei einer Scheidung kein (fehlerträchtiger) Typecast mehr notwendig ist, wie beim Versuch des Einsatzes der Polymorphie im vorherigen Abschnitt. Für maria, die als Frau eines Lauf-Hamsters deklariert ist, besitzt die Methode scheiden den Rückgabetyp LaufHamster.

15.2.3 Verallgemeinerung des Generics-Konzeptes

Lassen Sie uns nun an dieser Stelle zunächst das Konzept der generischen Klassen verallgemeinern, bevor wir mit den Hamstern und ihren Frauen fortfahren. Bei der Definition einer Klasse oder eines Interfaces kann diese bzw. dieses mit einem oder auch mehreren Typ-Parametern versehen werden. Hierbei handelt es sich um Java-Bezeichner, die durch Kommata getrennt in spitzen Klammern hinter dem Klassennamen angegeben werden. Im weiteren Verlauf der Klassen- bzw. Interface-Definition können die Typ-Parameter dann an fast allen[1] Stellen verwendet werden, an denen auch Typ-Namen stehen dürfen, bspw. als Typ von Attributen oder als Parametertyp oder Rückgabetyp von Methoden.

Die folgenden Beispiele demonstrieren die Definition generischer Klassen und Interfaces. Sie zeigen aber auch schon, wie komplex (und unverständlich) dies werden kann[2]:

```
interface I<P1, P2> {
    public void f(P1 obj);

    public P2 g(P1 obj1, P2 obj2);
}

class C<T1, T2, T3> implements I<T2, T3> {
    private T3 obj;

    public void f(T2 obj) {

    }

    public T3 g(T2 obj1, T3 obj2) {
        T3 obj = obj2;
        return obj;
    }

    public T3 h(I<T2, T2> o) {
        return this.obj;
    }
}
```

Bei der Nutzung einer generischen Klasse oder eines generischen Interfaces, d.h. immer wenn der Name der Klasse bzw. des Interfaces verwendet wird, müssen hinter dem Klassen- bzw. Interface-Namen in spitzen Klammern konkrete Typen angegeben werden, genauer gesagt Referenzdatentypen, wie Klassennamen oder Namen von Interfaces. Standarddatentypen, wie int oder boolean,

---

[1]Ausnahmen behandelt Abschnitt 15.6.
[2]und es wird in den kommenden Abschnitten noch „schlimmer"

sind nicht erlaubt. Das ist jedoch nicht weiter tragisch, denn die Einschränkung wird ja durch das Autoboxing-Unboxing-Konzept wieder aufgehoben (siehe Kapitel 11.9).

Wenn nun eine Objektvariable vom Typ einer konkretisierten generischen Klasse verwendet wird, kann man sich vorstellen, dass an allen Stellen der Klassendefinition die entsprechenden formalen Typ-Parameter durch die bei der Deklaration der Objektvariablen angegebenen konkreten Typen ersetzt werden. Dadurch wird Typ-Sicherheit gewährt, Typecasts können entfallen und ClassCast-Exceptions nicht mehr auftreten. Und genau hierin besteht der Sinn und Zweck von Generics: Wiederverwendung bei gleichzeitiger Sicherstellung von Typ-Sicherheit.

Im folgenden Beispielprogramm werden die oben definierten generischen Interface und Klassen genutzt:

```
class A {
}

class B {
}

void main() {
    C<Object, String, Integer> c = new C<Object, String, Integer>();
    c.f("hallo");
    c.g("hallo", 7);
    I<A, String> i1 = new C<B, A, String>();
    String str = i1.g(new A(), "hallo");
    I<String, String> i2 = new C<Integer, String, String>();
    int z = c.h(i2);
}
```

Übrigens definiert die Konkretisierung einer generischen Klasse bzw. eines generischen Interfaces jeweils wieder einen neuen Typ. HamsterFrau<SammelHamster> ist ein Typ und Hamster-Frau<LaufHamster> ist ein Typ. Daher ist es bei den Hamstern möglich, dass Hamster-Frauen auch gleichgeschlechtliche Ehen eingehen können. Die Typen sind verschieden und nicht miteinander kompatibel. klara ist im folgenden Programm eine Hamster-Frau, die LaufHamster-Frauen heiraten kann. Wegen der Verschiedenheit der Typen liefert der Compiler bei der letzten Anweisung des folgenden Beispiels einen Fehler.

```
void main() {
    HamsterFrau<HamsterFrau<LaufHamster>> klara =
        new HamsterFrau<HamsterFrau<LaufHamster>>();
    klara.heiraten(new HamsterFrau<LaufHamster>());

    HamsterFrau<LaufHamster> maria =
        new HamsterFrau<LaufHamster>();
    HamsterFrau<SammelHamster> paula =
        new HamsterFrau<SammelHamster>();
    maria = paula; // Fehler
}
```

15.3 Bounds

Wir haben im vorherigen Abschnitt gelernt, dass bei der Nutzung generischer Klassen für die Typ-Parameter beliebige Referenzdatentypen angegeben werden können. Das ist für unser Hamster-Beispiel natürlich äußerst unglücklich, denn damit können wir Hamster-Frauen auch bspw. mit Strings oder Integer-Objekten verheiraten.

```
void main() {
    HamsterFrau<String> karla = new HamsterFrau<String>(); // ok
    karla.heiraten("hallo");
    HamsterFrau<Integer> susi = new HamsterFrau<Integer>(); // ok
    susi.heiraten(4711);
}
```

15.3.1 Upper Bounds

Um derartigen Unsinn verhindern zu können, ist es möglich, die erlaubten Typen einzuschränken. Unsere Hamster-Frauen sollen nur Hamster heiraten können, daher schränken wir den Typ-Parameter der Klasse HamsterFrau durch die Definition M extends Hamster ein auf die Klasse Hamster sowie Klassen, die direkt oder indirekt von der Klasse Hamster abgeleitet sind.

```
class HamsterFrau<M extends Hamster> extends Hamster {
    private M ehePartner = null;

    boolean istVerheiratet() {
        return this.ehePartner != null;
    }

    void heiraten(M partner) {
        this.ehePartner = partner;
    }

    M scheiden() {
        M partner = this.ehePartner;
        this.ehePartner = null;
        return partner;
    }
}
```

Nun können Hamster-Frauen wie gewünscht nur noch Hamster heiraten. Man nennt eine solche Typ-Einschränkung auch *Upper-Bound* (auf deutsch: obere Grenze). Hamster ist der *Upper-Bound-Typ* des Typ-Parameters M.

```
void main() {
    HamsterFrau<LaufHamster> maria =
        new HamsterFrau<LaufHamster>();
    HamsterFrau<SammelHamster> paula =
        new HamsterFrau<SammelHamster>();
    HamsterFrau<HamsterFrau<LaufHamster>> klara =
        new HamsterFrau<HamsterFrau<LaufHamster>>();
```

```
        HamsterFrau<Hamster> eva =
            new HamsterFrau<Hamster>();
        eva.heiraten(Hamster.getStandardHamster());
        HamsterFrau<String> karla = new HamsterFrau<String>(); // Fehler
        HamsterFrau<Object> susi = new HamsterFrau<Object>(); // Fehler
}
```

In den letzten beiden Anweisungen liefert der Compiler eine Fehlermeldung. Beachten Sie jedoch, dass die dritte Anweisung korrekt ist, da die generische Klasse `HamsterFrau` selbst von der Klasse `Hamster` abgeleitet ist, d.h. Hamster-Frauen können weiterhin gleichgeschlechtliche Ehen eingehen.

15.3.2 Raw Types

Eine Möglichkeit der Umsetzung generischer Klassen bei der Compilierung wäre gewesen, durch einen vorgeschalteten Pre-Compiler für jeden neuen Typ, der bei der Verwendung einer generischen Klasse entsteht, eine neue nicht-generische Klasse zu erzeugen, bei dem folgenden Programm

```
void main() {
    HamsterFrau<LaufHamster> maria =
        new HamsterFrau<LaufHamster>();
    HamsterFrau<SammelHamster> paula =
        new HamsterFrau<SammelHamster>();
    maria.heiraten(new LaufHamster());
    paul.heiraten(new SammelHamster());
    LaufHamster willi = maria.scheiden();
}
```

also zwei Klassen

```
// durch Pre-Compiler erzeugte Klassen
class HamsterFrau_1 extends Hamster {
    private LaufHamster ehePartner = null;

    boolean istVerheiratet() {
        return this.ehePartner != null;
    }

    void heiraten(LaufHamster partner) {
        this.ehePartner = partner;
    }

    LaufHamster scheiden() {
        LaufHamster partner = this.ehePartner;
        this.ehePartner = null;
        return partner;
    }
}

class HamsterFrau_2 extends Hamster {
    private SammelHamster ehePartner = null;
```

```
    boolean istVerheiratet() {
        return this.ehePartner != null;
    }

    void heiraten(SammelHamster partner) {
        this.ehePartner = partner;
    }

    SammelHamster scheiden() {
        SammelHamster partner = this.ehePartner;
        this.ehePartner = null;
        return partner;
    }
}
```

Die main-Prozedur wäre dann vom Compiler folgendermaßen umgeformt worden:

```
// vom Pre-Compiler erzeugte main-Prozedur
void main() {
    HamsterFrau_1 maria = new HamsterFrau_1();
    HamsterFrau_2 paula = new HamsterFrau_2();
    maria.heiraten(new LaufHamster());
    paula.heiraten(new SammelHamster());
    LaufHamster willi = maria.scheiden();
}
```

Anschließend hätte der Compiler wie gewohnt compilieren können.

Es wurde jedoch bewusst eine andere Variante gewählt, die *Erasure-Technik* (auf deutsch: Typ-Auslöschung). Bei der Erasure-Technik wird von einem Pre-Compiler für jede generische Klasse nur eine einzige nicht-generische Klasse erzeugt, in dem alle Typ-Parameter durch den Typ Object bzw. bei eingeschränkten Typ-Parametern durch den Upper-Bound-Typ ersetzt werden (der Typ-Parameter wird quasi „ausgelöscht"). An den Stellen, an denen die generische Klasse genutzt wird, wird durch den Pre-Compiler ein expliziter Typecast vorgenommen.

```
// vom Pre-Compiler erzeugte Klasse (Erasure-Technik)
class HamsterFrau extends Hamster {
    private Hamster ehePartner = null;

    boolean istVerheiratet() {
        return this.ehePartner != null;
    }

    void heiraten(Hamster partner) {
        this.ehePartner = partner;
    }

    Hamster scheiden() {
        Hamster partner = this.ehePartner;
        this.ehePartner = null;
        return partner;
    }
}
```

```
// vom Pre-Compiler erzeugte main-Prozedur (Erasure-Technik)
void main() {
    HamsterFrau maria = new HamsterFrau();
    HamsterFrau paula = new HamsterFrau();
    maria.heiraten(new LaufHamster());   // Polymorphie
    paula.heiraten(new SammelHamster()); // Polymorphie
    LaufHamster willi = (LaufHamster)maria.scheiden();   // Typecast
}
```

Der Vorteil der Erasure-Technik besteht darin, dass auch Programmierer generische Klassen in ihrer „rohen Form", d.h. als so genannte *Raw Types* nutzen können. Die meisten Compiler geben in diesem Fall lediglich eine Warnung, aber keine Fehlermeldung aus:

```
void main() {
    HamsterFrau<LaufHamster> maria = new HamsterFrau<LaufHamster>();
    HamsterFrau paula = new HamsterFrau(); // Warnung: Raw Type
    maria.heiraten(new LaufHamster());
    paula.heiraten(new LaufHamster());
    LaufHamster joseph = maria.scheiden();
    LaufHamster willi =
        (LaufHamster)paula.scheiden(); // Typecast notwendig
}
```

Wir werden in Kapitel 16.2 noch sehen, dass es ohne die Unterstützung von Raw Types schwierig geworden wäre, beim Versionswechsel von Java 1.4 nach Java 5 Kompatibilität von alten Programmen sicherzustellen.

Aufgrund der gerade vorgestellten Umsetzung der Compilierung generischer Klassen ist es übrigens auch möglich, die Klasse HamsterFrau mit einer wie folgt definierten Methode tanzen auszustatten, da die Deklaration des Attributs ehePartner zu „private Hamster ehePartner = null;" umgewandelt wird, für das Attribut ehePartner also die Methode linksUm aufgerufen werden kann.

```
class HamsterFrau<M extends Hamster> extends Hamster {
    private M ehePartner = null;

    boolean istVerheiratet() {
        return this.ehePartner != null;
    }

    // ...

    void tanzen() {
        if (this.istVerheiratet()) {
            for (int i = 0; i < 4; i++) {
                this.linksUm();
                this.ehePartner.linksUm();
            }
        }
    }
}
```

15.3.3 Bounds und Schnittstellen

Durch die Angabe von Bounds lassen sich die Typen einschränken, die einen formalen Typ-Parameter ersetzen können. Sei K eine Klasse. Die Deklaration <T extends K> eines formalen Typ-Parameters hat zur Folge, dass der aktuelle Typ-Parameter die Klasse K oder eine davon abgeleitete Klasse sein muss.

Soll gefordert werden, dass der aktuelle Typ-Parameter ein bestimmtes Interface I implementieren muss, kann man dies auf analoge Art und Weise bei der Deklaration eines formalen Typ-Parameters angeben: <T extends I>.

Es ist sogar möglich, den Typ-Parameter auf eine Klasse K und mehrere Interfaces I1, I2, I3, ... einzuschränken. Die Klasse und die Interfaces werden hinter dem extends dabei durch &-Zeichen getrennt: <T extends K & I1 & I2 & I3>. In diesem Fall muss der aktuelle Typ-Parameter die Klasse K oder eine davon abgeleitete Klasse sein und muss gleichzeitig die drei Interfaces I1, I2 und I3 implementieren.

15.4 Wildcards

Auch wenn die Hamster-Frauen glücklich verheiratet sind, ihre Lieblingsbeschäftigung sind Kaffeekränzchen untereinander, bei denen sie gemütlich neuesten Trasch austauschen können.

15.4.1 Kaffeekränzchen mit HamsterFrauen beliebigen Typs

Im Folgenden wird eine Klasse KaffeeKraenzchen definiert, mit deren Hilfe eine Hamster-Frau beliebigen Typs als Gastgeberin eine andere Hamster-Frau auch anderen Typs zum Tratschen einladen kann:

```
class KaffeeKraenzchen {
    private HamsterFrau <? extends Hamster > gastgeberin;

    private HamsterFrau <? extends Hamster > gast;

    KaffeeKraenzchen(HamsterFrau <? extends Hamster > gastgeberin) {
        this.gastgeberin = gastgeberin;
    }

    void einladen(HamsterFrau <? extends Hamster > gast) {
        this.gast = gast;
    }

    HamsterFrau <? extends Hamster > getGastgeberin() {
        return this.gastgeberin;
    }

    HamsterFrau <? extends Hamster > getGast() {
        return this.gast;
    }
```

```
    void tratschen() {
        // Tratsch = Koerner austauschen
        if (!this.gastgeberin.maulLeer() && this.gast != null) {
            this.gastgeberin.gib();
            this.gast.nimm();
        }
    }
}

void main() {
    HamsterFrau<LaufHamster> maria =
        new HamsterFrau<LaufHamster>();
    HamsterFrau<LaufHamster> paula =
        new HamsterFrau<LaufHamster>();
    HamsterFrau<SammelHamster> karla =
        new HamsterFrau<SammelHamster>();

    KaffeeKraenzchen treffen = new KaffeeKraenzchen(maria);
    treffen.einladen(paula);
    treffen.tratschen();

    treffen.einladen(karla);
    treffen.tratschen();

    HamsterFrau<? extends Hamster> gast = treffen.getGast();
    Hamster willi = gast.scheiden();
    gast.heiraten(willi); // Fehler
    gast.heiraten(null);
}
```

In der `main`-Prozedur lädt `maria` als LaufHamster-Frau zunächst ihre Freundin `paula`, ebenfalls eine LaufHamster-Frau, und dann eine entfernte Bekannte, nämlich die SammelHamster-Frau `karla`, ein.

Um das Beispiel wie gewollt realisieren zu können, muss das Fragezeichen (?), die so genannte *Wildcard*, eingesetzt werden. Wildcards stehen für einen beliebigen Typ (`<?>` = *Unbounded-Wildcard*) bzw. im obigen Beispiel für einen beliebigen Typ, der aber zum Typ `Hamster` kompatibel sein muss (`<? extends Hamster>` = *Upper-Bound-Wildcard*).

Der notwendige Einsatz der Wildcard im obigen Beispiel liegt darin begründet, das folgende Typen nicht kompatibel sind: HamsterFrau<Hamster> und HamsterFrau<SammelHamster> oder HamsterFrau<LaufHamster>. Bei HamsterFrau<? extends Hamster> verhält sich dies jedoch anders. Er ist Obertyp der Klassen HamsterFrau<SammelHamster> und HamsterFrau<Lauf-Hamster>, wie folgende Beispielanweisungen demonstrieren:

```
void main() {
    HamsterFrau<SammelHamster> f1 =
        new HamsterFrau<SammelHamster>();
    HamsterFrau<Hamster> f2 =
        new HamsterFrau<SammelHamster>(); // Fehler

    HamsterFrau<? extends Hamster> f3 =
        new HamsterFrau<Hamster>();
```

```
    f3 = new HamsterFrau < SammelHamster >();
    f3 = new HamsterFrau < LaufHamster >();
    f3 = new HamsterFrau < HamsterFrau < LaufHamster >>();
}
```

Die Einsatzmöglichkeiten einer Objektvariablen vom Wildcard-Typ sind jedoch sehr eingeschränkt, da es keinen einzigen Typ gibt, der zu `<? extends Hamster>` kompatibel ist, nicht einmal `Object`. In der `main`-Prozedur des obigen Beispiels wird das in den letzten vier Anweisungen demonstriert. Für die Objektvariable gast lässt sich zwar die Methode `scheiden` aufrufen, die in diesem Fall ein Objekt vom Typ `Hamster` liefert. Eine erneute Vermählung durch Aufruf der Methode `heiraten` ist jedoch nicht möglich; der Methode `heiraten` kann ausschließlich der Parameter `null` übergeben werden.

15.4.2 Kaffeekränzchen mit HamsterFrauen desselben Typs

Einigen LaufHamster-Frauen passt es nicht, dass auch SammelHamster-Frauen zu ihren Kaffee-kränzchen kommen können. Ihre Interessen sind doch zu verschieden. Sie nutzen daher die Wild-card, um Kaffeekränzchen zu organisieren, bei denen Hamster-Frauen eines bestimmten Typs nur Hamster-Frauen desselben Typs einladen können. Der jeweilige Typ wird dabei der Klasse `Kaffee-Kraenzchen` als Typ-Parameter übergeben.

```
class KaffeeKraenzchen <F extends HamsterFrau <? extends Hamster >> {
    private F gastgeberin;

    private F gast;

    KaffeeKraenzchen(F frau) {
        this.gastgeberin = frau;
    }

    void einladen(F gast) {
        this.gast = gast;
    }

    F getGastgeberin() {
        return this.gastgeberin;
    }

    F getGast() {
        return this.gast;
    }

    void tratschen() {
        // Tratsch = Koerner austauschen
        if (!this.gastgeberin.maulLeer() && this.gast != null) {
            this.gastgeberin.gib();
            this.gast.nimm();
        }
    }
}
```

```
void main() {
    HamsterFrau<LaufHamster> maria =
        new HamsterFrau<LaufHamster>();
    HamsterFrau<LaufHamster> paula =
        new HamsterFrau<LaufHamster>();
    HamsterFrau<SammelHamster> karla =
        new HamsterFrau<SammelHamster>();
    HamsterFrau<SammelHamster> klara =
        new HamsterFrau<SammelHamster>();

    KaffeeKraenzchen<HamsterFrau<LaufHamster>> lauftreff =
        new KaffeeKraenzchen<HamsterFrau<LaufHamster>>(maria);
    lauftreff.einladen(paula);
    lauftreff.tratschen();

    KaffeeKraenzchen<HamsterFrau<SammelHamster>> sammeltreff =
        new KaffeeKraenzchen<HamsterFrau<SammelHamster>>(karla);
    sammeltreff.einladen(klara);
    sammeltreff.tratschen();

    lauftreff.einladen(karla); // Fehler
    sammeltreff.einladen(maria); // Fehler
}
```

15.4.3 Lower-Bound-Wildcard

Weil die SammelHamster-Frauen beim Tratschen bösartige Dinge über die LaufHamster-Frauen verbreitet haben, lassen diese Kaffeekränzchen von SammelHamster-Frauen gesetzlich verbieten.

```
class KaffeeKraenzchen<F extends HamsterFrau<? super LaufHamster>> {
    private F gastgeberin;

    private F gast;

    KaffeeKraenzchen(F frau) {
        this.gastgeberin = frau;
    }

    void einladen(F gast) {
        this.gast = gast;
    }

    F getGastgeberin() {
        return this.gastgeberin;
    }

    F getGast() {
        return this.gast;
    }
```

```
    void tratschen() {
        // Tratsch = Koerner austauschen
        if (!this.gastgeberin.maulLeer() && this.gast != null) {
            this.gastgeberin.gib();
            this.gast.nimm();
        }
    }
}
```

Diese KaffeeKraenzchen-Klasse lässt nur noch Art-spezifische Kaffeekränzchen zweier LaufHamster-Frauen sowie allgemeiner Hamster-Frauen zu.

```
void main() {
    HamsterFrau<LaufHamster> maria = new HamsterFrau<LaufHamster>();
    HamsterFrau<LaufHamster> paula = new HamsterFrau<LaufHamster>();
    HamsterFrau<Hamster> klara = new HamsterFrau<Hamster>();
    HamsterFrau<Hamster> martha = new HamsterFrau<Hamster>();
    HamsterFrau<SammelHamster> karla =
        new HamsterFrau<SammelHamster>();

    KaffeeKraenzchen<HamsterFrau<LaufHamster>> lauftreff =
        new KaffeeKraenzchen<HamsterFrau<LaufHamster>>(maria);
    lauftreff.einladen(paula);
    lauftreff.tratschen();

    KaffeeKraenzchen<HamsterFrau<Hamster>> hamstertreff =
        new KaffeeKraenzchen<HamsterFrau<Hamster>>(klara);
    hamstertreff.einladen(martha);
    hamstertreff.tratschen();

    KaffeeKraenzchen<HamsterFrau<SammelHamster>> sammeltreff =
        new KaffeeKraenzchen<HamsterFrau<SammelHamster>>(
            karla); // Fehler
}
```

Eingesetzt wird in der Klasse die so genannte *Lower-Bound-Wildcard* (`<? super LaufHamster>`). LaufHamster ist in diesem Beispiel der *Lower-Bound-Typ*. Lower-Bounds können im Gegensatz zu Upper-Bounds nur in Verbindung mit der Wildcard definiert werden. Eine Lower-Bound-Wildcard `<? super K>` lässt die Klasse K zu sowie alle Klassen, von denen K direkt oder indirekt abgeleitet ist.

15.5 Generische Methoden

Bei einem ihrer Kaffeekränzchen kommen die Hamster-Frauen auch auf ihre Männer zu sprechen und sie stellen dabei betrübt fest, dass sie doch nicht so glücklich mit ihnen sind, wie gedacht. Da hat eine der Hamster-Frauen eine (zugegebenermaßen obskure) Idee: „Lasst uns doch mal unsere Männer tauschen. Vielleicht bringt das ja wieder neuen Schwung in die Bude."

15.5.1 Männertausch mit generischen Klassen

Gesagt, getan: Die Hamster-Frauen definieren folgende generische Klasse MaennerTauscher, die es ermöglicht, dass zwei SammelHamster-Frauen ihre SammelHamster-Männer und zwei Lauf-Hamster-Frauen ihre LaufHamster-Männer tauschen können. Ein Tausch SammelHamster-Mann gegen LaufHamster-Mann ist – wie auch gewollt – nicht möglich.

```
class MaennerTauscher <M extends Hamster> {
    void tauschen(HamsterFrau<M> frau1, HamsterFrau<M> frau2) {
        M mann1 = frau1.scheiden();
        M mann2 = frau2.scheiden();
        frau1.heiraten(mann2);
        frau2.heiraten(mann1);
    }
}


void main() {
    HamsterFrau<SammelHamster> maria =
        new HamsterFrau<SammelHamster>();
    HamsterFrau<SammelHamster> paula =
        new HamsterFrau<SammelHamster>();
    HamsterFrau<LaufHamster> klara =
        new HamsterFrau<LaufHamster>();
    HamsterFrau<LaufHamster> karla =
        new HamsterFrau<LaufHamster>();

    MaennerTauscher<SammelHamster> sammelTauscher =
        new MaennerTauscher<SammelHamster>();
    sammelTauscher.tauschen(maria, paula);

    MaennerTauscher<LaufHamster> laufTauscher =
        new MaennerTauscher<LaufHamster>();
    laufTauscher.tauschen(klara, karla);

    sammelTauscher.tauschen(maria, klara); // Fehler
}
```

15.5.2 Männertausch mit generischen Methoden

Eine besonders kluge Hamster-Frau stellt aber fest: Erstens muss bei der Nutzung der obigen Klasse MaennerTauscher für jeden zu tauschenden Hamster-Typ ein neues Objekt erzeugt werden und zweitens könnte die Methoden tauschen doch eigentlich auch als static deklariert werden. Diese beiden Probleme lassen sich allerdings nicht mit generischen Klassen wohl aber mit generischen Methoden lösen. Hierbei werden formale Typ-Parameter, die völlig unabhängig von eventuellen Typ-Parametern ihrer Klasse sind, vor dem Rückgabetyp einer Methode deklariert und können dann im weiteren Verlauf der Methodendefinition genutzt werden.

```
class MaennerTauscher {
    static <M extends Hamster> void tauschen(
            HamsterFrau<M> frau1, HamsterFrau<M> frau2) {
```

```
        M mann1 = frau1.scheiden();
        M mann2 = frau2.scheiden();
        frau1.heiraten(mann2);
        frau2.heiraten(mann1);
    }
}
```

Mit dieser Klasse bzw. deren generischer Methode `tauschen` ist nun ein Männertausch unter Hamster-Frauen durchführbar, ohne ein oder sogar mehrere `MaennerTausch`-Objekte erzeugen zu müssen. Dadurch, dass in der Methodendefinition festgelegt ist, dass beide Parameter vom selben Typ sind, ist auch sicher gestellt, dass keine Art-übergreifenden Männertausch-Handlungen möglich sind, also eine SammelHamster-Frau auch nur mit einer anderen SammelHamster-Frau ihre Männer tauschen darf.

```
void main() {
    HamsterFrau<SammelHamster> maria =
        new HamsterFrau<SammelHamster>();
    HamsterFrau<SammelHamster> paula =
        new HamsterFrau<SammelHamster>();
    HamsterFrau<LaufHamster> klara =
        new HamsterFrau<LaufHamster>();
    HamsterFrau<LaufHamster> karla =
        new HamsterFrau<LaufHamster>();

    MaennerTauscher.tauschen(maria, paula);
    MaennerTauscher.tauschen(klara, karla);
    MaennerTauscher.tauschen(maria, klara); // Fehler
}
```

15.5.3 Verallgemeinerung generischer Methoden

Schauen wir uns an einem kleinen Beispiel das Konzept der generischen Methoden nochmal genauer an:

```
class Zufall {

    static <T> void schreibZufaellig(T o1, T o2) {
        int zahl = (int) (Math.random() * 2); // zahl = 0 oder 1
        if (zahl == 0) {
            Hamster.getStandardHamster().schreib("" + o1);
        } else {
            Hamster.getStandardHamster().schreib("" + o2);
        }
    }

    static <T> T lielfereZufaellig(T o1, T o2) {
        int zahl = (int) (Math.random() * 2); // zahl = 0 oder 1
        if (zahl == 0) {
            return o1;
        } else {
            return o2;
```

```
        }
    }
}
```

Es scheint so, als ob die Methode `schreibZufaellig` mit zwei Parametern desselben Typs aufgerufen werden muss. Dem ist aber nicht so. Es reicht, wenn die konkreten Typen der Parameter einen gemeinsamen Obertyp haben. Da `Object` Obertyp aller Klassendatentypen ist, kann die Methode tatsächlich mit beliebigen Parametern aufgerufen werden.

```
void main() {
    Zufall.schreibZufaellig("hallo", "Hamster");
    Zufall.schreibZufaellig(24, 56);
    Zufall.schreibZufaellig(true, false);
    Zufall.schreibZufaellig(367, "Hamster");
    Zufall.schreibZufaellig("hallo", true);
}
```

Bei der Methode `liefereZufaellig` ist nun auch noch der Rückgabewert vom Typ T. Das hat folgende Auswirkungen.

```
void main() {
    String str = Zufall.liefereZufaellig("hallo", "Hamster");
    int zahl = Zufall.liefereZufaellig(24, 56);
    String str2 = Zufall.liefereZufaellig(367, "Hamster"); // Fehler
    Object obj = Zufall.liefereZufaellig(367, "Hamster");
    Hamster hamster = Zufall.liefereZufaellig(
        new SammelHamster(),
        new HamsterFrau<SammelHamster>());
}
```

Die beiden ersten Anweisungen sind in Ordnung. Bei der dritten liefert der Compiler jedoch einen Fehler. Der Rückgabetyp muss nämlich ein gemeinsamer Obertyp von beiden Parametertypen sein. `String` ist allerdings kein Obertyp von `Integer`, wohl aber `Object`. Daher ist die vierte Anweisung wieder ok. Auch die fünfte Anweisung ist ok, denn sowohl `SammelHamster` als auch die generische Klasse `HamsterFrau` sind in den obigen Abschnitten von der Klasse `Hamster` abgeleitet; `Hamster` ist also ihr gemeinsamer Obertyp.

15.6 Einschränkungen

Formale Typ-Parameter dürfen nicht beliebig eingesetzt werden. Im folgenden Beispiel wird angedeutet, an welchen Stellen der Compiler Fehlermeldungen liefert:

```
class X<T> {

    T create() {
        return new T(); // Fehler
    }

    static T obj; // Fehler
```

```
static void setObj(T o) { // Fehler
    obj = o;
}

T f(T obj) {
    if (obj instanceof T) { // Fehler
        return obj;
    } else {
        return null;
    }
}

T[] objekte = new T[5]; // Fehler
HamsterFrau<?>[] frauen = new HamsterFrau<?>[5]; // ok
}
```

- Von einem formalen Typ-Parameter kann kein Objekt erzeugt werden.

- Formale Typ-Parameter einer generischen Klasse dürfen nicht bei der Definition von static-Attributen und static-Methoden verwendet werden.

- Ein formaler Typ-Parameter kann nicht in Verbindung mit dem instanceof-Operator eingesetzt werden.

- Die Erzeugung von Arrays mit generischen Typen ist nur unter Verwendung von Wildcards möglich.

Dass sich Arrays und generische Typen nicht immer vertragen, ist ein unschönes Problem, das häufiger auftritt, als Sie vielleicht denken. Lassen Sie uns deshalb am Beispiel der Hamster-Frauen mal anschauen, wie man es lösen kann.

Bisher waren die Kaffeekränzchen der Hamster-Frauen auf zwei Frauen beschränkt: die Gastgeberin und ein Gast. Das ist den Damen jedoch auf Dauer zu langweilig. Mit mehr Gästen würden sie ja beim Tratschen viel mehr erfahren. Also definieren sie folgende Klasse KaffeeKraenzchen, die es zulässt, dass eine bestimmte Anzahl an Hamster-Frauen, die im Konstruktor übergeben wird, eingeladen werden kann. Der Typ der Hamster-Frauen ist dabei beliebig (vergleiche auch Abschnitt 15.4.1).

```
class KaffeeKraenzchen {

    private HamsterFrau<? extends Hamster> gastgeberin;

    private HamsterFrau<? extends Hamster>[] gaeste;

    private int gastIndex;

    KaffeeKraenzchen(HamsterFrau<? extends Hamster> gastgeberin,
            int maxAnzahlGaeste) {
        this.gastgeberin = gastgeberin;
        this.gaeste = new HamsterFrau<?>[maxAnzahlGaeste];
        this.gastIndex = 0;
    }
```

```
    void einladen(HamsterFrau<? extends Hamster> gast) {
        if (this.gastIndex < this.gaeste.length) {
            this.gaeste[this.gastIndex] = gast;
            this.gastIndex++;
        }
    }


    HamsterFrau<? extends Hamster> getGastgeberin() {
        return this.gastgeberin;
    }


    HamsterFrau<? extends Hamster> getGast(int index) {
        return this.gaeste[index];
    }


    void tratschen() {
        // Tratsch = Koerner austauschen
        int zufallsIndex = (int)(Math.random() * this.gaeste.length);
        if (!this.gastgeberin.maulLeer()
                && this.gaeste[zufallsIndex] != null) {
            this.gastgeberin.gib();
            this.gaeste[zufallsIndex].nimm();
        }
    }
}
```

Durch den Einsatz der Wildcard ist die Verwendung von Arrays hier unproblematisch. Anders sieht dies aus, wenn die Hamster-Frauen einer Art beim Kaffeekränzchen unter sich bleiben wollen (vergleiche Abschnitt 15.4.2). Hier müsste im Konstruktor ein Array vom formalen Typ-Parameter F erzeugt werden (new F[maxAnzahlGaeste]), was nicht erlaubt ist. Was wir jedoch tun können, ist folgendes:

Wir verwenden zur Deklaration der Array-Variablen gaeste den Upper-Bound-Typ von F und erzeugen im Konstruktor ein entsprechendes Array durch Einsatz der Wildcard. Damit ist dann zwar in der Methode getGast ein Typecast notwendig, dieser ist allerdings sicher, d.h. es kann niemals ein Laufzeitfehler auftreten, da das Attribut gaeste als private deklariert ist und innerhalb der Klasse die einzige Zuweisung an Komponenten des Arrays in der Methode einladen erfolgt. Die zugewiesenen Werte sind hier jedoch immer vom Typ F.

```
class KaffeeKraenzchen<F extends HamsterFrau<? extends Hamster>> {

    private F gastgeberin;

    private HamsterFrau<? extends Hamster>[] gaeste;

    private int gastIndex;

    KaffeeKraenzchen(F gastgeberin, int maxAnzahlGaeste) {
        this.gastgeberin = gastgeberin;
        this.gaeste = new HamsterFrau<?>[maxAnzahlGaeste];
        this.gastIndex = 0;
    }
```

```
    void einladen(F gast) {
        if (this.gastIndex < this.gaeste.length) {
            this.gaeste[this.gastIndex] = gast;
            this.gastIndex++;
        }
    }

    F getGastgeberin() {
        return this.gastgeberin;
    }

    F getGast(int index) {
        return (F) this.gaeste[index];
        // Typecast notwendig aber sicher!
    }

    void tratschen() {
        // Tratsch = Koerner austauschen
        int zufallsIndex = (int) (Math.random() * this.gaeste.length);
        if (!this.gastgeberin.maulLeer()
                && this.gaeste[zufallsIndex] != null) {
            this.gastgeberin.gib();
            this.gaeste[zufallsIndex].nimm();
        }
    }
}
```

Häufig wird in ähnlichen Fällen auch einfach ein Array mit Elementen vom Typ Object verwendet. Der Vorteil der Verwendung des Upper-Bound-Typs ist in diesem Beispiel, dass beim Aufruf des nimm-Befehls in der Methode tratschen kein weiterer Typecast notwendig ist.

15.7 Beispielprogramme

Verlassen wir nun einmal in den folgenden drei Beispielprogrammen die Welt der Hamster-Frauen und schauen uns an, wo in der realen Welt der Programmierung Generics sinnvoll eingesetzt werden können.

15.7.1 Beispielprogramm 1

Schauen Sie sich nochmal Beispielprogramm 2 in Kapitel 9.3.2 an. Dort wurde durch die Definition einer Klasse Speicher in Form einer verketteten Liste eine Klasse definiert, deren Instanzen prinzipiell beliebig viele Werte speichern können. Anders als bei Arrays ist keine Angabe einer maximale Größe notwendig. Die Klasse Speicher erlaubt die Speicherung von int-Werten. Mit Hilfe des Konzeptes der generischen Klassen können wir die Klasse jetzt derart modifizieren, dass sie typsicher zur Speicherung von Objekten eines beliebigen Typs genutzt werden kann. Dazu versehen wir die Klasse Speicher als auch die Hilfsklasse SpeicherElement mit einem formalen Typ-Parameter T und ersetzen intern an den entsprechenden Stellen den Typ int durch T.

```
//Hilfsklasse zum Speichern der eigentlichen Werte
class SpeicherElement<T> {
    T wert; // der gespeicherte Wert

    SpeicherElement<T> naechstes; // Referenz zum naechsten
                                  // Element

    SpeicherElement(T wert) {
        this.wert = wert;
        this.naechstes = null;
    }

    T getWert() {
        return this.wert;
    }

    SpeicherElement<T> getNaechstes() {
        return this.naechstes;
    }

    void setNaechstes(SpeicherElement<T> elem) {
        this.naechstes = elem;
    }
}

class Speicher<T> {

    SpeicherElement<T> erstes; // Referenz zum ersten Element

    int anzahl; // Anzahl an gespeicherten Werten

    Speicher() {
        this.erstes = null;
        this.anzahl = 0;
    }

    // fuegt einen uebergebenen Wert hinten an den Speicher an
    void hinzufuegen(T wert) {
        SpeicherElement<T> neuesElement = new SpeicherElement<T>(
                wert);
        this.anzahl = this.anzahl + 1;
        if (this.erstes == null) {
            this.erstes = neuesElement;
        } else {
            SpeicherElement<T> elem = this.erstes;
            while (elem.getNaechstes() != null) {
                elem = elem.getNaechstes();
            }
            elem.setNaechstes(neuesElement);
        }
    }
```

```
// entfernt den uebergebenen Wert aus dem Speicher;
// kommt er mehrfach im Speicher vor, werden alle
// Vorkommen entfernt
void entfernen(T wert) {
    while (this.erstes != null
            && this.erstes.getWert() == wert) {
        this.erstes = this.erstes.getNaechstes();
        // erstes ist damit aus dem Speicher entfernt
    }
    if (this.erstes == null) {
        return;
    }

    SpeicherElement<T> vorheriges = this.erstes;
    SpeicherElement<T> merker = vorheriges.getNaechstes();
    while (merker != null) {
        if (merker.getWert() == wert) {
            vorheriges.setNaechstes(merker.getNaechstes());
            // Element ist damit aus dem Speicher entfernt
        } else {
            vorheriges = merker;
        }
        merker = merker.getNaechstes();
    }
}


// ueberprueft, ob der uebergebene Wert im Speicher
// gespeichert ist
boolean istEnthalten(T wert) {
    SpeicherElement<T> elem = this.erstes;
    while (elem != null) {
        if (elem.getWert() == wert) {
            return true;
        }
        elem = elem.getNaechstes();
    }
    return false;
}


// liefert die Anzahl an gespeicherten Werten
int getAnzahl() {
    return this.anzahl;
}


// die naechsten drei Funktionen liefern im Zusammenspiel der
// Reihe nach die gespeicherten Werte

SpeicherElement<T> merker = null;

void beginnDurchlauf() {
    this.merker = this.erstes;
}
```

```
    boolean endeErreicht() {
        return this.merker == null;
    }


    T liefereNaechstenWert() {
        T wert = this.merker.getWert();
        this.merker = this.merker.getNaechstes();
        return wert;
    }
}
```

Die Klasse Speicher wird nun analog zu Kapitel 9.3.2 zur Lösung des folgenden Hamster-Problems genutzt: Zunächst irrt ein weiblicher Hamster namens julia zufallsgesteuert durch ein mauerloses Territorium. Auf bestimmten Kacheln „verliert" sie dabei ein Korn. Sie hält an, wenn sie keine Körner mehr im Maul hat. Anschließend kommt die große Stunde von romeo, einem anderen Hamster. Er hat das Missgeschick von julia mitbekommen und will ihr helfen.[3] Er läuft dazu exakt denselben Weg ab, den auch julia gelaufen ist, sammelt dabei die von ihr verlorenen Körner wieder ein und – die Geschichte hat ein „Happy End" – übergibt sie ihr schließlich. Dabei macht er sich ein Objekt vom Typ Speicher zunutze, in dem die Koordinaten aller Kacheln abgespeichert worden sind, auf denen julia ein Korn verloren hat.

```
class Zufall { // generiert Zufallszahlen
    // erzeugt Zufallszahlen zwischen 0 und max
    static int naechsteZahl(int max) {
        return (int) (Math.random() * (max + 1));
    }
}


void main() {
    AllroundHamster julia = new AllroundHamster(Hamster
            .getStandardHamster());
    Speicher<Integer> kacheln = new Speicher<Integer>();
    kacheln.hinzufuegen(julia.getReihe());
    kacheln.hinzufuegen(julia.getSpalte());

    // zunaechst laeuft Julia
    while (!julia.maulLeer()) {
        julia.gib();
        int reihe = Zufall.naechsteZahl(Territorium
                .getAnzahlReihen() - 1);
        int spalte = Zufall.naechsteZahl(Territorium
                .getAnzahlSpalten() - 1);
        julia.laufeZuKachel(reihe, spalte);
        kacheln.hinzufuegen(reihe);
        kacheln.hinzufuegen(spalte);
    }

    kacheln.beginnDurchlauf();
    int reihe = kacheln.liefereNaechstenWert();
```

---

[3]Die beiden Hamster werden von der Klasse AllroundHamster aus Kapitel 7.10 erzeugt.

```
        int spalte = kacheln.liefereNaechstenWert();
        AllroundHamster romeo = new AllroundHamster(reihe,
                spalte, Hamster.OST, 0);

        // Romeo laeuft Julia hinterher
        while (!kacheln.endeErreicht()) {
            romeo.nimm();
            reihe = kacheln.liefereNaechstenWert();
            spalte = kacheln.liefereNaechstenWert();
            romeo.laufeZuKachel(reihe, spalte);
        }

        // Romeo uebergibt Julia die Koerner
        while (!romeo.maulLeer()) {
            romeo.gib();
            julia.nimm();
        }
}
```

Die generische Klasse Speicher wird in dem Beispielprogramm mit dem Typ Integer konkretisiert und durch Einsatz des Autoboxing-Unboxing-Konzeptes zur Speicherung von int-Werten genutzt.

Anstelle einzelner int-Werte für die Reihe- und Spalte-Koordinaten der Körner-Kacheln werden in der folgenden zweiten Lösung desselben Hamster-Problems Objekte einer Klasse Position in der Klasse Speicher gespeichert. Hierzu wird die generische Klasse Speicher mit dem Typ Position konkretisiert.

```
class Position {
    private int reihe;

    private int spalte;

    Position(int r, int s) {
        this.reihe = r;
        this.spalte = s;
    }

    int getReihe() {
        return this.reihe;
    }

    int getSpalte() {
        return this.spalte;
    }
}

void main() {
    AllroundHamster julia = new AllroundHamster(Hamster
            .getStandardHamster());
    Speicher<Position> kacheln = new Speicher<Position>();
    kacheln.hinzufuegen(new Position(julia.getReihe(), julia
            .getSpalte()));
```

```
    // zunaechst laeuft Julia
    while (!julia.maulLeer()) {
        julia.gib();
        int reihe = Zufall.naechsteZahl(Territorium
                .getAnzahlReihen() - 1);
        int spalte = Zufall.naechsteZahl(Territorium
                .getAnzahlSpalten() - 1);
        julia.laufeZuKachel(reihe, spalte);
        kacheln.hinzufuegen(new Position(reihe, spalte));
    }

    kacheln.beginnDurchlauf();
    Position pos = kacheln.liefereNaechstenWert();
    AllroundHamster romeo = new AllroundHamster(pos
            .getReihe(), pos.getSpalte(), Hamster.OST, 0);

    // Romeo laeuft Julia hinterher
    while (!kacheln.endeErreicht()) {
        romeo.nimm();
        pos = kacheln.liefereNaechstenWert();
        romeo.laufeZuKachel(pos.getReihe(), pos.getSpalte());
    }

    // Romeo uebergibt Julia die Koerner
    while (!romeo.maulLeer()) {
        romeo.gib();
        julia.nimm();
    }
}
```

15.7.2 Beispielprogramm 2

Das zweite Beispielprogramm scheint zunächst recht ähnlich zum ersten Beispielprogramm zu sein. Wir definieren nämlich zunächst wieder eine generische Klasse, die in der Lage ist, beliebig viele Objekte eines bestimmten Typs zu speichern. Allerdings wird die Klasse nicht als verkettete Liste realisiert, sondern basiert auf folgendem Konzept: Zunächst wird zum Speichern der Objekte intern ein Array einer bestimmten Größe erzeugt. Soll dann, wenn das Array bereits voll ist, ein weiteres Objekt abgespeichert werden, wird ein Array mit der doppelten Größe des existierenden Arrays erzeugt und die Objekte des alten Arrays werden in das neue Array kopiert. Anschließend werden die beiden Arrays dadurch ausgetauscht, dass der internen Array-Variablen nun das neue Array zugeordnet wird. Das alte Array wird dem Garbage-Collector überlassen.

Wir nennen die Klasse Array und versehen sie mit einem formalen Typ-Parameter T. Dieser steht als Platzhalter für den Typ der konkret zu speichernden Objekte. Da es nicht möglich ist, Arrays vom formalen Typ-Parameter zu erzeugen, verwenden wir den in Abschnitt 15.6 kennengelernten Typsicherheit bewahrenden Trick, intern den Typ Object zu verwenden und Klassen-intern mit Typecasts zu arbeiten.

```java
public class Array<T> {

    private final static int START_CAPACITY = 2;

    private Object[] elements; // Elemente

    private int next; // naechster freier Index

    // initialisiert ein Array mit einer bestimmten
    // Startkapazitaet von Elementen
    public Array() {
        this.elements = new Object[Array.START_CAPACITY];
        this.next = 0;
    }

    // fuegt obj an das Array hinzu
    public void add(T obj) {
        if (this.next >= this.elements.length) {

            // elements wird gegen ein doppelt so grosses Array
            // ausgetauscht
            Object[] newElements =
                new Object[this.elements.length * 2];
            for (int i = 0; i < this.elements.length; i++) {
                newElements[i] = this.elements[i];
            }
            this.elements = newElements;
        }
        this.elements[this.next] = obj;
        this.next = this.next + 1;
    }

    // loescht alle Vorkommen von obj im Arrays
    public void remove(T obj) {
        for (int i = 0; i < this.next; i++) {
            if (this.elements[i].equals(obj)) {

                // von hinten nach vorne verschieben
                for (int j = i; j < this.next - 1; j++) {
                    this.elements[j] = this.elements[j + 1];
                }
                this.next = this.next - 1;

                // rekursiv andere Vorkommen löschen
                this.remove(obj);
            }
        }
    }

    // ueberprueft, ob obj im Array enthalten ist
    public boolean contains(T obj) {
        for (int i = 0; i < this.next; i++) {
```

```java
        if (this.elements[i].equals(obj)) {
            return true;
        }
    }
    return false;
}


// liefert das im Array gespeicherte Objekt am angegebenen
// Index
public T get(int index) {
    if (index >= this.next) {
        throw new ArrayIndexOutOfBoundsException(index);
    }
    return (T) this.elements[index];
}


// ersetzt das im Array am angegebenen Index gespeicherte
// Objekt durch das als Parameter uebergebene Objekt;
// liefert das vorher am angegebenen Index gespeicherte
// Objekt
public T set(int index, T obj) {
    if (index >= this.next) {
        throw new ArrayIndexOutOfBoundsException(index);
    }
    T res = this.get(index);
    this.elements[index] = obj;
    return res;
}


// liefert die aktuelle Anzahl von Objekten im Array
public int size() {
    return this.next;
}


// ueberprueft, ob das Array leer ist
public boolean isEmpty() {
    return this.size() == 0;
}


// loescht das Array
public void clear() {
    this.next = 0;
}


// liefert ein komplett gefülltes Java-Array mit den Objekten
// des Arrays
public Object[] toArray() {
    Object[] res = new Object[this.next];
    for (int i = 0; i < this.next; i++) {
        res[i] = this.elements[i];
    }
    return res;
```

```
    }

    // fuellt das Parameter-Array so weit wie möglich mit den
    // Objekten des Arrays
    public void toArray(T[] a) {
        for (int i = 0; i < a.length && i < this.next; i++) {
            a[i] = (T) this.elements[i];
        }
    }
}
```

Zusätzlich zu der Klasse Array definieren wir eine Klasse Arrays, die weitere nützliche generische Klassenmethoden zur Handhabung von Arrays zur Verfügung stellt.

```
public class Arrays {

    // ersetzt alle Elemente des Arrays durch obj
    public static <T> void replace(Array<? super T> array, T obj) {
        for (int i = 0; i < array.size(); i++) {
            array.set(i, obj);
        }
    }

    // fuegt alle angegebenen Elemente dem Array hinzu
    public static <T> void addAll(Array<? super T> array,
            T... elements) {
        for (T element : elements) {
            array.add(element);
        }
    }
}
```

Was die Klasse Arrays auch zeigt, ist eine sinnvolle Verwendung der Lower-Bound-Wildcard. Gegeben beispielsweise ein Array<Object>-Objekt und ein Array<Integer>-Objekt. Dann können in den Arrays Integer-Objekte Object-Objekte aus Polymorphie-Gründen ersetzen, nicht aber umgekehrt. Weiterhin können mittels des Autoboxing erzeugte Integer-Objekte sowohl dem Array<Integer>- als auch dem Array<Object>-Objekt hinzugefügt werden. Es ist jedoch nicht möglich, dem Array<Integer>-Objekt ein Object-Objekt hinzuzufügen.

```
void main() {
    Array<Object> objects = new Array<Object>();
    Array<Integer> ints = new Array<Integer>();

    // ...

    Arrays.replace(ints, new Integer(0));
    Arrays.replace(objects, new Integer(0));
    // Arrays.replace(ints, new Object()); // nicht moeglich

    Arrays.addAll(ints, 45, 33, -78);
    Arrays.addAll(objects, 2, new Object(), 55);
    // Arrays.addAll(ints, 33, 21, new Object()); // nicht moeglich
}
```

15.7.3 Beispielprogramm 3

Wie ist prinzipiell ein Englisch-Deutsch-Wörterbuch aufgebaut? Es besteht aus einer Tabelle mit zwei Spalten. In der ersten Spalte stehen die englischen Wörter und in der zweiten Spalte steht jeweils deren deutsche Übersetzung. Wenn Sie einen englischen Text lesen und ein Wort nicht kennen, suchen Sie in dem Wörterbuch in der ersten Spalte nach dem Wort und können dann in der zweiten Spalte dessen Übersetzung ablesen.

Verallgemeinern lassen sich derartige Wörterbücher zu so genannten *Maps* (englisch: Zuordnungen, Verzeichnisse). Maps speichern eine Menge von Zuordnungspaaren. Jedes Paar besteht aus einem so genannten *Schlüssel* (Key), dem ein *Wert* (Value) zugeordnet ist. Die Schlüssel sind eindeutig. Will man einen Wert aus der Map abrufen, kann man dies über seinen Schlüssel tun.

Die folgende generische Klasse Map erlaubt das Abspeichern von Schlüssel-Wert-Paaren und den Abruf von Werten über den entsprechenden Schlüssel. Die Klasse definiert zwei Typ-Parameter K und V für den Typ des Schlüssels (K) und den Typ des Wertes (V). Zum Speichern wird die Klasse Array aus Beispielprogramm 2 genutzt.

Über die Methode put lassen sich Schlüssel-Wert-Paare in einer Map abspeichern. Da Schlüssel eindeutig sein müssen, wird ein Paar mit einem gleichen Schlüssel, falls ein solches vorhanden ist, zunächst gelöscht. Anschließend wird ein Objekt einer generischen Hilfsklasse Pair erzeugt und im Array über dessen add-Methode gespeichert.

Die Methode get durchsucht das Array nach einem als Parameter übergebenen Schlüssel. Wird ein Paar mit einem solchen Schlüssel gefunden, wird der dem Schlüssel zugeordnete Wert geliefert. Ansonsten wird der Wert null zurückgegeben.

Die Methode remove löscht ein Schlüssel-Wert-Paar aus der Map und mit Hilfe der Methode contains kann nachgefragt werden, ob ein Paar mit einem bestimmten Schlüssel in der Map abgespeichert ist. Diese beiden Methoden leiten die Anfrage unmittelbar an das Array-Objekt weiter. Schauen Sie sich dessen Methoden remove und contains in Beispielprogramm 2 noch einmal an. Zum Vergleichen nutzen beide die equals-Methode der Klasse Object. Diese wird aber von der Klasse Pair überschrieben und somit dynamisch gebunden. Zwei Pair-Objekte sind gleich, wenn ihre Schlüssel übereinstimmen.

```java
public class Map<K, V> {

    private Array<Pair<K, V>> entries;

    public Map() {
        this.entries = new Array<Pair<K, V>>();
    }

    public void put(K key, V value) {
        this.remove(key); // vorsorglich loeschen
        this.entries.add(new Pair<K, V>(key, value));
    }

    public V get(K key) {
        for (int i = 0; i < this.entries.size(); i++) {
            Pair<K, V> pair = this.entries.get(i);
            if (pair.getKey().equals(key)) {
                return pair.getValue();
```

```
                }
            }
            return null;
        }

    public void remove(K key) {
        this.entries.remove(new Pair<K, V>(key, null));
    }

    public boolean contains(K key) {
        return this.entries.contains(new Pair<K, V>(key, null));
    }
}

class Pair<K, V> {
    private K key;

    private V value;

    Pair(K k, V v) {
        this.key = k;
        this.value = v;
    }

    K getKey() {
        return this.key;
    }

    V getValue() {
        return this.value;
    }

    // ueberschreiben der Object-equals-Methode
    public boolean equals(Object obj) {
        // 2 Pair-Objekte sind gleich, wenn ihre Schluessel
        // gleich sind
        Pair<K, V> pair = (Pair<K, V>) obj;
        return this.key.equals(pair.key);
    }

    // ueberschreiben der Object-hashCode-Methode
    public int hashCode() {
        return this.key.hashCode();
    }
}
```

Im folgenden Hamster-Programm wird die Klasse Map zweifach eingesetzt. Die erste Map dient als Verzeichnis möglicher Hamster-Aktionen und ordnet einem String (Befehlsname) eine entsprechende Hamster-Aktion zu. Eine zweite Map repräsentiert ein Verzeichnis erzeugter Hamster und ordnet einem String (Hamster-Name) einen Hamster zu.

Nach der Initialisierung des Aktionsverzeichnisses wird der Benutzer im ersten Teil des Programms nach Hamster-Namen gefragt. Gibt er einen Namen ein, wird ein neuer Hamster erzeugt, dem entsprechenden Namen zugeordnet und im Hamster-Verzeichnis eingetragen.

Im zweiten Teil wird der Benutzer wiederum nach Namen gefragt. Im Hamster-Verzeichnis wird der dem Namen zugeordnete Hamster ermittelt. Anschließend kann der Benutzer einen String eingeben, der einem Hamster-Befehl entspricht. Die zugeordnete Aktion wird im Aktionsverzeichnis abgerufen und für den entsprechenden Hamster aufgerufen.

```
interface HamsterAktion {
    public void ausfuehren(Hamster hamster);
}
class VorAktion implements HamsterAktion {
    public void ausfuehren(Hamster hamster) {
        hamster.vor();
    }
}

class LinksUmAktion implements HamsterAktion {
    public void ausfuehren(Hamster hamster) {
        hamster.linksUm();
    }
}

class NimmAktion implements HamsterAktion {
    public void ausfuehren(Hamster hamster) {
        hamster.nimm();
    }
}

class GibAktion implements HamsterAktion {
    public void ausfuehren(Hamster hamster) {
        hamster.gib();
    }
}

void main() {
    // Aktionsverzeichnis fuellen
    Map<String, HamsterAktion> aktionsVerzeichnis =
        new Map<String, HamsterAktion>();
    aktionsVerzeichnis.put("vor", new VorAktion());
    aktionsVerzeichnis.put("linksUm", new LinksUmAktion());
    aktionsVerzeichnis.put("nimm", new NimmAktion());
    aktionsVerzeichnis.put("gib", new GibAktion());

    Map<String, Hamster> hamsterVerzeichnis =
        new Map<String, Hamster>();

    Hamster paul = Hamster.getStandardHamster();

    // Erfassung der Hamster
    boolean ende = false;
    while (!ende) {
        String name = paul
```

```
                    .liesZeichenkette("Neuer Name (oder ende): ");
        if (name.equals("ende")) {
            ende = true;
        } else if (hamsterVerzeichnis.contains(name)) {
            paul.schreib("Hamstername " + name
                    + " ist bereits vergeben!");
        } else {
            Hamster hamster = new Hamster(paul);
            hamsterVerzeichnis.put(name, hamster);
        }
    }


    // Hamstersteuerung
    ende = false;
    while (!ende) {

        // Namenseingabe
        String name = paul
                .liesZeichenkette("Hamstername (oder ende): ");
        if (name.equals("ende")) {
            ende = true;
        } else {
            Hamster hamster = hamsterVerzeichnis.get(name);
            if (hamster == null) {
                paul.schreib("Einen Hamster mit dem Namen "
                        + name + " gibt es nicht!");
            } else {

                // Befehlseingabe
                String befehl = paul
                        .liesZeichenkette("Befehl: ");
                HamsterAktion aktion = aktionsVerzeichnis
                        .get(befehl);
                if (aktion == null) {
                    paul.schreib("Hamster kennen den Befehl "
                            + befehl
                            + " leider nicht!");
                } else {
                    aktion.ausfuehren(hamster);
                }
            }
        }
    }
}
```

15.8 Aufgaben

Haben Sie das Konzept der Generics verstanden? Wenn ja, dann sollten Sie problemlos die folgenden Aufgaben lösen können.

15.8.1 Aufgabe 1

Beim Hamster-Problem in Beispielprogramm 1 in Abschnitt 15.7.1 verliert Hamster julia Körner. In dieser Aufgabe wird das Problem so abgeändert, dass sie keine Körner sondern „Hamster verliert". Genauer gesagt erzeugt sie auf den entsprechenden Kacheln Hamster. Diese (nicht deren Positionen) soll sie dann in einem entsprechend zu typisierenden Objekt der Klasse Speicher abspeichern. Hamster romeo soll den Speicher dazu nutzen, auf dem demselben Weg, den auch julia gelaufen ist, zu ihr zurückzukehren.

15.8.2 Aufgabe 2

Ergänzen Sie die Klasse Arrays aus Beispielprogramm 2 in Abschnitt 15.7.2 um zwei weitere generische Methoden.

```
public class Arrays {

    // fuegt alle Elemente des from-Arrays dem to-Array hinzu
    public static <T> void addAll(Array<? super T> to,
            Array<? extends T> from)

    // liefert das kleinste Element des Arrays bez. des
    // uebergebenen Comparators
    public static <T> T min(Array<? extends T> array,
            Comparator<? super T> comp)
}

interface Comparator<T> {
    // liefert einen Wert kleiner 0, falls o1 kleiner o2 ist;
    // liefert einen Wert groesser 0, falls o1 groesser o2 ist;
    // liefert 0, falls o1 gleich o2 ist
    public int compare(T o1, T o2);
}
```

15.8.3 Aufgabe 3

Ändern Sie das Beispielprogramm 3 in Abschnitt 15.7.3 so ab, dass der Benutzer anstelle von Hamster-Namen Nummern (int-Werte) eingibt, denen dann erzeugte Hamster zugeordnet werden, d.h. die Hamster-Verzeichnis-Map besitzt als Schlüsseltyp den Typ Integer.

15.8.4 Aufgabe 4

In Kapitel 11.8 wurde eine Klasse Stapel zum Speichern von Object-Objekten definiert. Anhand dieser Klasse wurde die flexible Wiederverwendbarkeit von Klassen durch Einsatz der Polymorphie demonstriert. Mit Hilfe des Generics-Konzeptes wird nun die Flexibilität noch weiter erhöht. Definieren Sie eine analoge generische Klasse Stapel mit einem formalen Typ-Parameter T. Passen Sie ferner die beiden Beispielprogramme des Kapitels 11.8 sowie das Beispielprogramm aus Kapitel 11.9 an die neue generische Klasse an.

15.8.5 Aufgabe 5

Ergänzen Sie die Klasse `Arrays` aus Beispielprogramm 2 in Abschnitt 15.7.2 um folgende weitere Methoden:

```
public class Arrays {

    // durchmischt das Array zufaellig
    public static void shuffle(Array<?> array)

    // tauscht die Elemente des Arrays an den angegebenen Indizes
    public static void swap(Array<?> array, int index1, int index2)

    // rotiert die Elemente des Arrays um eine bestimmte Distanz
    // nach rechts;
    // nach Ausfuehrung der Methode befindet sich das Element an
    // Index i nun am Index (i + distance) % array.size(),
    public static void rotate(Array<?> array, int distance)

    // dreht die Anordnung der Elemente innerhalb des Arrays um
    public static void reverse(Array<?> array)

    // liefert genau dann true, wenn die beiden Arrays kein
    // gemeinsames Element haben
    public static boolean disjoint(Array<?> array1,
            Array<?> array2)

}
```

15.8.6 Aufgabe 6

Ergänzen Sie die Klasse `Array` aus Beispielprogramm 2 in Abschnitt 15.7.2 um eine Methode `public Iterator<T> iterator()`. Die Methode soll ein Objekt einer zu definierenden Klasse erzeugen und liefern, die das folgende Interface implementiert:

```
public interface Iterator<T> {
    public boolean hasNext();

    public T next();
}
```

Ein Iterator ist dabei ein Konstrukt, das es erlaubt, nacheinander alle Elemente einer Menge zu liefern (jeweils durch Aufruf der Methode `next`) bzw. zu überprüfen, ob bereits alle Elemente der Menge geliefert wurden (über die Methode `hasNext`). Über eine Schleife folgender Art können bspw. über einen Iterator nacheinander alle Elemente eines Arrays auf den Bildschirm ausgegeben werden:

```
void main() {
    Array<Integer> speicher = new Array<Integer>();
    // ...
    Iterator<Integer> iter = speicher.iterator();
    while (iter.hasNext()) {
```

```
            int wert = iter.next();
            Hamster.getStandardHamster().schreib("" + wert);
    }
}
```

15.8.7 Aufgabe 7

Versehen Sie analog zu Aufgabe 6 auch die Klasse `Stapel` aus Aufgabe 4 mit einem Iterator. Die im Stapel gespeicherten Elemente sollen dabei von oben nach unten geliefert werden.

15.8.8 Aufgabe 8

Definieren Sie eine generische Klasse `Menge`. Die Klasse soll Methoden zum Abspeichern von Werten, Abfragen von Werten sowie Mengenfunktionen wie Schnittmenge, Vereinigung und Differenz zur Verfügung stellen. Mengen zeichnen sich dadurch aus, dass sie keine Duplikate enthalten.

Kapitel 16
Java-Klassenbibliothek

Einer der Gründe, die der Programmiersprache Java zu ihrem Erfolg und ihrer Verbreitung verholfen haben, ist die Existenz einer standardisierten Klassenbibliothek mit einer Vielzahl von nützlichen vordefinierten Klassen für unterschiedlichste Zwecke. Jeder, der Java nutzt, kann sich darauf verlassen, dass diese Klassen tatsächlich vorhanden sind. Bezüglich der Schnittstelle der Bibliothek zum Programmierer spricht man auch von der *Java-API* (Application Programming Interface).

Die Java-Klassenbibliothek ist von Version zu Version von Java gewachsen. Sie ist inzwischen so komplex, dass es wohl kaum einen Programmierer gibt, der sie vollständig beherrscht. Im Folgenden wird ein kurzer Überblick über die wichtigsten Pakete der Klassenbibliothek von Java SE 6 gegeben, anschließend schauen wir uns einzelne Pakete anhand kurzer Beispielprogramme etwas genauer an. Viele Beispielprogramme nutzen dabei die erweiterte Hamster-Klasse `AllroundHamster` aus Kapitel 7.10.

- Paket `java.lang`: Menge von Java-Basisklassen, wie die Klassen `Object` und `String`.

- Paket `java.util`: Menge von häufig benötigten nützlichen Klassen, wie spezielle Speicherklassen (`Stack`, `ArrayList`, ...), Klassen zum Umgang mit Datum und Uhrzeit (`Calendar`, ...) und bspw. eine Klasse `Random` zum Generieren von Zufallszahlen.

- Paket `java.io`: Klassen für eine flexible Ein- und Ausgabe mittels so genannter *Datenströme*.

- Pakete `java.awt` und `javax.swing`: Klassen zur Entwicklung graphisch-interaktiver Benutzungsoberflächen.

- Paket `java.applet`: Klassen für die Entwicklung von Java-Applets. Das sind Java-Programme, die in HTML-Seiten eingebunden und von WWW-Browsern ausgeführt werden können.

- Pakete `java.net` und `java.rmi`: Klassen für die Entwicklung verteilter Programme. Das sind Programme, die auf unterschiedlichen Computern laufen und miteinander über Netzwerke kommunizieren können.

- Pakete `java.security` und `javax.crypto`: Klassen für die Realisierung von Sicherheitsaspekten (Zugriffsschutz, Rechteverwaltung, Authentifizierung, Verschlüsselung, ...)

- Paket `java.sql`: Klassen für den Zugriff auf Datenbanken aus Java-Programmen heraus.

- Paket `java.text`: Unterstützung für Programme, die Unterschiede bezüglich bestimmter Nationalitäten berücksichtigen wollen.

- Paket `java.beans`: Unterstützung für komponentenorientierte Programmierung mit so genannten *Java-Beans* (Bohnen).

- Pakete `javax.sound.mid` und `javax.sound.sampled`: Klassen für den Umgang mit Audio-Daten.

- Paket `javax.xml`: Klassen für die Verarbeitung von XML-Daten.

Eine vollständige Beschreibung der Klassenbibliothek findet sich im WWW unter `http://java.-sun.com/reference/api/index.html`. Sehr ausführlich geht das „Handbuch der Java-Programmierung" [Krü07], das über `http://www.javabuch.de` in einer HTML-Version kostenlos bezogen werden kann, auf die Nutzung der Klassen ein. Ebenfalls empfehlenswert ist das Buch „Java ist auch eine Insel" [Ull09], für das es eine kostenlose Online-Version unter `http://openbook.galileocomputing.de/javainsel8/` gibt. Auch die Firma Sun selbst stellt unter `http://java.sun.com/docs/books/tutorial/index.html` ausführliche Tutorials zur Verfügung.

16.1 Das Paket `java.lang`

Das Paket `java.lang` definiert Basisklassen, die für den Umgang mit Java essentiell sind. Einige Klassen dieses Paketes kennen Sie bereits, wie etwa die Klasse `Object` (siehe Kapitel 11.7) oder die Klasse `String` (siehe Kapitel 10.1) .

Sie fragen sich nun vielleicht (bzw. hoffentlich): Wenn diese Klassen in einem fremden Paket definiert sind, wieso musste ich denn die Klassen nie importieren bzw. den vollständigen Klassennamen, also bspw. `java.lang.String`, verwenden? Die Antwort: Das Paket `java.lang` nimmt diesbezüglich einen Sonderstatus ein. Klassen dieses Paketes brauchen nicht explizit importiert werden.

Auch die Wrapper-Klassen `Integer` und `Boolean`, die in Kapitel 11.9 eingeführt worden sind, entstammen dem Paket `java.lang`. Neben der Möglichkeit, Werte vom Standarddatentyp in Werte eines entsprechenden Klassendatentyps umzuwandeln und umgekehrt (Autoboxing/Unboxing), bieten die Wrapper-Klassen auch noch nützliche Methoden zum Umwandeln von Strings in Werte von Standarddatentypen bzw. deren Wrapper-Klassen.

```java
public class Integer {

    // wandelt einen int-Wert um in ein entsprechendes Integer-Objekt
    public Integer(int zahl)

    // wandelt einen String um in ein entsprechendes Integer-Objekt;
    // falls der String keinem gueltigen int-Wert entspricht, wird
    // eine NumberFormatException geworfen
    public Integer(String s)
        throws NumberFormatException

    // wandelt einen String um in einen entsprechenden int-Wert;
    // falls der String keinem gueltigen int-Wert entspricht, wird
    // eine NumberFormatException geworfen
    public static int parseInt(String s)
                    throws NumberFormatException

    // wandelt ein Integer-Objekt in einen String um
    public String toString()

    ...
}

public class Boolean {
```

```
    // wandelt einen boolean-Wert um in ein entsprechendes
    // Boolean-Objekt
    public Boolean(boolean value)

    // wandelt einen String um in ein entsprechendes Boolean-Objekt;
    // falls der String 'true' ist (Groß-/Kleinschreibung ist egal),
    // wird ein Boolean-Objekt erzeugt, das den Wert true
    // repraesentiert, andernfalls wird ein Boolean-Objekt mit dem
    // Wert false erzeugt
    public Boolean(String s)

    // wandelt einen String um in einen entsprechenden boolean-Wert;
    // falls der String 'true' ist (Groß-/Kleinschreibung ist egal),
    // wird der Wert true geliefert, andernfalls wird false geliefert
    public static boolean parseBoolean(String s)

    // wandelt ein Boolean-Objekt in einen String
    public String toString()


    ...
}
```

Die folgende erweiterte Hamster-Klasse BooleanHamster nutzt die Klasse Boolean, um Boolean-Hamster neben den beiden Lese-Methoden liesZeichenkette und liesZahl auch noch mit einer Methode liesBoolean auszustatten. Wenn der Benutzer den String „true" – unabhängig von Groß- oder Kleinschreibung – eingibt, liefert die Methode true, ansonsten false.

```
public class BooleanHamster extends Hamster {

    public BooleanHamster(int r, int s, int b, int k) {
        super(r, s, b, k);
    }

    public boolean liesBoolean(String aufforderung) {
        String eingabe = this.liesZeichenkette(aufforderung);
        return Boolean.parseBoolean(eingabe);          .
    }
}
```

Eine weitere nützliche Klasse des Paketes java.lang ist die Klasse Math, die Methoden für mathematische Funktionen, wie die Exponentialfunktion, die Logarithmusfunktion oder trigonometrische Funktionen zur Verfügung stellt. Aus dieser Klasse kennen Sie auch schon die Klassenmethode random, die Zufallszahlen als double-Werte zwischen 0.0 (einschließlich) und 1.0 (ausschließlich) generiert und liefert.

Ebenfalls in diesem Paket definiert wird eine Klasse Thread, die die Basis für die parallele Programmierung mit Java-Threads und damit für den dritten Band der Java-Hamster-Bücher [Bol08a] bildet (siehe auch Kapitel 17.3). Objekten der Klasse Thread kann ein leicht-gewichtiger Prozess – ein so genannter *Thread* – zugeordnet werden, der nebenläufig zu anderen Threads innerhalb eines Java-Programms abgearbeitet wird.

16.2 Utilities

Das Paket `java.util` stellt eine Vielzahl nützlicher Klassen und Interfaces (englisch: *Utilities*) für alle möglichen Aspekte der Programmierung zur Verfügung. Wir werden uns aus dem Paket etwas genauer die Klassen für die Handhabung von Uhrzeiten und Zufallszahlen, Klassen für die Realisierung des so genannten *Observer-Musters* und die Collection-Klassen anschauen.

16.2.1 Zufallszahlen

Zur Generierung von Zufallszahlen haben wir bisher die Klassenmethode `random` der Klasse `java.lang.Math` benutzt. Sie liefert Zufallswerte des Typs `double` zwischen 0.0 (einschließlich) und 1.0 (ausschließlich). Die Klasse `Random` aus dem Paket `java.util` definiert weitere Methoden zum Umgang mit Zufallszahlen.

```
package java.util;

public class Random {

    // initialisiert ein Random-Objekt mit einem bestimmten seed
    public Random(long seed)

    // initialisiert ein Random-Objekt mit einem unbekannten seed
    public Random()

    // liefert einen zufaelligen boolean-Wert
    public boolean nextBoolean()

    // liefert einen zufaelligen int-Wert
    public int nextInt()

    // liefert einen zufaelligen int-Wert zwischen 0
    // (einschließlich) und n (ausschließlich)
    public int nextInt(int n)

    ...
}
```

Zwei Random-Objekte mit demselben „Seed" liefern dieselben Zufallswerte in derselben Reihenfolge. Der Konstruktor mit dem Seed-Parameter kann daher bspw. bei Tests eingesetzt werden, damit die Testbedingungen bei mehreren Programmausführungen identisch sind. Bei einem mauerlosen Territorium mit 10 Reihen und 14 Spalten läuft bspw. der Hamster im folgenden Hamster-Programm immer zur Kachel mit den Koordinaten (Reihe = 7/ Spalte = 1), auch wenn hier mit Zufallszahlen gearbeitet wird.

```
import java.util.Random;

void main() {
    AllroundHamster paul = new AllroundHamster(Hamster
            .getStandardHamster());
    Random zufall = new Random(1000);
```

```
    int reihe = zufall
            .nextInt(Territorium.getAnzahlReihen());
    int spalte = zufall.nextInt(Territorium
            .getAnzahlSpalten());
    paul.laufeZuKachel(reihe, spalte);
}
```

16.2.2 Uhrzeit und Datum

Java stellt im JDK-Paket `java.util` für den Umgang mit Uhrzeiten und Datum die Klasse `java.-util.Calendar` zur Verfügung. Die wichtigsten Elemente der Klasse werden im Folgenden aufgeführt:

```
public abstract class Calendar {

    // Konstanten fuer Monate
    public static final int JANUARY
    public static final int FEBRUARY
    public static final int MARCH
    public static final int APRIL
    public static final int MAY
    public static final int JUNE
    public static final int JULY
    public static final int AUGUST
    public static final int SEPTEMBER
    public static final int OCTOBER
    public static final int NOVEMBER
    public static final int DECEMBER

    // Wochentage
    public static final int SUNDAY
    public static final int MONDAY
    public static final int TUESDAY
    public static final int WEDNESDAY
    public static final int THURSDAY
    public static final int FRIDAY
    public static final int SATURDAY

    // Felder
    public static final int YEAR          [.. 2005 ..]
    public static final int MONTH         [JANUARY .. DECEMBER]
    public static final int DAY_OF_MONTH  [1 .. 31]
    public static final int HOUR_OF_DAY   [0 .. 23]
    public static final int MINUTE        [0 .. 59]
    public static final int SECOND        [0 .. 59]
    public static final int MILLISECOND   [0 .. 999]
    public static final int WEEK_OF_YEAR  [1 ..]
    public static final int WEEK_OF_MONTH [1.. ]
    public static final int DAY_OF_YEAR   [1 ..]
    public static final int DAY_OF_WEEK   [SUNDAY .. SATURDAY]
```

```
    // Methoden
    // liefert aktuelles Calendar-Objekt
    public static Calendar getInstance()

    // zum Veraendern von Werten einzelner Felder
    public void set(int feld, int wert)
    public void add(int feld, int betrag)

    // zum Abfragen des Wertes eines bestimmten Feldes
    public int get(int feld)

    // zum Vergleich von Calendar-Objekten
    public boolean equals(Object kalender)
    public boolean after(Object kalender)
    public boolean before(Object kalender)

    // Abfragen der Millisekunden seit dem 01.01.1970
    // (00:00:00.000 GMT)
    public long getTimeInMillis()
}
```

Die Klasse Calendar ist abstrakt und besitzt auch keinen public-Konstruktor. Um ein mit dem aktuellen Datum und der aktuellen Uhrzeit initialisiertes Objekt der Klasse zu erhalten, muss die Klassenmethode getInstance aufgerufen werden. Für die einzelnen Bestandteile (Jahr, Monat, Tag, Stunde, Minute, Sekunde, Millisekunde) von Daten und Uhrzeiten definiert die Klasse so genannte *Felder-Konstanten*. Die Werte der Felder eines Calendar-Objektes können mit einer set- bzw. add-Methode verändert und mittels einer get-Methode abgefragt werden. Zum Vergleich von Calendar-Objekten gibt es die Methoden equals, after und before.

Ein Hamster-Programm, in dem überprüft wird, ob die aktuelle Uhrzeit vor dem Mittag (12.00 Uhr) liegt, hat bspw. folgende Gestalt:

```
import java.util.Calendar;

void main() {
    Calendar uhr = Calendar.getInstance();
    int aktuelleStunde = uhr.get(Calendar.HOUR_OF_DAY);
    if (aktuelleStunde < 12) {
        Hamster.getStandardHamster().schreib(
                "Es ist noch kein Mittag!");
    } else {
        Hamster.getStandardHamster().schreib(
                "Mittag ist bereits vorbei!");
    }
}
```

Eine alternative Lösung zeigt das folgende Programm:

```
import java.util.Calendar;

void main() {
    // repraesentiert Mittags 12.00 Uhr
    Calendar mittag = Calendar.getInstance();
```

```
    mittag.set(Calendar.HOUR_OF_DAY, 12);
    mittag.set(Calendar.MINUTE, 0);
    mittag.set(Calendar.SECOND, 0);
    mittag.set(Calendar.MILLISECOND, 0);

    Calendar uhr = Calendar.getInstance();
    if (uhr.before(mittag)) {
        Hamster.getStandardHamster().schreib(
                "Es ist noch kein Mittag!");
    } else {
        Hamster.getStandardHamster().schreib(
                "Mittag ist bereits vorbei!");
    }
}
```

16.2.3 Observer-Muster

Ein wichtiges Prinzip der objektorientierten Softwareentwicklung ist eine lose Kopplung von Klassen. Insofern Klassen möglichst wenig über andere Klassen wissen müssen, können Sie nachträglich noch unabhängig voneinander verändert werden. Das erhöht die Wiederverwendbarkeit von Klassen und unterstützt, dass sich Programme einfacher an geänderte Anforderungen anpassen lassen.

Ein allgemein gültiges Muster, das eine lose Kopplung von Klassen unterstützt, ist das so genannte *Observer-Muster* oder *Beobachter-Muster*. Bei diesem Muster informiert ein beobachtetes Objekt es beobachtende Objekte über bestimmte Aspekte, wie Zustandsveränderungen. Bei Verwendung des Musters lassen sich verschiedenste Objekte miteinander verbinden, ohne viel voneinander wissen zu müssen.

Zur Umsetzung des Observer-Musters stellt das Paket `java.util` die Klasse `Observable` und das Interface `Observer` zur Verfügung. Objekte, die beobachtet werden sollen, müssen von Klassen erzeugt werden, die von der Klasse `Observable` abgeleitet sind, und Objekte, die beobachten wollen, müssen von Klassen erzeugt werden, die das Interface `Observer` implementieren.

```
public interface Observer {
    public void update(Observable o, Object arg);
}

public class Observable {
    public void addObserver(Observer o)
    public void deleteObserver(Observer o)
    public void deleteObservers()
    protected void setChanged()
    public void notifyObservers()
    public void notifyObservers(Object arg)
    ...
}
```

Observer-Objekte müssen über die Methode `addObserver` beim Observable-Objekt registriert werden. Tritt ein Zustand ein, der für die Observer-Objekte von Interesse sein könnte, ruft das Observable-Objekt zunächst seine `setChanged`-Methode und anschließend eine der beiden `notifyOb-`

servers-Methoden auf. Bei der zweiten notifyObservers-Methode kann noch ein Objekt übergeben werden, dass bestimmte Informationen kapselt.

Was beim Aufruf der beiden notifyObservers-Methoden intern passiert, ist, dass für alle aktuell registrierten Observer-Objekte deren (dynamisch gebundene) Methode update aufgerufen wird. Als erster Parameter wird ihr die Referenz auf das Observable-Objekt und als zweiter Parameter das Informationen-kapselnde Objekt bzw. null übergeben.

Im folgenden Hamster-Programm wird das Observer-Muster eingesetzt. Ein Hamster der Klasse SuchHamster fungiert als Observable-Objekt, der interessierte andere Hamster darüber informiert, wenn er ein Korn gefunden hat. Wie diese die Information nutzen, ist ihm aber prinzipiel egal. Er muss auch den Typ der ihn beobachtenden Hamster nicht kennen. Zwei Hamster der Klasse FaulerHamster beobachten ihn und nutzen seine Informationen aus, um zu den entsprechenden Körnerkacheln zu gelangen.

```java
import java.util.Observable;
import java.util.Observer;

class Kachel {
    private int reihe;
    private int spalte;

    Kachel(int r, int s) {
        this.reihe = r;
        this.spalte = s;
    }

    int getReihe() {
        return this.reihe;
    }

    int getSpalte() {
        return this.spalte;
    }
}

class SuchHamster extends Observable {
    Hamster hamster;

    SuchHamster(Hamster ham) {
        this.hamster = new Hamster(ham);
    }

    void reiheAbsuchen() {
        while (this.hamster.vornFrei()) {
            this.hamster.vor();
            if (this.hamster.kornDa()) {
                this.setChanged();
                this.notifyObservers(new Kachel(this.hamster
                    .getReihe(), this.hamster.getSpalte()));
            }
        }
    }
}
```

```
}

class FaulerHamster extends AllroundHamster implements Observer {

    FaulerHamster(int r, int s, int b, int k) {
        super(r, s, b, k);
    }

    public void update(Observable o, Object arg) {
        Kachel kachel = (Kachel) arg;
        this.laufeZuKachel(kachel.getReihe(), kachel.getSpalte());
        if (this.kornDa()) {
            this.nimm();
        }
    }
}

void main() {
    SuchHamster paul = new SuchHamster(Hamster
            .getStandardHamster());
    FaulerHamster willi = new FaulerHamster(0, 0,
            Hamster.OST, 0);
    paul.addObserver(willi);
    FaulerHamster karl = new FaulerHamster(Territorium
            .getAnzahlReihen() - 1, Territorium
            .getAnzahlSpalten() - 1, Hamster.NORD, 0);
    paul.addObserver(karl);

    paul.reiheAbsuchen();
}
```

An diesem Beispiel können Sie auch einen Nachteil davon erkennen, dass die Klasse Observable in Java als Klasse realisiert ist. Da Java keine Mehrfachvererbung unterstützt, muss die Klasse SuchHamster entweder von der Klasse Hamster oder von der Klasse Observable abgeleitet sein und die andere Klasse jeweils über ein Sub-Objekt und Delegation von Methodenaufrufen einbinden. Da jedoch die Methode setChanged der Klasse Observable als protected deklariert ist, bleibt einem Programmierer keine andere Wahl als von Observable abzuleiten. Damit ist ein Objekt der Klasse SuchHamster leider eigentlich gar kein richtiger Hamster.

16.2.4 Collections

Als *Collection-Klassen* werden in Java Klassen bezeichnet, die „Ansammlungen" von Objekten speichern können. Sier kennen derartige Klassen bereits, bspw. die Klasse Speicher aus Kapitel 15.7.1, die Klasse Array aus Kapitel 15.7.2, die Klasse Map aus Kapitel 15.7.3 und die Klasse Stapel aus Kapitel 11.8. Da derartige Klassen sehr häufig benutzt werden, stellt Java sie im Paket java.util standardmäßig zur Verfügung.

Mit Version 5 von Java wurden die Collection-Klassen auf das neue Generics-Konzept umgestellt. Durch die Möglichkeit der Nutzung generischer Klassen in Form von Raw Types ist jedoch die Kompatibilität zu älteren Programmen gewährleistet.

Die Collection-Klassen können in vier Kategorien unterteilt werden:

- Listen (Lists)

- Schlangen (Queues)

- Mengen (Sets)

- Verzeichnisse (Maps)

16.2.4.1 Listen

Listen sind Datenstrukturen, die analog zu Arrays Objekte speichern können und erlauben, über einen numerischen Index darauf zuzugreifen. Im Unterschied zu Arrays sind Listen jedoch prinzipiell beliebig groß. Es muss keine maximale Größe bei ihrer Erzeugung angegeben werden.

Java stellt im Pakte java.util gleich drei Listen-Klassen zur Verfügung: LinkedList, ArrayList und Vector. Sie implementieren alle drei das folgende Interface List:

```java
package java.util;

public interface List<E> {

    // fuegt ein Element am Ende der Liste hinzu
    public boolean add(E element);

    // fuegt ein Element am angegebenen Index in die Liste ein
    public void add(int index, E element);

    // ersetzt das Element am angegebenen Index durch das uebergebene
    // Element; liefert das ersetzte Element
    public E set(int index, E element);

    // ueberprueft auf Basis der equals-Methode ob das uebergebene
    // Element in der Liste gespeichert ist
    public boolean contains(Object object);

    // liefert das am angegebenen Index gespeicherte Element
    public E get(int index);

    // entfernt das Element am angegebenen Index aus der Liste; alle
    // folgenden Elemente werden um einen Index nach links
    // verschoben; liefert das entfernte Element
    public E remove(int index);

    // entfernt das erste Auftreten des uebergebenen Objektes aus
    // der Liste; der Vergleich erfolgt auf der Basis der
    // equals-Methode; liefert true, wenn das Objekt entfernt wurde
    public boolean remove(Object object);

    // entfernt alle Elemente aus der Liste
    public void clear();
```

```
    // liefert die Anzahl der in der Liste gespeicherten Elemente
    public int size();

    // ueberprueft, ob die Liste leer ist
    public boolean isEmpty();


    ...

}
```

Wahrscheinlich fragen Sie sich: Wieso gibt es denn drei Klassen, die eigentlich dasselbe tun? Antwort: Die Klassen sind intern auf unterschiedliche Art und Weise implementiert und eignen sich daher für unterschiedliche Anforderungen unterschiedlich gut. Die Klasse LinkedList ist wie unsere Klasse Speicher aus Kapitel 15.7.1 als verkettete Liste realisiert. Dahingegen ist die Klasse ArrayList wie unsere Klasse Array aus Kapitel 15.7.2 durch den Austausch eines internen Arrays bei Platzmangel implementiert. Vorteil verketteter Listen ist ein schnelles Einfügen an beliebigen Stellen. Vorteil der Verwendung von Arrays ist ein schneller Zugriff auf bestimmte Elemente. Je nachdem, welcher Vorteil für Ihre Anwendungen wichtiger ist, sollten Sie sich also für die Klasse LinkedList oder die Klasse ArrayList entscheiden.

Die Klasse Vector ist nahezu identisch zur Klasse ArrayList. Sie ist jedoch dadurch, dass ihre Methoden als synchronized deklariert sind, Thread-sicher. Das spielt eine wichtige Rolle beim Arbeiten mit Threads und wird genauer im dritten Band der Java-Hamster-Bücher „Parallele Programmierung spielend gelernt mit dem Java-Hamster-Modell – Programmierung mit Java-Threads" [Bol08a] behandelt.

Das folgende Hamster-Programm demonstriert den Einsatz der Klasse java.util.ArrayList. Allround-Hamster paul legt seine Körner in einem mauerlosen Territorium ab und speichert die entsprechenden Kachel-Koordinaten in einer Liste. Allround-Hamster willi nutzt diese Liste, um alle Körner wieder einzusammeln. Die Reihenfolge, in welcher er die Körner einsammelt, ist dabei zufallsbestimmt.

Die Aufgabe und das Programm werden in den folgenden Unterabschnitten an die Eigenschaften der anderen Collection-Klassen angepasst. Alle verwenden dazu die folgende Klasse Kachel.

```
class Kachel {
    private int reihe;

    private int spalte;

    Kachel(int r, int s) {
        this.reihe = r;
        this.spalte = s;
    }

    int getReihe() {
        return this.reihe;
    }

    int getSpalte() {
        return this.spalte;
    }
```

```java
    // ueberschreiben der Methode der Klasse Object
    public int hashCode() {
        return this.reihe + this.spalte;
    }

    // ueberschreiben der Methode der Klasse Object
    public boolean equals(Object obj) {
        Kachel kachel = (Kachel) obj;
        return this.reihe == kachel.reihe
                && this.spalte == kachel.spalte;
    }
}
```

```java
import java.util.ArrayList;
import java.util.List;
import java.util.Random;

void main() {
    AllroundHamster paul = new AllroundHamster(Hamster
            .getStandardHamster());

    List<Kachel> kachelSpeicher = new ArrayList<Kachel>();

    Random zufall = new Random();
    while (!paul.maulLeer()) {
        int reihe = zufall.nextInt(Territorium
                .getAnzahlReihen());
        int spalte = zufall.nextInt(Territorium
                .getAnzahlSpalten());
        paul.laufeZuKachel(reihe, spalte);
        paul.gib();
        kachelSpeicher.add(new Kachel(reihe, spalte));
    }

    AllroundHamster willi = new AllroundHamster(Hamster
            .getStandardHamster());

    while (!kachelSpeicher.isEmpty()) {
        int index = zufall.nextInt(kachelSpeicher.size());
        Kachel kachel = kachelSpeicher.get(index);
        kachelSpeicher.remove(index);
        willi.laufeZuKachel(kachel.getReihe(), kachel
                .getSpalte());
        willi.nimm();
    }
}
```

Zu den Listen-Klassen von Java wird weiterhin die Klasse Stack gezählt, die analog zu unserer Klasse Stapel aus Kapitel 11.8 Stapel realisiert, d.h. Objekte können immer nur oben auf einen Stapel drauf gelegt und nur von oben wieder heruntergenommen werden. Dieses Prinzip wird auch *LIFO-Prinzip* genannt: „Last-In-First-Out".

```
package java.util;

public class Stack<E> {

    // ueberprueft, ob der Stack leer ist
    public boolean empty();

    // legt ein Element oben auf den Stack
    public E push(E element);

    // entfernt und liefert das oberste Element des Stacks
    public E pop();


    ...
}
```

Im folgenden Hamster-Programm nutzt Hamster willi die Klasse java.util.Stack, um die Körner, die Hamster paul abgelegt hat, in umgekehrter Reihenfolge wieder einzusammeln.

```
import java.util.Random;
import java.util.Stack;

// Klasse Kachel wie oben

void main() {
    AllroundHamster paul = new AllroundHamster(Hamster
            .getStandardHamster());

    Stack<Kachel> kachelSpeicher = new Stack<Kachel>();

    Random zufall = new Random();
    while (!paul.maulLeer()) {
        int reihe = zufall.nextInt(Territorium
                .getAnzahlReihen());
        int spalte = zufall.nextInt(Territorium
                .getAnzahlSpalten());
        paul.laufeZuKachel(reihe, spalte);
        paul.gib();
        kachelSpeicher.push(new Kachel(reihe, spalte));
    }

    AllroundHamster willi = new AllroundHamster(Hamster
            .getStandardHamster());

    while (!kachelSpeicher.isEmpty()) {
        Kachel kachel = kachelSpeicher.pop();
        willi.laufeZuKachel(kachel.getReihe(), kachel
                .getSpalte());
        willi.nimm();
    }
}
```

16.2.4.2 Schlangen

Schlangen sind spezielle Listen, auf die ausschließlich Zugriffe am Anfang und am Ende der Liste möglich sind. Schlangen arbeiten nach dem *FIFO-Prinzip*: „First-In-First-Out", d.h. es kann nur auf das Element der Ansammlung zugegriffen werden, das sich am längsten in der Queue befindet. Man kann sich das bildlich so vorstellen, dass nur Elemente am Schwanz einer Schlange hinzugefügt werden können und nur auf Elemente am Kopf der Schlange zugegriffen werden kann. Schlangen werden vor allem beim Programmieren mit Threads verwendet.

Die Klasse LinkedList kann als Schlange verwendet werden. Weiterhin stellt das Paket java.util die Klasse PriorityQueue zur Verfügung. Hierbei werden den zu speichernden Elemente Prioritäten zugeordnet, die zur Sortierung der Ansammlung genutzt werden.

Alle Schlangen implementieren das Interface Queue:

```java
package java.util;

public interface Queue<E> {

    // fuegt das uebergebene Element in die Queue ein
    public boolean offer(E e);

    // liefert das Element am Kopf der Schlange oder null, wenn die
    // Schlange leer ist
    public E peek();

    // liefert das Element am Kopf der Schlange oder null, wenn die
    // Schlange leer ist; das Element wird zugleich aus der Schlange
    // entfernt
    public E poll();

    ...
}
```

Im folgenden Hamster-Programm nutzt Hamster willi die Klasse java.util.LinkedList als Schlange, um die Körner, die Hamster paul abgelegt hat, in der Reihenfolge des Ablegens auch wieder einzusammeln.

```java
import java.util.LinkedList;
import java.util.Queue;
import java.util.Random;

// Klasse Kachel wie oben

void main() {
    AllroundHamster paul = new AllroundHamster(Hamster
            .getStandardHamster());

    Queue<Kachel> kachelSpeicher = new LinkedList<Kachel>();

    Random zufall = new Random();
    while (!paul.maulLeer()) {
        int reihe = zufall.nextInt(Territorium
```

```
                    .getAnzahlReihen());
            int spalte = zufall.nextInt(Territorium
                    .getAnzahlSpalten());
            paul.laufeZuKachel(reihe, spalte);
            paul.gib();
            kachelSpeicher.offer(new Kachel(reihe, spalte));
        }

        AllroundHamster willi = new AllroundHamster(Hamster
                .getStandardHamster());

        Kachel kachel = kachelSpeicher.poll();
        while (kachel != null) {
            willi.laufeZuKachel(kachel.getReihe(), kachel
                    .getSpalte());
            willi.nimm();
            kachel = kachelSpeicher.poll();
        }
}
```

16.2.4.3 Mengen

Mengen sind Listen, die keine Duplikate enthalten, d.h. es ist nicht möglich, in eine Menge ein
Objekt einzufügen, das dort bereits gespeichert ist. Der Duplikate-Vergleich erfolgt dabei auf der
Grundlage der equals-Methode der Klasse Object. Wichtige Mengen-Klassen des Paketes ja-
va.util sind die Klassen HashSet und TreeSet, die beide das Interface Set implementieren. Die
Klasse HashSet garantiert einen schnellen Zugriff auf gespeicherte Elemente, die Klasse TreeSet
speichert die Elemente in sortierter Reihenfolge.

```
package java.util;

public interface Set<E> {

    // fuegt das angegebene Element in die Menge ein, falls es noch
    // nicht drin ist; der Vergleich basiert auf der equals-Methode
    public boolean add(E element);

    // ueberprueft, ob das Element in der Liste ist;
    // der Vergleich basiert auf der equals-Methode
    public boolean contains(Object object);

    // liefert einen Iterator, um alle Elemente der Menge zu erhalten
    public Iterator<E> iterator();

    // loescht das angegebene Objekt aus der Menge
    // der Vergleich basiert auf der equals-Methode
    public boolean remove(Object object);

    // liefert die Anzahl an Elementen der Menge
    public int size();
```

```
    // ueberprueft, ob die Menge leer ist
    public boolean isEmpty();


    ...


}
```

Es gibt im Interface Set keine Methode, um auf bestimmte Elemente einer Menge zugreifen zu können. Um alle Elemente einer Menge zu erhalten, kann jedoch die Methode iterator genutzt werden. Sie liefert einen so genannten *Iterator*, der in Abschnitt 16.2.4.5 noch genauer vorgestellt wird.

Wenn Hamster paul im folgenden Hamster-Programm eine Kachel mehrfach besucht und dort mehrere Körner ablegt, bekommt Hamster willi das nicht mit. Er besucht jede Kachel maximal einmal und frisst dort auch nur ein Korn. Grund: Mit der Methode add wird nur dann tatsächlich ein Objekt in die Menge eingefügt, wenn es dort noch nicht vorhanden ist. Der Vergleich basiert auf der equals-Methode und die liefert in der Klasse Kachel beim Vergleich zweier Kachel-Objekte true, wenn deren Koordinaten übereinstimmen. Die Reihenfolge, in der willi die Körnerkacheln aufsucht, ist nicht vorhersehbar.

```
import java.util.HashSet;
import java.util.Iterator;
import java.util.Random;
import java.util.Set;

// Klasse Kachel wie oben

void main() {
    AllroundHamster paul = new AllroundHamster(Hamster
            .getStandardHamster());

    Set<Kachel> kachelSpeicher = new HashSet<Kachel>();

    Random zufall = new Random();
    while (!paul.maulLeer()) {
        int reihe = zufall.nextInt(Territorium
                .getAnzahlReihen());
        int spalte = zufall.nextInt(Territorium
                .getAnzahlSpalten());
        paul.laufeZuKachel(reihe, spalte);
        paul.gib();
        kachelSpeicher.add(new Kachel(reihe, spalte));
    }

    AllroundHamster willi = new AllroundHamster(Hamster
            .getStandardHamster());

    Iterator<Kachel> iter = kachelSpeicher.iterator();
    while (iter.hasNext()) {
        Kachel kachel = iter.next();
        willi.laufeZuKachel(kachel.getReihe(), kachel
                .getSpalte());
```

```
        willi.nimm();
    }
}
```

16.2.4.4 Verzeichnisse

Verzeichnisse oder Maps haben wir bereits in Kapitel 15.7.3 kennengelernt. Maps speichern eine Menge von Zuordnungspaare. Jedes Paar besteht aus einem so genannten *Schlüssel* (Key), dem ein *Wert* (Value) zugeordnet ist. Die Schlüssel sind eindeutig. Will man einen Wert aus einer Map abrufen, kann man dies über seinen Schlüssel tun.

Java definiert im Paket `java.util` zwei Klassen `HashMap` und `TreeMap`, die beide das Interface `Map` implementieren. HashMaps garantieren einen schnellen Zugriff auf gespeicherte Elemente, Tree-Maps speichern die Elemente sortiert ab.

```java
package java.util;

public interface Map<K, V> {

    // fuegt das Schluessel-Wert-Paar in die Map ein; wenn der
    // Schluessel bereits vorhanden ist, wird das alte Wert-Objekt
    // ausgetauscht; liefert gegebenenfalls das ausgetauscht
    // Wert-Objekt; ansonsten null; der Vergleich basiert auf der
    // equals-Methode des Schluessel-Objektes
    public V put(K key, V value)

    // ueberprueft, ob ein Paar mit dem Schluessel key bereits in
    // der Map vorhanden ist; der Vergleich basiert auf der
    // equals-Methode des Schluessel-Objektes
    public boolean containsKey(Object key)

    // ueberprueft, ob ein Wert-Objekt in der Map vorhanden ist;
    // der Vergleich basiert auf der equals-Methode des Wert-Objektes
    public boolean containsValue(Object value)

    // liefert das dem angegebenen Schluessel zugeordnete Wert-Objekt
    // oder null, falls kein Paar mit dem angegebenen Schluessel in
    // der Map gespeichert ist
    public V get(Object key)

    // entfernt das Paar mit dem angegebenen Schluessel aus der Map
    public V remove(Object key)

    // liefert die Anzahl an in der Map gespeicherten
    // Schluessel-Wert-Paare
    public int size()

    // ueberprueft, ob die Map leer ist
    public boolean isEmpty()
    ...
}
```

Im folgenden Hamster-Programm erfragt Hamster paul jedes Mal, wenn er ein Korn abgelegt hat,
einen Integer-Wert vom Benutzer, der als eindeutiger Identifikator der entsprechenden Körnerkachel
dient. Um alle Körner zu finden und fressen zu können, ist Hamster willi auf den Benutzer ange-
wiesen. Nur wenn sich dieser alle vergebenen Identifikatoren gemerkt hat und sie willi mitteilt,
kann er die Körnerkacheln finden und die gestellte Aufgabe bewältigen.

```java
import java.util.HashMap;
import java.util.Map;
import java.util.Random;

void main() {
    AllroundHamster paul = new AllroundHamster(Hamster
            .getStandardHamster());

    Map<Integer, Kachel> kachelSpeicher =
        new HashMap<Integer, Kachel>();

    Random zufall = new Random();
    while (!paul.maulLeer()) {
        int reihe = zufall.nextInt(Territorium
                .getAnzahlReihen());
        int spalte = zufall.nextInt(Territorium
                .getAnzahlSpalten());
        paul.laufeZuKachel(reihe, spalte);
        paul.gib();
        int id = paul.liesZahl("Identifikator: ");
        while (kachelSpeicher.containsKey(id)) {
            id = paul.liesZahl("Identifikator bereits vergeben,"
                + " neue Eingabe: ");
        }
        kachelSpeicher.put(id, new Kachel(reihe, spalte));
    }

    AllroundHamster willi = new AllroundHamster(Hamster
            .getStandardHamster());

    while (!kachelSpeicher.isEmpty()) {
        int id = willi.liesZahl("Identifikator: ");
        Kachel kachel = kachelSpeicher.get(id);
        if (kachel != null) {
            willi.laufeZuKachel(kachel.getReihe(), kachel
                    .getSpalte());
            willi.nimm();
            kachelSpeicher.remove(id);
        } else {
            willi.schreib("Ungueltiger Identifikator!");
        }
    }
}
```

16.2.4.5 Iteratoren

Die vorgestellten Interfaces List, Queue und Set erweitern das Interface Collection aus dem Paket java.util, das wiederum das Interface Iterable aus dem Paket java.lang erweitert.

```java
package java.lang;

public interface Iterable<T> {
    public Iterator<T> iterator();
}
```

Das Interface Iterable definiert eine einzelne Methode iterator, die einen so genannten *Iterator* liefert. Iteratoren sind Objekte von Klassen, die das Interface Iterator aus dem Paket java.util implementieren.

```java
package java.util;

public interface Iterator<T> {

    // liefert das naechste Element einer Iteration
    public E next()

    // ueberprueft, ob es in einer Iteration ein noch nicht
    // beruecksichtigtes Element gibt
    public boolean hasNext()

    // loescht aus einer Collection das Element, das als
    // letztes ueber die next-Methode abgefragt wurde
    public void remove()
}
```

Ein Iterator ist dabei ein Konstrukt, das es ermöglicht, nacheinander alle Elemente einer Collection zu liefern (jeweils durch Aufruf der Methode next) bzw. zu überprüfen, ob bereits alle Elemente der Collection geliefert wurden (über die Methode hasNext). In dem Beispielprogramm in Abschnitt 16.2.4.3 wurde bereits ein Iterator eingesetzt.

In Kapitel 8.11.3 haben Sie die for-each-Schleife von Java kennengelernt. Sie bietet eine einfache Möglichkeit, ein Array zu durchlaufen, sprich alle Elemente eines Arrays nacheinander genau einmal zugreifen zu können. Die for-each-Schleife kann aber nicht nur für Arrays sondern auch für alle Klassen genutzt werden, die das Interface java.lang.Iterable implementieren. Das Beispielprogramm in in Abschnitt 16.2.4.3 lässt sich damit wie folgt vereinfachen. Der Compiler setzt die for-each-Schleife intern in die Aufrufe der Iterator-Methoden um.

```java
import java.util.HashSet;
import java.util.Iterator;
import java.util.Random;
import java.util.Set;

void main() {
    AllroundHamster paul = new AllroundHamster(Hamster
            .getStandardHamster());

    Set<Kachel> kachelSpeicher = new HashSet<Kachel>();
```

```
    Random zufall = new Random();
    while (!paul.maulLeer()) {
        int reihe = zufall.nextInt(Territorium
                .getAnzahlReihen());
        int spalte = zufall.nextInt(Territorium
                .getAnzahlSpalten());
        paul.laufeZuKachel(reihe, spalte);
        paul.gib();
        kachelSpeicher.add(new Kachel(reihe, spalte));
    }

    AllroundHamster willi = new AllroundHamster(Hamster
            .getStandardHamster());

    for (Kachel kachel : kachelSpeicher) {
        willi.laufeZuKachel(kachel.getReihe(), kachel
                .getSpalte());
        willi.nimm();
    }
}
```

16.2.4.6 Die Klasse Collections

Die Klasse Collections aus dem Paket java.util stellt eine Menge nützlicher Operationen für Collection- bzw. List-Klassen zur Verfügung.

```
package java.util;

public class Collections {

    // fuegt alle angegebenen Elemente der Collection hinzu
    public static <T> boolean addAll(Collection<? super T> col,
        T... elements)

    // fuegt alle Elemente des from-Arrays dem to-Array hinzu
    public static <T> void copy(List<? super T> to,
        List<? extends T> from)

    // ersetzt alle Elemente der Liste durch obj
    public static <T> void fill(List<? super T> list, T obj)

    // ersetzt alle Elemente der Liste, die gleich oldVal sind durch
    // newVal; der Vergleich basiert dabei auf der equals-Methode
    public static <T> boolean replaceAll(List<T> list, T oldVal,
        T newVal)

    // durchmischt die Liste zufaellig
    public static void shuffle(List<?> list)

    // tauscht die Elemente der Liste an den angegebenen Indizes
```

```
    public static void swap(List<?> list, int index1, int index2)

    // rotiert die Elemente der Liste um eine bestimmte Distanz
    // nach rechts; nach Ausfuehrung der Methode befindet sich
    // das Element an Index i nun am Index
    // (i + distance) % list.size(),
    public static void rotate(List<?> list, int distance)

    // dreht die Anordnung der Elemente innerhalb der Liste um
    public static void reverse(List<?> list)

    // liefert genau dann true, wenn die beiden Collections kein
    // gemeinsames Element haben
    public static boolean disjoint(Collection<?> col1,
        Collection<?> col2)

    // liefert die Anzahl an Elementen der Collection, die gleich
    // dem uebergebenen Objekt sind; der Vergleich basiert dabei
    // auf der equals-Methode
    public static int frequency(Collection<?> c, Object o)

    // liefert das kleinste Element der Collection bez. des
    // uebergebenen Comparators
    public static <T> T min(Collection<? extends T> col,
        Comparator<? super T> comp)

    // liefert das groesste Element der Collection bez. des
    // uebergebenen Comparators
    public static <T> T max(Collection<? extends T> col,
        Comparator<? super T> comp)
}
```

```
package java.util;

public interface Comparator<T> {
    // liefert einen Wert kleiner 0, falls o1 kleiner o2 ist;
    // liefert einen Wert groesser 0, falls o1 groesser o2 ist;
    // liefert 0, falls o1 gleich o2 ist
    public int compare(T o1, T o2);
}
```

Vergleichen Sie die Klasse Collections mit der Klasse Arrays aus Kapitel 15.7.2, 15.8.2 und 15.8.5. Richtig: Sie haben einige der Methoden bereits selber implementiert.

16.3 Graphische Benutzungsoberflächen

Für die Entwicklung moderner graphischer Benutzungsoberflächen (auf englisch *GUI* = Graphical User Interface) mit Fenstern und interaktiven GUI-Elementen, wie Buttons, Texteingabefelder oder Scrollbars, stellt Java gleich zwei Pakete (mit zahlreichen Unterpaketen) zur Verfügung, im Paket java.awt das so genannte *AWT* (Abstract Windowing Toolkit) und im Paket javax.swing das so genannte *Swing*. Heutzutage wird zumeist Swing benutzt, da zum einen das AWT an das jeweilige Betriebssystem gebunden ist und zum anderen Swing deutlich mehr Funktionalität bietet. Trotzdem greifen auch Swing-Anwendungen beispielweise für die Verarbeitung von Mausklicks oder das Zeichnen von graphischen Primitiven auf das AWT zurück.

16.3.1 Fenster

Das folgende Hamster-Programm demonstriert die Nutzung von Swing zur Entwicklung graphischer Benutzungsoberflächen. In diesem Programm wird die schreib-Methode der Klasse Hamster durch die Klasse SammelHamster überschrieben. Wird für einen Hamster der Klasse Sammel-Hamster der Befehl schreib aufgerufen, wird zunächst ein Fenster mit der Überschrift „Schreib-Fenster" erzeugt (Klasse javax.swing.JFrame). Anschließend wird mit der Methode setDefaultCloseOperation festgelegt, das das Fenster gelöscht werden soll, wenn der Benutzer es schließt.

JLabel ist eine GUI-Komponente zur Darstellung von kurzen Texten und Bildern. Ein Objekt dieser Klasse wird mit dem der schreib-Methode übergebenen Parameter erzeugt und dem Fenster über die add-Methode hinzugefügt. Danach wird über setLocation die Position angegeben, an der das Fenster auf dem Bildschirm erscheinen soll. Der Befehl pack dient dazu, die optimale Größe des Fensters zu ermitteln, welches zum Abschluss der schreib-Methode mit setVisible sichtbar gemacht wird.

Im Hauptprogramm rufen der Standard-Hamster sowie ein Sammel-Hamster jeweils ihre schreib-Methode auf. Wird das Programm im Hamster-Simulator ausgeführt, ergibt sich die in Abbildung 16.1 dargestellte Ausgabe auf dem Bildschirm. Das Fenster mit dem OK-Button ist das Fenster, das standardmäßig beim Aufruf des schreib-Befehls erscheint. Das andere Fenster ist das vom Sammel-Hamster selbst erzeugte Fenster.

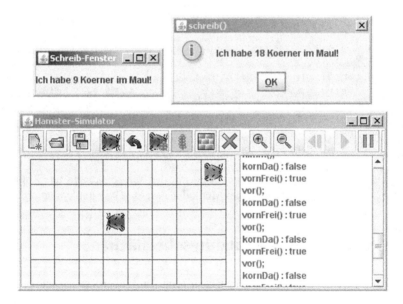

Abbildung 16.1: Fenster

```
import javax.swing.JFrame;
import javax.swing.JLabel;

class SammelHamster extends Hamster {

    SammelHamster(int r, int s, int b) {
        super(r, s, b, 0);
    }

    public void schreib(String zeichenkette) {
        JFrame fenster = new JFrame("Schreib-Fenster");
        fenster
                .setDefaultCloseOperation(JFrame.DISPOSE_ON_CLOSE);
        JLabel ausgabe = new JLabel(zeichenkette);
        fenster.add(ausgabe);
        fenster.setLocation(100, 200);
        fenster.pack();
        fenster.setVisible(true);
    }

    void laufeUndSammle() {
        while (this.vornFrei()) {
            this.vor();
            this.sammle();
        }
    }

    void sammle() {
        while (this.kornDa()) {
            this.nimm();
        }
    }
}

void main() {
    SammelHamster paul = new SammelHamster(0, 0, Hamster.OST);
    paul.laufeUndSammle();
    paul.schreib("Ich habe " + paul.getAnzahlKoerner()
            + " Koerner im Maul!");

    Hamster willi = Hamster.getStandardHamster();
    willi.schreib("Ich habe " + willi.getAnzahlKoerner()
            + " Koerner im Maul!");
}
```

16.3.2 Interaktive Komponenten

Im zweiten Beispiel wird zunächst wieder ein Fenster erzeugt. Diesem Fenster werden dann zwei Buttons zugeordnet (siehe auch Abbildung 16.2).

Buttons sind Objekte der Klasse javax.swing.JButton. Der erste Button ist mit „vor", der zweite

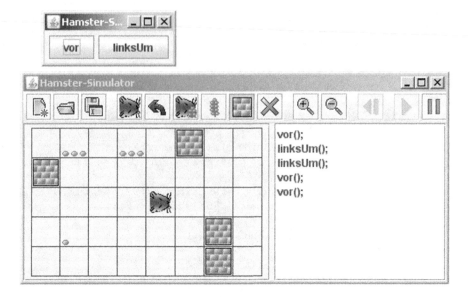

Abbildung 16.2: Buttons

mit „linksUm" beschriftet. Die Beschriftung spiegelt dabei die Bedeutung der Buttons wieder. Wenn ein Benutzer den vor-Button anklickt, hüpft der Standard-Hamster eine Kachel nach vorne. Beim Klick auf den linksUm-Button dreht sich der Standard-Hamster nach links.

Realisiert wird die Interaktion mittels so genannter *ActionListener*. Das sind Objekte von Klassen, die das Interface ActionListener aus dem Paket java.awt.event implementieren. Ein ActionListener wird dem entsprechenden Button mittels der Methode addActionListener zugeordnet. Zur Laufzeit des Programms registriert ein intern gestarteter Thread Mausklicks, ermittelt, auf welche GUI-Komponenten sie sich beziehen, und ruft dann die dynamische gebundene Methode actionPerformed der der Komponente zugeordneten ActionListener auf. Im Programm gibt es zwei ActionListener-Klassen. Die Klasse VorAction implementiert die Methode actionPerformed, indem für den Standard-Hamster der Befehl vor aufgerufen wird. Die Klasse LinksUm-Action realisiert auf analoge Art eine linksUm-Aktion für den Standard-Hamster. Dem vor-Button wird ein VorAction-ActionListener und dem linksUm-Button ein LinksUm-ActionListener zugeordnet.

```java
import java.awt.FlowLayout;
import java.awt.event.ActionEvent;
import java.awt.event.ActionListener;

import javax.swing.JButton;
import javax.swing.JFrame;

class VorAction implements ActionListener {

    public void actionPerformed(ActionEvent e) {
        Hamster.getStandardHamster().vor();
    }
```

```
}

class LinksUmAction implements ActionListener {

    public void actionPerformed(ActionEvent e) {
        Hamster.getStandardHamster().linksUm();
    }
}

void main() {
    JFrame fenster = new JFrame("Hamster-Steuerung");
    fenster
            .setDefaultCloseOperation(JFrame.DISPOSE_ON_CLOSE);
    fenster.setLayout(new FlowLayout());

    JButton vorButton = new JButton("vor");
    vorButton.addActionListener(new VorAction());
    fenster.add(vorButton);

    JButton linksUmButton = new JButton("linksUm");
    linksUmButton.addActionListener(new LinksUmAction());
    fenster.add(linksUmButton);

    fenster.setLocation(100, 200);
    fenster.pack();
    fenster.setVisible(true);
}
```

Mit Hilfe dieses Programms kann also ein Benutzer den Standard-Hamster interaktiv durchs Territorium steuern. Beachten Sie, dass das Programm nach Ablauf der main-Prozedur nicht beendet ist.
Grund hierfür ist, dass beim Erzeugen des Fensters ein interner Thread gestartet wird und Programme mit Threads sind erst dann beendet, wenn alle Threads beendet sind. Erst, wenn der Benutzer das
Fenster schließt, ist dies der Fall.

16.3.3 Graphik

Auch der Umgang mit Bildern und Graphiken (Linien, Rechtecken, Kreisen, ...) gestaltet sich beim
Nutzen der entsprechenden JDK-Klassen recht einfach, wie das folgende Beispielprogramm demonstriert. Hamster der Klasse GraphikHamster öffnen bei ihrer Erzeugung ein Fenster, das das
aktuelle Territorium widerspiegelt (allerdings ohne Körner und Mauern). Im Fenster wird während
des Programmablaufs durch eine rote Linie der Weg angedeutet, den der Hamster zurücklegt.

```
import java.awt.Color;
import java.awt.Dimension;
import java.awt.EventQueue;
import java.awt.Graphics;
import java.util.ArrayList;
import java.util.Random;

import javax.swing.ImageIcon;
import javax.swing.JFrame;
```

```java
import javax.swing.JPanel;

class GraphikHamster extends AllroundHamster {

    private ArrayList<Kachel> besuchteKacheln;

    private ZeichenPanel panel;

    public GraphikHamster(int r, int s, int b, int k) {
        super(r, s, b, k);
        this.besuchteKacheln = new ArrayList<Kachel>();
        this.besuchteKacheln.add(new Kachel(this.getReihe(),
                this.getSpalte()));

        // Fenster erzeugen
        JFrame fenster = new JFrame("Weg-Skizze");
        fenster
                .setDefaultCloseOperation(JFrame.DISPOSE_ON_CLOSE);
        this.panel = new ZeichenPanel(this.besuchteKacheln);
        fenster.add(this.panel);
        fenster.setLocation(100, 200);
        fenster.pack();
        fenster.setVisible(true);
    }

    public void vor() {
        super.vor();
        this.besuchteKacheln.add(new Kachel(this.getReihe(),
                this.getSpalte()));

        // Zeichenpanel aktualisieren
        panel.repaint();
        /* eigentlich korrekt:
        try {
            EventQueue.invokeAndWait(new Runnable() {
                public void run() {
                    panel.repaint();
                }
            });
        } catch (Exception exc) {
        }
        */
    }

    public ArrayList<Kachel> getBesuchteKacheln() {
        return this.besuchteKacheln;
    }
}

class Kachel {
    private int reihe;
```

```
    private int spalte;

    public Kachel(int r, int s) {
        this.reihe = r;
        this.spalte = s;
    }

    public int getReihe() {
        return this.reihe;
    }

    public int getSpalte() {
        return this.spalte;
    }
}

class ZeichenPanel extends JPanel {

    private ArrayList<Kachel> kacheln;

    private final int kachelGroesse;

    private ImageIcon kachelIcon;

    private int anzahlSpalten;

    private int anzahlReihen;

    public ZeichenPanel(ArrayList<Kachel> kacheln) {
        this.kacheln = kacheln;
        this.kachelIcon = new ImageIcon("Programme\\beispielprogramme"
            + "\\band 2\\kapitel 16\\abschnitt 3\\kachel.jpg");
        this.kachelGroesse = this.kachelIcon.getIconWidth();
        this.anzahlReihen = Territorium.getAnzahlReihen();
        this.anzahlSpalten = Territorium.getAnzahlSpalten();
    }

    public Dimension getPreferredSize() {
        return new Dimension(this.anzahlSpalten
                * this.kachelGroesse, this.anzahlReihen
                * this.kachelGroesse);
    }

    protected void paintComponent(Graphics g) {
        if (this.kacheln.size() < 2) {
            return;
        }

        // Zeichne Territorium
        for (int r = 0; r < this.anzahlReihen; r++) {
            for (int s = 0; s < this.anzahlSpalten; s++) {
                g.drawImage(this.kachelIcon.getImage(), s
```

```
                              * this.kachelGroesse, r
                              * this.kachelGroesse, null);
                }
        }


        // Zeichne Weg
        g.setColor(Color.RED);
        Kachel vonKachel = this.kacheln.get(0);
        int zaehler = 1;
        while (zaehler < this.kacheln.size()) {
                Kachel nachKachel = this.kacheln.get(zaehler);
                int vonX = vonKachel.getSpalte()
                        * this.kachelGroesse + this.kachelGroesse
                        / 2;
                int vonY = vonKachel.getReihe() * this.kachelGroesse
                        + this.kachelGroesse / 2;
                int nachX = nachKachel.getSpalte()
                        * this.kachelGroesse + this.kachelGroesse
                        / 2;
                int nachY = nachKachel.getReihe()
                        * this.kachelGroesse + this.kachelGroesse
                        / 2;
                g.drawLine(vonX, vonY, nachX, nachY);
                vonKachel = nachKachel;
                zaehler++;
        }
    }
}


// Demoprogramm
void main() {
    GraphikHamster paul = new GraphikHamster(0, 0,
            Hamster.OST, 0);
    Random zufall = new Random();
    int haeufigkeit = zufall.nextInt(10) + 1;
    for (int i = 0; i < haeufigkeit; i++) {
        int r = zufall
                .nextInt(Territorium.getAnzahlReihen());
        int s = zufall.nextInt(Territorium
                .getAnzahlSpalten());
        paul.laufeZuKachel(r, s);
    }
}
```

Schauen wir uns zunächst die überschriebene vor-Methode der Klasse GraphikHamster an. Hier wird nach Aufruf des geerbten vor-Befehls die aktuelle Position des Hamsters zu einer ArrayList hinzugefügt, die die besuchten Kacheln des Hamsters in der entsprechenden Reihenfolge speichert. Anschließend wird für ein Zeichenpanel die Methode repaint aufgerufen.

Das Zeichenpanel ist ein Objekt der Klasse ZeichenPanel, die von der Swing-Klasse JPanel abgeleitet ist. In der Klasse ZeichenPanel wird die geerbte Methode paintComponent überschrieben. In dieser Methode erfolgt das eigentliche Zeichnen und zwar auf der Basis des übergebenen Graphics-

Objektes. Dieses bietet Methoden sowohl zum Zeichnen von graphischen Primitiven (Rechtecke, Linien, ...) als auch zum Zeichnen von Bilder (gif, jpg, ...) an. Die Methode `paintComponent` wird dabei intern aufgerufen, wenn für das Zeichenpanel die Methode `repaint` aufgerufen wird (in der überschriebenen `vor`-Methode) als auch wenn der Benutzer das Fenster vergrößert bzw. verkleinert.

Als erstes wird in der `paintComponent`-Methode der Hintergrund gezeichnet, und zwar indem wiederholt entsprechend der Größe des Territoriums durch Aufruf der Methode `drawImage` ein Bild gezeichnet wird, das im Konstruktor aus der angegebenen Datei geladen wurde. Anschließend wird die Zeichenfarbe auf rot gesetzt und dann werden die in der ArrayList gespeicherten Kachelkoordinaten derart verarbeitet, dass über die Methode `drawLine` die Mittelpunkte zweier nacheinander besuchter Kacheln durch eine Linie verbunden werden. Abbildung 16.3 illustriert die Auswirkungen einer Ausführung des Demoprogramms.

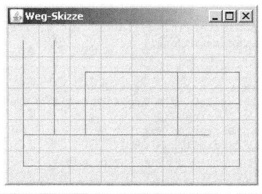

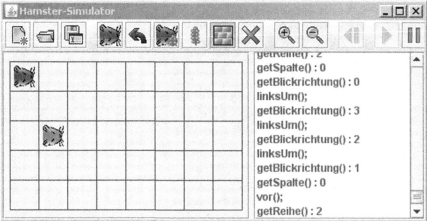

Abbildung 16.3: Graphik

16.3.4 Sound

Langsam wird den Hamstern das dauernde Hin-und-Her in ihrem Territorium zu langweilig. Sie sehnen sich nach ein bisschen Abwechselung. Tun wir ihnen doch den Gefallen und untermalen ihre Arbeit mit Musik. Das geht mit Hilfe der JDK-Klassenbibliothek ganz einfach. Die Klasse

AudioClip aus dem Paket java.applet ermöglicht das einmalige bzw. dauerhafte Abspielen sowie Anhalten von Sound-Dateien über die Methoden play, loop und stop. Ein AudioClip-Objekt
wird dabei mittels der Klassenmethode newAudioClip der Klasse Applet erzeugt, der der URL
(siehe Abschnitt 16.5.1) der Sound-Datei übergeben werden muss. Standardmäßig werden allerdings nur wenige Audio-Formate unterstützt, wie bspw. wav-Dateien; mp3-Dateien gehören leider
nicht dazu.[1]

```java
import java.applet.Applet;
import java.applet.AudioClip;
import java.io.File;

class SoundHamster extends AllroundHamster {

    private AudioClip audioClip;

    public SoundHamster(int r, int s, int b, int k,
            String soundDatei) {
        super(r, s, b, k);
        try {
            File f = new File(soundDatei);
            this.audioClip = Applet.newAudioClip(f.toURI()
                    .toURL());
        } catch (Exception exc) {
            this.audioClip = null;
        }
    }

    public void startSound() {
        if (this.audioClip != null) {
            this.audioClip.play();
        }
    }

    public void stopSound() {
        if (this.audioClip != null) {
            this.audioClip.stop();
        }
    }

    public void loopSound() {
        if (this.audioClip != null) {
            this.audioClip.loop();
        }
    }
}

void main() {
    SoundHamster paul = new SoundHamster(0, 0, Hamster.OST,
            0, "C:\\sounds\\musik.wav");
    paul.loopSound(); // Starte Hintergrundmusik
```

---

[1]Hinweis: Im Hamster-Simulator funktioniert das Programm nur, wenn der Security-Manager ausgeschaltet wird. Editieren
Sie dazu die Datei hamster.properties und setzen Sie das Property security auf den Wert false.

```
    paul.nimmAlle();
    while (paul.vornFrei()) {
        paul.vor();
        paul.nimmAlle();
    }
}
```

Weitergehende Möglichkeiten zum Umgang mit Musik bieten die beiden Pakete `javax.sound.-sampled` und `javax.sound.midi`.

16.4 Ein- und Ausgabe mit Java

Das Paket `java.io` stellt eine Vielzahl von Klassen zur Realisierung von Ein- und Ausgaben (kurz: EA bzw. auf englisch: IO) zur Verfügung. Die Menge der Klassen wird durch das zugrunde liegende EA-Konzept impliziert, das ausgesprochen mächtig und flexibel ist.

Gelesen werden Daten aus *Datenquellen*. Das ist häufig die Tastatur. Aber auch Dateien, Netzverbindungen oder Zeichenketten können als Datenquellen fungieren. Über *Datenströme* (auf englisch: *Streams*) werden die gelesenen Daten zu *Datensenken* geleitet und dort ausgegeben. Bei Datensenken kann es sich um den Bildschirm aber auch um Dateien, Netzverbindungen oder Strings handeln. Auf ihrem Weg von Datenquellen zu Datensenken können die Datenströme durch Filter geleitet werden, die die Daten bspw. puffern oder anwendungsspezifisch verarbeiten.

Unterschieden wird in Java die Verarbeitung von Bytes oder Zeichen. Klassen des Paketes `java.io`, die von der Klasse `InputStream` oder `OutputStream` abgeleitet sind, verarbeiten Bytes. Klassen, die von den Klassen `Reader` oder `Writer` abgeleitet sind, verarbeiten Zeichen. InputStream- und Reader-Klassen stellen Leseoperationen auf Datenquellen und OutputStream- und Writer-Klassen Schreib-Operationen auf Datensenken zur Verfügung.

Die folgenden Hamster-Klassen und -Programme demonstrieren den Umgang mit den Java-EA-Konzepten.[2] Schauen wir uns zunächst eine Klasse `VormachHamster`[3] und eine davon abgeleitete Klasse `IOVormachHamster` an. Die Klasse `VormachHamster` überschreibt die vier Hamster-Grundbefehle derart, das ausgeführte Befehle zeilenweise in eine Senke – im konkreten Fall der Klasse `IOVormachHamster` eine Datei – geschrieben werden.

```
import java.io.PrintWriter;

public class VormachHamster extends AllroundHamster {

    protected PrintWriter senke;

    protected VormachHamster(Hamster hamster) {
        super(hamster);
        this.senke = null;
    }
```

---

[2]Hinweis: Im Hamster-Simulator funktionieren die Programme nur, wenn der Security-Manager ausgeschaltet wird. Editieren Sie dazu die Datei `hamster.properties` und setzen Sie das Property `security` auf den Wert `false`.

[3]Die Klasse `VormachHamster` werden wir im nächsten Abschnitt noch wiederverwenden.

```java
    public void vor() {
        super.vor();
        if (this.senke != null) {
            this.senke.println("vor");
        }
    }

    public void linksUm() {
        super.linksUm();
        if (this.senke != null) {
            this.senke.println("linksUm");
        }
    }

    public void gib() {
        super.gib();
        if (this.senke != null) {
            this.senke.println("gib");
        }
    }

    public void nimm() {
        super.nimm();
        if (this.senke != null) {
            this.senke.println("nimm");
        }
    }

    public void macheVor() {
        while (!this.maulLeer()) {
            int reihe = this.zufallsZahl(Territorium
                    .getAnzahlReihen());
            int spalte = this.zufallsZahl(Territorium
                    .getAnzahlSpalten());
            this.laufeZuKachel(reihe, spalte);
            this.gib();
        }
    }

    public void beendeArbeit() {
        if (this.senke != null) {
            this.senke.close();
        }
    }

    // erzeugt Zufallszahlen zwischen 0 und max-1
    private int zufallsZahl(int max) {
        return (int) (Math.random() * max);
    }

}
```

```
import java.io.FileWriter;
import java.io.PrintWriter;

public class IOVormachHamster extends VormachHamster {

    public IOVormachHamster(Hamster hamster, String dateiName) {
        super(hamster);
        try {
            this.senke = new PrintWriter(new FileWriter(
                    dateiName));
        } catch (Exception exc) {
            this.senke = null;
        }
    }
}
```

Die Klasse IONachmachHamster, die von der Klasse NachmachHamster abgeleitet ist, liest in der Methode macheNach zeilenweise eine angegebene Quelle – im konkreten Fall der Klasse IONachmachHamster eine Datei – und führt die aus der Quelle gelesenen Hamster-Befehle aus.

```
import java.io.BufferedReader;

public class NachmachHamster extends AllroundHamster {

    protected BufferedReader quelle;

    protected NachmachHamster(Hamster hamster) {
        super(hamster);
        this.quelle = null;
    }

    public void macheNach() {
        try {
            String befehl = this.quelle.readLine();
            while (befehl != null) {
                if (befehl.equals("vor")) {
                    this.vor();
                } else if (befehl.equals("linksUm")) {
                    this.linksUm();
                } else if (befehl.equals("gib")) {
                    this.gib();
                }
                befehl = this.quelle.readLine();
            }
            this.quelle.close();
        } catch (Exception exc) {
            this.schreib("Fehler beim Lesen!");
        } finally {
            if (this.quelle != null) {
                try {
                    this.quelle.close();
                } catch (Exception exc) {
```

```
                }
            }
        }
    }
}
```

```java
import java.io.BufferedReader;
import java.io.FileReader;

public class IONachmachHamster extends NachmachHamster {

    public IONachmachHamster(Hamster hamster, String dateiName) {
        super(hamster);
        try {
            this.quelle = new BufferedReader(new FileReader(
                    dateiName));
        } catch (Exception exc) {
            this.quelle = null;
        }
    }
}
```

Starten wir zunächst ein Hamster-Programm, in dem ein IOVormach-Hamster namens willi seine ausgeführten Befehle in eine Datei mit dem Namen „weg.txt" schreibt. Der Hamster befindet sich dazu in einem mauerlosen Territorium.

```java
void main() {
    IOVormachHamster willi = new IOVormachHamster(Hamster
            .getStandardHamster(), "weg.txt");
    willi.macheVor();
    willi.beendeArbeit();
}
```

Wenn wir anschließend das folgende Hamster-Programm ausführen, in dem ein IONachmach-Hamster namens paul die Datei „weg.txt" ausliest, können wir beobachten, dass paul die Aktionen von willi exakt nachmacht.

```java
void main() {
    IONachmachHamster paul = new IONachmachHamster(Hamster
            .getStandardHamster(), "weg.txt");
    paul.macheNach();
}
```

In der Klasse IOVormachHamster wird im Konstruktor zunächst ein FileWriter-Objekt mit einem Dateinamen als Parameter erzeugt. Über dieses Objekt können Daten in die angegebene Datei geschrieben werden. Das FileWriter-Objekt wird allerdings nicht direkt genutzt. Vielmehr wird es einem PrintWriter-Objekt übergeben, das als Filter fungiert. PrintWriter ist eine Klasse, die Methoden für eine formatierte Ausgabe zur Verfügung stellt. Wird nun für das PrintWriter-Objekt dessen Methode println aufgerufen, nimmt es die Daten entgegen, bereit sie auf und leitet sie an das FileWriter-Objekt weiter, das die Daten dann in die Datei schreibt. Dieses Weiterleitungskonzept wird im Bereich der objektorientierten Softwareentwicklung auch als *Dekorierer-Muster* bezeichnet.

Während die Klasse `IOVormachHamster` eine Datei als Datensenke nutzt, wird sie in der Klasse `IONachmachHamster` als Datenquelle eingesetzt. Ein `FileReader`-Objekt liest die Daten aus der angegebenen Datei. Es gibt sie aber zunächst weiter an ein `BufferedReader`-Filterobjekt, das eingelesene Zeichen zwischenspeichert. Über dessen Methode `readLine` kann die Datenquelle zeilenweise ausgelesen werden.

16.5 Netzwerkprogrammierung

In den Paketen Paket `java.net` und `java.rmi` stellt Java eine Menge an Klassen für die Entwicklung verteilter Anwendungen zur Verfügung. Hierbei werden Anwendungen nicht mehr auf einem einzelnen Computer ausgeführt, sondern auf mehreren Computern, die über ein Netzwerk miteinander verbunden sind. Die entsprechenden Prozesse müssen dabei miteinander kommunizieren, d.h. Daten über das Netzwerk austauschen.

16.5.1 URL

URLs (Unified Resource Locator) werden verwendet, um Ressourcen in einem Netzwerk zu lokalisieren. Der Umgang mit URLs ist in Java mit Hilfe der Klasse `java.net.URL` möglich. Diese bietet diverse Methoden an, um auf die einzelnen Bestandteile eines URL (Protokoll, Host, ...) zuzugreifen. Von besonderem Interesse ist jedoch die Methode `openStream`, die eine Verbindung zu dem URL aufnimmt und einen InputStream zurückliefert, über den der URL als Datenquelle in die EA-Konzepte von Java eingebunden werden kann.

Das folgende Hamster-Programm nutzt dies aus. Dem Konstruktor der Klasse `URLNachmachHamster`, die von der Klasse `NachmachHamster` des vorhergehenden Kapitels abgeleitet ist, wird ein URL als Zeichenkette übergeben. Der Konstruktor erzeugt damit ein URL-Objekt und verbindet das geerbte Attribut `quelle` über die Methode `openStream` mit dem URL. Beim Lesen werden von dem URL empfangene Bytes zunächst von einem Objekt der Klasse `InputStreamReader` in Zeichen umgewandelt und dann von einem Objekt der Klasse `BufferedReader` zeilenweise gespeichert.

Im Hauptprogramm wird dem Konstruktor der Klasse `URLNachmachHamster` eine URL übergeben, die auf eine Datei „weg.txt" verweist, die auf einem Web-Server abgelegt ist. Bei der Datei „weg.txt" handelt es sich dabei um eine Datei, die ein `IOVormachHamster` des vorherigen Abschnittes erzeugt hat. Der Aufruf der Methode `macheNach` führt dazu, dass der URLNachmach-Hamster paul die Datei über das Netzwerk ausliest und die in der Datei aufgelisteten Befehle ausführt.

```java
import java.io.BufferedReader;
import java.io.InputStreamReader;
import java.net.URL;

public class URLNachmachHamster extends NachmachHamster {

    public URLNachmachHamster(Hamster hamster, String spec) {
        super(hamster);
        try {
            URL url = new URL(spec);
            this.quelle = new BufferedReader(
                    new InputStreamReader(url.openStream()));
```

```
        } catch (Exception exc) {
            this.quelle = null;
        }
    }
}


void main() {
    URLNachmachHamster paul = new URLNachmachHamster(
            Hamster.getStandardHamster(),
            "http://www-is.informatik.uni-oldenburg.de/"
            + "~dibo/hamster/band2/weg.txt");
    paul.macheNach();
}
```

16.5.2 Sockets

Sockets bilden eine standardisierte Schnittstelle zwischen der Implementierung des Netzwerkproto-
kolls durch das Betriebssystem und der Anwendungssoftware. Sockets lassen sich vergleichen mit
einer Telefonverbindung, über die Daten gesendet und empfangen werden können. Zunächst wird
zwischen den Prozessen, die miteinander kommunizieren wollen, eine Verbindung aufgebaut. Danach können Daten bidirektional versendet bzw. empfangen werden. Zum Schluss wird die Verbindung wieder geschlossen. Java bietet im Paket java.net einige Klassen zum Umgang mit Sockets.

Wenn Sie das folgende Hamster-Programm testen wollen, müssen Sie dazu auf Ihrem Computer
den Hamster-Simulator zweimal starten. In einem Simulator führen Sie dann das Programm „vor-
machen.ham" aus und im anderen das Programm „nachmachen.ham". Im Programm vormachen
wird ein Hamster einer Klasse SocketVormachHamster und im Programm nachmachen ein Hamster einer Klasse SocketNachmachHamster erzeugt. Diese beiden Klassen sind von den Klassen
VormachHamster bzw. NachmachHamster aus dem vorherigen Abschnitt abgeleitet. Wie in dem
dortigen Beispiel macht der Nachmach-Hamster alle Aktionen des Vormach-Hamsters nach. Die
beiden kommunizieren dazu diesmal allerdings nicht über eine Datei sondern über einen Socket.

Der Vormach-Hamster initiert über die Klasse ServerSocket eine Kommunikationsverbindung
auf Port 2345 und wartet dann mittels accept auf eine Verbindungsanforderung des Nachmach-
Hamsters. Dieser erfüllt die Anforderung durch Erzeugen eines Objektes der Klasse Socket, der im
Konstruktor der Host-Name und der Verbindungsport übergeben werden müssen. Als Host-Name
wird hier „localhost" angegeben, weil die beiden Hamster-Simulatoren auf demselben Computer gestartet werden sollen. Wenn Sie aber bspw. Ihren Java-Hamster mit dem Java-Hamster eines Freun-
des in Amerika kommunizieren lassen wollen, können Sie „localhost" einfach durch den entsprechenden Host-Namen ersetzen.

Zur Kommunikation zwischen den beiden Hamstern wird wieder das EA-Konzept von Java genutzt. Sockets besitzen dazu einen InputStream und einen OutputStream, die über die Methoden
getInputStream und getOutputStream ermittelt und über die Bytes aus dem Socket gelesen
bzw. in den Socket geschrieben werden können. Der Vormach-Hamster interpretiert den Socket
als Datensenke und schreibt über den OutputStrean seine ausgeführten Befehle hinein. Das Objekt der Klasse OutputStreamWriter wird zum Wandeln von Zeichen in Bytes verwendet. Beim
Nachmach-Hamster ist der Socket die Datenquelle, aus der er liest und entsprechend agiert. Zunächst
werden empfangene Bytes durch ein Objekt der Klasse InputStreamReader in Zeichen umgewandelt und dann von einem BufferedReader-Objekt gespeichert und zeilenweise ausgelesen.

```java
import java.io.OutputStreamWriter;
import java.io.PrintWriter;
import java.net.ServerSocket;
import java.net.Socket;

public class SocketVormachHamster extends VormachHamster {

    public SocketVormachHamster(Hamster hamster, int port) {
        super(hamster);
        try {
            ServerSocket serverSock = new ServerSocket(port);
            Socket socket = serverSock.accept();
            this.senke = new PrintWriter(new OutputStreamWriter(
                    socket.getOutputStream()), true);
        } catch (Exception exc) {
            this.senke = null;
        }
    }
}
```

```java
void main() {
    SocketVormachHamster willi = new SocketVormachHamster(Hamster
            .getStandardHamster(), 2345);
    willi.macheVor();
    willi.beendeArbeit();
}
```

```java
import java.io.BufferedReader;
import java.io.InputStreamReader;
import java.net.Socket;

public class SocketNachmachHamster extends NachmachHamster {

    public SocketNachmachHamster(Hamster hamster, String host,
            int port) {
        super(hamster);
        try {
            Socket socket = new Socket(host, port);
            this.quelle = new BufferedReader(
                    new InputStreamReader(socket
                            .getInputStream()));
        } catch (Exception exc) {
            this.quelle = null;
        }
    }
}
```

```java
void main() {
    SocketNachmachHamster paul = new SocketNachmachHamster(Hamster
            .getStandardHamster(), "localhost", 2345);
    paul.macheNach();
}
```

16.5.3 RMI

RMI (Remote Method Invocation) ist eine Java-Technologie, die die Kommunikation zwischen Prozessen auf unter Umständen verschiedenen Computern auf einem sehr viel höheren Abstraktionsniveau ermöglicht als das Socket-Konzept. Die Hauptidee von RMI besteht darin, Methoden von Objekten aufzurufen, die sich in einer anderen virtuellen Maschine oder sogar auf einem anderen Rechner befinden. Datenaustausch wird dabei über die Parameter bzw. Rückgabewerte der aufgerufenen Methoden betrieben.

Schauen wir uns das einmal an einem Hamster-Beispiel an, in dem wieder zwei Hamster-Simulatoren gestartet werden. Wir wollen erreichen, das in einem der beiden Simulatoren – dem Server-Simulator – ein Hamster erzeugt wird, den wir wie gewohnt durch Aufruf seiner Befehle mit einem Programm steuern, das im anderen Hamster-Simulator – dem Client-Simulator – läuft.

Als Grundlage der Kommunikation müssen wir zunächst ein Interface definieren, das die Methoden definiert, die über das Netzwerk hinweg aufgerufen werden sollen. Das sind in unserem Fall die Hamster-Befehle. Vorgabe ist, dass das Interface das Interface `java.rmi.Remote` erweitert und alle Methoden eine Exception vom Typ `java.rmi.RemoteException` deklarieren.

```java
import java.rmi.Remote;
import java.rmi.RemoteException;

public interface RemoteHamster extends Remote {
    public void vor() throws RemoteException;
    public void linksUm() throws RemoteException;
    public void nimm() throws RemoteException;
    public void gib() throws RemoteException;

    public boolean vornFrei() throws RemoteException;
    public boolean maulLeer() throws RemoteException;
    public boolean kornDa() throws RemoteException;

    public void schreib(String zeichenkette) throws RemoteException;
    public String liesZeichenkette(String aufforderung)
        throws RemoteException;
    public int liesZahl(String aufforderung) throws RemoteException;
}
```

Als nächstes müssen wir eine Klasse definieren, die das Interface implementiert. Das ist im Falle der Hamster recht einfach:

```java
import java.rmi.RemoteException;

public class RemoteHamsterImpl extends Hamster implements
        RemoteHamster {

    public RemoteHamsterImpl(int r, int s, int b, int k)
            throws RemoteException {
        super(r, s, b, k);
    }

}
```

Auf dem Server starten wir nun das folgende Hamster-Programm:

```
import java.rmi.registry.LocateRegistry;
import java.rmi.registry.Registry;
import java.rmi.server.UnicastRemoteObject;

void main() {
    try {
        // Server-Objekt sowie Stub erzeugen
        RemoteHamster hamster = new RemoteHamsterImpl(0, 0,
                Hamster.OST, 0);
        RemoteHamster hamsterStub =
            (RemoteHamster) UnicastRemoteObject
                .exportObject(hamster, 0);

        // rmiregistry starten (Port 2345)
        Registry registry = LocateRegistry.createRegistry(2345);

        // Objekt registrieren
        registry.rebind("Hamster paul", hamsterStub);
    } catch (Exception exc) {
        Hamster.getStandardHamster().schreib(
                exc.getMessage());
    }
}
```

In diesem Programm werden zunächst ein Hamster der Klasse RemoteHamster und ein so genannter *Stub* erzeugt. Ein Stub ist ein Stellvertreter des eigentlichen Remote-Hamsters, der für die Java-interne Umsetzung der RMI-Technologie benötigt wird.

Anschließend wird eine so genannte *Registry* erzeugt. Hierunter können Sie sich einen Namensdienst vorstellen, der von anderen Rechnern aus zugreifbar ist und Namen (Strings) mit Objekten verbindet. Unser Remote-Hamster wird über seinen Stub mit dem Namen „Hamster paul" in den Namensdienst eingetragen.

Wenn wir das Programm starten, werden die Anweisungen der main-Prozedur ausgeführt. Anschließend wird auf Anweisungen für unseren Remote-Hamster gewartet. Diese Anweisungen erfolgen nun durch das folgende Hamster-Programm, das im Client-Simulator ausgeführt wird.

```
import java.rmi.registry.LocateRegistry;
import java.rmi.registry.Registry;

void main() {
    try {
        // lokalen Hamster ermitteln
        Hamster willi = Hamster.getStandardHamster();

        // RemoteHamster ermitteln
        Registry registry = LocateRegistry.getRegistry(2345);
        RemoteHamster paul = (RemoteHamster) registry
                .lookup("Hamster paul");

        // lokalen Hamster und RemoteHamster steuern
```

```
            while (willi.vornFrei() && paul.vornFrei()) {
                willi.vor();
                paul.vor();
                if (willi.kornDa()) {
                    willi.nimm();
                }
                if (paul.kornDa()) {
                    paul.nimm();
                }
            }
            int zahl1 = willi.liesZahl("Zahl eingeben: ");
            int zahl2 = paul.liesZahl("Zahl eingeben: ");
            willi.schreib("Summe der Zahlen = "
                    + (zahl1 + zahl2));
            paul.schreib("Produkt der Zahlen = "
                    + (zahl1 * zahl2));

        } catch (Exception exc) {
            Hamster.getStandardHamster().schreib(
                    exc.getMessage());
        }
}
```

Durch dieses Programm werden zwei Hamster gesteuert: Standard-Hamster willi, der seine Aktionen im Client-Simulator ausführt, und Remote-Hamster paul, der im Server-Simulator agiert. Den Zugriff auf paul erhalten wir dadurch, dass wir den Namensdienst kontaktieren und uns über den Namen „Hamster paul" eine Referenz auf den im Server-Simulator erzeugten Remote-Hamster geben lassen. Für den Fall, dass Server und Client nicht auf demselben Computer laufen, gibt es eine weitere getRegistry-Methode, der zusätzlich der Host-Name des Server-Rechners übergeben werden kann.

Bei den folgenden Anweisungen agiert nun Hamster willi im Client-Simulator und Hamster paul im Server-Simulator. Die Methode liesZahl demonstriert den Austausch von Daten. Die Zeichenkette „Zahl eingeben: „ wird vom Client zum Server übertragen und in der auf dem Server-Simulator erscheinenden Dialogbox ausgegeben. Die im Server-Simulator vom Benutzer eingegebene Zahl wird anschließend zum Client-Simulator zurücktransportiert und dort in der Variablen zahl1 gespeichert.

An diesem Beispiel können Sie sehr schön sehen, wie es mit Hilfe von RMI möglich ist, verteilte Anwendungen auf der Grundlage objektorientierter Konzepte zu entwickeln.

16.6 Aufgaben

Versuchen Sie die folgenden Aufgaben zu lösen, um einen Eindruck davon zu bekommen, welche Möglichkeiten die JDK-Klassenbibliothek bietet. Schauen Sie sich darüber hinaus einmal selber die Beschreibung der einzelnen Pakete und Klassen der JDK-Klassenbibliothek an und überlegen Sie sich eigene interessante Aufgaben, die die Hamster mit den Klassen bewältigen können.

16.6.1 Aufgabe 1

In Abschnitt 16.1 wurde eine erweiterte Hamster-Klasse `BooleanHamster` definiert, die eine Methode `liesBoolean` zur Verfügung stellt. Wenn der Benutzer eine andere Zeichenkette als „true" eingibt, liefert diese Methode den Wert `false`. Ändern Sie die Implementierung der Methode wie folgt: Der Benutzer muss entweder „true" oder „false" eingeben, ansonsten wird die Eingabeaufforderung wiederholt.

16.6.2 Aufgabe 2

Implementieren Sie eine erweiterte Hamster-Klasse `IntegerHamster`, die die Hamster-Methode `liesZahl` überschreibt und reimplementiert. Und zwar soll dies mit Hilfe der Methode `liesZeichenkette` und den Möglichkeiten der Klasse `Integer` geschehen, die in Abschnitt 16.1 vorgestellt worden ist.

16.6.3 Aufgabe 3

Ein Allround-Hamster als Vertreter des Standard-Hamsters soll Lotto-Fee spielen. Er steht dazu mit 6 Körnern im Maul in einem Territorium mit 7 Reihen und 7 Spalten. Die einzelnen Kacheln repräsentieren, wie in Abbildung 16.4 angedeutet, die Zahlen zwischen 1 und 49. Der Hamster soll 6 unterschiedliche Zufallszahlen ziehen und auf den entsprechenden Kacheln jeweils ein Korn ablegen. Nutzen Sie dazu die Klasse `java.util.Random`, die in Abschnitt 16.2.1 vorgestellt wurde.

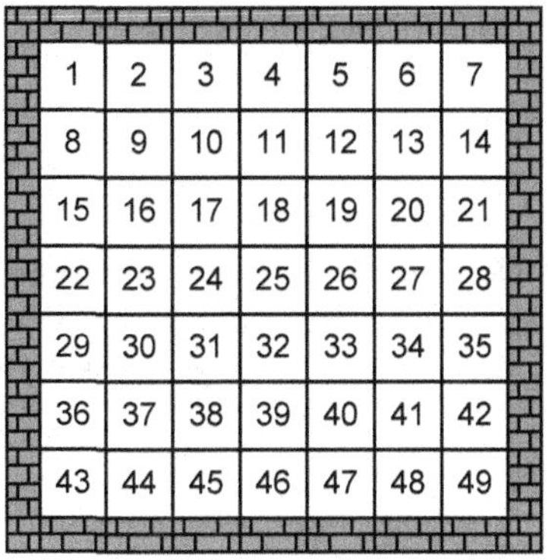

Abbildung 16.4: Lotto-Territorium

16.6.4 Aufgabe 4

Schreiben Sie ein Hamster-Programm, bei dem der Standard-Hamster den Benutzer nach seinem Geburtsdatum fragt und ihm dann mitteilt, wie viele Jahre (alternativ Tage oder Stunden) er alt ist. Setzen Sie die in Abschnitt 16.2.2 vorgestellte Klasse `java.util.Calendar` ein.

16.6.5 Aufgabe 5

Implementieren Sie die Klasse `java.util.Observable` und das Interface `java.util.Observer` nach (siehe Abschnitt 16.2.3). Setzen Sie bei der Implementierung Ihrer Klasse `Observable` zum Speichern von Observer-Objekten die Klasse `java.util.ArrayList` ein. Passen Sie dann das Beispielprogramm aus Abschnitt 16.2.3 an Ihre Klassen an.

16.6.6 Aufgabe 6

Tratsch-Hamster, also Hamster einer zu definierenden Klasse `TraschHamster`, sind neugierige Tiere. Da sie immer am neuesten Tratsch interessiert, implementieren sie das Interface `java.util.Observer`. Nachrichten können dabei aus verschiedenen Quellen stammen, wie Radio, Fernseher oder Zeitung. Entsprechende Klassen erweitern die Klasse `java.util.Observable`

Etwas umständlich an dieser Struktur ist, dass sich ein Tratsch-Hamster bei jeder Nachrichten-Quelle anmelden muss, von der er neue Nachrichten zugeschickt bekommen möchte. Günstiger wäre ein Vermittler, der sich bei mehreren Nachrichten-Quellen anmeldet und alle Nachrichten, die er von den Quellen bekommt, direkt an Tratsch-Hamster weiterleitet, die sich bei ihm angemeldet haben. Ein Vermittler ist damit sowohl ein Observable als auch ein Observer. Schreiben Sie eine solche Klasse `Vermittler` auf der Basis der Ausführungen in Abschnitt 16.2.3.

16.6.7 Aufgabe 7

Versuchen Sie selbst einmal, die ein oder andere Collection-Klasse aus dem Paket `java.util` nach zu implementieren. Das ist gar nicht so schwierig, wie Sie zunächst annehmen.

16.6.8 Aufgabe 8

Die Hamster bekommen die Aufgabe, in einem mauerlosen Territorium festzustellen, wie viele Kacheln mit einer unterschiedlichen Anzahl an Körnern sich im Territorium befinden. Helfen Sie den Hamstern bei der Lösung der Aufgabe durch geschickten Einsatz der Klasse `java.util.HashSet`.

16.6.9 Aufgabe 9

Implementieren Sie das Beispielprogramm aus Kapitel 15.7.3 durch Verwendung der Klasse `java.util.HashMap`.

16.6.10 Aufgabe 10

Erweitern Sie das Beispielprogramm aus Abschnitt 16.3.2 um zwei weitere Buttons mit der Aufschrift „nimm" und „gib". Wenn der Benutzer den nimm-Button anklickt, soll der Standard-Hamster versuchen, ein Korn zu fressen. Wenn der gib-Button geklickt wird, soll er ein Korn ablegen.

16.6.11 Aufgabe 11

Erweitern Sie das Beispielprogramm in Abschnitt 16.3.3 derart, dass Kacheln des Territoriums, auf denen sich Körner bzw. Mauern befinden, im Zeichenpanel durch entsprechende Icons repräsentiert werden.

16.6.12 Aufgabe 12

Suchen Sie im Internet nach Sound-Dateien mit Geräuschen. Schreiben Sie dann eine erweiterte Hamster-Klasse `GeraeuschHamster`, in der die Hamster-Grundbefehle derart überschrieben werden, dass nach jeder Hamster-Aktion ein passendes Geräusch ausgegeben wird. Nutzen Sie dabei die in Abschnitt 16.3.4 vorgestellten Java-Klassen für den Umgang mit Sounds.

16.6.13 Aufgabe 13

Leiten Sie von der erweiterten Hamster-Klasse `AllroundHamster` (siehe Kapitel 7.10) eine Klasse `GotoVormachHamster` ab, die die Methode `laufeZuKachel` derart überschreibt, dass nach der Ausführung der geerbten `laufeZuKachel`-Methode die Reihe und Spalte der Zielkachel in eine Datei geschrieben werden, deren Name im Konstruktor zu übergeben ist. Implementieren Sie weiterhin eine Klasse `GotoNachmachHamster`, die eine solche Datei einliest und derart verarbeitet, dass ein entsprechender Hamster dieselben Kacheln ansteuert, wie der Goto-Hamster, der die Datei geschrieben hat. Entwickeln Sie dann ein kleines Testprogramm. Gehen Sie auf analoge Weise vor, wie in Abschnitt 16.4 demonstriert wurde.

16.6.14 Aufgabe 14

Stellen Sie eine durch Aufgabe 13 erzeugte Datei auf einen Web-Server. Schreiben Sie dann eine Klasse `URLGotoNachmachHamster`, die die Datei vom Web-Server liest und und derart verarbeitet, dass ein entsprechender Hamster zu den in der Datei repräsentierten Kacheln läuft. Nutzen Sie dabei die in Abschnitt 16.5.1 vorgestellte Klasse `java.net.URL`.

16.6.15 Aufgabe 15

Entwickeln Sie analog zu den Vorgaben aus Aufgabe 13 zwei Klassen `SocketGotoVormachHamster` und `SocketGotoNachmachHamster`, die aber nicht über eine Datei sondern über Sockets miteinander kommunizieren, d.h. der Vormach-Hamster soll die Koordinaten der mittels der Methode `laufeZuKachel` erreichten Kacheln über einen Socket dem Nachmach-Hamster mitteilen und dieser soll dann zur selben Kachel seines Territoriums laufen. Nutzen Sie dabei die Klassen `ServerSocket` und `Socket`, die in Abschnitt 16.5.2 beschrieben worden sind.

16.6.16 Aufgabe 16

Zwei Hamster werden in zwei unterschiedlichen Hamster-Simulatoren mit Blickrichtung Ost in der linken oberen Ecke eines Territorium ohne innere Mauern erzeugt. Auf einzelnen Kacheln liegen

Körner. Die Territorien der beiden Hamster-Simulatoren sind identisch. Die beiden Hamster sollen durch Kommunikation über Sockets, wie sie in Abschnitt 16.5.2 beschrieben worden ist, folgende Aufgabe lösen:

Der Hamster in Territorium A sucht nach Kacheln mit Körnern. Sobald er eine solche Kachel gefunden hat, teilt er die entsprechenden Koordinaten dem Hamster in Territorium B mit und wartet dann. Der Hamster in Territorium B läuft zur entsprechenden Kachel und frisst die Kachel leer. Anschließend teilt er dem Hamster in Territorium A die Anzahl der gefressenen Körner mit. Dieser nutzt die erhaltene Zahl aus, um selbst die Körner auf seiner aktuellen Kachel zu fressen. Dieser Vorgang wird so lange wiederholt, bis sich keine Körner mehr im Territorium befinden.

Zur Lösung dieser Aufgabe muss die Eigenschaft der Bidirektionalität von Sockets genutzt werden. Jeder der beiden Hamster liest von dem Socket und schreibt auf den Socket.

16.6.17 Aufgabe 17

Lösen Sie Aufgabe 16 durch den Einsatz der RMI-Technologie (siehe Abschnitt 16.5.3).

16.6.18 Aufgabe 18

Definieren Sie ein RMI-spezifisches Interface `RemoteAllroundHamster`, das die Methoden der Klasse `AllroundHamster` aus Kapitel 7.10 definiert. Definieren Sie dann eine Klasse `RemoteAllroundHamsterImpl`, die das Interface implementiert.

Entwickeln Sie weiterhin eine von der Klasse `AllroundHamster` abgeleitete Klasse `ClientServerAllroundHamster`, der in den Konstruktoren zusätzlich ein Objekt der Klasse `RemoteAllroundHamster` übergeben wird. Alle Methoden sollen so überschrieben werden, dass sie für beide Hamster aufgerufen werden.

Implementieren Sie anschließend ein kleines Testprogramm, durch das zwei Hamster – ein RemoteAllroundHamster und ein ClientServerAllroundHamster – in unterschiedlichen Simulatoren erzeugt werden und anschließend durch Client-seitigen Aufruf der Methoden des ClientServerAllroundHamsters dieselben Aktionen ausführen. Gehen Sie auf analoge Weise vor, wie in Abschnitt 16.5.3 demonstriert wurde.

Kapitel 17
Ausblick

Herzlichen Glückwunsch! Wenn Sie dieses Buch tatsächlich bis hierhin durchgearbeitet haben, können Sie sich nun als „objektorientierten Programmierer" bezeichnen.

Sie haben gelernt, wie Klassen definiert werden. Klassen sind quasi Baupläne für gleichartige Objekte, die von ihnen erzeugt werden. Objektorientierte Programme setzen sich letztendlich aus solchen Objekten zusammen, die durch die Werte ihrer Attribute bestimmte Zustände repräsentieren und über den Aufruf von Methoden miteinander kommunizieren und auf diese Art und Weise das zugrunde liegende Problem bzw. die zugrunde liegende Aufgabe lösen. Eine derartige Modellierung von Problemen und ihre Transformation in Programme kommt der menschlichen Denkweise beim Lösen von Problemen sehr nahe und vereinfacht daher die Entwicklung von Programmen.

Klassen fassen Daten (Attribute) und auf den Daten operierende Funktionen (Methoden) zu einer Einheit zusammen und ermöglichen über Zugriffsrechte einen kontrollierten Zugriff, was zu einer besseren Übersichtlichkeit und Verständlichkeit von Programmen führt und die Fehlerquote reduziert. Klassen sind wiederverwendbare Programmeinheiten, denn existierende Klassen können durch den Ableitungsprozess zur Definition neuer Klassen genutzt werden. Attribute und Methoden werden dabei vererbt. Indem Klassen zu Paketen zusammengefasst werden, lassen sich Klassenbibliotheken bilden, die anderen Programmierern zur Verfügung gestellt werden können.

Die Konzepte der Polymorphie und des dynamischen Bindens von Methoden unterstützen die einfache Erweiterbarkeit objektorientierter Programme. Durch Ausnutzung dieser Konzepte kann der Kern eines Problems alleine auf der Basis von Kenntnissen über die Schnittstellen (Interfaces) der miteinander kommunizierenden Objekte implementiert werden. Durch die Einbindung konkreter Klassen, die die Schnittstellen implementieren, lässt sich der Kern flexibel um benötigte Funktionalität erweitern, da die tatsächlich vom Kern aufgerufenen Methoden erst zur Laufzeit bestimmt werden.

Sie haben zwar in diesem Buch mittels der Hamster-Sprache „nur" objektorientierte Hamster-Programme entwickelt. Auf der Basis dieser Kenntnisse sollte es Ihnen jedoch nicht schwer fallen, auch „richtige" Probleme durch die Entwicklung „richtiger" Java-Programme zu lösen. Wie sich Java-Programme von Hamster-Programmen unterscheiden, erläutert Abschnitt 1 dieses Kapitels.

Die Programmierung selbst ist nur ein Teil der Softwareentwicklung. Insbesondere bei der Lösung komplexer Probleme fallen noch eine Reihe weiterer Tätigkeiten an. Die objektorientierte Programmierung bettet sich diesbezüglich ein in ein Fachgebiet der Informatik, das sich *objektorientierte Softwareentwicklung* nennt und auf das Abschnitt 2 kurz eingeht.

Aufbauend auf den objektorientierten Konzepten definiert Java das Thread-Konzept für die parallele Programmierung. Mit dieser Thematik beschäftigt sich der dritte Band der Java-Hamster-Bücher, der 2008 erschienen ist und in Abschnitt 3 kurz vorgestellt wird.

17.1 Hamster-Programme versus Java-Programme

Hamster-Programme werden in der „Hamster-Sprache" verfasst. Diese ist allerdings fast deckungs-gleich mit der Programmiersprache Java. Es gibt – aus didaktischen Gründen – lediglich einen Un-terschied, der im Folgenden beschrieben wird.

Ein vollständiges objektorientiertes Hamster-Programm setzt sich zusammen aus der main-Funk-tion, unter Umständen anderen Funktionen sowie einer Menge von Klassen, die entweder in dersel-ben Datei, wie die main-Funktion, oder in separaten Dateien gespeichert sind. Wird ein Hamster-Programm gestartet, so beginnt die Ausführung mit der main-Funktion.

Im Unterschied dazu bestehen Java-Programme ausschließlich aus Klassen. Jede Klasse kann eine main-Klassenmethode definieren, die syntaktisch leicht von der Hamster-main-Funktion abweicht. Ein Java-Programm wird durch die Übergabe einer Klasse, die eine solche main-Klassenmethode besitzt, an den Java-Interpreter aufgerufen. Das Programm startet dann mit der Ausführung dieser Methode.

Das folgende Beispiel definiert eine Klasse HelloWorld, bei deren Aufruf die Zeichenkette „Hello world!" auf den Bildschirm ausgegeben wird:

```java
public class HelloWorld {

    String ausgabe;

    public HelloWorld(String str) {
        this.ausgabe = str;
    }

    public void ausgeben() {
        System.out.println(ausgabe); // Bildschirmausgabe
    }

    // Java main-Methode
    public static void main(String[] args) {
        HelloWorld objekt = new HelloWorld("Hello world!");
        objekt.ausgeben();
    }
}
```

Nach dem erfolgreichen Compilieren kann das Programm auf Betriebssystem-Ebene mittels des Befehls java HelloWorld ausgeführt werden. java ist dabei der Java-Interpreter, der natürlich auf dem Rechner installiert sein muss.

Dem Java-Interpreter können dabei zusätzliche Parameter übergeben werden, die er dem String-Array-Parameter der main-Methode zuweist:

```java
public class Hallo {

    String[] namen;

    public Hallo(String[] namen) {
        this.namen = namen;
    }
```

```
    public void ausgeben() {
        String ausgabe = "Hallo ";
        if (this.namen.length == 0) {
            ausgabe = ausgabe + "!";
        } else {
            for (int n=0; n<this.namen.length-1; n++) {
                ausgabe = ausgabe + this.namen[n] + ", ";
            }
            ausgabe = ausgabe + this.namen[this.namen.length-1] + "!";
        }
        ausgabe = ausgabe + " Wie gehts?";
        System.out.println(ausgabe); // Bildschirmausgabe
    }

    // Java main-Methode
    public static void main(String[] args) {
        Hallo objekt = new Hallo(args);
        objekt.ausgeben();
    }
}
```

Bei diesem Programm bewirken folgende Aufrufe des Java-Interpreters folgende Ausgaben:

- Aufruf: java Hallo
  Ausgabe: Hallo ! Wie gehts?

- Aufruf: java Hallo Paul
  Ausgabe: Hallo Paul! Wie gehts?

- Aufruf: java Hallo Paul Willi
  Ausgabe: Hallo Paul, Willi! Wie gehts?

- Aufruf: java Hallo Paul Willi Heidi
  Ausgabe: Hallo Paul, Willi, Heidi! Wie gehts?

Sie haben in den beiden Java-Hamster-Büchern die wichtigsten Sprachkonstrukte der Programmiersprache Java kennen gelernt. Die beiden Bände geben jedoch keinen vollständigen Überblick über alle Features, die Java bietet. Wenn Sie sich weiter mit der Programmierung mit Java beschäftigen wollen – und das hoffen wir natürlich – können wir Ihnen das Buch „Java als erste Programmiersprache"[HMHG07] empfehlen. Es ist hervorragend als vertiefende Ergänzung bzw. Fortsetzung der Java-Hamster-Bücher geeignet.

Weiterhin sei auf die Website **www.programmierkurs-java.de** verwiesen. Dort stehen umfangreiche Materialien zum Erlernen der Programmierung mit Java zur Verfügung. Insbesondere finden Sie dort Foliensätze und Video-Aufzeichnungen der Vorlesung „Programmierkurs Java", die an der Universität Oldenburg gehalten wird.

17.2 Objektorientierte Softwareentwicklung

Probleme, die mit Hilfe von Programmen gelöst werden sollen, können unterschiedliche Komplexität aufweisen. Sie reichen vom einfachen Addieren von Zahlen oder dem Sortieren von Datenmengen über die Realisierung von Computerspielen oder der Datenverwaltung von Firmen hin zur komplexen Aufgabe der Steuerung von Raketen. Programme zur Lösung einfacher Probleme können meist binnen weniger Stunden von einzelnen Programmierern geschrieben werden. Hingegen kann das Entwickeln von Programmen zur Lösung komplexer Probleme mehrere Monate oder sogar Jahre dauern und den Einsatz eines ganzen Teams von Experten unterschiedlicher Fachgebiete erforderlich machen.

Der Komplexität der Probleme entsprechend werden unterschiedliche Verfahren zur Entwicklung der Programme eingesetzt. Das Erstellen von Programmen geringerer Komplexität wird auch als *Programmieren im Kleinen* bezeichnet. Zentrale Aufgabe hierbei ist der Entwurf eines Lösungsalgorithmus. Das Problem wird sukzessive in Teilprobleme zerlegt, und die dazu jeweils gefundenen Teillösungen werden schließlich zur Gesamtlösung zusammengesetzt. Bausteine des Programmierens im Kleinen sind Prozeduren bzw. Funktionen. Man spricht daher auch von *prozeduraler Zerlegung* oder aufgrund der Vorgehensweise von einem *Top-Down-Entwurf* (vergleiche auch Band 1 der Java-Hamster-Bücher, Kapitel 12).

Auch beim *Programmieren im Großen* d.h. der Entwicklung von Programmen zu Problemen sehr hoher Komplexität, wird das Prinzip der Zerlegung des Gesamtproblems in überschaubare Teile angewendet. Während die Zerlegung beim Programmieren im Kleinen jedoch eher an den einzelnen Funktionalitäten des Programms ausgerichtet ist, orientiert sich die Zerlegung beim Programmieren im Großen an den Elementen (Daten, Objekte) des Problembereichs. Die Datenstrukturen sowie Prozeduren zum Zugriff und zur Manipulation der Daten werden zu Einheiten zusammengefasst. In der objektorientierten Programmierung repräsentieren Klassen derartige Einheiten. Ein Top-Down-Entwurf ist beim Programmieren im Großen keine adäquate Vorgehensweise. Stattdessen werden hier im Allgemeinen zunächst Klassen definiert und Klassenbibliotheken aufgebaut. Diese Klassenbibliotheken werden dann zur Lösung des Problems genutzt. Daher spricht man auch von einem *Bottom-Up-Entwurf*.

Bei der Entwicklung von Programmen – bzw. verallgemeinert *Software* – zur Lösung komplexer Probleme nimmt die eigentliche Programmierung nur einen kleinen Teil der insgesamt durchzuführenden Aktivitäten ein. Hier leistet das Fachgebiet *Softwareengineering* der Informatik seinen Beitrag, das sich mit der „zielorientierten Bereitstellung und systematischen Verwendung von Prinzipien, Methoden, Konzepten, Notationen und Werkzeugen für die arbeitsteilige, ingenieurmäßige Entwicklung und Anwendung von umfangreichen Softwareprodukten" befasst [Bal00]. Von zentraler Bedeutung sind dabei spezielle Softwareentwicklungsmethoden, die Leitfäden bzw. Vorschriften zur Durchführung der einzelnen Aktivitäten des Softwareentwicklungsprozesses und Notationen zur Repräsentation entsprechender Ergebnisse vorgeben. Moderne Softwareentwickungsmethoden zeichnen sich heutzutage dadurch aus, dass sie die Konzepte der Objektorientierung integrieren. Die Methoden werden daher auch als *objektorientierte Softwareentwicklungsmethoden* bezeichnet.

Generelles Ziel der Softwareentwicklung ist die Erstellung eines Softwaresystems zur Lösung eines gegebenen Problems. Softwareentwicklung kann dabei als ein Prozess angesehen werden, bei dem die Elemente des Problem- bzw. Anwendungsbereichs in Elemente des Lösungsraumes abgebildet werden. Bei der objektorientierten Softwareentwicklung wird diese Abbildung dadurch realisiert, dass zunächst das Anwendungsgebiet analysiert und modelliert wird (Objektorientierte Analyse). Dazu werden die charakteristischen Elemente des Anwendungsgebietes sowie ihre Eigenschaften, Verhaltensweisen und Beziehungen untereinander identifiziert. Das so entstandene Modell des Anwendungsgebietes wird dann gemäß vorgegebener Regeln in ein Modell des Lösungsraums (Objektorientierter Entwurf) und letztendlich ein Programm (Objektorientierte Programmierung) überführt. Das Programm kann als Abstraktion des Anwendungsgebietes betrachtet werden, dessen Elemente weitgehend den Elementen des Anwendungsgebietes entsprechen. Zum Festhalten von Ergebnissen der einzelnen Softwareentwicklungsphasen und als Kommunikationsgrundlage zwischen den Entwicklern wird heutzutage die so genannte *Unified Modeling Language* (UML) eingesetzt. Die UML stellt eine Vielzahl von Diagrammtypen zur Spezifikation von Struktur und Verhalten der zu entwickelnden Software sowie zur Dokumentation von Implementierungsaspekten zur Verfügung. Das „Lehrbuch der Objektmodellierung" [Bal04] ist ein empfehlenswertes Lehrbuch zum Einstieg in diese Materie.

Zu guter Letzt möchten wir noch auf die so genannten *Entwurfsmuster* hinweisen, von denen Sie in diesem Buch bereits einige kennen gelernt haben (Singleton, Dekorierer, Beobachter, ...). Entwurfsmuster beschreiben generalisierte und bewährte Lösungsansätze zu häufig auftretenden Entwurfsproblemen. Sie liefern keine fertig codierten Lösungen, sondern beschreiben lediglich Lösungswege. Entwurfsmuster helfen insbesondere Programmieranfängern, objektorientierte Konzepte richtig einzusetzen. Als Standardwerk gilt hier das Buch „Entwurfsmuster. Elemente wiederverwendbarer objektorientierter Software" [GHJV04].

17.3 Parallele Programmierung

Was sind wesentliche Merkmale objektorientierter Hamsterprogramme?

- Die Hamster sind *passiv*. Nach ihrer Erzeugung und Initialisierung warten sie darauf, dass ihnen jemand einen Befehl erteilt. Ist das der Fall, führen sie die entsprechende Methode aus und warten anschließend auf einen weiteren Befehl.

- Wann welcher Hamster was tut und in welcher Reihenfolge die Hamster agieren, gibt der Programmierer explizit vor.

Im dritten Band der Java-Hamster-Bücher werden die Hamster aus dieser Lethargie befreit. Sie müssen nicht mehr nur ständig darauf warten, dass ihnen jemand einen Befehl erteilt, den sie dann ausführen. Vielmehr können die Hamster ein Eigenleben führen, d.h. sie können selbstständig agieren. Alles, was der Programmierer noch „von außen" tun muss, ist sie zu erzeugen und zu aktivieren.

Dazu werden Hamster im dritten Band als so genannte *Threads* realisiert. Programme mit Threads sind dadurch gekennzeichnet, dass mehrere Threads und damit deren Anweisungen (quasi) gleichzeitig ausgeführt werden können. Programme mit Threads nennt man auch *parallele Programme* und die Entwicklung paralleler Programme wird als *parallele Programmierung* bezeichnet. Daher trägt der dritte Band der Java-Hamster-Bücher den Titel „Parallele Programmierung spielend gelernt mit dem Java-Hamster-Modell – Programmierung mit Java-Threads" [Bol08a].

Welche Aspekte der parallelen Programmierung unter anderem im dritten Band der Java-Hamster-Bücher behandelt werden, zeigt die folgende kurze Auflistung:

- **Threads**: Die vordefinierte Klasse `Hamster` ist eigentlich nicht, wie in diesem Band beschrieben, direkt von der Klasse `Object` abgeleitet, sondern vielmehr von der Klasse `Thread` aus dem Paket `java.lang` der Java-Klassenbibliothek und ermöglicht somit auf einfache Art und Weise die Definition und Erzeugung selbstständiger Hamster. Im folgenden parallelen Hamster-Programm laufen zwei selbstständige Hamster gleichzeitig zur nächsten Wand. Wer sie als erster erreicht, hängt unter anderem vom Java-internen Scheduler ab, der steuert, welchem Hamster bzw. Thread zu welcher Zeit der Prozessor zugeteilt wird.

```
class RunningHamster extends Hamster {
    ...

    public void run() {
        while (vornFrei()) {
            vor();
        }
    }
}


void main() {
    Hamster paul = new RunningHamster(0,0,Hamster.OST,0);
    Hamster heidi = new RunningHamster(1,0,Hamster.OST,0);
    paul.start();
    heidi.start();
}
```

- **Kommunikation zwischen Hamstern**: Um gemeinsam gegebene Probleme zu lösen, müssen selbstständige Hamster miteinander kommunizieren, d.h. Daten austauschen können. Da sich Java-Threads einen virtuellen Adressraum teilen, kann dies über gemeinsam zugreifbare Objekte geschehen.

- **Synchronisation des Datenzugriffs**: Die Nutzung gemeinsamer Ressourcen durch mehrere Threads kann zu unerwarteten Zuständen bzw. Fehlern führen. Führt bspw. ein selbstständiger Hamster die Anweisung if (kornDa()) nimm(); aus, kann es zu einem Fehler kommen, da bei einem Thread-Wechsel nach dem Testbefehl später eventuell gar kein Korn mehr auf der Kachel liegt. Zur Vermeidung derartiger Probleme ist es in Java möglich, Aufrufe von Methoden mittels der synchronized-Anweisung zu synchronisieren.

- **Koordination**: Wenn mehrere selbstständige Hamster gemeinsam ein Problem lösen, müssen sie manchmal während ihrer Aktionen auf andere Hamster warten, bis eine bestimmte Bedingung erfüllt ist und sie von diesen darüber informiert werden. Hierzu stellt Java allen Objekten die Methoden wait und notify zur Verfügung.

- **Deadlocks**: Die Hamster könnten „verhungern", wenn sie alle auf die Erfüllung bestimmter Bedingungen warten und keiner mehr aktiv ist. Solche Situationen werden *Deadlocks* genannt. Sie gilt es natürlich zu vermeiden bzw. zu erkennen.

- **Realisierung und Visualisierung klassischer Synchronisationsprobleme**: Die Konzepte der parallelen Programmierung werden anhand zahlreicher klassischer Synchronisationsprobleme, die auf die Hamster-Welt übertragen werden, demonstriert und visualisiert. Beispielsweise sitzen beim „Hamster-Philosophen-Problem" eine bestimmte Anzahl an Philosophen-Hamstern um einen Tisch und teilen sich mit ihren Nachbarn die Gabeln, die durch Körner repräsentiert werden. Zum Essen werden immer zwei Gabeln benötigt. Um nicht zu verhungern, gilt es, sich mit seinen Nachbarn beim Aufnehmen der Gabeln abzustimmen.

Die parallele Programmierung führte in den vergangenen Jahrzehnten eher ein Nischendasein. Parallele Anwendungen wurden vor allem für numerische Probleme auf Hochleistungsrechnern entwickelt. Durchaus Nutzen findet der Einsatz paralleler Programmierkonzepte allerdings auch heute schon in gängigen Anwendungen, wie etwa Multimedia-Anwendungen, Simulationen, Web-Anwendungen oder Computerspielen. In bereits naher Zukunft wird die parallele Programmierung jedoch immens an Bedeutung gewinnen, denn auf modernen Multicore-Rechnern mit vielen Prozessoren mit Multithreading-Fähigkeiten werden zwar auch herkömmliche sequentielle Programme weiterhin laufen. Die volle Leistungsfähigkeit der Multicore-Technologien wird allerdings nur dann ausgeschöpft werden können, wenn auch Standard-PC-Anwendungen parallel implementiert sind.

An dieser Stelle setzt der dritte Band der Java-Hamster-Bücher an. Er ermöglicht ein spielerisches Erlernen der parallelen Programmierung, die deutlich komplexer und fehleranfälliger ist als die sequentielle Programmierung und mit der sich selbst erfahrene Programmierer oft schwer tun. Ein selbstständiger Hamster kann angesehen werden als „Visualisierung" eines Threads. Die Ausführung einer Anweisung eines Threads wird dem Benutzer unmittelbar durch die Aktion des entsprechenden Hamsters im Territorium vor Augen geführt. Es ist an den Aktionen der Hamster unmittelbar erkennbar, welcher Thread gerade aktiv ist und das Zusammenspiel der Hamster im Territorium visualisiert die Auswirkungen einer Kommunikation bzw. Synchronisation zwischen den den Hamstern zugeordneten Threads. Durch die Visualisierung demonstrieren die Hamster die Auswirkungen des Einsatzes der Konzepte der parallelen Programmierung. Sie erleichtern damit das Verständnis der Konzepte und letztendlich das Erlernen der parallelen Programmierung schlechthin.

Anhang A
Klassen des Java-Hamster-Modells

Dieser Anhang enthält eine ausführliche Beschreibung der im Java-Hamster-Modell vordefinierten Klassen. Kümmern Sie sich nicht um das verwendete Schlüsselwort `synchronized`. Dieses bekommt erst bei der Programmierung mit Java-Threads eine Bedeutung und wird daher in Band 3 der Java-Hamster-Bücher beschrieben.

A.1 Exception-Klassen

```java
/**
 * Oberklasse aller Exception-Klassen des Java-Hamster-Modells.
 * Bei allen Exceptions des Java-Hamster-Modells handelt es sich
 * um Unchecked-Exceptions, die nicht unbedingt abgefangen bzw.
 * deklariert werden muessen.
 */
public class HamsterException extends RuntimeException {

    /**
     * Konstruktor, der die Exception mit dem Hamster
     * initialisiert, der die Exception verschuldet hat.
     *
     * @param hamster
     *             der Hamster, der die Exception verschuldet hat
     */
    public HamsterException(Hamster hamster)

    /**
     * liefert den Hamster, der die Exception verschuldet hat
     *
     * @return der Hamster, der die Exception verschuldet hat
     */
    public Hamster getHamster()
}

/**
 * Hamster-Exception die den Fehler repraesentiert, dass Befehle
 * fuer einen zwar erzeugten aber nicht initialisierten Hamster
 * aufgerufen werden.
 */
public class HamsterNichtInitialisiertException extends
        HamsterException {

    /**
     * Konstruktor, der die Exception mit dem Hamster
     * initialisiert, der die Exception verschuldet hat.
     *
     * @param hamster
     *             der Hamster, der die Exception verschuldet hat
```

```
      */
     public HamsterNichtInitialisiertException(Hamster hamster)


     /**
      * liefert eine der Exception entsprechende Fehlermeldung
      *
      * @return Fehlermeldung
      * @see java.lang.Throwable#getMessage()
      */
     public String getMessage()
}


/**
 * Hamster-Exception, die den Fehler repraesentiert, dass dem
 * init-Befehl ungueltige Werte uebergeben werden.
 */
public class HamsterInitialisierungsException extends
        HamsterException {

     /**
      * Konstruktor, der die Exception mit dem Hamster
      * initialisiert, der die Exception verschuldet hat.
      *
      * @param hamster
      *             der Hamster, der die Exception verschuldet hat
      */
     public HamsterInitialisierungsException(Hamster hamster)


     /**
      * liefert eine der Exception entsprechende Fehlermeldung
      *
      * @return Fehlermeldung
      * @see java.lang.Throwable#getMessage()
      */
     public String getMessage()
}


/**
 * Hamster-Exception die den Fehler repraesentiert, dass fuer
 * einen Hamster, der vor einer Mauer steht, die Methode vor
 * aufgerufen wird auf.
 */
public class MauerDaException extends HamsterException {

     /**
      * Konstruktor, der die Exception mit dem die Exception
      * verschuldenden Hamster und den Koordinaten der durch eine
      * Mauer belegten Kachel initialisiert.
      *
      * @param hamster
      *             der Hamster, der die Exception verschuldet hat
      * @param reihe
      *             Reihe der Mauer-Kachel
      * @param spalte
      *             Spalte der Mauer-Kachel
      */
     public MauerDaException(Hamster hamster, int reihe,
             int spalte)


     /**
```

```
      * liefert die Reihe, in der die Mauer steht
      *
      * @return die Reihe, in der die Mauer steht
      */
     public int getReihe()


     /**
      * liefert die Spalte, in der die Mauer steht
      *
      * @return die Spalte, in der die Mauer steht
      */
     public int getSpalte()


     /**
      * liefert eine der Exception entsprechende Fehlermeldung
      *
      * @return Fehlermeldung
      * @see java.lang.Throwable#getMessage()
      */
     public String getMessage()
}


/**
 * Hamster-Exception die den Fehler repraesentiert, dass fuer
 * einen Hamster auf einer Kachel ohne Koerner die Methode nimm
 * aufgerufen wird.
 */
public class KachelLeerException extends HamsterException {

     /**
      * Konstruktor, der die Exception mit dem die Exception
      * verschuldenden Hamster und den Koordinaten der
      * koernerlosen Kachel initialisiert.
      *
      * @param hamster
      *             der Hamster, der die Exception verschuldet hat
      * @param reihe
      *             Reihe der koernerlosen Kachel
      * @param spalte
      *             Spalte der koernerlosen Kachel
      */
     public KachelLeerException(Hamster hamster, int reihe,
             int spalte)


     /**
      * liefert die Reihe der koernerlosen Kachel
      *
      * @return die Reihe der koernerlosen Kachel
      */
     public int getReihe()


     /**
      * liefert die Spalte der koernerlosen Kachel
      *
      * @return die Spalte der koernerlosen Kachel
      */
     public int getSpalte()


     /**
      * liefert eine der Exception entsprechende Fehlermeldung
```

```
     *
     * @return Fehlermeldung
     * @see java.lang.Throwable#getMessage()
     */
    public String getMessage()
}


/**
 * Hamster-Exception die den Fehler repraesentiert, dass fuer
 * einen Hamster ohne Koerner im Maul die Methode gib aufgerufen
 * wird.
 */
public class MaulLeerException extends HamsterException {

    /**
     * Konstruktor, der die Exception mit dem Hamster
     * initialisiert, der die Exception verschuldet hat.
     *
     * @param hamster
     *              der Hamster, der die Exception verschuldet hat
     */
    public MaulLeerException(Hamster hamster)

    /**
     * liefert eine der Exception entsprechende Fehlermeldung
     *
     * @return Fehlermeldung
     * @see java.lang.Throwable#getMessage()
     */
    public String getMessage()
}
```

A.2 Die Klasse Hamster

```
/**
 * Repraesentation von objektorientierten Hamstern im
 * Java-Hamster-Modell
 */
public class Hamster extends Thread {

    /**
     * Blickrichtung Nord
     */
    public final static int NORD = 0;

    /**
     * Blickrichtung Ost
     */
    public final static int OST = 1;

    /**
     * Blickrichtung Sued
     */
    public final static int SUED = 2;

    /**
     * Blickrichtung West
     */
    public final static int WEST = 3;
```

```java
/**
 * Konstruktor zum Erzeugen eines nicht initialisierten
 * Hamsters
 */
public Hamster()

/**
 * Konstruktor zum Erzeugen und Initialisieren eines Hamsters
 * mit den uebergebenen Parametern
 *
 * @param reihe
 *            die Reihe des Territoriums, in der der Hamster
 *            erzeugt wird
 * @param spalte
 *            die Spalte des Territoriums, in der der Hamster
 *            erzeugt wird
 * @param blickrichtung
 *            die Richtung, in der der Hamster anfangs schaut
 *            (siehe Konstanten)
 * @param anzahlKoerner
 *            die Anzahl an Koernern, die der Hamster anfangs
 *            im Maul hat
 * @throws HamsterInitialisierungsException
 *            wird geworfen, wenn: (a) eine Kachel
 *            (reihe/spalte) nicht existiert (b) die Kachel
 *            (reihe/spalte) durch eine Mauer blockiert ist
 *            (c) der Wert von blickrichtung nicht zwischen
 *            0 und 3 liegt (d) der Wert von anzahlKoerner <
 *            0 ist
 */
public Hamster(int reihe, int spalte, int blickrichtung,
        int anzahlKoerner)
        throws HamsterInitialisierungsException

/**
 * Konstruktor zum Erzeugen und Initialisieren eines Hamsters
 * mit den Werten eines bereits existierenden Hamsters
 *
 * @param hamster
 *            ein bereits existierender Hamster
 */
public Hamster(Hamster hamster)

/**
 * Methode zum Initialisieren eines noch nicht initialisierten
 * Hamsters. Der Aufruf der Methode fuer einen bereits
 * initialisierten Hamster bewirkt nichts.
 *
 * @param reihe
 *            die Reihe des Territoriums, in der der Hamster
 *            erzeugt wird
 * @param spalte
 *            die Spalte des Territoriums, in der der Hamster
 *            erzeugt wird
 * @param blickrichtung
 *            die Richtung, in der der Hamster anfangs schaut
 *            (siehe Konstanten)
 * @param anzahlKoerner
 *            die Anzahl an Koernern, die der Hamster anfangs
```

```
 *              im Maul hat
 * @throws HamsterInitialisierungsException
 *              wird geworfen, wenn: (a) eine Kachel
 *              (reihe/spalte) nicht existiert (b) die Kachel
 *              (reihe/spalte) durch eine Mauer blockiert ist
 *              (c) der Wert von blickrichtung nicht zwischen
 *              0 und 3 liegt (d) der Wert von anzahlKoerner <
 *              0 ist
 */
public synchronized void init(int reihe, int spalte,
        int blickrichtung, int anzahlKoerner)
        throws HamsterInitialisierungsException


/**
 * Der aufgerufene Hamster springt auf die in Blickrichtung
 * vor ihm liegende Kachel.
 *
 * @throws HamsterNichtInitialisiertException
 *              wird geworfen, wenn der Hamster noch nicht
 *              initialisiert worden ist
 * @throws MauerDaException
 *              wird geworfen, wenn die Kachel in
 *              Blickrichtung vor dem Hamster durch eine Mauer
 *              blockiert ist oder der Hamster in
 *              Blickrichtung am Rand des Territoriums steht
 */
public synchronized void vor()
        throws HamsterNichtInitialisiertException,
        MauerDaException


/**
 * Der aufgerufene Hamster dreht sich linksum.
 *
 * @throws HamsterNichtInitialisiertException
 *              wird geworfen, wenn der Hamster noch nicht
 *              initialisiert worden ist
 */
public synchronized void linksUm()
        throws HamsterNichtInitialisiertException


/**
 * Der aufgerufene Hamster legt ein Korn auf der Kachel ab,
 * auf der er sich gerade befindet.
 *
 * @throws HamsterNichtInitialisiertException
 *              wird geworfen, wenn der Hamster noch nicht
 *              initialisiert worden ist
 * @throws MaulLeerException
 *              wird geworfen, wenn der Hamster keine Koerner
 *              im Maul hat
 */
public synchronized void gib()
        throws HamsterNichtInitialisiertException,
        MaulLeerException


/**
 * Der aufgerufene Hamster frisst ein Korn auf der Kachel,
 * auf der er sich gerade befindet.
 *
 * @throws HamsterNichtInitialisiertException
```

```
 *              wird geworfen, wenn der Hamster noch nicht
 *              initialisiert worden ist
 * @throws KachelLeerException
 *              wird geworfen, wenn auf der Kachel, auf der
 *              sich der Hamster gerade befindet, kein Korn
 *              liegt
 */
public synchronized void nimm()
       throws HamsterNichtInitialisiertException,
       KachelLeerException


/**
 * liefert genau dann true, wenn sich in Blickrichtung vor
 * dem aufgerufenen Hamster keine Mauer befindet (wenn sich
 * der Hamster in Blickrichtung am Rand des Territoriums
 * befindet, wird false geliefert)
 *
 * @return true, wenn sich in Blickrichtung vor dem
 *              aufgerufenen Hamster keine Mauer befindet; sonst
 *              false
 * @throws HamsterNichtInitialisiertException
 *              wird geworfen, wenn der Hamster noch nicht
 *              initialisiert worden ist
 */
public synchronized boolean vornFrei()
       throws HamsterNichtInitialisiertException


/**
 * liefert genau dann true, wenn der aufgerufene Hamster
 * keine Koerner im Maul hat
 *
 * @return true, wenn der aufgerufene Hamster keine Koerner
 *              im Maul hat; sonst false
 * @throws HamsterNichtInitialisiertException
 *              wird geworfen, wenn der Hamster noch nicht
 *              initialisiert worden ist
 */
public synchronized boolean maulLeer()
       throws HamsterNichtInitialisiertException


/**
 * liefert genau dann true, wenn auf der Kachel, auf der sich
 * der aufgerufene Hamster gerade befindet, mindestens ein
 * Korn liegt
 *
 * @return true, wenn auf der Kachel, auf der sich der
 *              aufgerufene Hamster gerade befindet, mindestens
 *              ein Korn liegt; sonst false
 * @throws HamsterNichtInitialisiertException
 */
public synchronized boolean kornDa()
       throws HamsterNichtInitialisiertException


/**
 * gibt den uebergebenen String (in einer Dialogbox) auf den
 * Bildschirm aus
 *
 * @param zeichenkette
 *              der auszugebende String
 * @throws HamsterNichtInitialisiertException
```

```
 *               wird geworfen, wenn der Hamster noch nicht
 *               initialisiert worden ist
 */
public synchronized void schreib(String zeichenkette)
        throws HamsterNichtInitialisiertException


/**
 * gibt den uebergebenen String auf den Bildschirm aus und
 * fordert den Benutzer auf, einen String einzugeben; der
 * eingegebene String wird als Wert geliefert
 *
 * @param aufforderung
 *               der auszugebende String
 * @return der vom Benutzer eingegebene String
 * @throws HamsterNichtInitialisiertException
 *               wird geworfen, wenn der Hamster noch nicht
 *               initialisiert worden ist
 */
public synchronized String liesZeichenkette(
        String aufforderung)
        throws HamsterNichtInitialisiertException


/**
 * gibt den uebergebenen String auf den Bildschirm aus und
 * fordert den Benutzer auf, eine Zahl einzugeben; die
 * eingegebene Zahl wird als Wert geliefert (wenn der
 * Benutzer eine ungueltige Zahl eingibt, wird der Wert 0
 * geliefert)
 *
 * @param aufforderung
 *               der auszugebende String
 * @return die vom Benutzer eingegebene Zahl
 * @throws HamsterNichtInitialisiertException
 *               wird geworfen, wenn der Hamster noch nicht
 *               initialisiert worden ist
 */
public synchronized int liesZahl(String aufforderung)
        throws HamsterNichtInitialisiertException


/**
 * liefert die Reihe der Kachel des Territoriums, auf der
 * sich der aufgerufene Hamster gerade befindet
 *
 * @return die Reihe der Kachel des Territoriums, auf der
 *         sich der aufgerufene Hamster gerade befindet
 * @throws HamsterNichtInitialisiertException
 *               wird geworfen, wenn der Hamster noch nicht
 *               initialisiert worden ist
 */
public synchronized int getReihe()
        throws HamsterNichtInitialisiertException


/**
 * liefert die Spalte der Kachel des Territoriums, auf der
 * sich der aufgerufene Hamster gerade befindet
 *
 * @return die Spalte der Kachel des Territoriums, auf der
 *         sich der aufgerufene Hamster gerade befindet
 * @throws HamsterNichtInitialisiertException
 *               wird geworfen, wenn der Hamster noch nicht
```

```
 *             initialisiert worden ist
 */
public synchronized int getSpalte()
        throws HamsterNichtInitialisiertException


/**
 * liefert die Blickrichtung, in die der aufgerufene Hamster
 * gerade schaut (die gelieferten Werte entsprechen den
 * obigen Konstanten)
 *
 * @return die Blickrichtung, in die der aufgerufene Hamster
 *         gerade schaut
 * @throws HamsterNichtInitialisiertException
 *             wird geworfen, wenn der Hamster noch nicht
 *             initialisiert worden ist
 */
public synchronized int getBlickrichtung()
        throws HamsterNichtInitialisiertException


/**
 * liefert die Anzahl der Koerner, die der aufgerufene
 * Hamster gerade im Maul hat
 *
 * @return die Anzahl der Koerner, die der aufgerufene
 *         Hamster gerade im Maul hat
 * @throws HamsterNichtInitialisiertException
 *             wird geworfen, wenn der Hamster noch nicht
 *             initialisiert worden ist
 */
public synchronized int getAnzahlKoerner()
        throws HamsterNichtInitialisiertException


/**
 * liefert den Standard-Hamster, das ist der Hamster, der
 * sich standardmaessig im Territorium befindet, ohne
 * explizit erzeugt werden zu muessen
 *
 * @return der Standard-Hamster
 */
public synchronized static Hamster getStandardHamster()


/**
 * liefert die Gesamtzahl an erzeugten und initialisierten
 * Hamstern im Territorium (inkl. dem Standard-Hamster)
 *
 * @return die Gesamtzahl an erzeugten und initialisierten
 *         Hamstern im Territorium
 */
public synchronized static int getAnzahlHamster()


/**
 * Methode, die einen Klon des aufgerufenen Hamsters erzeugt
 * und liefert, d.h. die Werte der Attribute des neuen
 * Hamsters sind identisch zu den Werten des aufgerufenen
 * Hamsters. Wenn der aufgerufene Hamster noch nicht
 * initialisiert ist, wird der neu erzeugte Hamster auch
 * nicht initialisiert (ueberschreibt die entsprechende von
 * der Klasse Object geerbte Methode).
 *
 * @return ein Klon des aufgerufenen Hamsters
```

```
 * @see java.lang.Object#clone()
 */
public synchronized Object clone()

/**
 * Methode, die eine String-Repraesentation der folgenden Art
 * fuer den aufgerufenen Hamster liefert: "Hamster steht auf
 * Kachel (0/0) mit Blickrichtung OST und 2 Koernern im Maul"
 * Wenn der aufgerufene Hamster noch nicht initialisiert ist,
 * wird folgender String geliefert: "Hamster ist nicht
 * initialisiert" (ueberschreibt die entsprechende von der
 * Klasse Object geerbte Methode)
 *
 * @return eine String-Repraesentation des aktuellen
 *          Hamster-Zustands
 * @see java.lang.Object#toString()
 */
public synchronized String toString()
}
```

A.3 Die Klasse Territorium

```
/**
 * Die Klasse stellt eine Repraesentation des
 * Hamster-Territoriums dar. Sie definiert ausschliesslich
 * Klassenmethoden. Diese dienen zum Abfragen bestimmter
 * Zustandswerte des aktuellen Territoriums.
 */
public class Territorium {

    /**
     * private-Konstruktor: es koennen keine Instanzen der Klasse
     * erzeugt werden
     */
    private Territorium()

    /**
     * liefert die Anzahl an Reihen im Territorium
     *
     * @return die Anzahl an Reihen im Territorium
     */
    public synchronized static int getAnzahlReihen()

    /**
     * liefert die Anzahl an Spalten im Territorium
     *
     * @return die Anzahl an Spalten im Territorium
     */
    public synchronized static int getAnzahlSpalten()

    /**
     * ueberprueft, ob sich auf der Kachel (reihe/spalte) eine
     * Mauer befindet; es wird genau dann true geliefert, wenn
     * sich auf der angegebenen Kachel eine Mauer befindet oder
     * wenn sich die angegebenen Werte ausserhalb des
     * Territoriums befinden
     *
     * @param reihe
     *           Reihe der Kachel
```

```
 * @param spalte
 *            Spalte der Kachel
 * @return true geliefert, wenn sich auf der angegebenen
 *         Kachel eine Mauer befindet oder wenn sich die
 *         angegebenen Werte ausserhalb des Territoriums
 *         befinden; sonst false
 */
public synchronized static boolean mauerDa(int reihe,
        int spalte)

/**
 * liefert die Gesamtzahl an Koernern, die im Territorium auf
 * Kacheln herumliegen
 *
 * @return die Gesamtzahl an Koernern, die im Territorium auf
 *         Kacheln herumliegen
 */
public synchronized static int getAnzahlKoerner()

/**
 * liefert die Anzahl an Koernern auf der Kachel
 * (reihe/spalte) oder 0, falls die Kachel nicht existiert
 * oder durch eine Mauer blockiert ist
 *
 * @param reihe
 *            Reihe der Kachel
 * @param spalte
 *            Spalte der Kachel
 * @return die Anzahl an Koernern auf der Kachel
 *         (reihe/spalte) oder 0, falls die Kachel nicht
 *         existiert oder durch eine Mauer blockiert ist
 */
public synchronized static int getAnzahlKoerner(int reihe,
        int spalte)

/**
 * liefert die Gesamtzahl an erzeugten und initialisierten
 * Hamstern im Territorium (inkl. dem Standard-Hamster)
 *
 * @return die Gesamtzahl an erzeugten und initialisierten
 *         Hamstern im Territorium
 */
public synchronized static int getAnzahlHamster()

/**
 * liefert alle erzeugten und initialisierten Hamster im
 * Territorium (inkl. dem Standard-Hamster)
 *
 * @return alle erzeugten und initialisierten Hamster im
 *         Territorium
 */
public synchronized static Hamster[] getHamster()

/**
 * liefert die Anzahl an Hamstern auf der Kachel
 * (reihe/spalte) oder 0, falls die Kachel nicht existiert
 * oder durch eine Mauer blockiert ist
 *
 * @param reihe
 *            Reihe der Kachel
```

```
 * @param spalte
 *          Spalte der Kachel
 * @return die Anzahl an Hamstern auf der Kachel
 *         (reihe/spalte) oder 0, falls die Kachel nicht
 *         existiert oder durch eine Mauer blockiert ist
 */
public synchronized static int getAnzahlHamster(int reihe,
       int spalte)

/**
 * liefert alle erzeugten und initialisierten Hamster, die
 * aktuell auf der Kachel (reihe/spalte) stehen (inkl. dem
 * Standard-Hamster)
 *
 * @param reihe
 *          Reihe der Kachel
 * @param spalte
 *          Spalte der Kachel
 * @return alle erzeugten und initialisierten Hamster, die
 *         aktuell auf der Kachel (reihe/spalte) stehen
 */
public synchronized static Hamster[] getHamster(int reihe,
       int spalte)

/**
 * liefert ein Objekt, das als Sperr-Objekt fuer Aktionen auf
 * der entsprechenden Kachel genutzt werden kann (und soll)
 *
 * @param reihe
 *          Reihe der Kachel
 * @param spalte
 *          Spalte der Kachel
 * @return ein der Kachel zugeordnetes Sperr-Objekt
 */
public synchronized static Object getKachel(int reihe,
       int spalte)
}
```

Glossar

Ableitung Definition einer ↑Klasse als ↑Unterklasse einer anderen Klasse durch Ausnutzung der ↑Vererbung.

Abstrakte Klasse Bewusst unvollständige ↑Klasse, die ↑abstrakte Methoden definiert. Von abstrakten Klassen können keine ↑Objekte erzeugt werden.

Abstrakte Methode ↑Methode, die zwar definiert nicht aber implementiert ist.

Aggregation Form einer ↑Assoziation, bei der ein ↑Objekt Teil eines aggregierten Objektes ist. Das Teil-Objekt kann anders als bei der ↑Komposition auch ohne das aggregierte Objekt existieren.

Array Gebilde, das mehrere Variablen desselben ↑Datentyps zu einer Einheit zusammenfasst.

Array-Variable Variable, die eine ↑Referenz auf ein ↑Array speichern kann.

Assoziation Beziehung zwischen ↑Klassen bzw. deren ↑Objekten.

Attribut Innerhalb einer ↑Klasse definierte Variable. Unterschieden werden ↑Instanzattribute und ↑Klassenattribute.

Aufzählungstyp Synonym zu ↑Enum.

Autoboxing Prinzip des automatischen Umwandels eines Wertes eines ↑Standarddatentyps in einen Wert der entsprechenden ↑Wrapper-Klasse.

Checked-Exception Fehlertyp des ↑Exception-Konzeptes, der deklariert und explizit behandelt werden muss.

Collections ↑Klassen, die Ansammlungen von ↑Objekten speichern können.

Copy-Konstruktor ↑Konstruktor mit einem einzelnen Parameter vom Typ der entsprechenden ↑Klasse. Über einen Copy-Konstruktor wird eine wertegleiche Kopie des übergebenen ↑Objektes erzeugt.

Datentyp Menge von Werten und Operationen auf diesen Werten.

Default-Konstruktor ↑Konstruktor ohne Parameter.

Delegation Weiterleiten von ↑Methodenaufrufen an ↑Subobjekte.

Dynamisches Binden Prinzip, bei dem beim Aufruf einer ↑Methode erst zur Laufzeit bestimmt wird, welche Methode aus einer Menge gleichartiger Methoden tatsächlich ausgeführt wird.

Entwurfsmuster Bewährte Lösungsansätze zu häufig auftretenden Entwurfsproblemen. Entwurfsmuster liefern keine fertig codierten Lösungen, sondern beschreiben lediglich Lösungswege.

Enum ↑Klassen-ähnliches Gebilde, das gültige Werte des entsprechenden ↑Datentyps explizit definiert.

Exceptions Konzept zur Handhabung von Laufzeitfehlern. Im Fehlerfall wird ein ↑Objekt einer ↑Exception-Klasse erzeugt und geworfen. Zur Fehlerbehandlung kann das Objekt abgefangen und ausgewertet werden.

Exception-Klasse ↑Klasse, die direkt oder indirekt von der Klasse `Exception` der ↑JDK-Klassenbibliothek abgeleitet ist.

Garbage-Collector Instanz der Java Virtual Machine, die nicht mehr referenzierbare ↑Objekte aufspürt und den entsprechenden Speicherplatz wieder frei gibt.

Generics Konzept, bei dem ↑Klassen bzw. ↑Methoden bei ihrer Definition mit einem ↑Typ-Parameter versehen werden, der erst bei deren Verwendung durch einen konkreten ↑Datentyp ersetzt wird.

Generische Klasse Klasse mit einem ↑Typ-Parameter.

Generische Methode Methode mit einem ↑Typ-Parameter.

Instanz Synonym zu ↑Objekt.

Instanzattribut ↑Attribut, das für jedes ↑Objekt der ↑Klasse existiert. Instanzattribute definieren die Eigenschaften und Beziehungen von Objekten der Klasse.

Instanziierung Erzeugung eines ↑Objektes einer ↑Klasse.

Instanzmethode ↑Methode, die für ↑Objekte einer ↑Klasse aufgerufen werden kann. Instanzmethoden definieren das Verhalten von Objekten der Klasse.

Instanzvariable Synonym zu ↑Instanzattribut.

Interface ↑Klassen-ähnliches Gebilde, in dem ausschließlich ↑abstrakte Methoden und ↑Konstanten definiert werden können.

JDK-Klassenbibliothek Von Java standardmäßig zur Verfügung gestellte ↑Klassenbibliothek.

Klasse Bauplan für den Aufbau und das Verhalten einer Menge gleichartiger Gebilde (↑Objekte).

Klassenattribut ↑Attribut, das nur einmal existiert und das sich alle ↑Objekte einer ↑Klasse teilen.

Klassenbibliothek Sammlung von ↑Klassen.

Klassendatentyp ↑Datentyp, der durch die Definition einer ↑Klasse entsteht.

Klassenhierarchie Darstellung von Beziehungen zwischen ↑Oberklassen und ↑Unterklassen.

Klassenmethode ↑Methode, die für eine ↑Klasse aufgerufen werden kann.

Klassenvariable Synonym zu ↑Klassenattribut.

Komposition Form einer ↑Assoziation, bei der ein ↑Objekt Teil eines anderen Objektes ist. Die Existenz des Teil-Objektes ist anders als bei der ↑Aggregation von der Existenz des zusammengesetzten Objektes abhängig.

Konstante Als final deklariertes ↑Attribut, dessen initialer Wert nicht mehr geändert werden kann.

Konstruktor Spezielle ↑Methode zur Initialisierung von ↑Objekten.

Mehrfachvererbung Prinzip der Klassendefinition, bei der eine neue ↑Klasse durch die ↑Ableitung von mehreren existierenden Klassen definiert wird.

Methode Innerhalb einer ↑Klasse definierte Funktion. Unterschieden werden ↑Instanzmethoden und ↑Klassenmethoden.

null Literal für ↑Referenzdatentypen, das den Wert „kein Objekt" repräsentiert.

Oberklasse ↑Klasse, von der eine andere Klasse abgeleitet ist.

Object ↑Klasse der ↑JDK-Klassenbibliothek, von der alle Klassen in Java direkt oder indirekt abgeleitet sind.

Objekt Ausprägung einer ↑Klasse, die so aufgebaut ist und sich so verhält, wie die Klassendefinition es vorgibt.

Objektvariable Variable, die eine ↑Referenz auf ein ↑Objekt speichern kann.

Paket Konstrukt, über das mehrere miteinander in Beziehung stehende ↑Klassen zu einer übergeordneten Einheit zusammenzufasst werden können.

Polymorphie Fähigkeit einer ↑Objektvariable, auf ↑Objekte unterschiedlicher ↑Datentypen verweisen zu können.

Protokoll Menge alle in einer ↑Klasse definierten ↑Attribute und ↑Methoden, die von außerhalb der Klassendefinition zugreifbar sind.

Referenz Wert, der auf einen Wert eines ↑Referenzdatentyps verweist.

Referenzdatentyp ↑Datentyp, dessen Werte über ↑Referenzen zugreifbar sind. In Java gehören ↑Klassen, ↑Arrays und ↑Enums zu den Referenzdatentypen.

Referenzvariable Variable, die ↑Referenzen speichern kann.

Remote Method Invocation Java-Technologie, die die Kommunikation zwischen Prozessen dadurch ermöglicht, dass ↑Methoden von ↑Objekten aufgerufen werden können, die sich in einer anderen virtuellen Maschine befinden.

Standarddatentyp Vordefinierter ↑Datentyp, bspw. zum Umgang mit Zahlen (int) und booleschen Werten (boolean).

String Klasse der ↑JDK-Klassenbibliothek zum Umgang mit Zeichenketten.

Subobjekt ↑Attribut von einem ↑Klassendatentyp.

super Referenz auf ein ↑Objekt als ↑Instanz seiner ↑Oberklasse.

this Eine innerhalb einer ↑Instanzmethode gültige Referenz auf das aufgerufene ↑Objekt.

Typ-Parameter Bei der Definition ↑generischer Klassen und ↑generischer Methoden verwendeter Platzhalter für einen ↑Datentyp, der erst bei der Nutzung der Klassen bzw. Methoden konkretisiert werden muss.

Überladen einer Methoden Definition mehrerer ↑Methoden mit demselben Namen. Überladene Methoden müssen sich in der Anzahl der Parameter bzw. den Typen der Parameter unterscheiden.

Überschreiben einer Methoden Redefinition einer ↑Methode in einer ↑Unterklasse.

Unboxing Prinzip des automatischen Umwandels eines ↑Objektes einer ↑Wrapper-Klasse in einen Wert des entsprechenden ↑Standarddatentyps.

Unchecked-Exception Fehlertyp des ↑Exception-Konzeptes, der nicht unbedingt deklariert und behandelt werden muss.

Unterklasse ↑Klasse, die von einer anderen Klasse abgeleitet ist.

Verbund Gebilde, das mehrere Variablen von unter Umständen unterschiedlichen ↑Datentypen zu einer Einheit zusammenfasst.

Vererbung Prinzip der Klassendefinition, bei der eine neue ↑Klasse auf der Grundlage einer existierenden Klasse definiert wird und deren ↑Attribute und ↑Methoden übernimmt.

Wrapper-Klasse ↑Klasse zur Umwandlung von Werten eines bestimmten ↑Standarddatentyps in einen Wert eines entsprechenden ↑Klassendatentyp.

Zugriffsrecht Mechanimus, über den festgelegt wird, von wo aus auf bestimmte ↑Klassen, ↑Attribute und ↑Methoden zugegriffen werden kann.

Literaturverzeichnis

[Bal00]   BALZERT, HELMUT: *Lehrbuch der Softwaretechnik*. Spektrum Akademischer Verlag, 2. Auflage, 2000.

[Bal04]   BALZERT, HEIDE: *Lehrbuch der Objektmodellierung - Analyse und Entwurf mit der UML 2*. Spektrum Akademischer Verlag, 2. Auflage, 2004.

[Bol08]   BOLES, DIETRICH: *Parallele Programmierung spielend gelernt mit dem Java-Hamster-Modell - Programmierung mit Java-Threads*. Vieweg+Teubner, 2008.

[Bol13]   BOLES, DIETRICH: *Programmieren spielend gelernt mit dem Java-Hamster-Modell*. Springer-Vieweg, 5. Auflage, 2013.

[GHJV04]   GAMMA, ERICH, RICHARD HELM, RALPH JOHNSON und JOHN VLISSIDES: *Entwurfsmuster. Elemente wiederverwendbarer objektorientierter Software*. Addison-Wesley, 2004.

[HMHG07]   HEINISCH, CORNELIA, FRANK MÜLLER-HOFMANN und JOACHIM GOLL: *Java als erste Programmiersprache: Vom Einsteiger zum Profi*. Vieweg+Teubner, 5. Auflage, 2007.

[Krü07]   KRÜGER, GUIDO: *Handbuch der Java-Programmierung*. Addison-Wesley, 5. Auflage, 2007.

[Ull09]   ULLENBOOM, CHRISTIAN: *Java ist auch eine Insel: Programmieren mit der Java Platform, Standard Edition - Version 6*. Galileo Press, 8. Auflage, 2009.

Sachverzeichnis